रिश्तेदार

रिश्तेदार

(मोरित्स झिगमोन्द के मूल हंगारी उपन्यास 'रोकोनोक' का अनुवाद)

मोरित्स झिगमोन्द

अनुवाद

इन्दुमज लदान

शिवांक प्रकाशन

नई दिल्ली-110002

प्रकाशक : **शिवांक प्रकाशन**
4598/12बी गोला कॉटेज
अंसारी रोड, दरियागंज,
नई दिल्ली-110002

दूरभाष : 01123251264, 9811734184

प्रथम संस्करण : **2025**

ISBN : **978-93-82998-36-5**

RISHTEDAR
HUNGARIAN NOVEL 'ROKONOK'
by MÓRICZ ZSIGMOND
Translated by Indu Mazaldan

लेज़र कम्पोजिंग : कालिका कम्प्यूटर्स एंड ग्राफिक्स
दिल्ली-110002

मुद्रक : विशाल कौशिक प्रिन्टर्स, दिल्ली

समर्पित-

चिरंजीव गौरव को

दो शब्द

मोरित्स झिगमोन्द का जन्म 1879 में हुआ। उन्होंने अपने जीवनकाल में हंगारी इतिहास के कई बदलते रूप देखे। 1896 में हंगरी की स्थापना की एक हजारवीं वर्षगाँठ, फिर पहला विश्व युद्ध और उससे उत्पन्न होने वाली पीड़ाएँ जिसमे 1920 की ट्रॉयनौन सन्धि के अनुसार हंगरी का दो तिहाई भाग उससे छीन लिया जाना भी सम्मिलित है। उसके बाद दक्षिणपन्थी सरकार, फ ासिज म का ज ोर पकड़ना, दूसरा विश्व युद्ध जिसके समाप्त होने से पहले 1942 में ही वे इस दुनिया से चल बसे।

मोरित्स एक किसान परिवार में जन्मे थे। बचपन में उन्होंने बहुत कठिनाइयाँ उठायी थीं क्योंकि यह एक बड़े परिवार के सदस्य थे जिसे चलाने वाली इनकी माँ बहुत कड़क, बड़ी पढ़ी-लिखी और समझदार थीं और पिता जो महत्त्वाकांक्षी तो थे मगर जिनका हर काम असफलता में ही अन्त होता था। कभी पैसा आ जाता तो दिन ठीक कट जाते और कभी फ ाकों तक की नौबत आ जाती। उसी दौरान इन्होंने रिश्तेदारों के रवैये को भी ठीक से समझा था।

मोरित्स की पढ़ाई-लिखाई अच्छी हुई। दैब्रैत्सैन (हंगरी का पूर्वी भाग) के प्रसिद्ध काल्विनिस्ट कॉलिज में इन्होंने शिक्षा पायी। किशउइसालाश में इनके मामा हेडमास्टर थे। वहाँ इन्हें पुस्तकालय की सुविधा थी। अतः इन्होंने अपना पढ़ने का शौक वहाँ खूब पूरा किया।

मोरित्स को सैर करने का बहुत शौक था। वे जब सैर पर निकलते तो रास्ता चलते लोगों से बातचीत करते। आम आदमी की जि न्दगी को करीब से देखने का इससे अच्छा कोई तरीका न था। इनकी कई कहानियाँ इसी बातचीत का नतीजा हैं।

1908 में इन्हें अचानक ही बहुत प्रसिद्धि मिली। एक नया जरनल पैश्त से निकलता था 'न्यूगौत'। उसमें छपी इनकी कहानी 'सात पैसे' ने इन्हें बहुत लोकप्रिय बना दिया।

'रिश्तेदार' जिस समय लिखा गया उस समय पूरा विश्व आर्थिक मन्दी के दौर से गुजर रहा था। बीस से तीस के दशक के बीच के हंगरी की सच्चाई इस उपन्यास में देखने को मिलती है। भ्रष्टाचार, भाई-भतीजावाद का ज़माना था यह।

आज के दौर में भी इस स्थिति में कहीं बदलाव नहीं आया है। बहुत ही सामयिक प्रतीत होती हैं इसमें घटी घटनाएँ। यह केवल हंगरी के समाज की झलक ही नहीं, हमारे अपने देश के आज के समाज का भी एक आईना है।

इन्दुमज लदान

1

उसकी आँख, बगल के कमरे से आती अपनी पत्नी की आवाज से खुली, जो किसी से फोन पर बात कर रही थी।

"यूलिश्का, वो जो खरगोश का गोश्त तुमने हमें खिलाया था, उसमें तुमने क्या ख़ास मसाला डाला था? पिश्ता को वह बहुत स्वादिष्ट लगा था..."

उसका दिल गदगद हो चला था। क्या यह वाक़ई उसकी पत्नी की आवाज ही थी? क्या वही थी जो फ ोन पर ख़रगोश पकाने की विधि पूछ रही थी और वो भी इसलिए कि उसे वह पसन्द आया था?

उसकी आँखों में कुछ आँसू जैसा उमड़ आया था। जब वह रूसी जेल में बन्दी बना लिया गया था, किसी ने उसके बारे में कभी पूछा तक न था।

"मेरे पिता ने एक खरगोश भेजा है...बेचारे बूढ़े आदमी बड़ी मुसीबतें झेल रहे हैं, युद्ध के बाद से पूरा विश्व बदल चुका है, उनके अपने मुलाजि म ही उन्हें तंग कर रहे हैं, बस किसी तरह से काम चला रहे हैं...वे तो चाहते थे कि पिश्ता उनकी सम्पत्ति सँभाले...पर तुम पिश्ता* को तो जानती ही हो...आजकल हर शख़्स उन्हें अपनी ओर लेना चाह रहा है...अभी वे सो ही रहे हैं क्योंकि कल का भोज देर रात तक चला था।"

वह उचककर अपनी कोहनी के बल पलँग पर बैठ गया ताकि पत्नी की आवाज को ठीक तरह सुन सके : क्या वह कुछ ऐसा बोल रही थी जिससे उसे सावधान रहने की ज़रूरत थी? क्या वह उसकी बुराई या शिकायत कर रही थी? ज़रा भी नहीं, लीना तो अपनी वाणी में इतनी मिठास घोले हुई थी जैसी उसने इससे पहले कभी सुनी ही न थी। बाकी और चीजें धोखा दे सकती हैं मगर बोलने का ढंग और अन्दाज कभी नहीं। वो तो अन्तर्मन का सत्य ही दर्शाता है। लीना की आवाज से वात्सल्य टपक रहा था। वह उसके बारे में इस तरह से बोल रही थी

* पूरा नाम इश्तवान कोपयाश।

जैसे कोई माँ अपने सबसे बड़े लड़के के परीक्षा में सबसे अधिक अंक लेकर उत्तीर्ण होने से या उसके कोई रेस जीतने पर गर्व से भरी हो।

शायद लीना ने कमरे का खुला दरवाज ा देख लिया था। उसने आवाज थोड़ी धीमी कर ली, बातचीत पाक-विधि की ओर पलट चली। पिश्ता फिर से लेट गया और अर्ध-निद्रा अवस्था में पहुँच गया। काफ ी देर हो चुकी थी, मालूम नहीं क्या बजा होगा इस वक्त! यह नवम्बर की सुबह, समय का अन्दाज लगाना कठिन होता है।

कल रात की पार्टी काफ ी देर तक चली थी। सिटी हॉल के बड़े-बड़े मेम्बरान, अर्थात् उसके मित्रों ने यह आयोजन उसके सिटी काउंसिल के डिप्टी मेयर का चुनाव जीतने के उपलक्ष्य में किया था।

यह सब एक स्वप्न की भाँति घटित हुआ था। चुनाव में उसके जीतने का तो कोई सोच ही नहीं सकता था। मेयर ने तो उसका नाम तीसरे स्थान पर यूँ ही रख दिया था क्योंकि चुनावी प्रक्रिया में तीन नाम होने आवश्यक थे। यह पद तो निश्चित रूप से मॉकरोत्सी का था। कल तक कोई उसके हारने की कल्पना तक न कर सकता था। वह पिछले दस साल से डिप्टी मेयर के पद पर कार्य कर रहा था और शहर को अपनी मर्ज़ी से चला रहा था। वह ‘फ ो इश्पान’ (राजा द्वारा भेजा गया प्रतिनिधि जिसे राजनीतिक मान्यता प्राप्त थी) के साथ शिकार पर जाता था और मेयर, (जो शहर का सबसे प्रभावशाली अफ सर था) के साथ उसके घनिष्ठ सम्बन्ध थे। सभी को यही लगता था कि मेयर के बाद वही उसके पद पर नियुक्त किया जाएगा। मेयर तो बूढ़ा हो चला था। लोग यूँ भी उसके स्थान पर एक युवा मेयर चाहते थे जो आज की बिगड़ी अर्थव्यवस्था को अपने जोश से सँभाल सके।

पिश्ता आँखें मूँदे सपनों के संसार में खोया रहा। उठने का ख़याल तक उसे नहीं आया। अब क्या जरूरत है जल्दी उठने की, अपने को परेशान करने की। उसे अपने हृदय में गुदगुदी-सी महसूस हो रही थी। उसके हाथों में ताकत आ गयी थी। अतः अब उसे उस ताकत का प्रयोग करना सीखना होगा। अभी तक, जब वह केवल सांस्कृतिक परामर्शदाता था, उसे जल्दी उठकर दफ़्तर पहुँचना होता था ताकि लोगों को पता रहे कि वह ज़िन्दा है। उसे कई व्यर्थ के प्लान बनाने पड़ते। व्यर्थ के इसलिए कि जो भी प्लान वह बनाता वह केवल कागज़ पर ही रह जाते, कोई फलीभूत तो होते नहीं।

उसके दिमाग में एक गाना कौंध उठा। एक बड़ा लोकप्रिय गाना और वह

शर्म से लाल हो गया। इस तरह लाल होने से वह बहुत डरता था। पाप आपके मस्तिष्क में कोई विचार डालता है और उससे आपके रक्त में जोश आ जाता है। वह यह बात अच्छी तरह जानता था....कल रात यही गाना उसने पूरे एक घंटे बजवाया था, माँग्दॉलेना के लिए और कोई समझ भी न पाया था कि क्यूँ....किसी ने फ ैरी बोरोन्कौय का ज़िक्र किया था कि अगर सूअर फार्म के घोटाले की तफ तीश होना निश्चित है तो फ ैरी को इस नये डिप्टी मेयर को खुश रखना होगा और इसीलिए वह आज की पार्टी में ज़रूर आयेगा। वह जरूर नये डिप्टी मेयर से दोस्ती करना चाहेगा। माँग्दॉलेना...माँग्दॉलेना...।

और जैसे ही यह नाम उसके विचारों में कौंधा, वह शर्म से लाल हो गया। उसकी उँगलियाँ काँपने लगीं। फ ैरी की पत्नी, माँग्दॉलेना सैंतकाल्नॉय...यह गाना सात साल से उसकी यादों में बसा था। यह कोई नहीं जान पाया, किसी को उसकी यादों के बारे में क्या पता था। अगर उसकी पत्नी तक उसके इस गाने को बार-बार सुनने की बात पहुँच भी जाती तो क्या फ र्क पड़ता। उसे क्या समझ में आ सकता था कि यह गाना उसके लिए क्या अर्थ रखता था।

वह पलँग पर आराम से पसरा हुआ था, आँखें बन्द करके। खुशी के मारे उसका बदन अकड़ा हुआ था। बस उस गाने का रसास्वादन कर रहा था जो उसके रोम-रोम में बसा हुआ था।

फिर उसने अपने आप को हिलाया, यह दृढ़ निश्चय करते हुए कि वह उस पागलपने की अनुभूति को स्वयं पर हावी नहीं होने देगा।

अब तक जो उसने किया था वह निरर्थक था। सब प्लान, प्रोग्राम सभी व्यर्थ सिद्ध हुए थे। उसे हर समय दिखाना पड़ता था कि वह भी कुछ कर सकता था। उसे हर तरह के काम में लगे रहना होता था ताकि लोगों की निगाह में बना रह सके...और आज, वह अभी तक पलँग पर लेटा था...कैसे एक पल में व्यक्ति कहाँ से कहाँ पहुँच सकता है...अब अगर लोग उसका इन्तज़ार कर रहे हैं तो करते रहें। सभी तो जानते हैं कि कल रात पार्टी देर तक चली थी। ज़ाहिर है वह अभी सो रहा होगा।

दरवाज़ा ज़रा-सा चरमराया। वह जान गया कि उसकी पत्नी यह देखने की चेष्टा कर रही होगी कि कहीं टेलीफ ोन की आवाज़ से वह जाग तो नहीं गया। उसे हालाँकि आँख खोलने की कोई जल्दी तो नहीं थी मगर अचानक उसे अपनी पत्नी की ज़रूरत महसूस होने लगी, अतः वह खाँसा।

"शुभ प्रभात, बूढ़े भालू" लीना पति को जगा देख, कमरे के भीतर प्रविष्ट

हुई। "तुम, बूढ़े भालू, तुम्हारी नींद पूरी हुई या नहीं? तुम्हें मालूम है, तुम कल रात कितने बजे लौटे?"

वह हँसा। उसने पत्नी की ओर देखा, नींद में भरे एक स्कूल के छात्र की भाँति, जो स्कूल न जाने के इरादे से नींद आने का नाटक कर रहा हो। "कुछ मालूम नहीं।"

उसकी आवाज़ ज़रा भर्राई हुई थी, मानो रात ही रात में उसे जुकाम हो गया हो।

"अब यह कैसी आवाज़ निकल रही है? तुम नशे में धुत्त थे लाटसाहब की तरह। मेरे पिता ने ख़रगोश भेजा है।"

"क्या वाइन नहीं भेजी?"

"हाँ-हाँ पूरा टोकरा आया है।"

"तुम फ ोन पर किससे बात कर रही थीं?"

"किसी से नहीं।"

पत्नी पलँग पर उसके पास ही बैठ गयी। उसके बालों में अपनी उँगलियाँ घुमाती और अपनी गर्म हथेली उसके माथे पर रखती।

"नाराज हो गये?"

"नहीं" वह हँसकर बोला।

"मुझे पार्टी के बारे में बताओ ना।"

वह उसे देखता रहा।

वह बहुत तरोताज़ा लग रही थी। उसके चेहरे पर ख़ास तरह की ख़ुशी थी। वह एक छोटी लड़की की जैसी लग रही थी। वह काफ ी देर तक नज रें गड़ाये उसे देखता रहा, यह सोचते हुए कि इसे आख़िर हुआ क्या है? वह तो दस वर्ष छोटी नज़र आने लगी थी। उसने अपनी बाँहें फैलायी, कुछ इस तरह से मानो केवल नींद भगाने के लिए अँगड़ाई ले रहा हो क्योंकि वह नहीं जानता था कि वह कैसे मूड में है। पर लीना तो इससे ज़रा भी परेशान नहीं हुई, वह उसके पास खुशी से बैठी रही और फिर झुककर अपनी बाँहों में उसे समेट भी लिया।

"तुम बदमाश, शराबी, तुम्हारे पास से शराब के भभके आ रहे हैं, गन्दे आदमी।" मगर यह कह उसने उसे प्यार से चूम लिया।

वह सोचने लगा कि अभी कुछ दिन पहले तक अगर वह इस हालत में घर लौटता या आज भी अगर पार्टी मॉक्रोत्सी के चुने जाने की होती तो यही शब्द किसी और अन्दाज़ में बोले गये होते। मुँह से व्यंग्य बाण निकल रहे होते, चेहरा

तमतमाया हुआ होता, आँखें सर्द होतीं और शब्द भर्त्सना दर्शा रहे होते...आज यह लीना को क्या हो गया था?

उसने अपनी बाँह लीना की कमर में डालकर उसे अपनी ओर खींच लिया और वह आश्चर्यचकित हुआ कि उसने इस पर कोई आपत्ति नहीं जतायी। उसने अपने आप को आलिंगन में बद्ध होने दिया, अपने कपड़े अस्त-व्यस्त हो जाने का भी बहाना नहीं बनाया। न उसने यह कहा कि वह व्यस्त है, न कहा कि मुझे छोड़ो मेरे सिर में दर्द है, पागल न बनो। वह स्वयं को छुड़ाकर दरवाज़ा बन्द करने न भागी...शायद पहले से ही दरवाज़ा बन्द करके आयी थी! यह सब देख उसे जोश आ गया और उसने पत्नी को ज़ोर से भींच लिया, इतनी ज़ोर से कि लगा बेचारी की कमर के दो टुकड़े हो जाएँगे। लीना ने कोई विरोध नहीं किया, लगा कि वह पहली बार इस प्रकार का निर्विरोध प्रेम प्राप्त कर रहा था।

उसकी पत्नी तो एकदम नयी हो गयी थी। पिछले दस साल से उसकी एक दुखी, अतृप्त, अनमनी, बेगानी पत्नी को देखने की आदत हो चुकी थी जो उससे कुछ नहीं चाहती थी, कुछ नहीं माँगती थी, किसी चीज़ की कामना तक नहीं करती थी।

''चलो जी, यह सब तो अब पुरानी बात हो गयी'', उसने खुद से कहा। इस बीच पत्नी उसके पास सन्तुष्ट और खुश लेटी रही।

वह ज़ोर से हँसा जब लीना अचानक तेज़ी से कूदकर खड़ी हो गयी और कुछ याद कर तपाक से बाहर निकल गयी। वह क्या चाहती थी? कुछ ही मिनट बाद वह नाश्ता लेकर लौटी।

नाश्ता पलँग पर? ऐसी शान तो उसने केवल अपने बचपन में देखी थी। उसकी माँ उसे, अपने सबसे बड़े पुत्र को, बहुत लडाती थीं। वह ज़रा-सी आह भी भरता तो उसका नाश्ता उसके लिए बिस्तर पर ही ले आतीं और वह वहीं बैठा बढ़िया कॉफी क्रीम के साथ और केक का आनन्द लेता। मगर लीना ने कभी इसकी इजाज़त नहीं दी थी। अगर वह कभी ऐसी इच्छा भी करता तो उसे लताड़ती और तिरस्कार पूर्ण दृष्टि से देखती। कहती–पलँग पर खाने से मक्खियाँ भिनभिनाने लगेंगी और यहाँ-वहाँ बिस्तर पर खाने के टुकड़े गिरेंगे और बच्चों पर जो इसका कुप्रभाव पड़ेगा वह अलग। बच्चे? और अभी तक लीना ने उनका तो कोई ज़िक्र ही नहीं किया। उसे खुद को भी उनका ध्यान नहीं आया! वे तो स्कूल जा चुके होंगे।

''बताओ ना, पार्टी कैसी रही?'' लीना कॉफी और पेस्ट्री उसकी ओर बढ़ाती

हुई बोली।

"लीना तुम्हें मालूम है कि इस चुनाव के लिए मैं किस चीज़ का शुक्रगुज़ार हूँ?"

"किसका?"

"क्योंकि यह तो तुम जानती ही हो कि यह पद मुझे कोई काबिलियत की वजह से तो मिला नहीं है", वह अपने ऊपर हँसते हुए बोला।

लीना नहीं हँसी। क्या वह वाक ई यह सोचती थी कि पूरे शहर ने इश्तवान कोपयॅश (पिश्ता का पूरा नाम) में अपना विश्वास प्रकट किया था? कठिन प्रश्न था।

"तुम्हें मालूम है बूढ़े मॉक्रोत्सी को उसके द्वारा बोले गये दो शब्द ही ले डूबे।" उसने कहा, "झे वे।"

"क्या?"

"झे वे।"

"वह क्या है?"

"वह? वह तो बन्दूक की गोली निकले। इन्हीं दो शब्दों ने मॉक्रोत्सी को मार डाला। यही दो शब्द उसके लिए फाँसी का फंदा बन गये।"

वह ज़ोर से हँसा।

"इसका अर्थ यह है कि लोग पहले से ही जानते थे कि मॉक्रोत्सी को उनके कई प्रश्नों का जवाब देना है। वे सभी उसके अत्याचारों से पीड़ित थे। जब वह वहाँ खड़ा हुआ, अपनी लाल दोहरी ठोढ़ी और मोटा थुलथुला पेट लिए, लोगों का अभिवादन स्वीकार कर रहा था एक मग़रूर तानाशाह की तरह तो सिगार मुँह में दबे होठों से उसने अपने पास खड़े एक मित्र से कहा कि यही क्षण उसके जीवन का प्रतीक्षित क्षण है और तभी उसके मुख से यह दो शब्द भी निकल पड़े। झे वे।

"मगर इसका अर्थ क्या है?"

"झे वे...और यह तो इस शहर के दफ्तरों की कुर्सियों, मेजों पर भी अंकित हैं। यहाँ के हर पशु तक के ऊपर यही ठप्पा है–झे वे–अर्थात् "झॉरालोक वारोशा' (झॉरालोक शहर) पूरा बोलें तो हमारे शहर का नाम। मगर संक्षेप में बोलें तो 'झे वे' का अर्थ हो जाता है 'झैबरै वागलॉक' (अर्थात् मैं तुम्हारी जेबें काटूँगा।)"

लीना हँसी।

"मूर्ख" वह हँसते हुए बोली।

''वाकई मूर्खतापूर्ण था'' यह क्योंकि क्षण भर में पूरी काउंसिल में बात फैल गयी कि मॉक्रोत्सी ने क्या कहा। उसने तो यह बात शायद मज़ाक में ही कही होगी पर फूहड़ मज़ाक निकला यह। काउंसिल में भिनभिनाहट होने लगी। लग रहा था शहद की मक्खी का छत्ता है वहाँ। खुसुर-पुसुर होने लगी कि मेयर तो पहले से ही इसकी जेब में है, अगर यह इस पद पर आ गया तो फिर तो यह इस शहर पर एकछत्र राज करेगा। इस तरह की उलट-पुलट जीवन में हुआ ही करती है। आज समय की गाज मॉक्रोत्सी पर गिरनी थी और वह भी तब, जब वह अपनी शान की पराकाष्ठा पर था। लोग उससे तंग आ चुके थे...पूरे शहर में यह शब्द आग की तरह फैल चुके थे 'झे वे' 'झे वे' और इनके गुंजन से धरती फट गयी थी जिसने मॉक्रोत्सी को निगल लिया था। सबने उसके नाम के आगे x (क्रास)का चिह्न लगा दिया, और तो और फ ोइश्पान ने भी, ऐसा लोग बताते हैं।

लीना काँप गयी, क्योंकि अगर उनके भी कोई छिपे हुए दुश्मन होते, अगर उन्होंने भी बड़े-बड़े लोगों की बराबरी करने की, उनसे टक्कर लेने की कोशिश की होती...कभी नहीं...इश्तवान कोपयाश चूँकि बिल्कुल गुमनामी में जी रहा था इसीलिए मॉक्रोत्सी ने उसका नाम सूची में रखना स्वीकार किया था। केवल उसी से उसे किसी प्रकार के ख़तरे की आशंका नहीं थी। तीसरे नम्बर पर इश्तवान का नाम रखे जाने को उसने ज़रा भी अहमियत नहीं दी थी। केवल लीना के मशवरे के कारण, जिसने हमेशा अपने पति को चुप और सावधान रहने की सलाह दी थी। रूसी कैद से छूट कर आने पर इश्तवान ने अपने पद पर अत्यधिक शान्त रहकर काम किया था। वह कभी किसी गुटबाजी में नहीं पड़ा। कभी ऊँचे अफ सरों की निगाह में नहीं आया। उसे बहुत ही साधारण विभाग, संस्कृति और शिक्षा का कार्यभार सौंपा गया था। वह क्या था? बस एक ऑफि स था बैठने को। अगर कुछ रुपया सरकार की तरफ से उसके विभाग को मिलता तो वह स्कूलों की पुताई करवा देता। कुछ ग़रीब बच्चों को पढ़ने के लिए छात्रवृत्ति दिलवा देता ताकि वे भी पढ़-लिख सकें। पिछली दो सर्दियों में उसे इन कामों के लिए पैसा भी न मिला था।

''सुनती हो, इस मॉक्रोत्सी जैसे शैतान ने तुर्की शासन* के दौरान, जब आस-पास के गाँवों के लोग विदेशी शासकों के डर से यहाँ शरण लेने आये थे तब इसे बसाया था। शरणार्थियों को निवासी बनाकर उनके नाम हुई ज़मीन उनसे

* हंगरी 150 वर्ष तक तुर्की के अधीन था।

हड़प ली थी। इस सम्बन्ध में कागज़ात हैं मगर उन तक पहुँचना सम्भव नहीं है। पिछले तीन सौ साल से यही मॉक्रोत्सी परिवार इस पर अपना प्रभुत्व जमाये है। जब राष्ट्रीय संग्रहालय की स्थापना हुई तो सरकार ने आदेश दिया कि जितने पुराने कागज ात हैं उनको निकालकर जाँचा जाये क्योंकि हर तरफ बहुत गदर मचा हुआ था। उस समय के मॉक्रोत्सी परिवार ने सोचा कि इससे तो उनकी पोल खुल जाएगी। सारे घपले सामने आ जाएँगे, तो बस उन्होंने राजकीय अधिकारियों को यहाँ के क्षेत्रीय संग्रहालय में प्रवेश ही नहीं करने दिया। कालमान तीसा* भी इसमें कूद पड़ा क्योंकि उसे इस क्षेत्र में वोट चाहिए थे। गरज़ कि कोई जाँच नहीं हुई।''

उसने सिगरेट जलायी। लीना ने कुछ न कहा हालाँकि वह पति की धूम्रपान की आदत से बहुत चिढ़ती थी। और कोई वक्त होता तो अब तक वह उस पर बरस चुकी होती चाहे उसका कोई असर होता या नहीं। और धूम्रपान भी पलँग पर! मगर वह कुछ न बोली, चुपचाप धुएँ को पीती गयी।

पिश्ता, पूरा इतिहास बताता चला गया शहर का। लीना को इसमें कोई दिलचस्पी नहीं थी। अचानक उसने इस गाथा में अवरोध उत्पन्न कर, विषय को बदलने का प्रयास किया।

''इस सब तमाशे में पैसे कितने खर्च हुए?''

पिश्ता रुक गया। लगा उसके गले में अचानक धुआँ अटक गया हो।

''खर्चा क्या हुआ? भगवान ही जाने...जब मैंने टैक्सी को पैसे देने चाहे...।

''टैक्सी?''

''हाँ, मैं पैदल थोड़ी लौटा था घर।''

''नहीं? क्यों क्या तुम कभी पैदल नहीं आये हो?''

''अरे वो पहले फ र्क बात थी...डिप्टी मेयर थोड़ी था तब।'' और यह कह वह हँसा। ''ख़ैर जब मैं घर लौटा तो मेरे पास एक दमड़ी भी नहीं थी।''

''क्या तुम पागल हो गये थे? मैंने कल शाम को तुम्हें बीस पैंगो** दिये थे।''

''बीस पैंगो? अरे वह होते ही क्या हैं?''

''क्या? तुमने कहीं बीस के बीस रुपये नाली में तो नहीं बहा दिये?'' लीना गुस्से में इसी प्रकार की अभद्र भाषा बोला करती थी। पिश्ता को अच्छा लगता

---

* हंगरी का राजनीतिज्ञ।

** उस समय का हंगरी रुपयो।

अगर कल के चुनाव के बाद लीना में भी कुछ बदलाव आता, अगर लीना अपनी आदतों को बदल लेती। मगर आदमी औरतों का कुछ नहीं कर सकता। पूरा शहर बदल सकता है मगर एक औरत अपना व्यवहार नहीं बदल सकती।

"हाँ मैंने बहा दिये", वह गुस्से से बोला, "पर तुम्हारा बात करने का तरीका अजीब है। मैंने सिफ ' भुना गोश्त खाया था।"

"वो तो कोई ख़ास चीज़ नहीं है।"

"क्या मतलब ख़ास नहीं है?"

"मतलब गोश्त खाना।"

"सब ने खाया। ख़ास हंगारी व्यंजन है।"

"तो उसेमें बीस पैंगो लग गये?"

"ओफ ! पूरा खाना दो पैंगो सत्तर फ़िल्लेर का था।"

"दो सत्तर केवल गोश्त के? इस 'गोल्डन फैजे न्ट' रेस्तराँ पर तो बम गिरा देना चाहिए।"

"अरे दो सत्तर नहीं केवल एक पैंगो बीस फि ल्लेर। उसके बाद मैंने कोफ्ते लिए जो साठ फ़िल्लेर के थे, बने एक अस्सी...उसके बाद आधा लीटर वाइन जो सत्तर फ़िल्लेर की थी। हुए दो पचास ऊपर से टिप दिया बीस फ़िल्लेर–हो गये ना दो सत्तर?"

"तो फिर बाकी के सत्रह तीस का क्या हुआ?"

"अब भई अपने पद की गरिमा अनुसार मैंने एक शैम्पेन की बोतल मँगवायी"

लीना कुछ देर के लिए चुप हो गयी। उसे कुछ समय लगा यह हज़म करने में कि उसका पति शैम्पेन पीकर आया था। उनके जीवन में शैम्पेन? उसे स्वयं शैम्पेन बहुत पसन्द थी पर उसने अपनी ज़िन्दगी में शायद ही कभी ख़रीदकर पी हो। जब कुँवारी थी तब जरूर एक आध पार्टी में चखी थी पर जब से शादी हुई थी ऐसा ख़्याल तक उसके दिमाग़ में नहीं आया था क्योंकि शैम्पेन खरीदने का अर्थ था कि घर का सारा बजट ही बिगाड़कर रख देना। वह इस ख़बर से मानो हिल गयी थी। लड़खड़ाती आवाज़ में बोली–"और वह कितने की थी?" वह उत्तर सुनने तक को तैयार नहीं थी क्योंकि वह सब उसके महीने के बजट के बाहर था।

"सात पैंगो।" पति बोला, हालाँकि थी तो आठ पैंगो की।

"सात पैंगो?" उसने दोहराया और आँखे बन्द कर लीं। पिछले सात वर्षों से वह बहुत हाथ कसकर घर चला रही थी। सब काम खुद ही करती और पैसा

बचाती—कपड़े धोना, सिलाई करना, बर्तन माँजना, कपड़ों की मरम्मत करना, बच्चों और पति को ठीक हालत में रखना, कभी अपने आप के लिए कुछ भी न ख़रीदना...शैम्पेन....

उसने अपना माथा पोंछा और अचानक उसे याद आया कि अभी कुछ ही समय पहले उसने शैम्पेन का दाम दो पैंगो साठ फ़िल्लेर का देखा था किसी विज्ञापन में...वह तब मुस्कुरायी भी थी क्योंकि एक बार जब वे बुदापैश्त में थे वहाँ किसी ने यही बोतल बारह पैंगो में ख़रीदी थी...वह बरस पड़ी—

"शैम्पेन बनिए के पास तो दो पैंगो साठ फि ल्लेर की मिलती है।"

"कहीं नहीं मिलती", पति कुटिल मुस्कान चेहरे पर लाते हुए बोला।

"मैं नहीं मानती....चलो ख़ैर बाकी के दस पैंगो कहाँ हैं?"

अब वह फि ल्लेर* तो गिन ही नहीं रही थी। हालाँकि उसके हिसाब से अभी तीस फ़िल्लेर भी बचने चाहिए थे।

पिश्ता कुछ न बोला। उसने अँगड़ाई ली। वह अब भी शैम्पेन की मस्ती में डूबा हुआ था। काफी पी थी उसने। कई लोगों ने शैम्पेन खरीदकर पिलायी थी। काफी बड़े-बड़े अमीर लोग वहाँ आये हुए थे। बड़े-बड़े बिज़नेस मैन, सूअर-फ ार्म का बिल्डर होलुब और उसका पार्टनर उन लोगों ने तो कम से कम एक दर्जन बोतलें- मँगवायी—उसकी खुद की बोतल तो उसने सिफ र् इसलिए खरीदी थी ताकि लोगों को दिखा सके कि वह भी सम्भ्रान्त लोगों के तौर-तरीके जानता है और फिर उसे अपनी खुशी भी तो दिखानी थी।

"वो, जिप्सी!"

"जिप्सी, तुमने क्या दस पैंगो जिप्सी को दे डाले।"

"वह इतना अच्छा बजा रहा था", आइ एम कोर्टिंग अ यंग लेडी।"

"तो क्या वहाँ औरतें भी थीं?" लीना आवेश में आते बोली।

"ओफ बस भी करो", वह शर्म से लाल होता हुआ बोला।

"तो किन खूबसूरत औरतों को निहार रहे थे तुम?"

"प्लीज , बस करो।"

वह पलँग पर बैठ गया और उठने की तैयारी करने लगा। उसके विचार गड्ड-मड्ड हो रहे थे। वह याद कर रहा था कि कैसे फ ेरी बोरोन्काय बहुत देर से पहुँचा था। उसे पार्टी में आने से पहले एक डिनर पर जाना था, मगर वह आया ज़रूर। काफी नशे में चूर था। फै री के आते ही पिश्ता के मन में गुदगुदी शुरू

* हंगारी पैसा।

हो गयी थी मानो फै री नहीं उसकी पत्नी मॉगदॉलेना आयी हो...मॉग्दॉलेना।

पिश्ता अपने आप को सँभाल नहीं पा रहा था। जब तक इस औरत का ख़याल उसके दिमाग़ में नहीं आता, तब तक वह एक भरोसेमन्द, शान्त, और खुश व्यक्ति होता। पिछले एक दो साल से उसने इसके बारे में कभी सोचा ही न था। मुश्किल तब होती थी जब उसकी झलक इसे दिख जाती या कोई उसका जिक्र छेड़ देता, या यूँ ही किसी तरह उससे सम्बन्धित व्यक्ति उसके सामने आ जाता। ऐसे वक्त में उसे यह ख़याल सताने लगता कि परमात्मा न करे अगर वह मेरे सामने आ गयी तो क्या होगा? इस औरत का जादुई प्रभाव था उसके मनःस्थल पर। इसे प्रेम की संज्ञा देना उचित न होगा, यह तो एक प्रकार का डर-सा था। यह डर कि कहीं वह उसके प्रेम में न पड़ जाए क्योंकि यदि ऐसा हुआ तो बस समझो उसका काम तमाम।

साधारण तौर पर औरतों का उस पर कोई प्रभाव नहीं पड़ता था। वह अपनी पत्नी से पूरी तरह सन्तुष्ट था। वह उसकी सब जरूरतें पूरी करती थी, इससे अधिक उसे कोई जरूरत नहीं थी। वह अपनी पत्नी को काफी समझदार मानता था। उसकी इज्जत करता था पर दिमाग के किसी कोने में, आत्मा की किसी गहराई में यह खतरनाक मूरत बनी रहती थी। अब तक इन दोनों के संसार अलग-अलग थे। अतः उनके परस्पर मिलने की कोई सम्भावना ही नहीं थी। यह सच था कि वह उसकी पत्नी की रिश्तेदार थी पर दोनों परिवारों में कोई बातचीत तक नहीं थी। उसका परिवार अमीर था। उसका उठना- बैठना बड़े आदमियों में था, जैसे कि फ ोइश्पान के साथ और पिश्ता और उसकी पत्नी मामूली किसानों वाली गुमनामी की ज़िन्दगी जी रहे थे। वे मिलते भी तो कहाँ?

इन्हीं सब बातों को सोच वह परेशान हो रहा था। दोनों औरतों की शक्लें मिलती थीं क्योंकि वे एक ही परिवार से थीं, मगर जहाँ लीना प्राकृतिक रूप से एक सीधी सादी नारी थी, मॉग्दॉलेना सजी-सँवरी अद्वितीय फूल की भाँति थी।

वास्तव में कल रात उस पर पागलपन का दौरा-सा पड़ा था। वह तो उसकी खुशकिस्मती थी कि सब यही सोच रहे थे कि यह शराब का असर है या फिर जीत की खुशी उसके सिर चढ़ गयी है। पर असल वजह तो वह खुद ही जानता था। उसके पागलपन का कारण तो फैरी का पार्टी में आना था, क्योंकि वह फैरी पर उसकी पत्नी का पर्फ्यूम महसूस कर सक रहा था। उसकी कल्पना में वह अपने पति की बाँहों, उसके कपड़ों और उसके अस्तित्व पर हर जगह मौजूद थी। फै री बोरोन्कॉय बहुत आकर्षक व्यक्तित्व का सम्भ्रान्त, ऊँचा लम्बा, दुबला-पतला, दाढ़ी

वाला युवक था। लगता था किसी और दुनिया से आया हो। उसकी दाढ़ी तक किसी और जाति, किसी और दुनिया का परिचय देती थी।

इस वक्त भी उसका खून का दौरा बढ़ रहा था। क्या वजह थी कि सुबह से यह औरत उसके ज़हन में बसी थी, उसका पीछा ही नहीं छोड़ रही थी। अब तक वह एक साधारण, सरल जीवन जी रहा था। उसने कभी सोचा भी न था कि उसके दिमाग के किसी कोने में यह रहस्य भी छिपा हुआ था।

लीना, उसको कुछ समय देने के लिए, चुपचाप खिड़की के शीशे से सिर टिकाए खड़ी थी और एकटक सड़क की ओर देखती जा रही थी। बेचारी, इस जिप्सी के जि क्र ने उसके अन्दर खलबली-सी मचा दी थी। वह सोच रही थी कि क्या उसका पति यह नया पद मिलने के बाद, परिस्थितियाँ बदल जाने के बाद भी वैसा ही रह पाएगा जैसा अभी है! वह ज़रा भी महत्त्वाकांक्षी नहीं थी। अतः उसकी पदोन्नति से डर रही थी। तरह-तरह के डर उसे घेर रहे थे। क्या वह अब भी उसे सन्तुष्ट रख सकेगी? क्या अब उसकी इच्छाएँ, उसकी कामनाएँ उसे पत्नी से दूर नहीं ले जाएँगी, उससे और उसके साधारण-से संसार से!

अचानक वह पलटी और उसकी आँखें लाल थीं।

''मेरे पिता ने लिखा है कि उन्हें अच्छा लगेगा अगर हम लोग उन्हीं के पास जाकर रहें और तुम उनकी सम्पत्ति सँभालो।

''वे तो सदा से ऐसा ही कहते आये हैं'', पिश्ता बोला।

''वहाँ तुम्हारी बहुत आवभगत होगी...और यह डिप्टी मेयर? क्या तनख्वाह होगी तुम्हारी? मामूली-सी।''

उसने अपनी आँखें पोंछी। पिश्ता गम्भीर हो गया।

''देखो, तनख्वाह अच्छी ही होगी, वरना क्यों सब इसे पाने की इच्छा रखते?''

''हाँ, मैं जानती हूँ। बस एक बार तुम इनके तौर तरीके सीख जाओ...तब फिर लोग कहेंगे कि फिर से वही घोटाले हो रहे हैं।''

''कोई जरूरी नहीं है कि आप चोरी ही करें...डिप्टी मेयर को अधिकार है कि वह अपनी वकालत का काम करे और उससे धनोपार्जन करे। वह केवल अपनी तनख्वाह पर ही तो निर्भर नहीं है।''

लीना ने लम्बी साँस भरी। एक अजीब-सा भय उसे जकड़ रहा था। अगर पति ऊँचा चढ़ा तो वह तो पीछे छूट जाएगी। यह तो तय था। उसके दिल में टीस-सी उठी क्योंकि वह इतनी तेज़ी से बढ़ रहा था कि उसको अब हाथों में थामना कठिन हो जाएगा। वह तो अभी से अपना सीधा-सादा साधारण जीवन अपने हाथों

से फिसलता देख रही थी। यह सही है कि कभी-कभी पैसे की तंगी सताती थी—महीने के अन्त तक कुछ बचता नहीं था मगर वह इस विश्वास से सम्बल पाती थी कि उसका आशियाना एक मजबूत नींव पर खड़ा था।

इस बीच पिश्ता कपड़े पहन डाइनिंग रूम में चला गया था। वहाँ उसकी डाक उसकी प्रतीक्षा कर रही थी। उसने पत्रों को खोल-खोलकर पढ़ना शुरू कर दिया। सब के सब बधाई-पत्र थे। हर नाम को पढ़ वह हँसता जा रहा था। लम्बे-लम्बे कसीदे थे उसकी शान में। लोग लिख रहे थे कि अब शहर के हालात जरूर सुलझ जाएँगे। कुछ पत्रों में लोगों ने उससे मदद की भी याचना करी थी। कुछ पत्र उसे परेशान करने वाले थे क्योंकि उनसे पता ही नहीं चलता था कि लिखने वाला आख़िर चाहता क्या है। उसने सभी पत्रों पर नज़र दौड़ायी।

कुछ पत्र पहले से ही खुले हुए थे। लीना को बुरी आदत जो थी पति के पत्रों को बिना इजाज़त पढ़ने की। वह सोचती थी पति के पास छिपाने को है ही क्या? तभी उसने एक पत्र उठाया। लीना बोली, "इसे मत पढ़ना।" पति ने और भी ध्यान लगाकर पढ़ना शुरू किया। पत्र उसके मामा लायोश का था। गाँव से आया था। मामा ने पिछले दस साल से उनकी कोई ख़ैर-ख़बर नहीं ली थी। उन्होंने लिखा था—

"मेरे प्यारे भांजे, मैंने अभी-अभी बुदापैश्त के अख़बारों में ख़बर पढ़ी। क्या छलाँग लगायी है तुमने! मेरे तो आजकल बुरे हाल हैं पर तुम काफी तरक्की कर रहे हो।" उन्होंने पिश्ता को पूरे परिवार की ओर से बधाई दी थी और ढेर सारा आशीर्वाद भी। फिर उन्होंने लिखा था कि अगर उनके पास कुछ ढंग के कपड़े होते तो वे अवश्य स्वयं ही आकर उसे बधाई देते। उन्हें शहर में कुछ काम भी था पर क्या करें कपड़े ही नहीं हैं पहनने के लायक। अतः अगर हो सके तो कृपा करके जो व्यक्ति यह पत्र लेकर आया है उसी के हाथ कुछ कपड़े भिजवा दिये जायें ताकि वे आकर अपने भांजे को लिपटाकर प्यार कर सकें। उनका बेटा एलैमेर भी खस्ता हालत में था। उसने संगीत अकादमी से शिक्षा तो पूरी कर ली है पर उसके पास अभी कोई नौकरी नहीं है। बेचारा एक कॉफीहाउस में गाने बजाकर, वो भी एक छोटे से बैण्ड के साथ, अपना गुजारा चला रहा है। अब चूँकि पिश्ता का रसूख है, अतः उसे शहर के म्यूजिक ग्रुप में घुसवा दे तो अच्छा रहे...। "पत्र लाने वाले को बीस रुपये दे देना क्योंकि यहाँ सूअर मर रहे हैं, हम लोग काफ ी खस्ता हालत में हैं।"

"हाँ, लायोश मामा", सावधानी से पिश्ता बोला। वह जानता था कि उसकी

पत्नी के भी कई रिश्तेदार हैं, इसलिए मामा शब्द उसने ज़ोर से कहा। उसका दिल काफी खुश हुआ था, कि इतने पत्रों में कम से कम एक पत्र तो किसी रिश्तेदार का भी निकला। बचपन की कई भूली-बिसरी यादें उसकी आँखों के आगे दौड़ गयीं। यह लायोश मामा उसकी माँ के सबसे छोटे भाई थे और जब वह छोटा बच्चा था तो उसे बहुत प्यार करते थे। उसे बहुत सारी कहानियाँ-चुटकुले सुनाते थे, सीटी बजाते थे, कई करतब दिखाकर उसका मनोरंजन किया करते थे। वे और सब कुछ तो जानते थे पर केवल एक चीज़ नहीं कि जिया कैसे जाता है। पिश्ता सोचने लगा कि उसके कपड़ों में से लीना को किस कपड़े को भेजने में आपत्ति नहीं होगी क्योंकि अगर उसने खुद कुछ निकालकर दिया तो लीना को फौरन पता चल जाएगा।

"लायोश मामा कितनी जल्दी ख़बर पा लेते हैं", वह बोला।

"हाँ", लीना ने कहा।

वह स्नानगृह में घुस गया। काफ ी देर तक नहाता रहा। शेव करता रहा।

बाहर निकल कर उसने पूछा, "क्या वह व्यक्ति प्रतीक्षा कर रहा है?"

"हाँ-हाँ बड़ी वफ ादारी से।"

"देखो प्रिये, क्या मेरे कपड़ों में कोई ऐसा जोड़ा है जिसके बगैर मैं काम चला सकता हूँ। मैं अपनी जैकेट जो मैं शिकार पर पहनकर जाता हूँ, वो तो दे नहीं सकता...।"

लीना कुछ नहीं बोली।

अपना सामान ब्रीफकेस में लगाते हुए अचानक उसे एक ख़याल आया, "अरे! मैं अपना पुराना फ्रॉक कोट उन्हें भेज सकता हूँ। आजकल इस तरह के कोट का फैशन भी नहीं है। बस यूँ ही नेफ्थलीन की गोलियाँ डाल-डालकर रखा जा रहा है।

"ठीक है, दे दो", लीना लम्बी साँस लेती बोली। "कम से कम अलमारी में कुछ जगह तो खाली होगी।"

पिश्ता यह सुनते ही फौरन ब्रीफकेस छोड़ उस अलमारी तक पहुँचा जो लीना को दहेज में उसकी किसी दादी ने दी थी। वह अलमारी जरूरत से ज्यादा बड़ी थी और आधुनिक फर्नीचर से मेल नहीं खाती थी। मगर इसमें कपड़े रखने की जगह बहुत थी। उसने पुराना फ्रॉक कोट निकाला। उसे घुमा-फिराकर देखा कि कहीं कीड़ों ने छेद-वेद तो नहीं कर दिये हैं। सब ठीक-ठाक था क्योंकि लीना के रहते कीड़े कपड़ों को बरबाद कर दें यह तो हो ही नहीं सकता था।

"कहाँ है वह आदमी?"

वह बाहर गया। वहाँ बेंच पर वह आदमी बैठा था, बड़े आदर भाव से।

"क्यूँ लड़के तुम ही साहब का पत्र लेकर आये हो?"

"हाँ साहब", लड़का उठकर बोला।

"और मालिक कैसे हैं?"

"ठीक हैं साहब।"

"तुम्हारे पास कोई थैला है?"

"नहीं साहब।"

"तो तुम यह कोट कैसे ले जाओगे?"

"मालूम नहीं साहब।"

"कोई बात नहीं। वहाँ किचन के ऊपर एक पुराना सूटकेस है उसे उतार लाओ।" यह कह उसने पत्नी की ओर देखा और कहा–

"यह सूटकेस मैंने केवल भावनाओं के कारण रखा हुआ है। मेरे विद्यार्थी जीवन से मेरे साथ है। कहीं लेकर तो गया नहीं हूँ आज तक। खस्ता हालत में ही है इसे दिया जा सकता है।"

वह बहुत खुश हुआ जब लीना ने इस पर कोई टिप्पणी नहीं की। फिर अचानक रसोई की घड़ी की ओर देखते हुए बोला–

"क्या, अरे! क्या वाकई में साढ़े दस बज गये हैं?"

पत्नी को तेजी से एक चुम्बन देकर पिश्ता बाहर निकल गया। बाहर बेड़े में आकर उसने सोचा, कितना पुराना घर है यह। बेड़े में पत्थर लगे हुए थे जिस पर से बहकर पानी सड़क पर आ जाता था।

2

आश्चर्य था कि अपनी पत्नी से होती बातचीत में जब वह मॉक्रोत्सी के हारने का ज़िक्र कर रहा था, तब उसने वैगनर की चर्चा नहीं की। वैगनर भी यह चुनाव हारा था। वजह यह थी कि वह भी भ्रष्टाचार के कई मामलों में फँसा हुआ था। वह मल-व्ययन पाइप लगाने में प्रवीण था; अब यह बात और थी कि अब तक शहर में कहीं पाइप लगे ही नहीं थे। हालाँकि जितना पैसा इस कार्य के लिए निर्धारित किया गया था और खर्च भी हो चुका था, उसमें तो पूरे शहर में पाइपों का जाल तक बिछ गया होता। यही कारण था कि लोगों ने उसके नाम पर मोहर नहीं लगायी चुनाव में। सभी उससे मुक्ति पाना चाहते थे। ''वह तो मॉक्रोत्सी से भी बड़ा चोर है।''

पिश्ता सावधानी से चल रहा था। ड्रेनेज सिस्टम न होने की वजह से हर मकान के आगे पानी बह रहा था। कहीं-कहीं तो इस गन्दे पानी पर से गुजरने के लिए पुल तक बने हुए थे।

अब इस गन्दे क्षेत्र से निकल उन्हें मुख्य सड़क के आस-पास कोई घर ढूँढ़ना पड़ेगा। इस खस्ता हाल गली में रहना अब ठीक नहीं होगा। पिश्ता यही सब सोचता चला जा रहा था। आश्चर्य केवल इस बात पर था कि वही गली जिसमें अब तक आराम से रहा जा रहा था अब अचानक गन्दी कैसे हो गयी? उसके यहाँ से निकलने में शहर का फायदा भी होगा और इस पर अधिक खर्च भी नहीं आयेगा। वह मुस्कुराया, ईमानदारी और शराफत की चुस्कियाँ लेते हुए...और यूँ भी इस पर उससे तो कम ही खर्च आयेगा जितना विधि-विभाग यूँ ही चोरी कर के खा जाता है।

मल-व्ययन की व्यवस्था हो या नहीं हो, उन्हें तो इस गन्दी गली से बाहर निकलना ही होगा। उसे अब एक प्राइवेट घर की जरूरत थी। जंगल के एक कोने में अफरानों के लिए मकान बनाये जा रहे थे और उसने घर पर कह भी दिया था कि वह इनमें से एक खरीदना चाहता था। उसके पिता सहायता देंगे और ससुर भी। अब वह यह घर खरीद सकता है। कितना अच्छा होगा कि अपना बाग होगा,

फलों के वृक्ष होंगे, अच्छा तीन कमरे का घर होगा। बस इतना ही सही होता है। इसमें पत्नी पर भी काम का बोझ अधिक नहीं पड़ेगा और देख-रेख में पैसा भी अधिक खर्च नहीं होगा। या हद से हद चार कमरे ताकि उसे अपने लिए, चाहे छोटा-सा ही सही, एक....।

"हैलो, हैलो!" एक जोर की आवाज़ आयी जैसे ही वह मुख्य मार्ग पर पहुँचा।

विचारों को तिलांजलि दे उसने ऊपर देखा। अरे यह तो बैंक का मैनेजर उसे सलाम कर रहा था।

उसने बड़ी नम्रता से अभिवादन स्वीकार किया। कॉरदिच शहर का काफी बड़ा व्यक्ति था। हाई फ   ाइनेंस के क्षेत्र में सबसे ज्यादा ताकतवर। उसका घर बहुत बड़ा था, जहाँ वित्त-सम्बन्धी फैसले लिए जाते थे। अब तक कॉरदिच ने कभी उससे बात नहीं की थी। एक-आध बार सिटी हॉल में मुलाकात जरूर हुई थी। वे दोनों एक-दूसरे को जानते नहीं थे और अभी कल तक हालत यह थी कि अगर पिश्ता उसे हैलो करता तो वह शायद उसका जवाब तक न देता। बहुत होता तो शायद बस हैट ही उठा देता।

आज पिश्ता बहुत खुश था कि कॉरदिच, महान बैंकर उससे इतनी गर्मजोशी से हाथ मिला रहा था मानो उसका अभिन्न मित्र हो।

हाथ पकड़े-पकड़े ही वह बोला–

"पिश्ता! मेरी पत्नी ने मुझे बताया कि वह भी कोपयाश परिवार की ही है। क्या तुम जानते हो?"

पिश्ता कुछ क्षण कॉरदिच को देखता रहा, आश्चर्य से और विचारों में खोये हुए। बिल्कुल वह इस बारे में जानता था। श्रीमती कॉरदिच की माँ फर्डिनंड कोपयाश की पुत्री....।

पर चूँकि वह आगे कुछ बोला नहीं, कॉरदिच ने तपाक से कहा–

"हाँ-हाँ, ठीक कहते हो।"

"सिदोनिया कोपयाश!"

"मेरी सास।"

"बताइए ज़रा!"

दोनों ने कुछ देर एक दूसरे को यूँ देखा मानो अभी-अभी एक दूसरे को पहचाना हो और यह जाना हो कि दोनों ही मनुष्य हैं।

फ   र्डिनान्ड कोपयाश....हम्म...फ   र्डिनान्ड कोपयाश शहर का सबसे बड़ा ज़मींदार या कम से कम सबसे बड़े ज़मींदारों में से एक। इतना बड़ा व्यक्ति, इतना बड़ा

कि कभी भी वह चार घोड़ों की बग्घी के बिना, चार चमकते हुए सफेद घोड़ों से जुती बग्घी के बिना शहर में घूमता दिखाई ही न देता था। इतना बड़ा साहब था कि घर पर कभी उसका जिक्र तक करने की हिम्मत नहीं होती थी आम आदमी की। वह संसद सदस्य भी रह चुका था, प्रधानमंत्री के विशेष सलाहकारों की तरह और कुछ समय के लिए फ़ोइश्यान भी, मगर इसमें इतना बड़प्पन था कि कभी उसे इन बातों का गरूर नहीं था।

''और फ र्डिनान्ड कोपयाश'', वह बोला, ''वैरैवैश के फ र्डिनान्ड कोपयाश!''

इसमें पिश्ता ने यह जोड़ना उचित न समझा। हालाँकि उसके मन में तो जरूर आया कि घर पर वे उसे केवल एक ही नाम से बुलाते थे, ''काला राक्षस'' क्योंकि पिश्ता के पिता के मरने की ख़बर पाते ही यह चार घोड़ों की बग्घी में बैठकर आया था और घर से हर वह कागज़ का पुर्जा-पुर्जा ले गया था जिससे पिश्ता के परिवार पर सम्पत्ति के हक की पुष्टि होती थी और इसके बाद वे उससे एक इंच ज़मीन तक न पा सके थे। जब भी वे उसके पास यह प्रश्न लेकर जाते, वह उन्हें मुँह तक न लगाता। कानून का सहारा लेना असम्भव था क्योंकि दादी ने कोई लिखत-पढ़त करायी न थी। वे बेचारी क्या जानती थीं कि फ र्डिनान्ड इतना बेईमान निकलेगा। परिवार का यह मानना था कि फ र्डिनान्ड उनका हिस्सा हड़प गया था। जब पिश्ता के पिता की युवावस्था में ही मृत्यु हो गयी तब उसकी माँ अपने ढेर सारे बच्चों को लेकर शहर आ गयी थी और एक कॉलिज के पास आकर रहने लगी थी, जहाँ ट्यूशन लेकर वे अपने बच्चों को पाल सकीं। इनका परिवार सदा ही इज्ज़तदार गरीबी में जिया जबकि फ र्डिनान्ड कोपयाश बेईमानी के पैसे से अपनी बेटी को वियना और पेरिस में पढ़ा सका और उसकी शादी फ़ोइश्यान के बेटे मिक्लोविची से करा सका... उनकी बेटी गिज़ैला मिक्लोविची कॉरदिच की पत्नी थी जो यहाँ शहर का बड़ा ताकतवर व्यक्ति था।

''तो हम सम्बन्धी हैं।'' कॉरदिच बोला, उसका हाथ अपने हाथ में लेते हुए।

वे हाथ में हाथ डाले सिटी हॉल की ओर बढ़ चले।

वैशैलैन्यी गली के पास वे रुक गये क्योंकि वहाँ सेविंग्स बैंक की शानदार इमारत खड़ी थी जो कॉरदिच ने बनवायी थी।

''हमारे यहाँ बृहस्पतिवार को कुछ लोग खाने पर आ रहे हैं। हम चाहेंगे तुम भी अपनी पत्नी को लेकर वहाँ आओ। बहुत अफ सोस की बात है पिश्ता कि यह जानते हुए भी कि तुम हमारे रिश्तेदार हो, तुम अभी तक एक बार भी हमारे यहाँ मिलने को भी नहीं आये। अब पार्टी के लिए आना न भूलना, वरना मैं खुद आकर

तुम्हें छः बैलों की गाड़ी से खिंचवाकर ले जाऊँगा। वाकई तुम लोग बड़े अजीब हो, घर में छिपे बैठे रहते हो। आखिर मैंने ही यह रिश्तेदारी खोजकर निकाली। अब नया ज़माना है भाई, पुरानी हंगरी रीति ख़त्म ही हुई जा रही है कि लोग सम्बन्धियों से मिलने का प्रयत्न किया करते थे।''

उसने फिर से अपने रिश्तेदार का हाथ दबाया और आगे बढ़ गया।

पिश्ता मुस्कुराते हुए और तसल्ली से सिटी हॉल की ओर चला। उसका दिल गदगद हो रहा था। हॉल सड़क के दूसरी ओर था। लोग अन्दर-बाहर जा रहे थे। कोई-कोई अभिवादन भी कर रहा था। पिश्ता ख़ास ध्यान रख रहा था कि वह भी सबको उत्तर दे। एक मोटे वकील ने हैट उठाकर उसे सलाम किया। उसका नाम पिश्ता को याद नहीं आया। वह विपक्षी पार्टी का नेता था, बहुत बोलने वाला। उसके चिकने चेहरे पर कुटिल-सी मुस्कान थी। और हाँ! यह तो डॉक्टर मॉर्टिनी है। वह पहले से उसे जानता था। क्लब में मुलाकात भी हो चुकी थी उससे। दोनों एक-दूसरे को प्रथम नाम से ही पुकारते थे पर आज से पहले दोनों में कोई समानता नहीं थी।

पिश्ता ने भी हैट उठाकर उसके अभिवादन का उत्तर दिया और फिर सिटी हॉल में तपाक से प्रवेश कर गया।

हे भगवान! यह सब उसके लिए कितना नया था। वह पिछले सोलह साल से सिटी हॉल आ रहा था पर आज तक उसे किसी ने सलाम नहीं किया था। यहआदरतोकेवलमेयरऔरफ े ह श्यानकेलिएहीथाजोशहरकेमालिक थे। यह छोटी-छोटी बातें आपको कितना सोचने पर मजबूर कर देती हैं।

उसके पुराने दफ्तर तक का सबसे छोटा रास्ता जहाँ से वह रोज़ जाया करता था, एक शीशे के दरवाज े से गुज र कर, पहली मंजिल पर पीछे की सीढ़ियों से चढ़ कर आता था। सांस्कृतिक सलाहकार का कमरा सिटी हॉल के पीछे के हिस्से में था। आज लेकिन वह शीशे के दरवाजे की ओर नहीं बढ़ा बल्कि मुख्य सीढ़ियों से, जिन पर लाल क ालीन बिछा था, होता हुआ मेयर के कमरे के सामने होकर गुजरा।

मेयर के बैठने का कमरा चारों ओर से शीशे की दीवारों से घिरा था।

वह उस कमरे के सामने से गुजर ही रहा था कि उसने पीछे से किसी के भागते हुए आने की आवाज सुनी। वह मेयर का सैक्रेटरी था जिसने उसे बाँहों से पकड़ लिया और बोला–

''अच्छा हुआ मैंने आपको देख लिया डिप्टी मेयर साहब! महामहिम मेयर

कई बार आपके बारे में पूछ चुके हैं और उन्होंने मुझे ताक ीद की थी कि जैसे ही आप आयें आपको बताऊँ कि वे आप का इन्तज़ार कर रहे हैं। तो साहब आइए, अन्दर जाइए।''

''अभी आता हूँ, जरा अपना ब्रीफ केस रख आऊँ।''

''ओफ हो! छोड़िए इसे, इसको मैं रख देता हूँ।''

क्या विरोध करता पिश्ता इसका। वह फ़ौरन मेयर के कमरे की ओर मुड़ गया, जहाँ उसके घुसते ही प्रहरियों ने सलाम ठोका। अन्दर बढ़कर स्वागत कक्ष में पहुँचा, जहाँ जाने में वह बहुत घबराता था क्योंकि यहाँ तो वह हमेशा इंटरव्यू देने के लिए ही आया करता था। हमेशा डरते हुए कि, महामहिम न जाने कैसे मूड में होंगे। अधिकतर वह एजुकेशन बोर्ड की ओर से कोई न कोई माँग लेकर ही आता था। उसका यहाँ कोई स्वागत करता भी तो कैसे—वह कुछ देने-लेने और माँगने ही तो आता था। यह सही था कि वह संस्कृति फैलाने के काम में लगा था मगर उसके लिए पैसे माँगने तो उसे इसी विधि-विभाग का दरवाजा खटखटाना पड़ता था।

स्वागत कक्ष बहुत बड़ा था मगर यहाँ रोशनी बहुत कम थी। खासतौर पर आज नवम्बर के इस दिन जब सूरज की भी बहुत मध्यम रोशनी ही छोटी चौकोर खिड़कियों से प्रवेश कर रही थी। वहाँ बहुत लोग बैठे थे। वकील, उनके नुमाइन्दे, पेशकार, वादी, प्रतिवादी वगैरह। पूरे शहर के मसले यहीं हल हुआ करते थे। सबकी आँखें यहीं लगी रहतीं। हर संस्था को अपना प्लान कार्यान्वित करने के लिए यहीं से मंजूरी लेनी होती। ग़रीब और साधारण लोग यहाँ किसी प्रकार की मदद मिल पाने की ग़रज़ से चक्कर लगाते।

एक जोशीले नवयुवक ने उस डिप्टी मेयर को देख बड़ी बेबाक़ी से कहना शुरू कर दिया—

''एक मिनट साहब, अगर आप बुरा न मानें तो मैं यहाँ के अख़बार झौरात नोक ख़बर में एक बड़ा लेख लिखना चाह रहा हूँ। विषय है—'नये डिप्टी मेयर का ऑफ़िस में पहला दिन।' आज से पहले किसी ने इस विषय पर नहीं लिखा है। मैं आपका बहुत आभारी होऊँगा अगर आप थोड़ा समय निकालकर मुझे अपने प्रोग्राम के बारे में बताएँ।''

इससे पहले कि पिश्ता कुछ कह पाता, उसे लोगों से कटकर बच निकलने का तर्जुबा ही कहाँ था। मेयर के सैक्रेटरी ने स्वयं को दोनों व्यक्तियों के बीच लाते हुए कहा—

"जनाब सम्पादक महोदय! कृपया प्रतीक्षा करें। जरा सब्र रखें। महामहिम महोदय डिप्टी मेयर साहब की प्रतीक्षा कर रहे हैं।"

"मैं आपसे सच कह रहा हूँ कि यह बहुत जरूरी है।"

"ठीक है, मगर आप के पास तो कल सुबह तक का समय है। पेपर तो सुबह ही छपता है ना? इस तरफ से आइए डिप्टीमेयर साहब..."

और यह कहकर उसने पिश्ता को हरे दरवाजे के अन्दर कर दिया।

इसके अन्दर एक और कमरा था जो खाली था। सैक्रेटरी आगे भागा, उसने उस कमरे का दरवाजा खोला और घोषणा की–

"डिप्टी मेयर कोपयाश!"

"एक मिनट!", अन्दर से आवाज़ आयी।

फिर उसे इन्तज़ार करना पड़ा।

और इन्तज़ार। मानो बहती नदी पर बाँध बना दिया गया हो और वह प्रतीक्षा करता रहा।

नया डिप्टी मेयर बहुत परेशान हुआ इस इन्तज़ार से। अगर वह सीधे अन्दर चला गया होता तो कॉरदिच के साथ मुलाकात, उससे हाथ मिलाना, विपक्ष के नेता का सलाम, प्रहरियों का सलाम, पत्रकार का जोश, सैक्रेटरी का उसके पीछे भागना–इन सब बातों से फूला हुआ होता वह और फिर शायद मेयर से मुलाकात के वक्त वह जोश से भरा होता। मगर अब चूँकि उसे इन्तज ार करना पड़ रहा था, यह जोश ठंडा हो चला था और खून उलटा दौरा करने लगा था। वह फिर से अपनी सांस्कृतिक सलाहकार वाली मनःस्थिति में पहुँचने लगा था क्योंकि प्रतीक्षा करना वाकई बहुत कठिन है। प्रतीक्षा नसों को पीसकर रख देती है, हिम्मत तोड़ डालती है और सबसे अधिक तो आत्म-विश्वास को चकनाचूर कर देती है। वह तो समझ रहा था आज वह हीरो बन गया है, आज उससे अधिक विशेष कौन हो सकता था मेयर के लिए।

सैक्रेटरी बाहर भाग गया था स्वागत कक्ष में, वहाँ बैठे लोगों से और इन्तज़ार करने को कहने। शायद वह उनसे कह रहा होगा, "आप लोंगों को इन्तज़ार करना पड़ेगा क्योंकि अभी तो डिप्टी मेयर अन्दर गये हैं। आपने देखा था न उन्हें जाते हुए...।" अचानक उसे यह महसूस होने लगा कि मेयर के पास कोई बैठा नहीं है। वे तो बस उसे यूँ ही इन्तज़ार करवा रहे हैं, केवल उसके आत्म-विश्वास की धज्जियाँ उड़ाने के लिए....। बदमाश हैं सब के सब....। यह राजनीतिज्ञ लोग खूब जानते हैं लोगों की उम्मीदों को तोड़ना...सब हथियारों से ज्यादा कामगर होता

है यह प्रतीक्षा करवाना। वह कितना गर्व महसूस करता अगर वह किसी भी समय बेरोक-टोक अन्दर जा सकता। तब उसे यह लगता कि वह भी कोई हस्ती है, उसका भी कोई वजूद है...। मगर यह इन्तज़ार! यह तो आत्मा तक को घायल कर देता है...और यह मेयर तो मॉकरोत्सी का मित्र है। कहीं यह तो नहीं कि काउंसिल का फैसला इसने मान्य ही न ठहराया हो! तब क्या होगा! हर चीज़ का अन्त, वह फिर से गुमनामी के अँधेरे में खो जाएगा, उसे शहर छोड़कर जाना होगा। फिर क्या करेगा! सिवा इसके कि ससुर जी का फार्म जो करीब सौ एकड़ का है, उसे सँभाले। अपनी बनायी हुई वाइन पिये और यूँ ही ज़िन्दगी काट दे। ओफ़! आखिर यह मेयर चाहता क्या था—और यह सोच-सोचकर वह बड़े डग लेता कमरे में टहलता रहा। एक खिड़की के पास नये सिटी हॉल का प्लान लटक रहा था। पुराना हॉल जर्जर हो चुका था। उसकी जगह यह नया हॉल बनाया जाना था। वह देखता रहा प्लान को—मेयर का कमरा, स्वागत कक्ष...फिर बोर हेकर दाँत पीसने लगा, वह चुना गया था और फिर भी उसे पदवी नहीं दी जाएगी....और भी इसी प्रकार के असम्भव विचार उसके दिमाग में घूम रहे थे; शायद मेयर की यह चाल हो कि इसे इतना निराश कर दिया जाए कि यह स्वयं ही अपनी पोजीशन छोड़कर चला जाए। उसे इस बात का विश्वास दिला दिया जाए कि यहाँ इसके करने लायक कोई काम ही नहीं है या फिर उसे यह जता दिया जाए कि कैसे कोई जवान आदमी यूँ आसानी से इस दफ़्तर में काम सँभालने लायक बन सकता है। वह जानता था कि मेयर के कई चमचे हैं और वह उनके जरिये कुछ भी करवा सकता था। उसे बहुमत वगैरह से कोई फ़र्क नहीं पड़ता था। ओफ! अगर अब कुर्सी न मिली तो कितनी बदनामी होगी। जीवन में फिर रह ही क्या जाएगा? मेयर का उसे यूँ इन्तज़ार करवाना, आखिर चाहता क्या है वह?

सैक्रेटरी अन्दर आया। उसने मेयर का दरवाजा खोला। फौरन पलटा और बोला—

"बस एक मिनट और", कहकर निकल लिया।

यह लड़का कितना मीठा बोलता था, मगर था बड़ा काइयाँ। इसका नाम इमरीकै कैएक था। यह कैएक परिवार काफ ी जाना-माना परिवार था। ढेर सारे कैएक शहर में छाये हुए थे। स्कूल में कई लड़के इस परिवार से थे। एक तो पिश्ता की क्लास में भी था फै री कैएक, एक वकील था डक्को कैएक, एक शराबी था जो अब काउंटी का चीफ एक्ज़ेक्यूटिव है...पूरे शहर पर यही राज कर रहे हैं। यह इन्तज़ार अब बहुत ज्यादा हो रहा था। इमरीकै ने फिर कुछ कागज़ात उठाये और

अन्दर आया। मेयर के कमरे में गया, दरवाजा थोड़ा खुला रह गया था अतः पिश्ता अन्दर से आती आवाजें सुन सकता था।

इससे वह जरा शान्त हुआ। अब अगर कोई अन्दर बैठा है तो मेयर उसे कैसे बुला सकता था। उसका सारा गुस्सा और डर काफूर हो चुका था।

उसने अपने माथे पर से पसीने की बूँदे पोछीं और सही तरह से सोचने लगा।

यह अच्छा था कि वह इस अन्दर के कमरे में बैठा था। कम से कम स्वागत कक्ष में बैठे हुए लोग तो यही सोच रहे होंगे कि वह मेयर के पास बैठा है। अगर उनके पास बैठा होता तो लोग तरह-तरह के प्रश्न उससे कर रहे होते और उस पत्रकार से तो भगवान ने ही बचाया, मेयर से बात किए बग़ैर वह कैसे कुछ कह सकता था।

इमरीकै बाहर आया।

"बस बातचीत खत्म ही होने को है।"

अब पिश्ता को समझ में आया कि उसकी सारी गलतफ हमी की एक ही वजह है और वो यह कि लड़के ने उसे बताया नहीं कि अन्दर कौन बैठा है मेयर के पास। हालाँकि यह भी सच था कि उसने पूछा भी नहीं। वह यह सब सोच रहा था और इसी बीच इमरीकै कल रात की पार्टी के बारे में बात कर रहा था। कल उसने बिना घूँट निगले, सीधी बोतल से हलक में डालकर शैम्पेन पी थी और उसके गले में अटकी भी नहीं थी।

उसका सरकारी नौकरी में अच्छा भविष्य था।

अन्दर से घंटी बजी। इमरीकै अन्दर गया और एक पल में ही उसने पिश्ता के लिए दरवाजा खोला।

धड़कते दिल में पिश्ता अन्दर घुसा, मानो शेर की माँद में जा रहा हो। "ओह हैलो!" मेयर बोला।

3

वृद्ध मेयर की दाढ़ी थी, सफेद बाल थे और बहुत स्मार्ट बूढ़े लग रहे थे वे। वे क   ागज़ों के पुलिन्दे के पीछे बैठे थे। उनका डेस्क बहुत बड़ा था, उसके पास एक और डेस्क था जिसमें अनगिनत खाने थे और जिसके ऊपर कुछ सामान न था। केवल आज के पत्र थे जिन्हें वे हस्ताक्षर करके भेजने ही वाले थे। सामने कई घंटियाँ रखी हुई थीं।

"ओह हैलो", उन्होंने फिर से दोहराया और उनके मोती से चमकते दाँत दिखाई दिये।

जब तक मेयर अपने कागज़ों से जूझते रहे, पिश्ता खड़ा रहा। मेयर अचानक उठ खड़े हुए।

"क्या, तुम अभी तक बैठे नहीं? लो यह सिगार पियो! मुझे बड़ी खुशी हुई कि तुम मिलने आये, मैं यही उम्मीद कर रहा था।"

"माफ कीजिएगा साहब! मैं ज़रा लेट हो गया। दरअसल रास्ते में कॉरविच ने मुझे रोक लिया। वो और मैं आपस में रिश्तेदार हैं।"

मेयर ने भँवें ऊँची कीं। उनकी भँवें इतनी प्रभावशाली नहीं थीं जितनी उनकी दाढ़ी, काफ   ी बनी, शेव करने वाले ब्रश की जैसी थीं।

"कॉरदिच, वो बैंकर....।"

"जी!"

"तुम दोनों रिश्तेदार हो?"

"जी! उसकी पत्नी फ   र्डिनान्ड कोपयाश की नवासी है और फ   र्डिनान्ड और मेरे पिता चचेरे भाई थे–अब यह बिल्कुल हंगारी रिश्तेदारी ही कही जा सकती है।"

मेयर आगे झुके और बोले–

"पर यह तो बड़ी ज़बर्दस्त बात है।", पिश्ता का कन्धा थपथपाकर, मानो उसे इस खुशकिस्मती पर बधाई दे रहे हों। उससे कहने लगे, "प्लीज बैठ जाओ।"

इस बड़े कमरे में बहुत बड़ी-बड़ी चमड़े की आराम कुर्सियाँ थीं। यह कमरा कोने में था। अतः दो तरफ से सड़क का नज़ारा दिखाई देता था। पिश्ता इन कुर्सियों को पहचानता तो था मगर उन पर अभी तक बैठा नहीं था क्योंकि आज से पहले जब वह इस कमरे में आया था तो मेयर के डेस्क के सामने ही खड़ा रहा था। अपने जीवन में पहली बार वह इन कुर्सियों पर आराम से टेक लगाकर बैठा था। बहुत अच्छा महसूस कर रहा था वह। उसे अब किसी प्रकार की घबराहट नहीं थी। वह आराम से सिगार सुलगाने लगा था।

''प्लीज! आराम से कश खींचो...। कल की पार्टी के बाद नींद आयी? सॉरी, मुझे जल्दी जाना पड़ा। मेरी पत्नी की तबीयत ज़रा खराब थी। मैंने सुना पार्टी बहुत अच्छी रही, तुम सब ने खूब मज़ा लिया। तुम तो काफी नाचे भी।''

''मैं?'' उसने आश्चर्य से पूछा क्योंकि नाच काफी देर से शुरू हुआ था, बल्कि आधी रात बीत जाने के बाद और उस वक्त तक वह इतने नशे में था कि उसे कुछ याद नहीं था।

''हाँ भई, ऐसा तो होना ही चाहिए'', मेयर बोले। उनके दाँत और भी अधिक चमके। उनके बुढ़ापे के शरीर के सिलेटी रंग से यह दाँत मेल नहीं खाते थे। वे बिल्कुल एक प्रेतात्मा जैसे लगते थे। ''मैं यह कहना चाहता था बेटा! कि अख़बार सबसे जरूरी चीज़ है; पहली चीज़....क्योंकि अपको पब्लिक तक अपनी बात रखनी जरूरी है–आपको उन्हें अपना प्रोग्राम बताना होगा, आपसे यह अपेक्षा की जाती है...''

पिश्ता ध्यान से सुन रहा था जो बुढ़ऊ बोल रहे थे। वे बड़ी बोर करने वाली आवाज़ में बोल रहे थे, न कोई उतार न चढ़ाव। उनको देखने से तो यह लगता था कि वे बहुत हाज़िर जवाब और बेहद अक़्लमन्द थे, मगर जब बोलते थे तो बहुत इन्तज़ार करना पड़ता था कि वे कहना क्या चाह रहे हैं, बात का रुख किस तरफ है। मन करता था उनकी मदद करें क्योंकि उन्हें अपनी बात सामने रखने के लिए शब्द ही नहीं मिलते थे।

''तुम्हें बहुत सावधान रहना होगा। एक शब्द भी फालतू नहीं बोलना होगा. ..तुम समझ रहे हो ना...ख़ैर तुम तो समझदार आदमी हो।''

वे क्या कहना चाह रहे थे? उन्हें क्या कहना चाहिए था? मगर उन्होंने तो कुछ कहा ही नहीं, केवल सिगार का कश खींचा, कुछ इस तरह से कि उनका पूरा मुँह भर गया। शायद इसी वजह से वे आगे कुछ कहने से बच गये। यह उनके लिए काफी कष्टदायक हो रहा था। वे कभी सिगार पीने का होल्डर इस्तेमाल

नहीं करते थे। इस वक्त वे सिगार को चबा-सा रहे थे जो पीछे से गीला हो चुका था और तम्बाकू के कण उनके मुँह पर यहाँ-वहाँ चिपक गये थे जिन्हें साफ करने का वे कोई प्रयत्न भी नहीं कर रहे थे। एक तह सूखती नहीं थी कि उस पर दूसरी तह तम्बाकू की जम जाती और यूँ धीरे- धीरे उनका मुँह एक काली कन्दरा के मुख की भाँति प्रतीत होने लगा था जिसमें से उनके सफेद दाँत झाँक रहे थे। लगता था महरी ने उनके दाँतों को विम से कसकर चमकाया हो। धूम्रपान करने के बावजूद उनके चमकते हुए दाँत थे।

वह बोला—"मल-व्ययन पाइप..."

इसके आगे बोलने की उसकी हिम्मत नहीं हुई। वह जान ही नहीं पा रहा था कि क्या बात उसके दिमाग में आयी थी। हाँ, यह जरूर है कि आज जब वह घर से चला तब से वह मल-व्ययन के बारे में सोच रहा था।

"हाँ...यह बहुत अच्छी बात है...यह आज की सबसे बड़ी समस्या है", मेयर बोले। "मल-व्ययन....आवश्यक है....वाकई हम इसमें काफी पिछड़े हुए हैं...बहुत कुछ करना है। पहले इसकी भूमिका बाँधनी होगी...काफी विरोध होगा इसका...खासतौर पर बड़ी उम्र के लोगों की ओर से...क्योंकि जाहिर है वे आशंकित होंगे......"

पिश्ता अचम्भित-सा उन्हें देखने लगा।

मेयर ने सिर हिलाया—"तुम्हें उन लोगों को बताना होगा...बिल्कुल साफ शब्दों में बताना होगा। आज के ज़माने में गहरी खुदाई करके नालियाँ बनाये बगैर हम गुज़ारा ही नहीं कर सकते....पहले पाइप-लाइन बिछानी होगी तब कहीं जाकर सड़कों को ठीक कराने का काम होगा।"

"बिल्कुल ठीक कह रहे है आप, महामहिम।"

"प्लीज़ मुझे मेरे नाम 'बेला' से सम्बोधित करो....मैं बहुत खुश हूँ कि तुम कॉरदिच के रिश्तेदार हो....तुम समझ ही नहीं सकते कि मैं कितना खुश हूँ यह जानकर।"

"हम उनके यहाँ बृहस्पतिवार को खाने पर आमन्त्रित हैं। मैं और मेरी पत्नी।"

"ओह हो...बृहस्पतिवार....ठीक है मैं वहाँ तुम्हें मिलूँगा....तुम्हारी पत्नी..." वह हल्का सा खखारा और लाल हो गया। "तुम्हारी पत्नी का शादी से पहले क्या नाम था?"

"सैंतकालनॉय"

"सैंतकालनॉय! क्या वह सैंतकालनाय है?"

"जी साहब!"

"साहब नहीं, बेला भाई कहो," और यह कह उन्होंने अपना सूखा-मुरझाया हुआ हाथ पिश्ता की बाँह पर रख दिया, "बेला भाई और तुम विधि-विभाग के बारे में, उसके पुनर्गठन के बारे में क्या सोचते हो, उसके बारे में भी तो तुम्हें कुछ कहना होगा क्योंकि यह विभाग लोगों में ज्यादा लोकप्रिय नहीं है। इसका पुनर्गठन तो जरूरी करना होगा। जो सीधे हाथ पर हैं उन्हें उल्टे हाथ की ओर भेजना होगा, जो उल्टे हाथ की ओर हैं उन्हें बीच में लाना होगा। तुम समझ रहे हो न मैं क्या कह रहा हूँ।"

पिश्ता समझ रहा था कि पुनर्गठन का अर्थ नया गठन नहीं है बल्कि विभागों की अदला-बदली ही है।

"मैं आपकी बात का मतलब बिल्कुल अच्छी तरह से समझ रहा हूँ महामहिम।"

"तुम एक नये व्यक्ति की तरह से, किसी प्रकार के डर और पक्षपात से बँधे नहीं हो। मैं काउंसिल के इस चयन से बहुत खुश हूँ क्योंकि यह तो मानना पड़ेगा कि यहाँ सब कुछ ठीक-ठाक नहीं चल रहा है। बहुत गड़बड़ियाँ हैं और नये डिप्टी मेयर का सबसे बड़ा कार्य यही है कि वह इन गड़बड़ियों को ठीक करे। यह तुम्हारा प्रथम कार्य होना चाहिए। तुम्हें लोगों को यहाँ-वहाँ खिसकाना होगा। नये लोग लाने होंगे क्योंकि जो पहले से यहाँ बैठे हैं वे तो यहाँ के सिस्टम में जकड़े हुए हैं। तुम नये आदमी हो, तुम्हें सब कुछ नयी तरह से करने की आज़ादी है। तुम सिटी हॉल में एक नयी झाड़ू की तरह होगे..बड़ी अच्छी बात है, यही तो लोग चाहते थे। सही कहा है– "नयी झाड़ू अच्छा साफ करती है। अब सब कुछ ठीक हो जाएगा। दोस्त...क्या मुहावरा है..... है... नयी झाड़ू?"

"बहुत बढ़िया महामहिम, बहुत बढ़िया।"

"हम्म.....अब सब कुछ...."

पिश्ता मन ही मन तो मुस्कुरा रहा था पर ऊपर से गम्भीर बने रहने की सावधानी भी बरतता रहा था क्योंकि अभी तक वह यह पूर्णरूप से न जान पाया था कि क्या महामहिम का इशारा वैगनर की ओर था या नहीं।

"क्या हमें अमरीका से ऋण मिलने वाला है साहब? उस पैसे को अच्छे और लाभकारी कामों में लगाना होगा...."

"बहुत खूब" मेयर बोले। उन्होंने सिगार अपने मुँह से बाहर निकाला और उसे कुछ देर निहारा। उनकी छोटी-छोटी मच्छर जैसी आँखें चमकीं और वे दोहराते हुए बोले, "बहुत खूब.....मिनिस्टर साहब ने भी यही बात कही थी कि वे केवल

अच्छे, लाभकारी कार्यों के लिए ही पैसा देंगे जब अमरीका से पैसा आयगा। हमें पैसा किन कामों के लिए चाहिए? क्यों भाई....आजकल किस कार्य में पूँजी निवेश लाभकारी है?"

पिश्ता ने तेज़ी से हाल में हुई घटनाओं के बारे में सोचा—किस बात की सर्वाधिक चर्चा हुई थी। वह ज्यादा तो इन बातों के बारे में जानता नहीं था। उसे इन बातों से क्या लेना-देना था पर अचानक ही उसे याद आया कि सर्वाधिक चर्चा का विषय तो सूअर फार्म का घपला ही था। इसमें पचास प्रतिशत पैसा सरकार का लगा था, मगर अब इसका दीवाला पिटने की नौबत आ गयी थी। वह तपाक से बोला—

"आर्थिक प्लानिंग....नये बिजनेस लगाना और उन्हें अपने पैरों पर खड़ा करना।"

"हाँ-हाँ", मेयर ने खुश होते हुए बोला।

वे इतने प्रभावित हो गये थे यह बात सुनकर कि अपनी कुर्सी से उठकर खड़े हो गये और एक मिनट के लिए यूँ ही बस खड़े रहे।

"यह तो बहुत अच्छी बात कही" वे बोले, "यह वो बात तो नहीं है जो मैं सोच रहा था, मगर बहुत अच्छा ख़याल है।"

पिश्ता को महसूस हुआ कि उसने ज़रूर किसी दुखती रग पर हाथ रख दिया था, उसे समझ में आने लगा कि यह सूअर फार्म तो बड़ा घपला है, इसके लिए तो एक पैसा तक नहीं दिया जाना चाहिए। उसे इस विचार से पसीना आ गया। उसने सूअर फार्म का जिक्र तो कर डाला पर वह जानता कहाँ था इसके बारे में। वह तो केवल इतना जानता था कि सैंतकालनॉय के दामाद फै री बोरोनकॉए...यह नाम दिमाग में आते ही उसका चेहरा लाल होने लगा....मॉग्दॉलेना....। फै री बोरोनकॉए ने पिग-फार्म के लिए दिया गया पैसा गबन कर लिया था। उस पैसे से अपने लिए एक आलीशान बँगला बनवा लिया था। अतः यह फार्म अब नीलाम होने की स्थिति में आ गया था। अब उसे लगा—यह बात जो उसने सुनी थी वह जरूर सच रही होगी....।

वह सावधान हो गया। उसने बात को वहीं रोक दिया। "वाह, तुमने तो तीर ठीक निशाने पर लगाया है। क्या बात कही है, बहुत अच्छे...भई तुम्हारा चुनाव तो एकदम सही हुआ, बहुत सही..." मेयर ने यह कह उसका घुटना थपथपाया।

"और छोटे निवेशकों का जो मामला है....मेरे ख़याल से महामहिम!" पिश्ता अचानक बोला, "एक और प्रोग्राम का विचार प्रस्तुत करते।"

मेयर ने उँगली उठायी, जिससे पिश्ता समझ गया कि वह विचार से नहीं बल्कि सम्बोधन से नाखुश थे।

''महामहिम की आज्ञा से....बेला भाई।''

''हाँ, यह ठीक है।''

वे दोनों कुछ नहीं बोले और हँसे। मज़ा लेते हँसते रहे। पिश्ता एक बच्चे की तरह से, सिर नीचा किये मेयर की ओर श्रद्धा से देखते हुए और मेयर एक बूढ़े की तरह जो बच्चे को सही कायदे भी सिखा रहा हो और लाड में बिगाड़ भी रहा हो...

''यह काफी टेढ़ा काम है।'' थोड़ी देर बाद वे बोले, ''इस पर काफी गम्भीरता से सोचना पड़ेगा।''

यह छोटे निवेशकों का मामला इस वक्त शहर की सबसे बड़ी समस्या थी। करीब दस हजार ऐसे निवेशक थे। हो सकता है इससे भी अधिक जो फसल के दाम अत्यधिक घट जाने के कारण बहुत गरीबी में धँस गये थे, मगर सरकार उनकी कोई सहायता नहीं कर सकती थी क्योंकि ऐसा करने से बजट खतरे में आ जाता। वे ही तो थे जिनसे सरकार को आमदनी होती थी। प्राइवेट ज़मीनों से तो सरकार को कुछ मिलता ही नहीं था।

पिश्ता अब क्या करता। वह अपने सही विचार तो सामने रख ही नहीं सकता था क्योंकि अभी तक वह विरोधियों की ओर था। वह गाँव के स्कूलों के लिए लड़ता था, यह जानते हुए कि छोटे निवेशक आज कैसी खस्ता हालत में हैं। वे अपने बच्चों को स्कूल तक भेजने की हालत में नहीं थे, उनके लिए किताबें नहीं खरीद सकते थे। वह इन बच्चों की लड़ाई लड़ता था पर अब वह समझ रहा था कि वह दूसरी ओर है। अब डिप्टी मेयर होने के कारण उसे सरकार का साथ देना होगा। अतः वह कुछ बोला नहीं, बस मेयर के दिशा निर्देश की प्रतीक्षा करता रहा।

उसने अपने पत्ते नहीं खोले। वह मेयर का मत जानने की प्रतीक्षा कर रहा था। काफ़ी देर तक उन्हें घूरता रहा बेसब्री से। पिश्ता ने थोड़ा गुस्सा दिखाया और फिर अपने मत और अपने विश्वास के बिल्कुल विपरीत, खुद ही हैरान होते हुए बोल पड़ा–

''वे चाहते हैं कि बकरी दावत तो उड़ा ले मगर बन्दगोभी बची रहे।''

यह एक पुरानी हंगरी कहावत थी पर आज इसका असर कमाल का हुआ। मेयर कुछ देर तो जड़ बने फटी-फटी आँखों से शून्य में ताकते रहे। उनकी आँखें उनके दाँतों की भाँति कड़क हो गयी थीं। फिर वे जोर-जोर से हँसने लगे। यह

उनका हँसना साफ दिखा रहा था कि यह लड़का बड़ी आसानी से उनके रंग में रंग जाएगा। इसके आने से उन्हें कोई परेशानी नहीं होगी। यह भी और लोगों जैसा ही था। वे बेकार ही डर रहे थे कि नया नवयुवक डिप्टी मेयर आते ही कोई परेशानी न खड़ी कर दे।

"हा हा हा" वे हँसे, "भाई! यह तुमने खूब कहा। क्या सटीक बैठाया है मुहावरा..."

पिश्ता को उसकी हँसी से मालूम हो गया कि उसने शायद बहुत ही गलत बात कह दी थी। उसे लगा कि उसने अपने सिद्धान्तों, अपने आदर्शों से समझौता कर लिया था शायद। यह बदमाश इसीलिए इसकी बात से इतना खुश हो गया था। अगर वह भी इन्हीं बदमाशों की राह पर चल दिया तो उसका अन्त क्या होगा? क्या वह शहर के आम आदमी की आशाओं पर पानी फेर देगा? उसने अपने अन्दर झाँक कर देखा तो उसे स्वयं से नफरत होने लगी—वह किन बातों की खुली आँखों से स्वीकृति दे रहा था, अपने पूरे होश-हवास में... ऊपर से तो वह यह बोल गया पर उसकी अन्तरात्मा उसे धिक्कार रही थी.... वह, पुराना सांस्कृतिक सलाहकार, जो उन्हीं बातों का पुरज़ोर विरोध किया करता था, वह जो आदर्शों की ख़ातिर युद्ध बंदी भी रह चुका था और उस दौरान यही सपने देखता था कि अगर यहाँ से छूटकर वापिस देश पहुँचा तो लोगों के लिए कुछ कार्य करेगा, वह जो कभी फौज में रह चुका था जिसने चार साल सीमा पर खाइयों में बैठकर बिताये थे यही सोचते हुए कि उसका ध्येय केवल लोगों की सेवा करना ही है, वह जिसने सदा लोक-कल्याण के ही सपने संजोए थे, वह जिसने युवावस्था में यह प्रण लिया था कि आम हंगरी इन्सान के दुख-दर्द के निवारण के लिए सदा प्रयत्न करता रहेगा...

और अब.....

और अब, वह, बिलाशक, खुश था कि मेयर साहब उसकी बात पर हँस रहे थे। उससे साफ़ जाहिर होता था कि वह बिल्कुल ठीक रास्ते पर जा रहा था, उससे उसे कोई नुकसान नहीं होने वाला था।

वह भी उसी संगीतमयी आवाज़ में हँस रहा था जिससे बदनसीबी की बू आ रही थी, चालाकी, कटुता, झूठी नम्रता और चाटुकारता झलक रही थी।

जनाब बेला भाई साहब... मैं आपको कोई भाषण सुनाने की जुर्रत नहीं कर रहा हूँ, मैं तो केवल आपकी मंशा क्या है वह जानने की कोशिश कर रहा हूँ। अभी मैं यहाँ की कार्य-प्रणाली के बारे में सीख ही रहा हूँ। मुझे अभी बहुत कुछ सीखना-समझना है... मैं जल्दबाज़ी में कोई बेवकूफ ी नहीं करना चाहता।

"हाँ हाँ कहते रहो, कहते रहो।" मेयर ने बात काटते हुए कहा, "तुम क्या कह रहे थे? वे बकरी को खिलाना चाहते हैं और बन्दगोभी को बचाना भी? बिल्कुल ठीक कहा। क्या यह बदज़ात बकरियाँ बन्दगोभी खाना चाहती हैं? अरे भई! अब शहर में केवल यही तो हैं नहीं...और लोग भी तो हैं...कुल नब्बे हज़ार लोग हैं—बाकी अस्सी हजार को भी तो जीना है। क्यों, क्या कहते हो?"

"बड़ी महत्त्वपूर्ण बात है जनाब। लोगों को टैक्स खुशी से देने की आदत डालनी चाहिए।"

"क्या?"

मेयर इतने हड़बड़ा गये थे कि उनका चेहरा कानखजूरे जैसा बन गया था। उनका मुँह खुला का खुला रह गया था।

"क्या?"

मगर पिश्ता हँस दिया। वह खुश था कि अपने कथनों से वह इतना प्रभाव जमा रहा था।

"हंगरी में यह एक बड़ी मुसीबत है। यहाँ लोग टैक्स देना ही नहीं चाहते. ...कोई नहीं...मैं भी नहीं।"

"तुम मुझे बता रहे हो!" मेयर बोले।

"यह देश तब तक यूरोपीय नहीं बनेगा जब तक लोग खुशी-खुशी टैक्स देना नहीं सीखेंगे...अगर वे टैक्स नहीं देंगे तो म्यूनिस्पिल कॉरपोरेशन क्या करेगी. ..? हमें अपने शहर से प्यार करना चाहिए। यह हमारा अपना है। हमें इसके हित में काम करने को तत्पर रहना चाहिए। एक शहरी इससे अधिक क्या कर सकता है कि टैक्स भरे..."

वह रुका और मेयर की हँसी का इन्तज़ार करने लगा, मगर मेयर साहब हँसे नहीं, केवल प्रतीक्षा करते रहे। अतः वह फिर से बोलने लगा—

"दो तरह की परिस्थितियाँ हैं। पहली, जब लोग टैक्स नहीं देते। ऐसे शहर में डंडे का शासन चलता है क्योंकि टैक्स जबर्दस्ती वसूल करना पड़ता है। पुलिस की, फौज की, कचहरी की और तरह-तरह के कानून लाने की जरूरत पड़ती है... दूसरी परिस्थिति में लोग बिना दबाव के टैक्स देते हैं : ऐसा समाज स्वतन्त्र हवा में साँस लेता है, लोग खुद ही अपने कर्त्तव्यों का पालन करना जानते हैं। हर व्यक्ति जानता है कि टैक्स क्यों लिए जाते हैं, उनसे समाज का क्या-क्या फायदा होता है। ऐसे समाज में लोग खुद ही फैसला लेते हैं कि उन्हें शहर की तरक्की के लिए कितना टैक्स निर्धारित करना चाहिए...."

"अरे जरा रुको!" मेयर बोले, "ज्यादा लम्बी मत हाँको। तुम तो राम-राज्य की बात करने लगे...यह तो एक आदर्शवादी विचारधारा लग रही है...."

पिश्ता घबराया कि कहीं उसने अपनी असली विचारधारा की झलक तो नहीं दिखा डाली मेयर को। फौरन अपने को सँभालते हुए, थोड़ा पछतावा-सा दिखाते हुए बोला, "क्यों हुजूर को बात जमी नहीं?"

"हाँ भी और नहीं भी। कुछ-कुछ तो ठीक लगी, लेकिन ज्यादा नहीं।"

"टैक्स देना जीवन बीमा कराने जैसा है।"

"क्या बात कही है! जीवन बीमा?....बहुत अच्छे।"

मगर वह ज्यादा खुश नहीं हुआ था।

"यह सब सुनने में अच्छा लगता है। इन अच्छे शब्दों पर एक दिन अफसोस करने को आदमी जिन्दा रहता है। इन शब्दों में कोई खास वज़न नहीं होता...जो विपक्षी हर समय बोलते हैं वे शब्द अच्छे होते हैं। विपक्ष के पत्रकार अच्छे शब्द लिखते हैं कि सरकार को लोगों को मौका देना चाहिए... कहना तो सरल है.. ..ज़रा वे खुद ऐसा करके समस्याएँ सुलझाएँ तो। हमें इस सब पर कोई विचार-विमर्श नहीं करना है...अच्छा कथन है...नौजवान हमेशा ऐसे अच्छे कथन ढूँढ़कर ले आते हैं...अच्छा है....क्योंकि ऐसा करना जरूरी है...। खैर बृहस्पतिवार को कॉरदिच के यहाँ...बढ़िया रहेगा क्योंकि सिटी काउंसिल की मीटिंग शुक्रवार को है। पूरा एजेंडा रात के खाने पर देख लिया जाएगा। हर व्यक्ति जो शुक्रवार की मीटिंग में होगा, वह बृहस्पतिवार को खाने पर आयेगा। वहीं एक सामूहिक राय बना ली जाएगी...अपने बृहस्पतिवार बेकार न जाने दिया करो। हर हफते आया करो...यही भविष्य बनाएगा तुम्हारा....भविष्य मेरे दोस्त...अब जाओ अपना प्रोग्राम रिपोर्टर को लिखवाओ पर अच्छी-तरह जाँच कर, देखभाल कर लिखवाना। इन रिपोर्टरों से सावधान रहना चाहिए। ये भारी गलतियाँ कर देते हैं। हर शब्द जो लिखवाओ उसे दोबारा पढ़कर देख लेना। एक भी लाइन ऐसी न छप जाए जो तुमने अपनी नज़र से अच्छी तरह से न देख ली हो। कभी नहीं क्योंकि उसके परिणाम भयंकर हो सकते हैं।"

वे और पन्द्रह मिनट तक शहर की वर्तमान समस्याओं के बारे में बातचीत करते रहे। फिर मेयर ने रिपोर्टर को बुलाया। दोनों को पास वाले कमरे में एक साथ बिठाया, जहाँ पिश्ता ने बड़ी सावधानी से, पूरा दिमाग लगाकर अपना पहला प्रोग्राम दिया।

4

एक बज चुका था जब वह वापिस मेयर के कमरे में लौटा। उसे आश्चर्य हुआ कि विपक्ष का नेता डॉक्टर मॉर्तिनी जो छोटी-छोटी सम्पत्ति के मालिकों को हमेशा भड़काता रहता था, वहाँ बैठा था।

मॉर्तिनी की उम्र करीब चालीस की रही होगी। उसे दूर से देखकर ही अन्दाज़ा हो जाता था कि इस आदमी को झगड़ा करना अच्छा लगता है। इस वक्त भी उसकी आँखें भेदती-सी, असन्तुष्ट-सी दिखाई दे रही थीं। उसका सिर एक ओर झुका हुआ था। लग रहा था कोई व्यक्ति घात लगाकर वार करना चाह रहा था।

''जनाब डिप्टी मेयर साहब!'' वह पिश्ता के ऐन सामने आकर खड़ा होकर कहने लगा, ''हम हुज़ूर के लिए एक घंटे से इन्तज़ार कर रहे हैं क्योंकि हम आपके चुने जाने के पहले ही घंटे में आपसे साक्षात्कार का अवसर हाथ से निकलने नहीं देना चाहते थे। हम आपका ध्यान इस शहर की एक बड़ी विषमता की ओर आकर्षित करना चाहते थे। मैं आपका परिचय अपने मित्रों—ऑन्द्राश चोरदाश और गाशपार वैरैश से भी करवा दूँ, जो यहाँ के छोटे किसानों के नेता हैं।''

पिश्ता ने दोनों से हाथ मिलाया। दोनों के हाथ मजदूरों जैसे खुरदरे थे। दोनों के चेहरों से लगता था कि वे इस तरह के ऑफिस में पहली बार आये हैं मगर पिश्ता महसूस कर रहा था कि उनके दिलों में किसी तरह का डर या संकोच नहीं था।

''डिप्टी मेयर साहब! अभी हम किसी बैर-भाव या किसी विद्रोह की नीयत से आपके पास नहीं आये हैं। हमें तो लगता है कि आप हमारे अपने हैं। पुराने सांस्कृतिक सलाहकार जो हमेशा से हमारे प्रिय रहे हैं क्योंकि आपने सदा किसानों के पक्ष में आवाज़ उठायी है उन किसानों के पक्ष में जो अनपढ़, अज्ञानी और गरीब थे। हम आपसे केवल यह जानना चाहते हैं कि अब यह नया पद पाकर आप इन गरीबों को, जिनकी आवाज़ न भगवान तक पहुँचती है न सरकारी अफ़सरों तक, जो बेहद गरीबी में अपना जीवन बसर कर रहे हैं, उन्हें भूल तो न जाएँगे।

हम आपसे कुछ ऐसे शब्दों की अपेक्षा रखते हैं जो इन छोटे लोगों में ताकत, उम्मीद और विश्वास जगा दें।''

पिश्ता को लम्बे भाषण पसन्द नहीं थे। उसे हंगारी होठों पर यह लम्बे- लम्बे वाक्य अच्छे नहीं लगते थे। उसने किसानों के हाथ थामे, उन्हें दबाया, और आँख मारकर बोला।

''मुख्य बात यह है कि बकरियाँ भी पेट भर खाएँ और बन्द गोभी भी बची रहे।''

एक पल के लिए डॉक्टर मॉर्तिनी का मुँह खुला का खुला रह गया।

फिर वह हँसने लगा। उसके दाँत बड़े खराब थे। बेहद सिगरेट पीने के कारण काले पड़ गये थे।

''बिल्कुल ठीक। आखिर हो भी क्यों न?''

और यह कहकर वह और भी जोर-जोर से हँसने लगा, ''तुमने सुना दोस्तों?'' वह अपने साथ आये लोगों की ओर मुखातिब होकर बोला, ''कुछ समझे तुम? यह हमारे अपने आदमी हैं। पूरे दिलोंजान से हमारे आदमी। बकरियाँ अच्छा खाएँ. ...अर्थात् यह शहर और बन्दगोभी बची रहे अर्थात् लोगों का जीवन और भविष्य. ...धन्यवाद साहब! यह हमारे लिए काफी है। हम सन्तुष्ट हैं और अब हम जाकर यह बात सब छोटे किसानों को बता देंगे कि आपका प्रोग्राम क्या है? क्या बात कही है आपने! 'बकरियाँ भी खुश बन्दगोभी भी खुश।' अब इसके बाद बचा ही क्या?''

उन्होंने फिर से हाथ मिलाये और पिश्ता तेजी से अपने पुराने ऑफिस की ओर बढ़ चला।

वह कॉरिडोर से गुजरा। वहाँ पूरा स्टाफ सुबह से उसका इन्तज़ार कर रहा था, सब काम-काज छोड़कर। पिश्ता ने अपने डिप्टी वॉन्याई को विभाग का कार्य सौंपा और बोला, ''उम्मीद है इससे डॉक्टर मॉर्तिनी खुश होंगे, जिस विभाग से उन्हें सबसे अधिक शिकायत रहती है उसका दायित्व अब एक वकील के हाथ में होगा।''

और इस तरह उसने यह ज़ाहिर कर दिया कि वॉन्याई जो अब तक इंसपेक्टर ऑफ स्कूल थे, अब सांस्कृतिक सलाहकार बना दिये जाएँगे।

इससे सब खुश हो गए। हर व्यक्ति उसकी आवभगत में लग गया। सब बड़े प्रभावित हुए कि इतना ऊँचा पद पाकर भी वह जरा भी नहीं बदला था। इसके बाद वह विधि-विभाग पहुँचा। यहाँ भी पूरा स्टाफ उसकी प्रतीक्षा कर रहा था।

''साहेबान! आप लोग किसी तरह की तकल्लुफ न दिखाएँ। मैं शब्दों से

अधिक कर्म में विश्वास रखता हूँ। अगर काउंसिल ने मुझे यह सम्मान दिया है, इतनी जिम्मेदारी सौंपी है, तो मेरा यही प्रयत्न रहेगा कि सब लोग सन्तुष्ट हों और विभाग अपना काम ठीक तरह से करे।''

इसके साथ ही उसने अपने प्रारम्भिक भाषण का समापन किया और अपने काम में लग गया। वह विभाग से भली-भाँति परिचित होना चाहता था पर इसके लिए अधिक तीव्रता नहीं दिखा रहा था। बहुत समय था उसके पास।

इश्ती बॉदौय, विभाग का सबसे कम उम्र का सदस्य जो प्रसिद्ध डांस मास्टर का बेटा था, उसके पास राज़ बताने के अन्दाज में आया और बोला– ''माफ कीजिएगा साहब! मैंने आपको कॉरदिच चाचा के साथ बग़लगीर होते हुए देखा था, आपने मुझे नहीं देखा शायद, मैंने आपको सैंत मॉर्गित स्ट्रीट पर शुभ प्रभात भी कहा था।

पिश्ता को यह याद नहीं था कि इस व्यक्ति ने उसका अभिवादन किया था मगर यह जरूर याद था कि सैंत मॉर्गित स्ट्रीट पहुँचने तक वह कॉरदिच से मिला नहीं था। उससे तो बाद में पोस्ट ऑफिस के पास मुलाकात हुई थी। चलो ख़ैर...।

''कॉरदिच और मैं अपनी पत्नियों के कारण रिश्तेदार हैं।'', उसने साधारण रूप में उत्तर दिया। इसके साथ ही उसने अपने चेहरे को शर्म से लाल होता महसूस किया क्योंकि उसे इस रिश्ते से लाभ उठाने में बड़ी शर्म आ रही थी। आखिर आज सुबह ही तो यह रिश्ता उजागर हुआ था।

''आप दोनों बड़ी गहरी बातचीत में निमग्न थे। अब कॉरदिच साहब किसी से इतनी आत्मीयता दिखाएँ, यह कोई आम बात तो है नहीं। वह तो बेहद अकड़ू किस्म के व्यक्ति हैं।''

पिश्ता को समझ नहीं आया कि लड़के ने यह बात क्यों कही मगर बात तो सही थी। यह आम धारणा थी कि अगर कॉरदिच ने किसी से हाथ मिलाने से इन्कार कर दिया तो समझो वह गया और अगर हाथ मिला लिया तो बस उसकी गुड्डी तो चढ़ गयी।

स्टाफ ने बड़ी गर्मजोशी से उसका स्वागत किया। वह यह तक भूल गया कि यहाँ आने से पहले वह कितना घबरा रहा था कि न जाने कैसा स्वागत होगा उसका इस मॉक्रोत्सी की बादशाहत में। मॉक्रोत्सी इसके बाद कभी ऑफिस नहीं आया। अपनी विदाई लेने भी नहीं।

सुबह का समय अच्छी तरह बीत गया था। जब वह दोपहर के दो बजे घर पहुँचा तो पूरा बदल चुका था। अब वह वो पिश्ता नहीं था जो सुबह घर से निकलते समय था।

5

घर पर कितना अच्छा था। मेज पर फूल सजे थे। यह वह हमेशा से चाहता था, पर लीना के विचार से वे इतनी फिजूलखर्ची नहीं कर सकते थे।

बच्चे बड़े खुश थे और बता रहे थे कि यह दो शब्द 'झे वे' पूरा स्कूल जानता है। सबने चुनाव के बारे में सुना था। उसके बेटे बैत्सी की क्लास में भी जिक्र हो रहा था कि काउंसिल के सदस्यों ने इस 'झे वे' के कारण मॉक्रोत्सी को सजा दी है। वो तो बस पिश्ता ही था जिसने मॉक्रोत्सी से सहानुभूति दिखाते हुए कहा था कि उस बेचारे को कोई पानी तो पिलाओ।

इन सबमें जरा भी सत्य नहीं था पर उसे सुनने में बड़ा मजा आ रह था कि उसके बेटे की क्लास में हर टीचर का यही शब्द बोलकर स्वागत किया जा रहा था। खासतौर पर एक बड़ी उम्र के मास्टर से जिसे बहुत पहले रिटायर हो जाना चाहिए था क्योंकि अब वह क्लास को कंट्रोल भी नहीं कर पाता था। बच्चे उसके हर प्रश्न के उत्तर में यही कहते रहे—"सर क्या आप पानी पीना चाहेंगे?"

डिप्टी मेयर का बेटा होना एक नया ही अनुभव था। दोपहर के खाने के बाद वह लीना के पास बैठा और उसे सब बातें बतायी। वह काफी उदास हो गयी थी।

"मेरे पास कोई अच्छी ड्रेस पहनने को नहीं है। मैं बृहस्पतिवार को क्या पहनूँगी। आज शनिवार है, कल इतवार, कैसे मैं इतनी जल्दी कुछ सिलवा सकती हूँ..."

"अरे किसी बड़ी दुकान पर जाओ, ऑर्डर दो, वे दो दिन में तैयार कर देंगे।"

"अरे भई! मुझे इसकी आदत नहीं है।" लीना ने शर्माते हुए हँसकर कहा और फौरन ही पति के लिए अच्छी कॉफी लाने चली गयी। खासतौर पर ताजी बीन्स से बनायी थी, उसने कॉफ़ी।

कॉफ़ी बहुत अच्छी थी। उसे लगा यह उसकी पोजीशन का सबसे बड़ा अहसास था। उसे अच्छी कॉफ़ी पीने का बहुत शौक़ था पर लीना के हाथ रोककर घर चलाने

की वजह से मुश्किल से कभी अच्छी कॉफी उसे मिलती थी और वह भी कम मात्रा में।

कॉफ़ी पीकर उसे नींद आ गयी। बहुत समय बाद वह इतनी देर रात तक जो जगा था। उसका शरीर अब आराम चाह रहा था। अगली सुबह तक वह चैन की नींद सोया। उसे यह तक पता न चला कि इस बीच कुछ मिलने वाले आये थे। लीना उसकी नींद में विघ्न डालने को तैयार नहीं थी।

6

अगले दिन उसे ऑफिस जाना अच्छा लग रहा था। कोई घबराहट नहीं थी। उसने सारे अर्जेन्ट काम समझ लिए थे। वह खुश था कि उससे कल कोई गलती नहीं हुई थी। समाचार-पत्र में छपे उसके इंटरव्यू से तहलका मच गया था। कहा जा रहा था कि ऐसा इंटरव्यू तो मिनिस्टर दिया करते हैं। उसने एक मँझे हुए राजनीतिज्ञ की भाँति बड़े आत्मविश्वास से बात की थी। उसके कथन हर जगह बातचीत का विषय बने हुए थे, खासतौर पर बकरियों और बन्दगोभी की मिसाल—मानो वह एक पुरानी कहावत न होकर उसके अपने दिमाग की ईजात हो। उसे खुद को भी समझ में नहीं आ रहा था कि लोगों को क्यों इतनी ज्यादा पसन्द आयी थी यह बात। हो सकता है यह इतनी साधारण थी कि हर कोई उसे अपनी तरह से समझ सकता था। जो भी हो इससे सभी खुश थे।

दूसरी बात जो उसकी और भी ज्यादा पसन्द की गयी वो थी कि ''लोगों को टैक्स देने के लिए प्रेरित करना चाहिए।''

शहर में इसकी बहुत चर्चा थी और सब इस पर हँस रहे थे।

इस कथन ने इतनी हलचल मचा दी थी कि सभी इसी बात को दोहरा रहे थे कि डिप्टी मेयर ने टैक्स देने के लिए प्रेरित करने को कहा है। इससे ज्यादा अचम्भे की बात और क्या हो सकती थी कि इस देश में, जहाँ हर व्यक्ति ही टैक्स की चोरी करके जीता है, ऐसा विचार रखा जाए? शासन को दुगुना, तिगुना, दस गुना टैक्स लगाना पड़ता है ताकि कुछ तो पैसा खज़ाने में आये। और इस पर भी सब यही समझते थे कि वे जो टैक्स दे रहे थे, वह कुछ अधिक ही था क्योंकि उन दिनों हालात ही कुछ ऐसे थे। हंगरी की करन्सी 'कोरोना' से बदलकर 'पैंगो' हो गयी थी। सब तरफ चर्चा थी कि किसानों के पास इतने नोट अलमारियों में भरे हुए थे कि उन्हें गिनना तक मुश्किल था। रईसों के घरों में स्पेशल अकाउंटेंट उनके पैसों का हिसाब कर रहे थे। एक अमीर किसान शहर गया ताकि अपनी बेटी के दहेज के लिए फर्नीचर खरीद सके। जब फर्नीचर वाले ने कहा कि तीन

हजार पैंगो का खर्चा आयगा तो किसान अपनी पत्नी से बोला—

“छोड़ो जी! यहाँ समय बर्बाद न करो। हमें अपनी बेटी के लिए इससे अच्छा फर्नीचर चाहिए।”

फर्नीचर वाला सकते में आ गया, बोला—“नहीं-नहीं, कहीं और न जाइए। मैं पाँच हजार पैंगो में आपको ऐसा फर्नीचर बनाकर दूँगा जैसा पादरी भी देख कर दंग हो जाएँ।”

“हमारे लिए वह भी ठीक नहीं है। हम पादरी की तरह भिखारी थोड़ी हैं।”

दुकानदार ने तेजी से सोचा और बोला, “अब अगर आप असली चीज़ चाहते हैं तो फिर अन्दर-बाहर रोज़वुड का बनाकर दूँगा पर उसकी लागत बारह हजार पैंगो आएगी, मगर वैसा आपको किसी डाकू के घर में भी नहीं मिलेगा।”

“चलो ठीक है, उसके साथ हमें एक प्यानो भी दे दो।”

नौ सौ का प्यानो उसे तीन हजार का पड़ा, पर वह सन्तुष्ट था।

खैर अब वो दिन हवा हो गये थे। पैसे का मूल्य गिरने लगा था क्योंकि गेहूँ के दाम बत्तीस पैंगो से केवल बीस पैंगो रह गये थे। ज़ूतों का दाम बीस पैंगो से बढ़कर चालीस पैंगो तक हो गया था। कारों का चलन शुरू हो गया था। कोई ऐसा रईस आदमी नहीं था जिसके पास कार न हो। वह उसे कुछ साल चलाता। उसे ज्यादा समझ न होती, बार-बार गाड़ी गैराज ले जानी पड़ती। ग़रज़ कि एक थोड़े समय की बहुलता के बाद किसान फिर से तकलीफ़ में आने लगे थे।

और अब यह नया डिप्टी मेयर आकर अजीब घोषणा कर रहा था कि लोगों को अपनी ख़ुशी से टैक्स देना चाहिए।

उसी सुबह पिश्ता को समझ में आया कि उसने रिपोर्टर के लेख को ठीक से पढ़ा नहीं उसके छपने से पहले। उसका टैक्स के बारे में कथन अलग से दिखाई दे रहा था। शनिवार को उसने रिपोर्टर को अच्छी तरह समझाया था कि अर्थशास्त्र के सिद्धान्त क्या हैं, क्यों टैक्स देना जरूरी है और यह भी कि अगर लोग अपनी स्वेच्छा से टैक्स देंगे तो उनका प्रभाव शासन पर अधिक रहेगा। तब वह यह आदेश दे सकेगा कि उसका पैसा कहाँ और कैसे खर्च किया जाए। पिश्ता ने उदाहरण भी दिये थे। जब बुल्गारिया ने युद्ध में प्रवेश किया था तो हर बुल्गारी ज़मींदार ने अच्छी तरह जान लिया था कि युद्ध में भाग लेने के क्या फ ायदे और क्या नुक सान हैं। यहाँ ऐसा कुछ नहीं हुआ था क्योंकि हंगरियों में स्वदेश प्रेम की भावना है ही नहीं। वे राष्ट्र की क्या जरूरत है, इसके बारे में जानते ही नहीं। वे तो बस खज़ाने में पैसे देते हैं, बिना यह जाने कि यह पैसा किस काम में आएगा। एक आम

हंगारी अपने ही देश में मालिक नहीं, केवल एक कर-दाता होता है।

किसी ने जानबूझकर यह सब आदर्शवादी राजनीतिक विचार लेख में से बड़ी चतुराई से गायब कर दिये थे, केवल कुछ वाक्य चुनकर डिप्टी मेयर के कथन को हास्यास्पद बनाकर प्रस्तुत कर दिया गया था।

जब उसने अपने कमरे में बैठकर, पूरा लेख पढ़ा तो उसे अपने आप पर शर्म आने लगी, पर उसे कम से कम इस बात से जरूर सान्त्वना मिली कि कोई भारी नुकसान नहीं हुआ था।

शनिवार को, मेयर से बातचीत के बाद उसे कई ऐसी बातों का पता चला जो उसने कही तो थीं पर उनका कोई जिक्र लेख में नहीं था। अगर वे सब छांप दी जातीं तो गज़ब हो जाता। तो कौन था वह, जिसने उसे इस शर्मिन्दगी से बचा लिया था? उसने सोचा शायद मेयर ने स्वयं ही वे सब बातें जो स्थिति को बिगाड़ देतीं, हटा डाली थीं। अगर वे छप जातीं तो पिश्ता तो देशद्रोही ही करार कर दिया जाता।

परमात्मा का शुक्र है कि ऐसा नहीं हुआ। वह मेयर के इस तरह उसे बचा लेने का सोचकर शर्म से लाल हो रहा था।

वह इस पर विचार कर ही रहा था कि बैंक का ऑफिसर उसके पास आया। चीफ कैशियर ने एक साधारण-से कानूनी कागज पर उसके हस्ताक्षर लेने के लिए भेजा था। पिश्ता ने साइन करने से इन्कार कर दिया क्योंकि अभी उसे इसके लिए प्रामाणिकता नहीं मिली थी।

"कोई बात नहीं साहब, इसकी इतनी जल्दी नहीं है, मैं तो केवल आपको सलाम कहने आया था। आप अपनी सुविधानुसार इस पर हस्ताक्षर कर दीजिएगा।"

"मैं पहले महामहिम मेयर से इसके बारे में बात करूँगा।"

"जी हाँ बिल्कुल....क्या मैं आपको यह बताने की जुर्रत कर सकता हूँ कि आपका कथन गज़ब का था। मैनेजर तो खुशी से उछल पड़े थे और बोले थे कि 'यह आदमी कमाल का है', कमाल का। यही कहा था साहब उन्होंने।"

पिश्ता कुछ नहीं बोला, केवल मुस्कुराता रहा। वह जानता था कि मैनेजर ने ऐसा कुछ भी नहीं कहा था।

"माफ कीजिएगा, डिप्टी मेयर साहब! क्या मैं कुछ और अर्ज़ कर सकता हूँ? हमारे मैनेजर, कॉर्दिच साहब ने कहलवाया है कि आप हमारे बैंक में खाता खोलें तो खुशी होगी।"

"मुझे बैंक से कोई लेना-देना नहीं है।"

''यह तो बड़ी अजीब-सी बात है। पिछले साल, और तो और छोटे-छोटे किसान भी शेयर मार्किट में पैसा लगा रहे थे। हमारा एक कस्टमर है जो घोड़ों की रखवाली करता है, वह बड़ी-बड़ी खदानों और लोहे के बिजनेस में पैसा लगाता रहा है और आप यकीन मानिए जब उसने अपने शेयर बेचे तो एक आलीशान जगह पर घर ख़रीदा। उस वक्त में सबने अपने पोर्टफोलियो बनवाये थे, केवल आप ही हैं जिसने हमें कोई बिजनेस नहीं दिया।''

इसमें पिश्ता का कोई दोष नहीं था। लीना हर तरह के जुए के विरुद्ध थी। वह ऐसा कोई काम करने की सोच भी नहीं सकता था।

''मैनेजर साहब का कहना है कि वे इस बात को महत्त्वपूर्ण मानते हैं कि डिप्टी मेयर हमारे बैंक में खाता खोलें।''

''कॉरदिच साहब, ऐसा सोच भी कैसे सकते हैं? वह बैंक अधिकारी से हँसकर बोला, जो लगता था सब कुछ जानता था।''

'बहुत आसान है। मान लीजिए आपको कोई छोटा कर्ज़ा चुकाना है.....''

''मुझ पर कोई कज ा नहीं है। मेरे पास मेरे खर्चे के लिए हमेशा पैसा रहा है। मैंने कभी उधार नहीं लिया।''

''हाँ साहब! वो तो ठीक है पर ऐसा हमेशा तो नहीं चल सकता। अब से आपको अपना रहन-सहन भी तो बदलना पड़ेगा। ख़ैर इससे ज्यादा मैं कुछ नहीं कहूँगा। आप ख़ातिर जमा रखें हमारी नीयत बिल्कुल ठीक है।''

''ठीक है मैं मैनेजर से बात करूँगा। तुम्हारा शुक्रिया।''

उसे मालूम ही नहीं पड़ा कि अचानक उसने आप की जगह तुम कहकर कैसे पुकारा उसे।

गर्मजोशी से हाथ मिलाकर वह बैंक अधिकारी को दरवाजे तक छोड़ने आया।

पलटकर वह जोर से बोला, ''पहली रिश्वत, पहला प्रयास हथेली गर्म करने का मेरे दोस्त।''

उसे यह कहकर, यूँ मेयर की तरह से बात कर बड़ा मजा आया। यह 'मेरे दोस्त' कहना मेयर का ख़ास अन्दाज़ था।

अपने आप को प्रोत्साहन देते हुए उसने कहा—अरे ठीक है इसमें कुछ ख़ास बात नहीं है क्योंकि मुझे कोई भी, कभी भी, किसी गलत काम के लिए नहीं पकड़ सकेगा। उसने कागज उठाया और इन शब्दों के नीचे लाल लाइन खींच दी—'मैं सत्य और संविधान की नींव पर खड़ा हूँ और मेरा केवल एक ही ध्येय है कि मैं

लोगों की भलाई का ध्यान रखूँ।'

मेयर का सैक्रेटरी आया—महामहिम उसे याद कर रहे थे। उसने फुर्ती से अपना हैट उठाया, कोट कन्धे पर डाला और तेजी से निकल पड़ा।

इस बार मेयर ने उसे फौरन अन्दर बुला लिया। उसे जरा भी इन्तज़ार नहीं करना पड़ा। हालाँकि अन्दर कई लोग थे जो इंटरव्यू लेने के लिए बैठे थे।

''ज़रा कुछ देर के लिए हमें माफ़ कीजिए।'' मेयर ने उनसे कहा और वे सब कमरे से बाहर निकल गये।

''हाँ भई! तुम्हें नींद कैसी आयी?'' मेयर ने पूछा, उसे जबर्दस्ती कुर्सी पर बिठाते हुए।

''बहुत बढ़िया जनाब...आप भी आज काफ़ी आराम किये हुए लग रहे हैं। बिल्कुल एक वकालत के विद्यार्थी की तरह।''

''ही ही'' मेयर हँसे, ''हो हो!''

''सच महामहिम...''

''अरे भाई, अरे भाई! तुम्हारी याददाश्त कमजोर है शायद, लगता है तुम मेरा नाम भूल गये हो।''

''नहीं नहीं, बेला भाई! मुझे आपको धन्यवाद देना है कि आपने प्रूफ पढ़कर उसमें से आपत्तिजनक वाक्य निकाल दिये।''

''क्या मतलब! यह काम तुमने स्वयं नहीं किया?''

''जी नहीं! क्योंकि यह बात मैं आपसे छिपाना नहीं चाहता कि मेरी पत्नी नहीं जानती थी कि यह काम कितना महत्त्वपूर्ण है। वो मुझे नींद से जगाना नहीं चाहती थी। आप तो जानते ही हैं कि औरतें कैसी होती हैं? अतः प्रूफ मेरे बिना पढ़े ही छाप दिया गया।''

''तो....'' मेयर ने कहा, ''चलो ख़ैर ठीक है। खुशकिस्मती ही समझो कि ज्यादा नुकसान नहीं हुआ। बस केवल एक गड़बड़ी रह गयी।''

''वाकई? और वो क्या?''

''अपने आप में कथन में तो कोई बुराई नहीं है क्योंकि एक डिप्टी मेयर को विधि और विधान की नींव पर तो खड़ा होना जरूरी ही है मगर यह जो सत्य पर जोर डाला तुमने वो जरा अटपटा-सा है...क्योंकि देखो, हर व्यक्ति सत्य की नींव पर ही खड़ा है, मगर यदि डिप्टी मेयर विधि-विधान के साथ सत्य को जोड़े तो विपक्ष को कटाक्ष करने का अवसर मिल जाता है। वे कहने लगते हैं कि इसका तात्पर्य यह है कि अभी तक सरकार सच्चाई पर नहीं खड़ी थी....सत्य तो तभी

अन्दर आएगा न जब विधि-विधान से जुड़ा होगा। क्यों है ना?''

''बिल्कुल।''

मेयर आज इतने अच्छे मूड में नहीं थे जितने पिछली बार।

वे इस 'सत्य' शब्द से यूँ ही जूझ रहे थे और क्या वजह हो सकती है इसकी, सिवा इसके कि उनका मूड अच्छा नहीं था, या शायद उनकी तबीयत ख़राब थी। उनकी तरह के बूढ़े लोगों के चेहरे से पता चल जाता है कि उनका मूड कैसा है?

पिश्ता हक्का-बक्का-सा अपनी कुर्सी पर बैठा रहा। उसकी एक शब्द भी बोलने की हिम्मत नहीं हुई।

''चलो अब तो इस बात को जाने दो। उम्मीद करता हूँ कि लोगों ने इस पर अधिक ध्यान नहीं दिया होगा क्योंकि तुम्हें यह बात सीखनी पड़ेगी कि लोग बड़े चलायमान होते हैं। जब तक वे किसी पर मेहरबान होते हैं, उसकी कई बातें बर्दाश्त करते हैं। मगर जैसे ही उनका मूड बदला, वे हर बाल की खाल निकालना शुरू कर देते हैं....एक ऐसा वक्त आएगा, जब वे कहेंगे तुम्हारी जरा-सी गलती पर—कि हाँ भई! इसके लिए तो 'सत्य' बहुत महत्त्वपूर्ण था और फिर भी....या फिर कहेंगे कि बड़ा महान बनता था। अपने पहले भाषण में हमें कैसा चित्त कर दिया था। क्या सच्चाई के झंडे गाड़ रहा था....? यह ठीक है कि अभी अधिक नुकसान नहीं हुआ, मगर बिना पढ़े अपना बयान छपने देना....अगर तुम पढ़ लेते तो उसी समय उसे ठीक कर लेते क्योंकि तुम देख पाते कि विपक्ष इस बात पर तुम्हारी धज्जियाँ उड़ा सकता है....मुझे तुम्हारा यह बिना पड़ताल किये, बिना देखे अपना कथन प्रेस में जाने देना अच्छा नहीं लगा।''

''महामहिम! मैंने सोचा आप उसे अपनी नज़र से देख लेंगे। मैंने रिपोर्टर को आपके घर का पता ठीक से लिखवा दिया था और उसे ताक़ीद भी कर दी थी कि आप को ड्राफ्ट दिखा दे।''

''हाँ-हाँ, वे तो हमेशा मेरे पास भेजते ही हैं।'' मेयर के मुँह से निकल गया, ''मगर मैंने केवल वही वाक्य काट दिये थे जो असम्भव-से लग रहे थे। यह कथन ख़ासतौर पर इसलिए छोड़ दिये थे ताकि देख सकूँ, तुम भी अपना दिमाग लगाते हो कि नहीं।''

''तो यह एक जाल था। क्या ऐसा हमेशा हुआ करेगा?''

''बहुत-बहुत धन्यवाद।'' पिश्ता कुछ देर रुककर बोला, ''मैं वाकई बहुत शुक्रगुजार हूँ आपकी कृपा के लिए।''

"और भई यह बैंक का क्या मामला है? कॉरदिच फोन पर कह रहा था कि किसी क़ागज़ पर तुम्हारे दस्तख़त चाहिए थे और तुमने मना कर दिया।"

"मैं इसके बारे में आपसे बात करना चाहता था। मैंने सिर्फ़ इतना ही कहा था कि मैं आपसे राय लूँगा पहले...। आपके आदेश की प्रतीक्षा करूँगा क्योंकि मैं अभी इस विषय में कुछ जानता नहीं हूँ। मैं नहीं जानता कि इसमें शहर का पक्ष क्या कहता है क्योंकि यह तो शहर और बैंक के बीच जो केस चल रहा है उसके बारे में है..."

"तुम्हें हस्ताक्षर करने ही पड़ेंगे।", मेयर ने सख़्त होकर कहा। फिर अचानक जरा नर्म पड़ते हुए, दूसरी आवाज़ निकालकर बोला–

"मैंने सुना तुम्हें शिकार का शौक़ है।"

"जी, मेरे पास लाइसेंस है मगर मैं किसी शिकारी क्लब का सदस्य नहीं हूँ, बस अपने ससुर के फार्म पर खरगोश वगैरह मार लेता हूँ। वह भी, जब समय हो।"

"तुम्हारे ससुर सैन्तकालनॉय।"

"जी!"

"कहाँ रहते हैं वे?"

"किशहैद्‌यैश में।"

"कितनी ज़मीन है उनके पास?"

"यूँ तो सौ एकड़ है, मगर वे उसमें से कुछ किराए पर भी देते हैं।"

"हाँ, आजकल यह खरगोश जरा ठीक पनप रहे हैं। क्रान्ति के दौरान किसान हर जानवर को खत्म करने में लगे हुए थे। युद्ध की गोलियाँ पड़ी थीं, कौए तक मार डाल रहे थे।"

वह हँसा, अपने नक़ली दाँत दिखाते हुए।

जब बूढ़े मेयर ने पिश्ता को जाने की इज़ाजत दी तो वह सकपका-सा गया। उसे समझ में नहीं आया कि वह आगे कहे क्या?

"माफ ी चाहता हूँ महामहिम।"

"हाँ, हाँ! गुड बाई दोस्त।"

जब वह मेयर के ऑफ़िस से बाहर निकल रहा था, तब इतना गम्भीर था कि सैक्रेटरी ने उसकी ओर आँख मारकर कहा–

"बूढ़ा आज बड़े खराब मूड में है।"

"मुझे तो ऐसा नहीं दिखाई दिया।"

और यह कह वह अपने ऑफ़िस लौट आया। उसका बुरा मूड धीरे-धीरे ठीक हो गया। उसने अपने आपको यह कहकर समझाया कि बूढ़े को धीरे-धीरे ही उसकी आदत पड़ेगी। वह एक नया व्यक्ति था, नयी स्फूर्ति काम में ला रहा था। नए शब्द, नयी भाषा बोल रहा था। उसे यूँ हार नहीं माननी चाहिए, उसने सोचा। कितना अच्छा हुआ कि उसने कॉरदिच के सन्देश का गोलमाल उत्तर दे दिया। वह अपने आप को बेचने को कतई तैयार नहीं है।

हम्म! कॉरदिच ने कितनी जल्दी उसके साइन न करने की बात टेलिफोन पर मेयर को जड़ दी थी। अगर वह साइन कर देता तो गलत होता। पहले ही दिन बिना बात को जाने कैसे साइन कर देता आख़िर?''

उसका पहला काम था इस मामले की तफ तीश करना जिसमें उसके हस्ताक्षर माँगे जा रहे थे।

इस केस का अफ़सर डॉ. पेतैरफ ी था। उसे बुलाया।

''बताओ! यह मौचकाशी मामला क्या है?''

डॉ. पेतैरफ ी दुबले-पतले, मजबूत हड्डी वाले ट्रांसिल्वैनिया के आदमी थे। बड़ी नम्रता से झुकते हुए उन्होंने (जैसा एक ट्रांसिल्वैनिया का व्यक्ति ही कर सकता है) रिपोर्ट दिखायी। बैंक के पास जंगल में एक छोटी-सी ज़मीन थी जो किराए पर मौचकाशी नाम के एक व्यक्ति को दी गयी थी। उसने पेड़ काट डाले थे और जैसा कि कानूनन और लीज़ के हिसाब से जरूरी था, उसने दोबारा पेड़ लगाये नहीं, बस केवल मक्का लगा दी। केस इस पेड़ लगाने का था। डॉ. पेतैरफ ी ने पिश्ता को सलाह दी कि बैंक पूरी तरह से ग़लत था। उसने जानबूझकर कानून तोड़ा था। जंगल-विभाग ने आदेश दिया था कि शहर की सरकार बैंक के खिलाफ कार्रवाई करे। सरकार अपनी जिम्मेदारी से बचने के लिए बैंक पर केस करे और बैंक अपने को बचाने के लिए मॉचकाशी पर।

''तो वन-विभाग सही है?''

''जी बिल्कुल!''

पिश्ता नहीं जानता था कि बैंक किसलिए उसके हस्ताक्षर माँग रहा था। कहीं ऐसा तो नहीं था कि शहर की सरकार में होने के कारण उसके हस्ताक्षर इसलिए माँगे जा रहे हों कि वह यह मान ले कि शहर की सरकार ने बैंक के खिलाफ जो केस किया है, वह गलत है।

''कृपया बैंक को फोन करके पता लगाइए कि वह चाहता क्या है?'' जब तक टेलीफोन किया जाता, उसी के ऑफ़िस से क्योंकि वहाँ एक ही फ़ोन था,

तब तक पिश्ता ने क़ागज़ात देखे। उसने पाया कि केस चार साल से चल रहा था और इतना उलझ चुका था कि मॉकरोत्सी भी इसको सुलझाने के लिए तैयार नहीं था।

बैंक ने जवाब दिया कि वह तो एक कानूनी कागज था जो उन्हें कोर्ट से मिला था उसकी तारीख के बारे में पुष्टि कर रहे थे। उस तारीख की पुष्टि केवल पिश्ता के विधि-विभाग से ही हो सकती थी।

पेतैरफ़ी ने यह सूचना पिश्ता को दी, वहीं टेलिफोन के पास खड़े-खड़े।

''कह दो, इसमें हमें कोई आपत्ति नहीं है।''

''पेतैरफ ी ने सन्देश आगे बढ़ा दिया और रिसीवर रख दिया।

''तुम कहाँ से हो, पेतैरफ ी?''

पेतैरफ ी केवल मुस्कुरा दिया।

''मैं! साहब, अगर मैं सच कहूँ तो मैं तो एक शरणार्थी हूँ। मैं ट्रांसिल्वैनिया की उदवारहैय काउंटी से हूँ।''

''वाकई? बहुत अच्छा।''

पिश्ता मुस्कुराया क्योंकि इस वक्त वह अपने हमउम्र आदमी से, जो उसके स्टाफ में था, ऐसे बात कर रहा था जैसे मेयर उससे करते थे।

डॉ. पेतैरफ ी बहुत अक्लमन्द व्यक्ति थे जो अपने काम में बेहद प्रवीण थे। वे दोनों काफी देर तक बात करते रहे। पिश्ता ने इस दौरान बहुत कुछ सीखा।

7

कुछ ही दिन बाद होम मिनिस्टरी से उसके इस पद पर आसीन होने की पुष्टि कर दी गयी।

उसने चैन की साँस ली। अब वह पूरी तरह से पदासीन था। मेयर ने कहा था कि अब शीघ्र ही उसे एक दिन मिनिस्टर से साक्षात्कार के लिए जाना होगा। बस मिनिस्टर साहब से समय मिलने का इन्तज़ार करना होगा।

लीना की ड्रेस बुधवार तक तैयार हो गयी थी। उसने पहनकर देखी। वह उस पर खूब फब रही थी। उसके व्यवहार में बहुत बदलाव आ गया था। वह अब पहले से कम उम्र की लगने लगी थी और फिर से अपने लड़कपन वाली, खुश और मस्त लड़की बन गयी थी। हर वक्त गाना गुनगुनाती रहती, अच्छे मूड में रहती। उसे पहचानना भी कठिन था।

पिश्ता और उसका विवाह युद्ध के दौरान हुआ था। उनके दो बच्चे थे। बैत्सीं चौदह साल का और कालमुश्का ग्यारह साल का। उन्होंने कभी यह बात किसी से कही तो नहीं थी, मगर लीना ने दो बच्चों के बाद और बच्चा जन्मने से इन्कार कर दिया था।

सही भी था। एक तो उसके पास बहुत काम करने को था, दूसरे अपने बच्चों को अच्छी तालीम देने का भी प्रश्न था। जब बच्चे छोटे थे तब एक जर्मन आया भी रखी थी, उनकी देखभाल करने को, मगर जब बच्चे स्कूल जाने लगे तो आया का खर्च उठाना मुश्किल हो गया था। उसे निकाल दिया गया। यूँ भी बच्चों को अब अलग कमरा चाहिए था। आया के लिए अलग कमरा कहाँ से मिलता? उनके पास कुल मिलाकर तीन कमरे थे। पिश्ता तो काफी समय से बड़े घर की तलाश में था मगर यह घर इतना सस्ता था कि यहाँ से निकलने की उनकी हिम्मत ही न होती थी। साल गुजरते गये। बड़े घर की बातें होती रहीं मगर वे यहीं रहते रहे।

पिश्ता का स्वभाव ऐसा था कि वह अपने मन की बात केवल घर में ही

करता था, बाहर वालों से कभी भी नहीं। लीना उसकी अच्छी साथिन थी, उसकी पूरक थी क्योंकि वह उससे अधिक समझदार थी और कोई भी फैसला जल्दबाजी में नहीं लेती थी। अब जैसे-जैसे दिन बीत रहे थे, लीना को लग रहा था कि इस नये पद को पाकर शायद पिश्ता अपने फैसले खुद करने लगेगा।

उसने पिश्ता से नहीं कहा कि उसे अपने पैर ज़मीन पर ही रखने चाहिए, क्योंकि उसे अपने पति पर गर्व था और वह उसकी प्रशंसक भी थी कि इस नये ओहदे में वह कितनी जल्दी फिट भी होने लगा था। उसमें छोटे-मोटे झटकों को झेलने की क्षमता थी और छोटी-छोटी मुसीबतों को भी, जो खुद लीना में नहीं थी। वह ख़ासतौर पर इस बात से खुश थी कि वह अपना नया पद बखूबी सँभाल रहा था। शुरुआत से ही उसे कोई घबराहट नहीं थी।

काश! कुछ भी बुरा न हो। फिलहाल तो उसे बृहस्पतिवार की पार्टी की चिन्ता थी। बस कोई उसे छेड़े नहीं क्योंकि उसमें इतना आत्मविश्वास कहें या घमंड कहें था कि वह ज़रा-सी बात भी बर्दाश्त नहीं कर सकती थी। अगर मेजबान ने उसकी ओर ज़रा-सी भी अनपेक्षा दिखायी, ज़रा भी उसे महसूस कराया कि वह किसी तरह से कम है तो बस फिर तो दुनिया इधर से उधर हो जाए, वह उस घर में दोबारा कदम नहीं रखेगी। अपने बेटे के कपड़ों को प्रेस करते समय, उन्हें रफू करते समय उसने इस पर बहुत सोचा पर उसे नहीं लगा कि किसी प्रकार की मुसीबत खड़ी होगी। चूँकि उन्हें बुलाया गया था तो अच्छे कपड़ों में तो जाना ही था और कुछ भी कहें, पिश्ता अब ऐसे पद पर था कि बैंक के मैनेजर को भी उसे खुश रखने की जरूरत थी और इसके लिए जरूरी था कि उसकी पत्नी को भी नाराज़ न किया जाये। अगर पति को साथ लेकर चलना है तो पत्नी को भी दूर नहीं रखा जा सकता था, बल्कि अगर पत्नी को खुश कर लिया तो पति तो हाथ में आ ही गया समझो। यह बात सब अच्छी तरह से जानते हैं, यह सोच, उसके होठों पर हल्की-सी मुस्कान दौड़ गयी। उसे लगा अब उसकी भी थोड़ी प्रभुता हो जाएगी, अच्छा है। अब वह भी, लीना सैंतकाल्नाइ भी, शहर में कुछ हैसियत रखेगी।

उसने अपनी रिश्तेदार मॉग्दॉलेना के बारे में भी सोचा। क्या वह भी वहाँ होगी? वह क्या पहनी होगी, उससे कैसा बर्ताव करेगी? वे दोनों उम्र में पिश्ता और उससे छोटे थे मगर जब पिश्ता सांस्कृतिक सलाहकार था तब उन दोनों ने इनके यहाँ आने की जरूरत नहीं समझी। आते भी क्यों? मॉग्दॉलेना को संस्कृति से क्या लेना देना था? भली-सम्भ्रान्त स्त्रियों के बीच उसे कोई अच्छा नहीं समझा जाता था। कहा जाता था कि वह अपने पति को पसन्द नहीं करती थी, मगर

बहुत महत्त्वाकांक्षी थी, इसीलिए टिकी थी। उसी के लिए पति ने एक बहुत आलीशान बँगला बनवाया था। वह खुद भी एक आर्किटेक्ट था। अतः उसने स्वयं ही इसे डिजाइन भी किया था। बंगले में एक से एक बढ़कर सजावट की चीज़ें थीं। बड़ा बाग़ था, गाड़ी थी, ड्राइवर था। एक छोटे शहर में यह सब मायने रखता था। यह दोनों रिश्ते की बहनें, बचपन के बाद से कभी एक दूसरे से नहीं मिली थीं। लीना पढ़ने के लिए यहाँ झौरात्लोक आ गयी थी जबकि माँगदॉलेना बुदापैश्त चली गयी थी। वह छुट्टियों में घर आती थी, चूँकि उसके पिता का हार्डवेयर का बिजनेस था जो युद्ध में बहुत मुनाफे में रहा था। वे लोग खासी रईसी में रहते थे अतः लीना से उसकी मुलाकात नहीं हो पाती थी।

"चलो खैर कोई बात नहीं, देखा जाएगा", लीना ने ख़ुद से कहा और फिर बच्चों के कपड़ों की मरम्मत में लग गयी।

"मॉग्दॉलेना को यह सब करने की जरूरत ही नहीं है।" वह मुस्कुरायी, "क्योंकि उसके तो बच्चे हैं ही नहीं। वह तो बाँझ है।" जिन औरतों के बच्चे होते हैं, वे उन औरतों को काफी नीची निगाह से देखती हैं जिनके बच्चे नहीं होते। एक माँ की निगाह में बच्चों से अधिक दौलत हो ही नहीं सकती।

परमात्मा करे कोई मुसीबत न हो पार्टी में। बस फिर सब ठीक रहेगा।

लीना ने अपने को समझा लिया था कि कोई दिक्कत पार्टी में होगी ही नहीं।

और फिर बुधवार की दोपहर पिश्ता के मामा बैर्त्सी अचानक आ धमके।

लीना को लगा उसे कोई झटका-सा लगा हो।

8

आह! बैत्सी मामा कमाल के आदमी थे। हालाँकि वे शहर में वकील थे, मगर उनके हुलिए से लगता था कि वह जानवरों की खरीद फरोख़्त करते हैं।

हाँ भई! सब कहाँ हो, बैत्सी मामा आये हैं।'' यह कहते हुए उन्होंने दरवाजा पूरा खोल डाला। इतना कि दरवाजा चरमरा-सा गया। वे लोग तो कभी इसे पूरा खोलते ही नहीं थे। फिर वे वहीं खड़े रहे, एक भुने हुए छोटे सूअर की तरह, चेहरा लाल और उस पर मुस्कुराहट लिए, आँखें चमकती हुईं।

''हाँ, भाई छोटे!'' और इसमें सब कुछ कह दिया गया। इसमें मुबारकबाद भी थी, ऐसा भांजा होने का गर्व भी। इस बात का भी गर्व कि वे उसके मामा थे और इससे यह भी याद दिलाया जा रहा था कि हम एक परिवार हैं। यह कभी न भूला जाए कि हम कोपयाश हैं।

इस अभिवादन की जड़ें बहुत पुरानी थीं। जब हंगरी अपने शत्रु को हराते, देश को बचाते तो यह हुंकार लगाकर अपनी प्रभुता स्थापित करते। (हाँ छोटे भाई)।

मगर लीना इन शब्दों का अर्थ अच्छी तरह जानती थी। इसका अर्थ केवल इतना होता था कि ''बेटा लाओ कुछ पैसे दो।''

वह यह भी जानती थी कि जब तक वह कमरे में रहेगी, यह शब्द मुँह से नहीं निकाले जाएँगे। उसने अपने पति को बचाने की बहुत कोशिश की, वहीं खड़ी रही मगर घर की औरत के पास और भी तो काम होते हैं और कुछ नहीं तो मेहमान के लिए कुछ खाना-पीना लाना ही। आखिर वे इतनी लम्बी यात्रा करके आये थे। जरूर भूख के मारे उनका दम निकल रहा होगा क्योंकि वे कभी रेस्तराँ में तो खाना जानते ही नहीं थे। घर से बाहर खाने का विचार तक कभी उनके मन में न आया था। अब आखिर मेहमान अगर रास्ते में ही खाकर आयें तो क्या घर की औरत नाराज़ नहीं होगी, अगर उसके हाथ का बनाया खाना खाया नहीं जाएगा।

लीना कुछ देर बैत्सी मामा की यात्रा के किस्से सुनती रही—बड़ी-बड़ी घटनाएँ घटी थीं उनके साथ रास्ते में।

जब वह बाहर गयी, फौरन ही बैर्त्सी मामा ने अपनी आवाज़ धीमी कर ली और भांजे पिश्ता के करीब आकर बैठ गए।

"मैं तुम्हें बताना चाहता हूँ बेटा कि एक बहुत कमाल का सौदा हाथ में आया है। इतना बड़ा कि जबसे कोपयाश परिवार के बुरे दिन शुरू हुए हैं तब से कभी ऐसा नहीं हुआ। मैं खदान का मालिक बन गया हूँ।"

"खदान! कैसी खदान मामा?"

"कोयले की खदान! बेटा, कोयले की।"

पिश्ता हँसने लगा। बैर्त्सी मामा जिसके पास एक फूटी कौड़ी तक नहीं थी, खदान का मालिक।

"ऐसा है बेटा, कि बोरशोद काउंटी में एक बहुत अच्छी खदान है। कौलाच में। उसे कौलाच खदान कहते हैं। हुआ क्या कि एक नौजवान मुझसे एक वकील की हैसियत से मिलने आया। बोला कि उसके पिता की मृत्यु हो गयी थी। वे एक बड़े ईमानदार मेहनती कोयला मजदूर थे जिन्होंने अपने दिमाग़ और अपनी मेहनत से यह खदान खोज निकाली थी। हाँ, मगर उनके पास पैसा था नहीं अतः उसे एक बिजनेस की तरह नहीं जमा पाये। वे किसी तरह खदान को जीवित रखने का प्रयत्न करते रहे, उसे बन्द होने से बचाते रहे। जब तक ज़िन्दा रहे, किसी प्रकार थोड़ा-बहुत पैसा कमाते रहे इससे। उन्हें अपनी खदान पर परमात्मा की भाँति विश्वास था। वे जानते थे कि इससे भविष्य सँवरेगा क्योंकि इसमें बहुत अच्छा कोयला है। देख ज़रा मैं उसका नमूना तेरे लिए लाया भी हूँ।"

और यह कहकर उन्होंने अपनी जेब से एक अखबार का कागज निकाला और उसमें से एक बढ़िया कोयले का टुकड़ा निकालकर दिखाया।

"देखो, ज़रा बेटा! यह मैं तुम्हारे लिए लेकर आया हूँ। यह मेरा उपहार है। इसे अपने डेस्क पर रखो और खुश रहो। यह हमारे परिवार के अच्छे दिन लाने वाली रोशनी है। ज़रा देखो इसे, इसकी चमक देख रहे हो? यह पूरे परिवार के लिए है। क्या सुनहरी शिराएँ दिख रही हैं इसमें! देखो तो यह कितना काला है। कितना सख्त और कितना भारी। यह प्रशिया के अच्छे से अच्छे कोयले की बराबरी कर सकता है। तुम इसे रखो अैर इस पर गर्व करो। इसे सबको दिखाओ। उन सबको जो कोयले की जानकारी रखते हैं। इसका कैमिकल एनालिसिस करवाओ। टैस्ट ट्यूब में जलवाओ क्योंकि मैं जानना चाहता हूँ कि इसकी क्या कीमत है?"

पिश्ता ने कोयले को देखा, वाकई दिख तो अच्छा रहा था, बस उसमें अगर कोई चीज़ गलत थी तो वो थी—बैर्त्सी मामा।

अगर किसी और ने उसे यह दिखाया होता तो वह ज़रूर यकीन कर लेता, मगर बैर्त्सी मामा से उसने लड़खड़ाते हाथों से उसे अपने हाथ में लिया। बड़ी शक्की निगाह से उसे देखा, खोला और फिर मेज़ पर रख दिया।

''नहीं, नहीं! इसे रखो नहीं मेज़ पर।'', बैर्त्सी मामा चिल्लाये। ''परमात्मा के लिए इसे रखो मत। यह ही हमारी मुक्ति का ज़रिया है जो कोपयाश नाम को फिर से चमका देगा। मैं तुम्हें कुछ और भी बताता हूँ—इस कोयला मास्टर के छः बेटे हैं। उसने इन सबको स्कूल भेजा। सब पढ़ लिख गये। कोई कोयला मास्टर नहीं बना। एक क्लर्क है, एक ज़मीन की रजिस्टरी-विभाग में है, तीसरा फौज में है। ग़रज़ कि, सब पढ़े-लिखे हैं, कोई भी हाथ काले नहीं करना चाहता। अब रही यह खदान। सब भाई फैसला नहीं कर पा रहे कि कैसे इसका बँटवारा करें। अतः उनमें से एक मेरे पास आया सलाह माँगने।''

अपना रुमाल निकालकर उन्होंने अपना पसीना पोछा। ''बस मुझे तो इसकी ही जरूरत थी। जैसे ही मैंने यह कोयले का टुकड़ा देखा, मुझे लगा कि यह एक केक का टुकड़ा है और हमारे खाने के लिए ही है। मैंने एक बैलेन्स शीट बनायी। फिर अपनी पत्नी के भाई के पास गया, उससे बातचीत की। वह इन बातों के बारे में काफ़ी जानकारी रखता है क्योंकि सारी उम्र स्टेट मैनेजमेंट का काम ही करता रहा है। ख़ैर हम सब मिलकर इसमें साथ हैं...पूरा परिवार...संक्षेप में यह कि एक पारिवारिक कम्पनी बना ली गयी है। हम कोयला मास्टर के लड़कों से औने-पौने दामों में यह ज़मीन खरीद लेंगे, फिर इस खदान से खूब पैसा कमाएँगे। शुक्र है परमात्मा का कि उसने मुझे इतना अच्छा दिमाग़ दिया है।''

''यह तो बढ़िया है बैर्त्सी मामा, बहुत मुबारक हो।''

''तुम मुझे मुबारकबाद दे रहे हो! मैं तुम्हें मुबारकबाद देना चाहता हूँ दिल से क्योंकि तुम पिछले सौ सालों में पहले व्यक्ति हो हमारे परिवार में जो इतने बड़े पद पर पहुँचा है, इतनी सफलता प्राप्त कर सका है। तुम जानते हो इसका क्या अर्थ है? तुम्हें मालूम है कि तुम क्या हो? ख़ासतौर पर अगर तुम इस कोयले को समझ जाओ, इसे पसन्द करो, इसमें रुचि दिखाओ....आजकल शहरों को ईंधन की बड़ी आवश्यकता है। वे महँगा कोयला ख़रीदते हैं। गुटबन्दी करके रद्दी कोयला ऊँची कीमत पर बेचा जाता है। बेटा तुम्हारा अकेला शहर ही मेरे कोयले की खपत के लिए काफ़ी रहेगा, जब तक हम और खदानें न खरीदें।''

पिश्ता कुछ देर शून्य में ताकता रहा।

''मेरा इससे कुछ लेना-देना नहीं है'', वह धीरे से बोला।

''तुमसे कोई लेना-देना नहीं है? तुमसे नहीं तो फिर, किससे है? तुम्हें केवल एक शब्द बोलने की ज़रूरत है। तुम शहर के वित्तीय-विभाग से बात करो। उनसे कहो कि, वे इस कोयले की जाँच करवाएँ। खदान से और कोयला मँगवाकर जाँच करें। मैं बगैर पैसे के उन्हें इतना कोयला देने को तैयार हूँ, ताकि शहर का शासन यह जान सके कि थियेटर को गर्म रखने के लिए यह कोयला कैसा है? अगर उन्हें पसन्द नहीं आये तो मैं इसके लिए एक कौड़ी भी नहीं माँगूगा। वे कहीं भी इसका इस्तेमाल कर के तसल्ली कर लें। ठीक है तो खरीदें वरना नहीं।''

यह सब पिश्ता के लिए बड़ा अटपटा था क्योंकि वह खरीद फरोख्त के चक्कर में कभी पड़ा ही नहीं था।

''मैं यह नहीं कर सकता बैर्त्सी मामा'' उसने दृढ़ता से मना करते हुए कहा, ''इससे मेरा कोई लेना-देना नहीं है और मैं अपने पद को कभी बिजनेस हासिल करने के लिए इस्तेमाल नहीं करूँगा।''

''बेवकूफ मत बनो, बेटा!'' बैर्त्सी ने हैरान होते हुए कहा, ''तुम अपनी खुशकिस्मती को लात मार रहे हो। तुम्हारा पद है, ठीक है पर तुम्हारे बच्चे भी तो हैं। तुम्हें उनके बारे में भी तो सोचना है। जो भी आर्डर मिलेगा मैं उसका बीस प्रतिशत तुम्हें दूँगा। अगर सौ हजार पैंगो का आर्डर मिला तो उसमें से बीस हजार तुम्हारे। पूरा लाभ। तुम्हारे हाथ में कैश। तुम कैसे इतने पैसे को अपने हाथ से जाने दे सकते हो, बदमाश! मैं तुम्हारे पीछे तुम्हारी पत्नी और तुम्हारे बच्चों को लगा दूँगा और पूरे परिवार को भी। इससे हम सब का ही फायदा है। आखिर यह पारिवारिक कम्पनी ही तो है और यह इसी प्रकार चल सकती है।''

''अभी तो आपने कहा कि आपने बिज़नेस जमा लिया है।''

''हाँ भई! मगर केवल पेपर पर। पहले हमें ऑर्डर मिले, तभी तो आगे बढ़ेंगे। आज के ज़माने में पैसा पेड़ पर तो उगता नहीं, बिजनेस चाहे कितना भी बढ़िया क्यों न हो। बस एक आर्डर मिलते ही हमारी गाड़ी दौड़ पड़ेगी। हमारे पास इतना पैसा आ जाएगा कि हमें समझ में भी नहीं आयेगा कि उसे रखे कहाँ? तुम्हें एक पैसा भी नहीं लगाना होगा। मेरा साला ऑन्तॉल और मैं खदान का काम अपने हाथ में लेंगे और उसे चलाएँगे। तुम्हें कुछ नहीं करना होगा। तुम अपना कमीशन लेना और बस छुट्टी।''

पिश्ता बहुत परेशान हो रहा था उनकी बातों से। पूरी ज़िन्दगी बैर्त्सी मामा ऐसे ऊल-जलूल प्लान बनाते रहे थे। पिश्ता इस कोशिश में था कि क्या सही शब्द बोले जो इस वार्तालाप का अन्त हो।

परन्तु पिश्ता की परवरिश कुछ इस तरह से हुई थी कि परिवार के सदस्यों का अपमान करना उसे सिखाया ही नहीं गया था। उसकी माँ ने हमेशा उसे सही सिखाया था, अगर हम अपने परिवार के सदस्यों का ध्यान नहीं रखेंगे तो और कौन रखेगा? आज भी वह इसी कारण से गूँगा बना बैठा रहा। पूरी दोपहर उनकी बात सुनता रहा।

जब लीना कमरे में आयी तो मामा ने फ़ौरन विषय बदल डाला। उनके पास और भी बहुत बातें थीं करने को। वे परिवार के हर सदस्य से मिलते रहते थे। हरेक के बारे में जानते थे। उनके पास बहुत कुछ था गपशप के लिए।

"आप जानते हैं बैर्त्सी मामा, पिश्ता को सबसे पहले किसने मुबारकबाद दी?" लीना हल्की मुस्कुराहट होठों पर लाती बोली, "लॉयोश मामा।"

"कौन-सा लॉयोश?"

"लॉयोश बातॉए!"

"वह कौन है?"

"आपका भाई।"

"अरे भगवान! तुमने उससे कोई वास्ता तो नहीं रखा? उसे एक पैंगो दो और चलता करो। वह एक मुसीबत है तुम जानते हो। " लीना और पिश्ता मन ही मन मुस्कुरा दिये और चुप रहे।

"वह क्या लेने आया था? मुँह में खाना भरे वे बोले।

"कपड़े।"

"तुम ने दिये तो नहीं?"

"क्यों?"

"और उससे पीछा छुड़ाना मुश्किल हो जाएगा। वह उन्हें पहनकर तुम्हारी गर्दन पर ही लटक जाएगा। क्या कपड़े दिये तुमने उसे?"

"अपने पति का पुराना फ्रॉक कोट।"

"तुमने यह तो बहुत ही ग़लत किया। कल ही वह बिशप के पास पहुँच जाएगा। बस उसे इसी की तो जरूरत थी। उसके दिमाग में यह पागलपन बैठ गया है कि उसे पादरी बनना चाहिए था। हम तो उसे कभी काले कपड़े देने की हिम्मत ही नहीं करते थे क्योंकि उन्हें पहन वह हमें कई बार मुसीबत में डाल देता था। बेटी तुम्हें रिश्तेदारों पर नज़र रखनी चाहिए।"

"यह पहली बार था जब उन्होंने हमसे कुछ माँगा।" पिश्ता ने धीमे से कहा, "उन्होंने तो कभी पत्र लिखकर भी कुछ नहीं माँगा।"

"क्यों लिखता? उसे कोई उम्मीद ही नहीं थी...."

पिश्ता ने एक तिरछी निगाह बेर्त्सी मामा पर डाली। जहाँ तक यह बात है तो आज से पहले खुद उन्होंने भी तो उससे कुछ नहीं माँगा था।

बुढ़ऊ का जाने का कोई इरादा नहीं था। वे रात के खाने पर भी वहीं थे। बच्चों के साथ बैठे उनसे ऐसे खेले, जैसे वे स्वयं भी एक बड़ा बच्चा हों। वे बच्चों को बहलाना खूब जानते थे। दोनों लड़के उनकी गर्दन से लटके हुए थे और उन पर यूँ चढ़े हुए थे जैसे पेड़ पर चिड़ियाएँ। उनके पास कहानियों का खज़ाना था। उनकी अपनी लम्बी उम्र में इतना कुछ घटा था सुनाने के लिए। लीना भी उनकी बातें सुनकर मुस्कुरा रही थी। उसे भी यह मानना पड़ रहा था कि यह बड़े प्यारे बेवकूफ हैं।

बेर्त्सी अगले दिन सुबह की ट्रेन से वापिस लौट रहे थे। चूँकि उनका इस शहर में और कोई जानने वाला था नहीं अतः उन्हें किसी से मिलने भी नहीं जाना था। वे वहीं घर पर ही रहे और परिवार के साथ उन्होंने अपना समय गुज़ारा। पूरी रात उन्होंने खदान की कोई बात नहीं की, बस चलते समय पिश्ता की ओर पलटे और बोले, "बेटा तुम्हारे पास बीस पैंगो हैं क्या?"

"बीस पैंगो?"

"हाँ, मेरे पास बिल्कुल पैसे नहीं हैं, अगर तुम्हारे पास भी नहीं हैं तो कोई बात नहीं, मैं कहीं और से जुटा लूँगा...बस ज़रा उस खदान वाली बात का ख़याल रखना, उस पर विचार करना, मैं अगले हफ ते फिर आऊँगा। कोई जल्दबाजी करने की जरूरत नहीं है, मगर घास को ज्यादा देर तक उगने देना नहीं चाहिए.... मेरा मतलब तुम अभी काम में नये हो पर कम से कम इस कोयले की जाँच तो करवा ही सकते हो। मैं बहुत चाहता हूँ कि इसे सरकारी प्रमाण मिल जाए...अगर रिपोर्ट अच्छी हुई तो हम काम शुरू कर सकते हैं...समय निकलता जा रहा है। नवम्बर हो चुका है, अब तक खदानों के मालिकों ने शीतकाल के लिए कोयला जमा भी कर लिया होगा। हम भविष्य का सोच रहे हैं, तब हमें पैसे की ज़रूरत होगी.. ..अभी से तैयारी शुरू करनी होगी।"

पिश्ता बुजुर्गवार को पैसा जरूर देना चाहता था पर उसके पास तो एक पैसा भी नहीं था और लीना से माँगने की उसकी हिम्मत नहीं हो रही थी अतः उसने अपना पल्ला झाड़, खाली हाथ उन्हें दिखा दिये...यह कह दिया कि अभी उसके पास कुछ नहीं है।

"अच्छा, मैं अपने मैनेजमेंट से तुम्हें सही तरह से कानूनन सही पत्र भेजने

की कोशिश करूँगा।''

''खदान का मैनेजमेंट!'' पिश्ता ने सोचा। अब उसे यकीन हो चला था कि इसके बाद वह अब बैत्सी मामा के कोयले के बारे में कभी नहीं सुनेगा।

''यह बकवासी जनाब क्या चाह रहे थे?'' लीना ने उनके जाने के बाद पूछा।

''कुछ नहीं!''

''कैसा कुछ नहीं?''

''अरे!'', पिश्ता ने अटपटे मन से जवाब दिया। ''अपने किसी बेवकूफ प्लान को लेकर आये थे हमेशा की तरह। कोई कोयले की खदान की चर्चा कर रहे थे।''

''तो वे चाहते क्या हैं?''

''वे चाहते हैं कि शहर की सरकार उनका कोयला ख़रीदे।''

''हे भगवान, पिश्ता! उम्मीद है तुम इस सबमें नहीं फँसोगे।''

''कभी नहीं।''

''प्लीज़ सावधान रहना....बड़े शातिर आदमी हैं वे। उनकी किसी भी बात को संजीदगी से मत लेना।''

पिश्ता कुछ नहीं बोला। लीना को लगा आखिर बैत्सी उसके पति के मामा हैं, उसे ऐसा नहीं बोलना चाहिए था। वह अपने पति को दुख नहीं पहुँचाना चाहती थी।

''मैं कुछ नहीं जानती, मगर मैं यह जरूर जानती हूँ कि बैत्सी मामा की बात पर विश्वास नहीं करना चाहिए।''

''कतई नहीं—वे अपना कोयले का टुकड़ा मेरे पास छोड़ गये हैं, परीक्षण करवाने के लिए।''

''भगवान जाने कहाँ से उठा लाये हैं? किसी रेलवे-स्टेशन से तो नहीं उठा लाये।''

लीना अपने कथन पर खुद ही हँस पड़ी, मगर पिश्ता को उसका यूँ हँसना अच्छा नहीं लगा।

9

दिन साधारण रूप से बीतने लगे। पिश्ता को अब तक आदत पड़ चुकी थी कि वह जहाँ भी जाए, उसे लोग सलाम बजाते, इज़्ज़त देते। वह ऑफ़िस में ध्यान से काम करता रहा और उसे आश्चर्य भी हुआ कि तीन, चार, पाँच दिन में कोई भ्रष्टाचार का मुद्दा नहीं उठा। हालाँकि वह मॉक्रोत्सी के बाद काफ़ी मुसीबतों की कल्पना कर रहा था।

बुधवार को दोपहर के समय जब वह ऑफिस से घर जा रहा था, उसकी मुलाकात एक संसद सदस्य वॉदॉशी से हुई जो स्कूल में उससे एक-आध साल ही सीनियर था और जिससे उसने अभी तक सम्बन्ध बनाये रखा था। वॉदॉशी ने आज बहुत ही अपनेपन से बातचीत की जिससे पिश्ता को आश्चर्य भी हुआ और अच्छा भी लगा।

''और राजनीतिक ख़बर क्या है?'' पिश्ता ने पूछा। संसद सदस्य हँसा। उसने अपना सिर पीछे की ओर झटका और मुँह खोलकर जोर से हँसा।

''इस तरह कब तक चलेगा।'', वह बोला, ''केवल मुस्कुराते रहना तो सरकार चलाना नहीं है। बॉस (यानी प्रधानमंत्री काउंड इश्तवान बैथलैन-1921-31) तो बस हर बात पर मुस्कुराते रहते हैं। कितनी ही बड़ी से बड़ी बात क्यों न हो जाए, वे बस मुस्कुरा देते हैं। उनके अपने लिए तो यह अच्छा है, औरों के लिए भी अच्छा है यकीनन। भगवान ने उनको ऐसा शायद इसलिए ही बनाया है कि आज जैसे कठिन समय में वे (भगवान) हमारे सिरों पर एक ऐसे मोटे आदमी को बिठा दें, जो बस सिंहासन पर बैठा मुस्कुराता रहे। उन्हें ज़रा भी नहीं पता कि कहाँ क्या गलत हो रहा है? उनकी अपनी ज़िन्दगी में कभी कोई कठिनाई आयी ही नहीं। वे कभी भूखे सोये ही नहीं, वे क्या जानें, भूख क्या होती है?''

वॉदॉशी एक बुलडॉग की भाँति हँसने लगा।

''अगर हम उन्हें बताते हैं कि देश में क्या हो रहा है तो वे मुस्कुराते हैं। वे अपने सिगार से राख झाड़ते हैं और मुस्कुराते हैं, लोगों को ठगा जा रहा है,

लोगों के पास काम नहीं है, खेतीहर मजदूरों के पास नौकरी नहीं है, तीस हजार खाली बैठे हैं, यह सब उनके लिए कोई मायने नहीं रखता। वे बस मुस्कुराते हैं। हमेशा से ऐसा ही चल रहा है, गरीब यूँ ही पिसते रहेंगे।''

पिश्ता प्रधानमन्त्री को जानता नहीं था। उसने उनकी केवल तस्वीर ही देखी थी, अब इस इतने बेबाक़ परिचय ने उसे झकझोर डाला था। उसे आश्चर्य हो रहा था कि प्रधानमन्त्री की अपनी ही पार्टी का सदस्य इस प्रकार से उनके बारे में बोल रहा था। ''पर वह लोकप्रिय है।'' उसने जवाब दिया।

''तुम जानते हो लोकप्रियता क्या होती है?....पचास प्रतिशत तो पावर (शक्ति)। इतनी तो हर सरकार का अध्यक्ष अपेक्षा करता ही है। पच्चीस प्रतिशत होती है अपनी स्वयं की छवि, अगर एक बड़े पद पर आसीन व्यक्ति के साथ कोई भ्रष्टाचार का आरोप नहीं जुड़ा है तो वह अच्छा आदमी माना जाता है और यह उसकी लोकप्रियता हो जाती है। बाक ी के पच्चीस प्रतिशत की तो ज़रूरत ही नहीं है। बहुत अच्छा आदमी जिसका कोई विरोध नहीं करता उसमें ज़रूर कोई भारी कमी होती है.....तुम्हें मालूम है जब हम किसानों से मिलते हैं तो वे क्या कहते हैं? ''वे इतने अच्छे आदमी हैं, इतने अच्छे जैसे एक डबलरोटी का स्लाइस! इतने अच्छे कि इससे ज़्यादा अब उनकी कोई प्रशंसा नहीं होती।''

वे दोनों इस पर ज़ोर से हँसे और एक दूसरे की ओर यूँ देखने लगे मानों एक दूसरे को अच्छी तरह समझते हों।

इसके साथ ही दोनों ने विदा ली और अपने-अपने रास्ते चल पड़े। घर जाते समय पिश्ता रास्ते भर सोचता रहा था कि संसद सदस्य बात तो सही ही कर रहे थे। एक कुटिल मुस्कान चेहरे पर लाते हुए पिश्ता ने यह निष्कर्ष निकाला कि जो भी ताकतवर है, अच्छे पद पर आसीन है, जैसे वह खुद, उन सब पर यह बात लागू होती है।

खैर अगर यह बात सही है तो अच्छा ही है। अब उसे भी समझ में आने लगा है कि पावर का अर्थ क्या होता है और क्यों मनुष्य उसे पाने के लिए एड़ी-चोटी का ज़ोर लगाते रहते हैं।

पर हर व्यक्ति के लिए यह भी जानना जरूरी था कि पावर होते हुए कैसे जिया जाए। और अभी तक यह गुर उसने नहीं सीखा था। उसके दिमाग़ में अभी भी अपने विद्यार्थी जीवन के दिनों का आदर्शवाद घुसा था कि पावर का अर्थ था केवल जिम्मेदारी, कोई स्पेशल अधिकार नहीं।

घर पर काफी गहमा-गहमी थी। लीना की ड्रेस अभी-अभी बनकर आयी थी

और वह उसे पहनकर देख रही थी। इस कारण दोपहर के खाने में भी देर हो रही थी। पूरा परिवार ड्रेस को देख रहा था। बच्चे बड़े खुश हो रहे थे कि माँ कितनी खूबसूरत लग रही है। उस जैसा खूबसूरत दुनिया में कोई होगा ही नहीं। किसी की माँ इतनी सुन्दर हो ही नहीं सकती थी।

पिश्ता भी बहुत खुश था। उसने कभी कल्पना भी नहीं की थी कि यही खूबसूरत औरत उसकी पत्नी हो सकती थी। जब वह अपनी ड्रेस पहन कमरे में आयी तो लगा आसमान से कोई परी नीचे धरती पर उतर आयी है। वह मानो पहले सिन्ड्रैला थी, जिसके चारों तरफ की दीवारें आज ढह गयी थीं। सादा-सा फर्नीचर जो उनकी शादी के समय फैशन में था, आज मालकिन को मुँह बाये देख रहा था और खुश हो रहा था। बदरंग हो चुका वॉल पेपर, गरीब सस्ते फूल जो दीवारों पर लगे थे, उसके सामने फीके लग रहे थे। आज पिश्ता को महसूस हो रहा था कि इस औरत के साथ बहुत अन्याय हुआ था। इतने वर्षों से यह खूबसूरत सैंतकालनाई औरत इस छोटे-से घर में अपना दम घोंटे, अपनी असलियत छिपाये जिये जा रही थी।

"लीना!", वह आश्चर्यचकित उसकी ओर देखकर बोला, "तुम बेहद खूबसूरत हो।"

लीना हँसी। कितना फब रही थी उसकी यह हल्की हँसी उस पर! उसके खूबसूरत होठ कितनी लुभावनी तरह से मुस्कुरा रहे थे। उसके छोटे-छोटे चमकते दाँत, जो शायद ही कभी होठों से बाहर निकलते थे आज खिलकर अपनी आभा दिखा रहे थे। उसकी काली आँखें बड़ी-बड़ी खुली हुई थीं और इच्छाएँ भड़कती हुईं।

"ओफ! मैं नहीं जानता था कि तुम इतनी खूबसूरत हो। तुम तो पार्टी में छा जाओगी।"

इस पर लीना आश्चर्य से हँसी। इस बारे में तो उसने सोचा ही न था। वह नाराज़ हुई जब उसे ध्यान आया कि खाना अभी तक मेज पर नहीं लगा था।

वह अब झुँझलाने लगी। ड्रेस मेकर पर चिल्लाने लगी कि ड्रेस कन्धों से टाइट थी, उसकी बगल में फँस रही थी, उसे ठीक फिट नहीं थी।

"मगर मैडम, यह तो आप पर ऐसी फिट बैठी है कि पूछिए मत।"

"नहीं, मैं इसे नहीं पहन सकती। मैं कोई दर्जी की डमी नहीं हूँ कि कपड़े मुझ पर कसकर चढ़ा दिये जाएँ। मैं उसमें साँस लेना चाहती हूँ। मैं इसमें हिल-डुल भी नहीं सकती, अपनी बाँह नहीं उठा सकती।"

"मैडम आपका शरीर बहुत सुडौल है", दर्जन बोली। कई लोग इसके लिए

आपसे ईर्ष्या करते होंगे। आपको कुछ छिपाने की जरूरत नहीं है। आप अपना फिगर दिखा सकती हैं।''

''मैं कुछ दिखाना नहीं चाहती। मैं ड्रेस पहनना चाहती हूँ और उसमें आराम से हिलना-डुलना चाहती हूँ।''

उसने पति की ओर देखा और बोली—''मैं एक गुड़िया नहीं बनना चाहती जो चल-फिर न सके। ड्रेस बेकार है अगर वह मुझे दुकान के शीशे से सजी गुड़िया की तरह बना दे। मैं कपड़े ऐसे चाहती हूँ जिसमें मैं साँस ले सकूँ।''

पिश्ता हँसा, मगर उसे यह अच्छा न लगा कि उसकी पत्नी एक पार्टी ड्रेस में भी साधारण कपड़ों जैसा आराम चाह रही थी। पार्टी ड्रेस का मकसद कुछ और ही होता है। उसे तो ड्रेस में कोई खराबी नज़र नहीं आ रही थी।

''तुम तो केवल कपड़ा और रंग देख रहे हो। वह तो मैंने खुद ही पसन्द किया है पर सिलाई तो बिल्कुल बेकार हुई है।''

बेचारी दर्ज़न को फिर सब शुरू करना पड़ा। जहाँ-जहाँ कमी लग रही थी, उसे नोट किया। असल में उसे ड्रेस पूरी दोबारा ही सिलनी पड़ी। ढीली करने में पीछे की ओर से तंग लगने लगी थी अब आख़िरी पल में उसे कैसे ठीक किया जाता। लीना ने कहा मुझे आज ही लंच पर इसे पहनना है, यह नहीं बताया कि अभी अगले दिन शाम के लिए इसकी जरूरत है।

फिर वह फ़ोन पर लग गयी। कुछ झगड़ा हुआ, फिर आँसू निकले। ''यह बहुत ग़लत बात है। मान लीजिए मुझे आज लंच पर ही जाना होता तब? तब आप क्या करते? अब कुछ कीजिए जल्दी...''

दर्ज़न को जब पता चला कि अगले दिन शाम को पहनी जाएगी यह ड्रेस, तो वह बोली कि इसके साथ एक ऑपेरा गाउन भी चाहिए होगा जो सैलून उसे एक रात के लिए उधार में दे देगा।

ओफ! झगड़ा थमने का नाम ही नहीं ले रहा था। विवाद, फिर रोना-धोना क्योंकि लीना अपनी आदत अनुसार बात-बात पर रो देती और जब काफी रो लेती तो मरने की इच्छा करने लगती।

''तुम आखिर मुझसे चाहते क्या हो?'' वह गुस्से से बोली। अब तक उसकी आँखें रोते-रोते लाल हो गयी थीं, ''शायद मुझे अपनी खाल भी बदलनी होगी अपने पति का करियर बनाने के लिए। मुझे माफ करो, इतना ही काफी है कि हर आदमी तुम्हारी पूजा करने लगा है अचानक। मैं तुम्हारे लिए अपने को बदलने को तैयार नहीं हूँ। मुझे क्यों इतनी पीड़ा दे रहे हो? मैं जैसी हूँ क्या वैसी तुम्हारे लिए ठीक

नहीं हूँ?''

लंच बहुत शान्त वातावरण में हुआ। बच्चे कुछ भी न बोले, उन्होंने सूप पिया (जो जरूरत से ज्यादा पक गया था) और मीट (जो जल चुका था) बिना एक भी शब्द बोले खा लिया, मीठे से ज़रा सबका मूड ठीक हुआ।

घर पर हो रहे इस शोर-शराबे से बचने के लिए, पिश्ता सिटी हॉल चला गया और काम में अपने को डुबा दिया। उसे सब काम समझने के लिए काफी मेहनत करनी थी। यह सब कुछ उसके लिए एकदम नया था। वह अभी क़ानूनी बातों को तो समझता ही नहीं था। खुशकिस्मती से डॉ. पेतैरफ ी बहुत काम के आदमी थे, जो सब जानते थे। हर मसले पर अपनी राय देते थे और बड़े से बड़े उलझे मामलों को आसानी से सुलझा लेते थे।

शाम को एक और मुसीबत खड़ी हो गयी। छोटे बेटे का गला खराब हो गया और इससे माँ तो बहुत घबरा गयीं। बच्चा बीमार है, उसे बुखार भी है, ऐसे में वह सौतेली माँ की तरह उसे छोड़ गुलछर्रे उड़ाये।

इसके साथ-साथ ड्रेस और ज्यादा खराब हो गयी। लीना तो उसे फाड़ ही देती। पिश्ता ने बड़े आराम से उसे समझा-बुझाकर शान्त किया और तब वह उसे एक शाम के लिए पहनने को तैयार हुई। कल ही वे जाकर एक नयी ड्रेस खरीद लेंगे और इसे वापिस कर देंगे। मन ही मन उसने फैसला किया कि सैलून तो उनका मुआवजा दे देगा कहीं से पैसा जुटाकर....मगर चूँकि इस वक्त पैसा जुटाना कठिन था, वह काउंसिल की ओर से सैलून को बिज़नेस दिला देगा।

अभी मुसीबतों का अन्त नहीं हुआ था। आख़िरी पल में लॉयोश मामा आ पहुँचे थे।

लॉयोश मामा अच्छे व्यक्ति थे। सदा मुस्कुराते रहते, बाकी और कोपयाश परिवार के सदस्यों की ही भाँति। दरअसल वे कोपयाश नहीं थे, बल्कि पिश्ता की माँ की तरफ के एक रिश्तेदार थे, बातॉई परिवार के। लीना ने अपने गुस्से में उन्हें कोपयाश बना डाला था...और माफ कीजिएगा, लॉयोश मामा रात को यहीं रहने वाले थे क्योंकि उन्हें रात को बाहर तो नहीं निकाला जा सकता था। उनके लिए जगह कहाँ बनायी जाए? अब तो बच्चों के कमरे में ही एक लोहे का पलँग बिछाना पड़ेगा और अब बड़ा बेटा रात को अपने अगले दिन की पढ़ाई तो कर नहीं सकेगा क्योंकि पूरी रात उसे इनकी कहानियाँ जो सुननी होगी और छोटा बेटा तो शायद रात को प्राण ही त्याग देगा...

अन्ततः उन्होंने टैक्सी बुलायी। पैदल तो जा नहीं सकते थे। हालाँकि अधिक

दूर तो नहीं था। और कोई दिन होता तो लीना यह दूरी दस बार पैदल तय कर लेती, मगर स्वेड के चाँदी की किनारी लगे जूते पहने थी, सड़क पर कीचड़ में कैसे चलती? अब इस पर इतना खर्चा करना पड़ेगा। उसका मन हुआ जाए नहीं घर पर ही रहे।

"मुझे ऐसी जगहों पर नहीं ले जाया करो पिश्ता। मुझे वो बनाने की कोशिश मत करो जो मैं हूँ नहीं। मैं अपने को अपने दड़बे से निकालकर एक दिखाने की चीज़ नहीं बनाना चाहती। अमीर औरतों के लिए, जिनके पास छः छः कमरे हैं और जिनका कोई परिवार नहीं है, उनके लिए ठीक होगा यह सब....मैं एक सोसाइटी की औरत नहीं हूँ...."

पिश्ता हँसा। अब लीना अपनी कल्पना में अपने को सोसाइटी की औरत समझ रही थी।

आखिरकार वे टैक्सी में बैठे।

लीना पत्थर बनी हुई थी। पिश्ता को पत्नी के साथ टैक्सी में बैठे काफी अजीब लग रहा था। उससे पहले वे कभी टैक्सी में नहीं बैठे थे। वाकई में यह टैक्सी, अपनी घिसी-पिटी सीटों और सामने लटकती हुई गुड़िया के साथ एक जहाज़-सा था जो उन्हें गरीबी से अमीरी के गुलिस्तान में ले जा रहा था....उसने लीना को लिपटाना चाहा, उसके उधार के कोट में, मगर उसके हाथ को सर्द पत्थर बने हाथों ने फौरन झटक दिया। उसके बाद उसने प्रयत्न करने की जुर्रत भी न की।

वैसे भी, समय भी कहाँ था? वे तो कॉरदिच के घर तक पहुँच ही चुके थे। कॉरदिच भाई मेन स्क्वेयर में रहते थे, जहाँ पहली मंज़िल के सारे फ्लैट्स उन्हीं के थे। नीचे से उनके घर की चमकती खिड़कियाँ दिख रही थीं।

जब वे टैक्सी से उतरे तो लीना देखने लगी कि क्या उसके पति टैक्सी वाले को टिप भी देंगे? उसे गुस्सा भी आया कि वह देख न पायी कि उन्होंने कितना टिप दिया? उसे ऐसा लगा कि उन्होंने कुछ ज्यादा ही दिया था। इस टूटी-टाटी टैक्सी तक ने इन्हें प्रभावित किया था! ओफ   यह आदमी!

10

वे चौड़ी, रोशनदार सीढ़ियों से चढ़कर जिन पर लाल कालीन भी बिछा हुआ था, ऊपर पहुँचे। घंटी बजायी।

एक नौकर ने दरवाजा खोला। उनके कोट उतरवाने में उनकी मदद की। पिश्ता ने खुद को शीशे में देखा, उसकी डिनर-जेकिट खासी अच्छी लग रही थी और लीना तो स्वर्ग से उतरी परी ही लग रही थी। वह उसको ठगा-सा देख रहा था। क्या वह अपने आप को शीशे में देखना नहीं चाहेगी?

लीना मुस्कुरा भर दी।

इसके बाद वे एक छोटे कमरे से गुज़रे। वहाँ भी खूब रोशनी थी। इससे गुजरकर एक बड़े हॉल में पहुँचे जहाँ एक बड़ा-सा शीशा उनके स्वागत के लिए प्रतीक्षा कर रहा था। यहाँ लीना ने शीशे में देखा। उसने अपने बाल ठीक किये क्योंकि औरतों को हमेशाा अपने बालों का बड़ा ख़याल रहता है। उसके छोटे बाल थे लड़कों जैसे कटे। उसे इसमें आराम महसूस होता था। इस वक्त वह खुश थी कि अच्छी लग रही थी।

पिश्ता इस बात से खुश था कि कॉरदिच खुद उनका स्वागत करने आया।

उसने दोनों से हाथ मिलाया और उन्हें ड्रॉइंगरूम तक लेकर गया।

अपनी पत्नी को पुकारकर बोला, "देखो डार्लिंग कौन आया है?"

काफी मेहमान अब तक आ चुके थे। वे खुश हुए कि वे ठीक समय पर ही आये हैं, न बहुत जल्दी, न बहुत देर से। ठीक उनके बाद मजिस्ट्रेट के बोर्ड के चेयरमैन ऑम्ब्रुश दौरको अपनी पत्नी और अपनी दो दुबली-सी बेटियों के साथ तशरीफ़ लाये। हो सकता है लड़कियाँ खूबसूरत हों मगर पिश्ता ने बस यही नोट किया कि वे बहुत ही पतली थीं।

ऑलइश्पान (चुनकर आया काउंटी का प्रतिनिधि जो सरकार में अपने प्रदेश का प्रतिनिधित्व करता था और उसके ऊपर केवल फ़ोइश्पान का पद था।) पिश्ता के पूर्व परिचित ही थे, उन्होंने बड़े अच्छे तरीके से इन पति-पत्नी का स्वागत किया।

उनके बेटे ने एक सैंतकाल्नॉइ परिवार की लड़की से शादी की थी अतः वे इस परिवार के बारे में बात करने लगे। फ़ौरन ही एक रिश्ता-सा जुड़ गया दोनों के बीच।

अब कहीं जाकर दोनों की नज़रें श्रीमती कॉरदिच पर पड़ीं। जब उनसे परिचय कराया गया तो दोनों को ही अटपटा-सा लगा कि, उन्होंने एक शब्द भी न बोला। लीना को बुरा लगा रहा था कि इस पीली पड़ी, साधारण-सी दिखने वाली औरत के पास क्या बिल्कुल भी शब्द नहीं हैं। ''कुछ ज्यादा ही परिमार्जित है।'' पिश्ता ने स्वयं से कहा, वह भी अटपटा-सा महसूस कर रहा था इस औरत के सामने। उसे लगा– इस पार्टी में आने से पहले उसे एक बार औपचारिक रूप से इन लोगों से मिल लेना चाहिए था।

कोई फ़ायदा नहीं। वे सम्भ्रान्त समाज के तौर-तरीकों से अनभिज्ञ थे। वह परेशान हुआ कि शायद उसने कुछ अधिक ही कल्पना कर ली थी इस पार्टी के बारे में। अब वह यहाँ से खिसक लेने की युक्ति सोच रहा था।

पर शीघ्र ही उसने इस कठिनाई को सुलझा लिया। जब सब कुछ देख-सुन लिया तो उसे समझ में आया कि यह आवभगत उसके लिए नहीं बल्कि डिप्टी मेयर के लिए थी।

वह एक आरामकुर्सी पर बैठ गया और उसने सिगरेट जला ली। वह खाने से पहले सिगार नहीं पीना चाहता था। धीरे-धीरे वह शान्त होने लगा था। उसने अपनी पत्नी की ओर देखा, वह ठीक महसूस कर रही थी। सब औरतों में बड़ी शालीनता से बैठी सबसे अधिक खूबसूरत वही दिख रही थी।

अच्छा लग रहा था, अचानक यूँ शहर के बड़े-बड़े लोगों के बीच। लग रहा था मानो एक डूबते हुए व्यक्ति को पानी ने खुद उछालकर बाहर फेंक दिया था और वह जो अभी तक अपने को डूब चुका मान रहा था, रसातल में घुसता महसूस कर रहा था, अकस्मात् ही स्वयं को एक खूबसूरत टापू पर गुलाबों से घिरा पा रहा था...जीवन अचानक ही बहुत सुन्दर हो चला था। इसमें कोई खराबी भी नहीं थी।

काफी अच्छे, बड़े लोग एकत्रित थे। एक बड़ा वकील था बोल्दीझार कैमेन्यी। यह ट्रॉसिल्वैनियाई परिवार से था, कोई बहुत बड़े घराने से तो सम्बन्ध नहीं रखता था मगर इससे क्या फ़र्क पड़ता था। ट्रांसिल्वैनिया के काउंट जैसा सजीला दिख रहा था। यूँ भी ट्रांसिल्वैनिया के काउंट हंगरी काउंटों से अधिक खूबसूरत होते हैं। और उसकी बेटी इतनी ज्यादा सुन्दर थी कि उस पर से निगाह हटाना नामुमकिन

था।

वहाँ डायरेक्टर ऑफ एजुकेशन भी था, जो एक लम्बा, रौबीला व्यक्ति था। पिश्ता अपनी पुरानी नौकरी, जो सांस्कृतिक विभाग में थी, उसके कारण परिचित था। उसे आश्चर्य हो रहा था कि इससे पहले वह कभी उससे मिला क्यों नहीं। सभी लोग जो वहाँ उपस्थित थे, अधिकतर काफी घमंडी थे। चाहे उनके पद मामूली भी हों मगर सब सिर उठाकर बैठे थे। हो सकता है यह केवल उनके कड़क कॉलरों की वजह से ही हो क्योंकि एक दूसरे से तो वे साधारण बच्चों की तरह से ही बात कर रहे थे, बिल्कुल खुले दिल से।

बिशप भी थे यहाँ। उनका बड़ा-सा बैंगनी रंग का सिल्क का कमरबन्द ख़ौफ जगाने वाला था क्योंकि पिश्ता काल्विनिस्ट था। वह रोमन, कैथलिक पादरियों से बहुत डरता था। यह डर बचपन से ही था क्योंकि तभी से उन्हें बताया जाता था कि रोमन कैथलिक पादरी काफी शान-शौकत से जीते हैं बनिस्बत गरीब प्रोटेस्टेंट पादरियों के। उनके पास अटूट धन-सम्पदा होती है, अधिक ताकत होती है और वे अधिक सम्भ्रान्त होते हैं। पिश्ता पूरी शाम उनके सामने बात करने की हिम्मत नहीं जुटा पाया, ताकि कहीं ऐसा न हो कि उसके मुँह से कोई गलत बात निकल जाए। बिशप एक अँगूठी पहने था जिसमें बड़ा हीरा जड़ा हुआ था। उनके चेहरे पर एक सदा बने रहने वाली मुस्कान थी। कोई कुछ भी कहता वे बस मुस्कुराते रहते।

बाकी सब या तो बिजनेस वाले लोग थे या अधिकारीगण। कुछ ऐसे चेहरे भी थे जिन्हें पत्रकार सदा परेशान करते रहते थे, उनमें से कई विभागाध्यक्ष थे और कई न्यायाधीश। वे लोग जो लोगों को, आम जनता को काफी परेशान किया करते थे। हर छोटे से छोटी जगह की एक अपनी ही अपर क्लास (उच्च श्रेणी) होती है। झॉरात्नोक तो ठीक बड़ी-सी जगह थी। यहाँ तो कई ऐसे लोग थे जो काफ़ी ताकत रखते थे। काफ़ी असमानताएँ भी थीं यहाँ। यह बिल्कुल हंगारी समतल क्षेत्र की भाँति था जहाँ चौड़ाई तो बहुत है मगर फिर भी संकीर्णता है।

पिश्ता अपनी जगह तलाशने की कोशिश करता रहा, सब कुछ देखता रहा, समझता रहा, अपनी गरिमा बनाये बैठा रहा ताकि किसी को यह ज़ाहिर न हो कि वह यहाँ फिट नहीं हो रहा था। जो लोग कुदरती तौर पर अक्लमन्द होते हैं उनके लिए यह करना आसान नहीं होता। उसे एहसास था कि उसकी कल की ज़िन्दगी की छाप आज भी उस पर थी। अब तक वह कहाँ था, वह यहाँ तक कैसे पहुँचा?

वह चुपचाप उनको ताकता रहा, जिनके बारे में उसने अभी तक सिर्फ बुरा ही सुना था। मजिस्ट्रेट के बोर्ड का चेयरमैन—अगर पिश्ता कभी उसके सामने आम आदमी की तरह पेश हुआ होता तो जरूर उसने उसके खिलाफ बहुत ही प्रताड़ित करने वाला फैसला सुना दिया होता...और बैंक के कर्मचारी—अगर उसे कभी पैसे की जरूरत होती तो हाथ पर एक पैसा न धरते...यह बड़े-बड़े बिजनेसमैन, जिनसे उसकी कभी कोई बराबरी थी ही नहीं...जो कल तक उसे हिकारत की नज़र से देखते थे।

अचानक उसे कुछ सुनाई पड़ा जिसे सुनकर उसका चेहरा ज़र्द पड़ गया और कान एकदम लाल हो गये।

वह इतना हड़बड़ा गया था कि उसे लगा—कमरा घूमने लगा है और अब शायद उसे पार्टी छोड़कर जाना होगा।

"क्या हम मॉग्दॉलेना के आने का इन्तजार कर रहे हैं?" यह प्रश्न एक आदमी से दूसरे तक पहुँच रहा था।

क्या मॉग्दॉलेना यहाँ भी आने वाली थी?

उसने इसके बारे में तो सोचा ही नहीं था। उसको मालूम होना चाहिए था कि बोरान्कॉई यहाँ अक्सर आते रहते थे। मगर पिछले कुछ दिन से वह काम में इतना उलझा रहा था कि यह ख़याल उसके दिमाग से ही निकल गया था।

क्या होगा अगर उसकी मुलाकात मॉग्दॉलेना से, उसकी पत्नी के सामने ही हुई?

बोरोन्काई दम्पत्ति के आने की ख़बर से उसका रक्तचाप बढ़ गया था। खाने के बाद तो वह बिल्कुल पगला-सा गया। उसे चक्कर आ रहे थे। वह अपना आपा खोता जा रहा था। उसने लीना की ओर नज़र डाली कि क्या वह यह सब देख पा रही थी जो उस पर घट रहा था। अगर उसने देख लिया कि कैसे पति का रंग फक्क पड़ गया है तो बस कहानी ख़त्म ही समझो, वह कोई बहाना नहीं बना सकेगा और मॉग्दॉलेना वाकई वहाँ आ गयी तब तो स्थिति भयानक हो जाएगी क्योंकि लीना जरूर ही भाँप लेगी कि वह अपने को संयमित नहीं रख पा रहा.

मगर फिर भी अन्दर से उसके मन में गुदगुदी हो रही थी। वह किसी भी क्षण उनके आने का इन्तज़ार कर रहा था और उसने दृढ़-निश्चय कर लिया था कि वह बहुत हिफ़ाज़त बरतेगा। मॉग्दॉलेना से हाथ तक नहीं मिलाएगा अगर ऐसा कर सका। उसके शरीर को छूना तो विनाशकारी होगा, यहाँ तक कि केवल हाथ मिलाना भी...

अन्ततः खाना लगने की घोषणा हो गयी। सब लोग खाने के कमरे में पहुँचे। पिश्ता इन्तज़ार कर रहा था कि अब क्या होगा, मगर मॉग्दॉलेना तो वहाँ कहीं दिखाई नहीं दे रही थी, ना ही बोरोन्काई। सब अपने-अपने नाम वाली कुर्सी पर बैठ गये। कोई भी कुर्सी ख़ाली नहीं बची थी। शायद उन लोगों को आना ही नहीं था।

वह शान्त हो गया और खुश हुआ देखकर कि उसे इतनी इज़्ज़त दी जा रही थी। वह मेज़बान की पत्नी के बायें हाथ पर बिठाया गया था और दायें हाथ पर बिशप बैठे थे।

श्रीमती कॉरदिच वाकई बड़ी शालीन औरत थीं। वे बोलती कभी नहीं थीं, केवल देखती थीं मगर उनके देखने में ही कुछ ऐसा था कि वे एक नज़र में सबको भाँप लेने में सक्षम थीं। कॉरदिच इसके विपरीत बड़ी तेज़ी से अपना मिज़ाज बदलते थे। उनके बारे में मशहूर था कि उनके पास अपार सम्पत्ति है और वैसे भी बैंक में अपनी पोजीशन के कारण वे ही वास्तव में यहाँ के शासक थे।

लीना पति के सामने बैठी थी, मेज के दूसरी ओर बीच में। वह अब तक कभी उससे इतनी दूर नहीं बैठी थी। अभी तक जिन दोस्तों, मिलने वालों के यहाँ वे गये थे, दोनों साथ ही बैठते थे पर यहाँ तो ऐसा करना सम्भव ही नहीं था। आज तो दोनों की नज़रें भी नहीं मिल रही थीं क्योंकि पिश्ता तो पूरे वक्त श्रीमती कॉरदिच से एक मुस्कुराहट प्राप्त करने में ही लगा रहा था। लीना को अपने हाथ देखकर बड़ी शर्म आ रही थी। उसके पास केवल एक ही नौकरानी थी, वह भी एक किसान की बेटी। उसे खाना खुद ही पकाना पड़ता था। वह पिछले कुछ दिनों से अपने हाथों की देखभाल कर रही थी। आज जब उसने अपने दस्ताने उतारे तो हाथ लाल थे।

दो वेटर मेज़ के पास खड़े थे। सफ़ेद दस्ताने पहने, पूरी तरह से काम सीखे हुए। एक मेज के दाहिनी ओर परोस रहा था, दूसरा बायीं ओर, इस बात का ख़याल रख रहे थे कि कोई किसी चीज़ को पाये बिना न रह जाए। लीना इस चिन्ता में लगी थी कि वह यहाँ आयी ही क्यों? अब उसे भी लोगों को खाने पर बुलाना होगा। अब वो कैसे इस तरह का प्रबन्ध कर पाएगी...।

बस इसके अलावा वे दोनों मज़े में ही थे। पार्टी अच्छी थी। सब लोग बड़ी तमीज़ से उनसे मिल रहे थे और खाने के बाद तो पिश्ता के लिए जाम भी उठाया गया। डायरेक्टर ऑफ एजुकेशन ने खड़े होकर बहुत अच्छा भाषण दिया जिसमें उन्होंने पिश्ता के डिप्टी मेयर बनने पर न सिर्फ बधाई दी बल्कि यह भी कहा कि इस व्यक्ति के इस पद पर आने से शहर का बहुत भला होगा। इस पर ऑलइश्पान

ने, ''हाँ, हाँ'' की आवाज़ लगायी। लीना के तो आँसू ही निकल पड़े।

जब मेज़ साफ़ कर दी गयी, तब सब छोटे-छोटे ग्रुप में बँटकर बैठ गये। अब पिश्ता पत्नी से और दूर जा चुका था। खाना खाने के बाद जब उठे थे तभी दोनों की थोड़ी-सी बातचीत हुई थी।

''तुम कैसा महसूस कर रही हो डार्लिंग?''

लीना मुस्कुरायी। उसकी मुस्कुराहट कह रही थी कि 'अच्छा।'

''तुम आज बला की सुन्दर लग रही हो।''

''श्श्'' लीना बोली और यह कह उसने अपनी आँखें बन्द कर लीं। वह पति से कहना चाहती थी कि इस तरह बाकी औरतों की बेइज़्ज़ती होती है।

पिश्ता हँसा और खुश हुआ कि सब ठीक है।

वे एक-दूसरे का चुम्बन ले ही रहे थे कि कॉरदिच वहाँ आ गया। बोला ''ओह! यह युवा लोग! मैडम आज तो आपको अपने पति के बगैर ही काम चलाना होगा क्योंकि आज तो हम इसे खा जाएँगे।''

लीना हँसी, ''मेरे पास फिर भी काफी कुछ बचा रहेगा।''

''वह क्या?''

''उनका ख़राब मूड मेरे पास है।'' इस पर कॉरदिच भाई खूब हँसे।।

''क्या इसके पास ख़राब मूड होता है?''

मगर इसके बाद लीना पति के विरुद्ध कुछ न बोली क्योंकि वह उससे डरती थी और वह यह भी नहीं चाहती थी कि कॉरदिच उसके इतना करीब आ जाए कि उसे 'तू' कहकर बुलाना शुरू कर दे।

''क्या कमाल की बीवी पायी है तुमने!'' कॉरदिच बोला और लीना के गाल पर चुटकी काट ली। लीना का रंग पीला पड़ गया, वह इतनी शर्मिन्दा हो गयी थी।

कॉरदिच ने यह सब देखा नहीं। उसने लीना की कमर में हाथ डाला और उसका गाल चूम लिया। लीना विरोध नहीं करना चाहती थी मगर उसने एकदम बहुत सख़्त होते हुए अपने को अलग खींच लिया।

''आ हा...! सबसे खूबसूरत गुलाब, आज की सबसे खूबसूरत औरत के लिए।'' कॉरदिच ने यह कहकर मेज पर से एक गुलाब उठाकर उसे दिया।

''अब देखिए यह बिल्कुल एक तस्वीर लग रही है।''

इस बात को कहकर उसे शायद बहुत मज़ा आया क्योंकि उसने दो-तीन बार इसे दोहराया कि वह लेयोनार्दो दा विंची की पेंटिंग जैसी लग रही थी। पिश्ता

ने इस बात की ताकीद भी की क्योंकि लीना इस सबसे इतनी हड़बड़ा गयी थी कि उसके चेहरे पर और नूर बिखर गया था।

कोर्ट के डिप्टी क्लर्क की पत्नी सुनहरे बालों वाली एक औरत, जिसके पति एक अच्छे परिवार से ताल्लुक रखते थे और इसीलिए यहाँ बुलाये भी गये थे, वहाँ आन पहुँची, उसने लीना की बाँह पकड़ी और उसे यहाँ से ले चली। लीना समझ गयी कि यह भी उसी की तरह यहाँ अटपटा महसूस कर रही है। उसके साथ बैठकर लीना की जान में जान आयी।

वाइन का प्रभाव धीरे-धीरे पिश्ता पर चढ़ता जा रहा था और चूँकि बड़ा खतरा (मॉग्दॉलेना का यहाँ आना) टल गया था। वह अपने आप को नौजवान विद्यार्थी-सा महसूस कर रहा था। उसे लगा वह सोलह साल से विवाहित पुरुष न होकर एक अविवाहित नवयुवक ही था। अपनी वाक्पटुता, जिसके लिए वह अपनी जवानी के दिनों में प्रसिद्ध था, उसने दिखानी शुरू कर दी थी। औरतों के बीच जाकर किसी की खूबसूरती पर टिप्पणी की, किसी की जवानी पर।

मानना पड़ेगा कि वह बहुत सफल रहा। अब वह चुप नहीं बैठा था जैसे शुरु-शुरु में। अब उसने पार्टी में अपना स्थान अच्छी तरह से बना लिया था। उसने थियेटर के बारे में बात करनी शुरु की और चकित रह गया यह देख कि, यहाँ की औरतें बुदापैश्त के थियेटर की एकट्रेसों के बारे में बाइबिल से भी ज्यादा जानती हैं। एक बहुत मशहूर अभिनेत्री के बारे में उन दिनों बड़ा स्कैंडल था। जब उसने इस बारे में पढ़ा था तो सोचा था—मामूली-सी ख़बर है। आज उसे समझ में आ रहा था कि अगर वह इन औरतों के बीच सफलता चाहता है तो उसके लिए थियेटर जगत के हर राज को जानना जरूरी होगा।

और कुछ विशेष तो नहीं घटा बस केवल एक बात हुई—कॉरदिच सही समय देख, उसे एक कोने में ले गया और बोला—

'पिश्ता मैं तुम्हें कुछ बताना चाहता हूँ।''

''कहिए!''

''एक बहुत बढ़िया बँगला है एवेन्यू पर जो तुम्हें खरीदना पड़ेगा।''

पिश्ता हँसे बगैर न रह सका क्योंकि वह जानता था कि उसकी जेब में कितने पैसे हैं। लीना ने उसकी जेब में पैसे ज़रूर डाले थे, चाँदी और ताँबे के सिक्कों के रूप में कि कहीं कोई जरूरत न पड़ जाए, मगर उसने इतने पैसे नहीं डाले थे कि उससे एक बँगला खरीदा जा सके।

''मैं अभी यह नहीं बता रहा हूँ कि कौन-सा बँगला, मगर यह जरूर बता

रहा हूँ कि वह बहुत अच्छा है और बिकाऊ है।''

''तुम्हारे कितने बच्चे हैं?''

''दो, दो लड़के। एक हाई स्कूल के चौथे वर्ष में है और दूसरा पहले।''

''ठीक है। फिर तुम्हारे लिए ठीक रहेगा...तुम्हें बाज़ार से कम रेट पर भी मिल जाएगा।''

''मेरे लायक कम रेट पर नहीं...'' वह हँस कर बोला। फिर मगर एकदम गम्भीर हो गया क्योंकि अपने से बड़े लोगों के साथ मज़ाक करना ठीक नहीं है और वैसे भी अगर कॉर्दिच भाई कुछ ऑफ़र कर रहे हैं तो ठीक ही होगा।

''भाई! तुम्हें एक बँगला खरीदना ही पड़ेगा।'', कॉर्दिच भाई ने नेक सलाह देते हुए कहा। ''केवल इसलिए नहीं कि अब यह तुम्हारे पद की माँग है। आखिर एक बड़ा अफसर किराये के मकान में कैसे रह सकता है?''

वे दोनों इस पर हँसे क्योंकि झॉरात्नोक इस बात के लिए प्रसिद्ध था कि यहाँ के लोग किराये पर घर लेकर रहने वालों को मनुष्य ही नहीं समझते थे। मकान-मालिक अपने घर दावतों पर किरायेदारों को बुलाना ठीक नहीं समझते थे। उन्हें कभी नहीं बुलाया जाता था। उन्हें नीची नज़रों से देखा जाता था जो अभी तक अपने लिए एक घर तक न जुटा सके।

''मेरे भाई! इसलिए भी ताकि तुम किसी अफवाह से बच सको। अगर तुम आज से एक साल बाद मकान ख़रीदोगे तो लोग कहेंगे कि लो एक और सरकारी अफ़सर ने खूब पैसा बना लिया। मगर यदि तुम अभी ख़रीदोगे तो तुम आराम से कह सकते हो कि तुमने अपनी सारी जमा-पूँजी एकत्रित करके घर ख़रीद लिया। इससे किसी को क्या लेना-देना? ठीक है ना? हमारी जनता सिर्फ उन्हीं लोगों पर विश्वास करती है जिनके पास कुछ सम्पत्ति वगैरह हो। जब चार्ल्स चतुर्थ (1916-20) गद्दी पर बैठ रहा था, मैंने खुद लोगों को कहते सुना था उन लोगों को जो उसकी बग्घी के पास खड़े थे, ''अरे! इसके तो पहियों में भी सोना लगा है.... यह हॉब्सबुर्ग वाकई में राजा है।''

यह कहकर वह उसे छोड़कर चल दिया। ना उसने उत्तर की प्रतीक्षा की और ना उसे मौका दिया बहाना बनाने का। उसने पिश्ता को समय दिया कि वह इस विचार पर सोच सके। पिश्ता अब खुश कहाँ रह सकता था। शैतान ने प्रलोभन जो दिमाग में भर दिया था।

''मैंने अभी उस बैंक के उधार के लिए हाँ नहीं की है, जो मुझे दिया जा रहा था।'' उसने स्वयं से कहा, ''मगर वे लोग जानते हैं कि मुझे हाँ करनी होगी।''

उसे इस बात से शर्मिन्दगी भी हो रही थी कि इसका अर्थ तो यह हुआ कि यह मेरे छोटे-से फ्लैट में बुलाया जाना अपना अपमान समझेंगे अर्थात् अपनी वर्तमान अवस्था में वह कोई मूल्य नहीं रखता। यह लोग उसे बदलकर अपने जैसा बनाना चाहते हैं, उसी रूप में इसे भी ढालना चाहते हैं।

वह अकेला जाकर बैठ गया और सिगार पीने लगा। उसने चुनकर सबसे मोटा सिगार निकाला था और वह सोच में डूब गया था। अपने चारों ओर से आते शोर के बीच वह सोच रहा था कि बासठ साल की उम्र में मॉक्रोत्सी डिप्टी मेयर के पद को प्राप्त करने में असफल रहा था जबकि उसने यह पद पा लिया था। मगर मॉक्रोत्सी के पास तो कितना बड़ा बँगला है बीच स्क्वेयर में, आलीशन बँगला। यहाँ सबके पास बड़े-बड़े घर हैं। उसने, सब लोग जो वहाँ जमा थे, उन पर नज़रें दौड़ायीं। हरेक के पास बड़ा घर था। इतना बड़ा कि, देखने वालों को जलन हो। सभी विभागाध्यक्षों के पास भी छः कमरों के घर थे। मानो एक मजिस्ट्रेट अगर बड़े घर में रहता हो तो अधिक कड़ी सजा सुना सकता है क्योंकि तब वह जरूर कर्ज़ में डूबा होगा, बनिस्बत उसके, कि अपनी आय के मुताबिक घर में रहने पर। और तो और चेयरमैन ऑफ द बेंच भी मॉक्रोत्सी के महल में रहता था। वह दो मंज़िला बिल्डिंग थी जिसमें दोनों ऊँची श्रेणी के लोग रहते थे। मॉक्रोत्सी ने यह कैसे ख़रीदा? पिश्ता को बहुत गुस्सा आ रहा था क्योंकि उसे स्क्वेयर में घर नहीं दिलाया जा रहा था बल्कि उसे शहर से दूर एवेन्यू पर फेंकने की कोशिश हो रही थी। वह वहाँ इतनी दूर से कैसे आयेगा रोज? वहाँ तो बोरोन्कॉय के बँगले के अलावा कोई बँगला था ही नहीं। बाकी तो सब छोटे-छोटे घर थे, जर्मन डिज़ाइन के....उनके दिमाग़ में कौन-सा घर था उसके लिए?.... खैर उनको निराशा ही होगी क्योंकि उसे दबाया नहीं जा सकता था।

बारह बजने में पाँच मिनट पर बिशप उठे और बिना किसी से सलाम-दुआ के चले गये। पिश्ता को आश्चर्य हुआ कि केवल श्रीमती कॉरदिच ही उन्हें बाहर तक छोड़ने गयीं और वे भी जल्दी ही वापिस लौट आयीं। वे एक कैथलिक थीं। उनकी माँ ने उन्हें इस धर्म को अपनाने की शिक्षा दी थी। आश्चर्य था कि पूरी शाम वे पिश्ता से अपने सम्बन्ध के बारे में कुछ न बोली थीं। उनके अन्दर भी फ डिंनन्ड कोपयाश का खून था। वे भी इन्हीं की तरह लम्बे, पतले और रौबीले दिखते थे और हमेशा चार पहियों की बग्घी में जाते थे...क्या उसे भी एक बग्घी रखनी चाहिए या एक मोटरकार? मगर पैसा कहाँ से आएगा?

लीना ने उसकी ओर देख इशारा किया। वह उठा और दोनों बाहर निकले,

मगर ऐसा वे कॉरदिच और उसकी पत्नी से बिना मिले तो कर ही नहीं सकते थे। ताज्जुब उन्हें तब हुआ , जब बाकी मेहमानों ने वह बेरुखी नहीं दिखायी जो बिशप के जाने पर दिखायी थी। सबने बड़ी गर्मजोशी से उन्हें विदाई दी। कुछ ने तो इतना जोश दिखाया कि लगता था वे यहाँ से सीधे अमरीका जा रहे हों।

टैक्सी स्टैण्ड घर के पास ही था। बारिश होने वाली थी, शुरू नवम्बर की बारिश। उन्होंने टैक्सी पकड़ी और घर की ओर चले।

घर पहुँचकर दोनों ही एक तरह से सोच रहे थे। बिना कुछ बोले, वे फ्लैट में घुसे। लीना तेजी से अपने छोटे बेटे को देखने चल दी जो बीमार था और उसे चैन से सोता देख खुश हुई।

वे लोग इस फ़्लैट में कितने आराम से थे, कितने समय से। यहाँ वे कम से कम सात-आठ साल पहले आये थे। उस वक्त पिश्ता क्लर्क बना था काउंसिल में। बच्चे उस समय चलना सीख रहे थे और इससे पहले वाले घर में उनके लिए जगह नहीं थी। वह घर मार्किट के पास था। इससे पहले वे और भी कठिन परिस्थितियों में रह चुके थे। जब पिश्ता रूस में युद्धबन्दी रहने के बाद घर लौटा था, उन्हें कोई फ़्लैट नहीं मिला था। वे एक छोटा-सा कमरा पाकर भी खुश थे। अब वे सैंत कॉतॉलीन स्ट्रीट पर थे और पिश्ता को लग रहा था कि उन्हें कहीं और जाना होगा।

''बड़ी अजीब बात है।'' पिश्ता स्वयं से बोला, ''क्या हम शहर के बाहर रहने जाएँगे?''

''इन अमीर लोगों के लिए ही ठीक है वो।'' उसने लम्बी साँस ली, अपने डिनर जैकिट में उस टूटी-फूटी कुर्सी में बैठे, जिसे बच्चों ने पैर मार-मारकर बुरी हालत में ला दिया था। वे उस पर खूब कूदते थे। वह बोला, ताकि पत्नी को दोनों के विचार को ज़ोर से बोलने की जरूरत न पड़े।

''हाँ, उनके लिए आसान है।'' लीना बोली, ''मैं तो गिन तक न पायी कि उनके पास कमरे कितने हैं। क्या स्टडी के पीछे भी कोई कमरा है?

पिश्ता बँगला खरीदने का विषय उठाना चाहता था पर रुक गया। इन्तज़ार कर रहा था कि पत्नी का क्या विचार होगा...मगर एक बात तो तय थी कि वे अब यहाँ नहीं रह सकते थे।

लीना कुछ नहीं बोली, बस सामने देखती रही।

''तुम्हारा क्या ख़याल है?'' थोड़ी देर बाद बोली, ''हमें उन्हें खाने पर बुलाना होगा?''

पिश्ता चुप रहा। हाँ, बुलाना तो होगा...मगर यह सोचकर कि श्रीमती कॉरदिच

का इस घर में स्वागत करेगा, वह शर्म से लाल हो रहा था। वे यहाँ आकर उस पर दया दिखाने के अलावा क्या करेंगी।

''तुम्हें वहाँ कैसा लगा?'' उसने बात बदलते हुए पूछा।

लीना एक पल के लिए कुछ नहीं बोली।

''अच्छा था। सब बड़े अच्छे से हुआ।''

वह अपने आप को ही यह जवाब दे रही थी, अपने उस डर को, जो यहाँ जाने से पहले उसके मन में था कि वहाँ जाकर उनकी बेइज़्ज़ती की जाएगी। यह 'बड़े अच्छे से' उसी डर का उत्तर था। पिश्ता समझ गया और मन ही मन मुस्कुराया, मगर उसकी मुस्कुराहट चेहरे तक नहीं पहुँची क्योंकि उसके दिमाग़ में तो इस वक्त कई भँवर घूम रहे थे।

''खाना अच्छा था।'' वह बोला।

''कहते हैं उनका खाना बनाने वाला एक पुरुष है।''

दोनों फिर चुप हो गये। दोनों इतने अधिक प्रभावित होकर लौटे थे कि उनसे कुछ बोला ही नहीं जा रहा था। दोनों में जो परस्पर निकटता थी आज वह नहीं दिख रही थी। इससे पहले कभी कहीं से खाना खाकर लौटते तो दोनों चुप ही नहीं होते थे। कितनी बातें होती थीं करने को, दोस्त, दुश्मन सभी के बारे में चर्चा होती। हर डिनर पार्टी ताकत दिखाने के प्रदर्शन की तरह होती है, जहाँ औरत अपनी खाना बनाने और घर रखने की क्षमता का प्रदर्शन करती है और पुरुष अपनी दौलत का। आज लेकिन दोनों चुप थे क्योंकि यह प्रदर्शन तो उनकी कल्पना से भी परे था। न इसकी बराबरी लीना कर सकती थी और न पिश्ता। आज जो वे देखकर आये थे वह तो भव्य आतिशबाज़ी थी जहाँ तक उनकी आकांक्षाएँ और अपेक्षाएँ जाती ही नहीं थीं।

''रिश्तेदार!'' पिश्ता ने कपड़े बदलते हुए और बिस्तर में घुसते हुए बोला।

उसने अपनी पत्नी पर नज़र डाली, जो अभी धीरे-धीरे अपनी कीमती ड्रेस उतार कर अलमारी में टाँग रही थी। वह जब उसे टाँगने के लिए ऊँची उठी तो उसका प्यारा शरीर और आकर्षक लग रहा था, पिश्ता उसे बाँहों में समेट लेना चाहता था।

''अरे! मुझे घूरना छोड़ो।'' लीना बोली और पिश्ता ने एक पल के लिए अपनी आँखें बन्द कर लीं, मगर केवल एक पल के लिए ही, दूसरे ही पल वह उसी ओर देख रहा था और उसके रूप को निहार रहा था। वह यह भी देख रहा था कि कितने कायदे से वह हर कपड़ा तह करके रख रही थी। फिर वह शीशे के सामने

बैठ देर तक अपने बाल सँवारती रही चुपचाप। वह कुछ देर के लिए इस बीच सो भी गया, मगर वह सोना चाहता नहीं था। उसको पत्नी पर बहुत प्यार आ रहा था।

वह क्या करे कि इधर-उधर के जो प्रभाव उस पर पड़ रहे थे, उन्हें दिमाग से निकाल दे, ताकि वे दोनों अपना जीवन आराम से गुज़ार सकें? उसे बहुत डर लग रहा था कि यह प्यारा घर-संसार, उनकी चैन भरी ज़िन्दगी, उनके बीच का अपनापन, अब यह सब ख़तरे में पड़ने वाला है। वह अपनी पत्नी को किसी भी क़ीमत पर खोना नहीं चाहता था। वह आज कितनी सुन्दर लग रही थी, कितनी जानी-पहचानी मगर फिर भी कितनी नयी। खाने के बाद कई बार उसकी इच्छा हुई थी कि उसे बाँहों में भर ले और उसका धन्यवाद करे कि वह इतनी अच्छी पत्नी, इतनी सच्ची और वफ़ादार, इतनी छल-कपट से दूर थी। पीछे से तो वह एक लड़की जैसी ही लगती थी। आश्चर्य था कि सोलह साल के विवाहित जीवन के बाद भी उसमें कोई अन्तर नहीं आया था। इतने कामकाज के बावजूद उसने अपने शरीर और अपने चेहरे में कोई बदलाव नहीं आने दिया था। दो बच्चे पैदा करने के बाद भी।

जब उसकी आँख खुली तो उसने देखा कि वह भी पास में लेटी हुई थी। उसने उस पर हाथ रखा, पत्नी ने कोई विरोध नहीं किया।

"तुम्हें मालूम है कॉर्दिच भाई ने क्या कहा?", उसने धीरे से कहा, रात के उस अँधेरे में पत्नी के कन्धे पर छोटे-छोटे चुम्बन रखते। "उन्होंने कहा कि एवेन्यू पर एक बँगला बिकाऊ है, बहुत सस्ता, मार्किट रेट से भी सस्ता, हमें अभी आसानी से मिल सकता है।"

लीना ने अपना बदन ऐंठा लिया। वह इस कथन से डर गयी। यह सब क्या हो रहा था? वह शक में डूब गयी। क्या कोई उनके पतन का षड्यन्त्र तो नहीं रच रहा था?

"वह किसका बँगला हो सकता है?" उसने धीमे से कहा—बच्चे की तरह दोहरे होते हुए, हाथ चेहरे के आगे जोड़कर।

"मैं नहीं जानता।" पिश्ता बोला, "मैं मानता हूँ कि मैं भी डरा हुआ हूँ। डर है कि कहीं यह बदज़ात मुझे अपने शिकंजे में न कस ले...मुझे बहुत सावधान रहना होगा।"

"ओह! मैं आशा करती हूँ कि कोई मुसीबत नहीं आएगी" लीना ने ठंडी आह भरी।

"पेचीदा मामला है।" वह ज़ोर से बोला, "दोनों तरह से ही मुश्किल है। कबूल करो तो भी, न कबूल करो तो भी। बँगला बैंक खरीदेगा वो तो ठीक है। बाकी सब हम जुटा लेंगे। उसमें फर्नीचर और दूसरी चीज़ें वगैरह। पर मैं अभी जान नहीं पा रहा हूँ कि इस शहर में चल क्या रहा है। मैं काफी हैरान हूँ कि मॉक्रोत्सी के जाने के बाद कोई भी ग़ैरक़ानूनी काम मेरी नज़र के सामने नहीं आया है। या तो सब कुछ बहुत चतुराई से किया गया है या कुछ वास्तव में नहीं हुआ है। अब यह तो नामुमकिन है। हो सकता है उसने बड़े-बड़े घोटाले किये हों जो इतनी जल्दी सामने न आ रहे हों। अब बैंक मुझ पर मेहरबान हो रहा है—क्योंकि कॉर्दिच भाई ने मुझे यूँ ही तो रिश्तेदार नहीं माना है—उन्हें ज़रूर मेरी जरूरत है। क्यों, यह तो वह खुद ही जानते हैं। अभी, इस वक्त मैं नहीं जानता कि अगर कुछ गड़बड़ है तो मैं क्या करूँगा? अगर मैं शुद्धिकरण का प्रयास करता हूँ तो सब के सब मेरे दुश्मन हो जाएँगे। मैंने आज देखा कि सब के सब जुड़े हुए हैं, इतना ज़्यादा कि शादियाँ भी आपस में जोड़ रही हैं उनको। ऑलइश्पान किसी का बहनोई है, किसी का साला है। पूरा का पूरा माफिया है जो मैं अभी बेध नहीं पा रहा हूँ। अगर मैं अपना मुँह फेर लेता हूँ, कुछ नहीं देखता, सिर झुकाए रहता हूँ तो बाद में कुछ न कुछ जरूर सामने आएगा। लीना ने जवाब नहीं दिया। वह इतनी घबरायी हुई थी कि वह फौरन ही सो गयी थी। वह आने वाले कल के खतरों से डरकर गर्म रज़ाई में सिमट गयी थी। यहाँ उसे अच्छा लग रहा था। उसके शरीर और उसकी आत्मा को आराम मिल रहा था। यहाँ वह किसी भी खराब बात के बारे में नहीं सोच रही थी। वह नींद के आगोश में जा चुकी थी।

"चीफ़ इंजीनियर ने अच्छी बात कही।" पिश्ता बोला और हँसा, "उसने कहा कि एक छोटे शहर में चीफ इंजीनियर के पद को टेक्निकल एडवाइज़र के पद में परिवर्तित किया जा रहा था, बुदापैश्त से एक आदमी को इंटरव्यू करने के लिए बुलाया गया। यह टेक्निकल एक्सपर्ट इंटरव्यू लेने बैठा तो उसने पूछा, "क्या यहाँ पानी की लाइनं है?" "हाँ!", "सड़कों पर तारकोल बिछा है?" "हाँ!", "पावर स्टेशन है?" "हाँ!", "तो फिर मुझे यहाँ क्या करने को बुलाया गया है?"

और वह फिर हँसा।

"बहुत अच्छा।", वह फिर बोला— "यह मिनिस्टरी से जो लोग आते हैं, यह छोटे शहरों के बारे में क्या सोचते हैं...कि यहाँ उनके करने के लिए जरूर कुछ बचा होगा। हमारे पास कुछ नहीं है। हमें पानी, सड़क वगैरह के लिए ही इन पर ही निर्भर रहना होगा।" वह फिर हंसा।

लीना की आँख खुल गयी। वह बोली—"पिश्ता यह बौलातिनी का बँगला तो नहीं है बिकाऊ?"

"हो सकता है।"

"उसकी विधवा उसे सँभाल नहीं सकती। उसकी कोई आय नहीं है।"

"हाँ ठीक कहती हो....एक पुरुष जिन्दगी से जूझता है, पूरी उम्र मेहनत मशक्कत करता है, कहीं नहीं रुकता....जब वह मरता है, सब कुछ ढह जाता है एक गुब्बारे की तरह, जिसमें से हवा निकाल दी गयी हो....। तुम सोचती हो कॉर्दिच भाई के मरने पर परमात्मा न करे, उनकी पत्नी यह बड़ी-बड़ी बृहस्पतिवार की पार्टियाँ दे सकेगी? और किसलिए? यह तो केवल बिज़नेस के लिए दी जाती हैं। मुझे तो लगता है वो अभी भी इनसे काफी बोर होती हैं। उन्हें खुद को काम तो नहीं करना होता, सब कुछ नौकर-चाकर ही करते हैं... मुद्दा यह है कि वह आदमी इसमें अपनी कितनी ताक़त ख़र्च करता है! उसका दिमाग इसी में चलता रहता है हर वक्त! मैं कभी नहीं भूलूँगा, जब सड़क पर अचानक मुझसे अपना रिश्ता ढूँढ़ निकाला था...एक शिकारी की तरह हर वक्त वह भरी बन्दूक लेकर घूमता है और छोटे से छोटे शिकार को हाथ से नहीं जाने देता..."

वह काफी देर तक बोलता रहा मगर लीना गहरी नींद में थी। उसने देखा पत्नी बिल्कुल चुप है, बोलना बन्द किया। वह कुछ देर पत्नी की साँस लेने की आवाज को सुनता रहा, करवट ली और सो गया।

11

अगले दिन वे जब उठे तो दोनों का सिर भारी था। वे बहुत थका-सा महसूस कर रहे थे। पिश्ता ने कुछ नहीं सोचा था कि उसे क्या करना है, मगर उसे यह जरूर लग रहा था कि उसकी गाड़ी में नया इंजन लग गया है और कोई अंज़ान ड्राइवर उसे चला रहा है। वह तो एक यात्री की तरह उसमें बैठा है जिसे देश निकाला दिया जा चुका है और उसे एक अंज़ान संसार में भेजा जा रहा है।

ऑफिस में कुछ गलत नहीं था बल्कि उसे एक अकस्मात् खुशी भी मिली थी। पहला केस। उसे उसके लिए पचास पैंगो मिले थे। उसे अपनी आँखों पर यकीन ही नहीं आ रहा था। उसने यह पैसे छिपाकर अपने बटुए की अन्दर की जेब में रख दिए थे। इसके बाद वह रिपोर्ट देने मेयर के पास पहुँचा।

मेयर ने उससे आज ऐसे बात की मानो वह उनका बेटा हो। रौबीले, सजीले यह वृद्ध व्यक्ति एक जादूगर थे, जिनके पैर अच्छी तरह से ज़मीन पर जमे थे। वे बड़ी सहजता से बड़ी से बड़ी गुत्थी सुलझा सकते थे ताकि शहर का कामकाज सुचारु रूप से चल सके। उन्हें कल की पार्टी की अच्छी रिपोर्ट मिली थी। वे स्वयं इसलिए नहीं आ सके थे क्योंकि मिनिस्टरी से कुछ लोग आये हुए थे जिन्हें खाने पर ले जाना था। अब पिश्ता को उन्हें पार्टी के बारे में पूरे विस्तार से बताना था। अन्त में बँगले के खरीदने का प्रश्न भी सामने आया। उसने मेयर से पूछा कि उनकी क्या सलाह है इस बारे में?

''कॉर्दिच बड़ा बढ़िया आदमी है।'' वृद्ध बोले, ''उसने जीरो से शुरुआत की थी और आज बैंक को कहाँ से कहाँ पहुँचा दिया है। आज यह हंगरी के पूर्वी क्षेत्र का सबसे बड़ा बैंक है। अगर वो कहता है कि कोई चीज़ ठीक है तो तुम्हें बिना शक के उसे मान लेना चाहिए।''

पिश्ता पूछना चाहता था कि मॉक्रोत्सी के साथ क्या घटा था। वह यह भी चाहता था कि मेयर कबूल करें कि कॉर्दिच भाई उसे भी इसी तरह के प्रलोभन दिया करते थे। यह भी कि मॉक्रोत्सी की सम्पत्ति सम्बन्धी सभी योजनाएँ उन्हीं

के दिमाग़ की उपज थीं। वह कितना ज्यादा बैंक के कब्जे में था..क्योंकि उसे यह लग रहा था कि यहाँ सभी इस जाले में फँसे हुए थे। मगर जाहिर था वह इस तरह अँधेरे में बन्दूक तो नहीं चला सकता था। या लोग स्वयं इसके बारे में बताते या फिर नहीं। वह अभी तक अपने को इतना सुरक्षित नहीं समझ रहा था कि इन सदस्यों के बारे में जानकारी हासिल कर सके।

उसने पूछा कि क्या बँगला बेलॉतिनी का था।

"नहीं, नहीं!" मेयर बोले, "मेरे ख़याल से तो नहीं। वहाँ एवेन्यू पर कई घरों का समूह है मगर बेलॉतिनी का मामला अलग ही है...। मुख्य बात यह है कि तुम्हारा सम्बन्धी कॉर्दिच तुम्हें बहुत चाहता है। यह बात तो तय है। मैंने तुम्हारे बारे में कई बार उससे बातचीत की है और उसने हमेशा यह ही कहा है कि वह तुम्हें बहुत पसन्द करने लगा है और यह भी कि कितना अच्छा हुआ कि अचानक ही तुम जैसा व्यक्ति इस पद पर आ बैठा। इस बात पर तो तुम विश्वास कर सकते हो।"

"बहुत धन्यवाद साहब! मैं हमेशा वही करूँगा जो आप कहेंगे।" अब उसे उन्हें महामहिम् कहने की आवश्यकता नहीं रह गयी थी। दोनों में अब काफी घनिष्ठता होने लगी थी। उसे अब यह लगने लगा था कि मेयर उसके चाचा ही थे।

वह महसूस करने लगा था कि अब उसने इस ऊँची सोसाइटी में अपनी जगह बना ली थी–इस शहर की शक्तिशाली सोसाइटी में। उसे लगता था– अब वाकई पूरा शहर इन्हीं के हाथों में था–इसका बिज़नेस, इसका सब कुछ, और वह स्वयं भी अब इस समूह का हिस्सा बन चुका था।

अब वह जब सिटी हॉल की कॉरिडोर से गुजरता तो उसके चलने से उसकी शक्ति का बोध होता। यह ताकत ऑफिस ने उसे नहीं दी थी, यह तो उसके इस ऊँचे समाज का हिस्सा बनने के कारण उस में आयी थी। अपनी नयी दोस्तियों के कारण वह बहुत गर्व महसूस करने लगा था। जब अमीर उसके पीछे थे, वह उन सब के करीब था जो शासन करना जानते थे।

अब जब उसने अपने पद के कारण पचास पैंगो कमा लिए थे तो जाहिर था इसे वह लीना को नहीं देगा। अपने ऑफिस सम्बन्धी खर्चों के लिए रखेगा।

उसके पास हमेशा रुपया रहना चाहिए। सिगरेट, सिगार, टिप, बीयर आदि के लिए....

पहले वह तेजी से, एक चोर, एक भगोड़े की भाँति, सिटी हॉल में घुस जाता था, बिना इधर-उधर नजर दौड़ाये बिल्कुल एक बैरंग अफ़सर की भाँति; मगर अब

वह पूरे आत्मविश्वास के साथ धीरे-धीरे चलता हुआ, सबका अभिवादन लेकर चलता था।

घर में घुसते समय भी अब उसकी पीठ सीधी तनी हुई होती। अब तो उसका रुतबा इतना विशाल हो गया था कि घर का गेट उसके लिए छोटा हो गया था। अब चूँकि वह सिर तान के चलने लगा था अतः गेट पर बने धनुषाकार अवरोध से उसका सिर टकराने लगा था। उस के पास एक छोटा-सा गेट भी था जिस पर कोई अवरोध नहीं था। मगर वह सदा बंद रखा जाता था क्योंकि वह रास्ता सीधा बैडरूम में जाता था और उसे भीतर आने का मार्ग नहीं बनाया जा सकता था। घर में प्रवेश करने के लिए आँगन में जाना होता था, वहाँ से रसोई के पास, उसके बाद एक छोटा हॉल, बस इतना बड़ा जिसमें एक अलमारी आ जाए; उसके बाद दरवाज़ा था जिसमें से गुजरकर दाहिने हाथ पर बच्चों के कमरे और बायें हाथ पर उनके कमरे में जाया जा सकता था। वही तीन कमरे थे बस फलैट में। अब जब वह घर में घुस रहा था तो उसे लगा कि यह बिल्कुल काफ़ी नहीं था। उसे बेडरूम को, बाहर का दरवाज़ा हटाकर ज़रा बड़ा कर लेना चाहिए। वहाँ डाइनिंग रूम बनाना चाहिए। एक कमरा तो हो कम से कम घर में जिसमें मेहमानों को ले जाया जा सके।

अब तक उनके यहाँ आने वाले मेहमानों में केवल एक जानवरों के डॉक्टर और उनकी पत्नी और एक-दो मास्टर थे जो उनके मित्र थे। कुछेक गाँव के लोग, छोटे-छोटे जमीदार भी जो सभी उन्हीं की तरह फलैट में रहते थे मगर अब परिस्थितियाँ बदल चुकी थीं। अब अगर कोई उनके घर में आया तो क्या बीच के कमरे में बैठकर वह पूरे घर का जायज़ा नहीं ले लेगा। हर दरवाज़ा ही तो इसी कमरे में खुलता था।

लीना का इस बारे में क्या विचार होगा?

आज तो वह इसी दरवाज़े से घर में घुसा, रसोई का दरवाज़ा खुला था, घर में प्याज़ की बदबू भी भरी हुई थी। उसने नाक सिकोड़ी, अपना कोट लटका या हैट और छड़ी इकलौते हुक पर टाँगी और खाने के कमरे में पहुँचा।

ओफ! कितना गन्दा डाइनिंग रूम था। उसे लगा मानो उस पर बिजली गिर पड़ी हो। उसे आज से पहले इसका एहसास क्यों नहीं हुआ था? मेज़ सजी हुई थी। उस पर साफ सफेद कपड़ा बिछा हुआ था। अच्छी पोर्सलीन की प्लेटें लगी हुई थीं, बिल्कुल रेस्तराँ की तरह।

कमरा अच्छा बड़ा था। उसमें एक प्यानो तक रखने की जगह थी, लीना

उसे बजाया करती थी। वह प्यानो बजाने में माहिर तो नहीं थी मगर थोड़ा बहुत जानती थी। अपने आप लोक-गीत तक बजाने में संकोच करती थी। लड़के भी अपने पाठ की प्रैक्टिस इस प्यानो पर किया करते थे, मगर वह तब, जब पिता घर पर न हों। छोटे बेटे को तो संगीत का ज्ञान था मगर बड़े को तो रस्सी से बाँधकर बजवाना पड़ता था।

''हम्म!'' पिश्ता स्वयं से बोला, ''अगर गेट से सीधे डाइनिंग रूम का रास्ता बनवाऊँ तो यह प्यानो कहाँ रखा जाएगा। अगर दो अलमारियाँ यहाँ ले आऊँ तो उनके लिए भी जगह कहाँ से बनाऊँगा। उसे याद आया कि जब प्यानो खरीदा था तब भी कमरों में काफी फेर-बदल की गयी थी। सब लीना की विलक्षण बुद्धि का कमाल था। उसने ऐसा इन्तज़ाम किया था कि प्यानों के लिए भी जगह निकल आयी थी और उसे तब भी बजाया जा सकता था जब बेडरूम में कोई बीमार लेटा हुआ हो क्योंकि कमरों के बीच दीवार-सी खड़ी कर दी गयी थी।

''कुछ करने की जरूरत नहीं है।'' उसने सोचा और मेज पर से चिट्ठियाँ उठा लीं।

जैसे ही उसने हाथ में चिट्ठियाँ उठायीं, उसका दिल धक्क-सा रह गया। वह अपनी बहन की लिखाई को अच्छी तरह पहचानता था।

दस साल पहले उसने बहन से सब सम्बन्ध तोड़ डाले थे क्योंकि वह उसकी शादी से नाखुश था। उसने पत्र को कुछ देर हाथ में पकड़ा, किनारे फटे हुए देखे। जाहिर था लीना ने उँगलियों से फाड़ा होगा। यह उसकी बहुत गन्दी आदत थी. ...वह रुका। यादें उसके मस्तिष्क को झंकृत करने लगी थीं। कितनी कमल की बात है कि ऑदेल्का को भी उसकी पदोन्नति की ख़बर मिल गयी थी और इसीलिए उसने यह पत्र भेजा है मुबारकबाद देने को...

धीरे-धीरे उसने लिफाफे में से पत्र निकाला और उसे पढ़ना शुरू किया, वहीं खड़े-खड़े। बड़ा दुखदायी पत्र था।

तकलीफ और सच्चा दर्द उसमें से फूट पड़ रहे थे। उसकी शादी फेल हो चुकी थी। वह आज यह कहने को मजबूर थी और अपने भाई से मदद की गुहार लगाना चाहती थी क्योंकि उसका पति बारह साल की शादी के बाद अपना असली रंग दिखाने लगा था और उसकी बर्दाश्त के बाहर हो रहा था... वह जिन्दगी से थक चुकी थी, उसे अपने भाई पर अब यह रहस्य खोलना ही पड़ेगा कि वह बहुत ही नाजुक मोड़ पर थी। उसके पति ने जीवन भर कुछ नहीं किया था। अब दो साल से तो वह एक पैसा भी कमाकर नहीं ला रहा था। घर का ख़र्च वह अकेली

चला रही थी। अक्सर ही उनके पास खाने तक को कुछ नहीं होता था। उसके पाँच बच्चे...अभी इस वक्त उनके खाने तक के लिए पैसे नहीं हैं उसके पास।

उसने पत्र नीचे कर दिया। वह उसे पढ़ ही नहीं पा रहा था, उसका हृदय इतना अधिक द्रवित हो गया था। वह इतना डर गया था कि उसे थोड़ी देर रुकना पड़ा ताकि स्वयं को थोड़ा सँभाल ले।

उसने पत्र रख दिया और कमरे के दूसरी ओर गया जहाँ एक सोफा रखा था और पास में एक तुर्की मेज जिस पर सिगरेटें रखी थीं। उसने एक सिगरेट सुलगायी। फिर कमरे का चक्कर लगाया। दाहिने हाथ की ओर के कमरे से लड़कों के झगड़ने की आवाज़ आ रही थी हालाँकि कमरा बन्द था। यह दरवाज़ा हर समय बन्द रखा जाता था, यह लीना का हुक्म था क्योंकि इसी कमरे में बच्चे पढ़ते थे और इसे साफ रखना नामुमकिन होता था, अगर कोई अचानक आ जाये तो उसे इस कमरे के दर्शन नहीं होने चाहिए थे। खैर वह खुश था कि दरवाजा बन्द था और उसे बच्चों की लड़ाई में मध्यस्थता करने की आवश्यकता नहीं थी।

उसने पत्र फिर से उठा लिया। डेस्क पर बैठा, बच्चों के कमरे की ओर पीठ करके। आगे उसने पढ़ा कि यहीं पर मुसीबतें खत्म नहीं होती थीं, उसका पति अब किसी और औरत के पीछे भाग रहा था। ऑदेल्का ने उसकी पहली पत्नी के दो बच्चों को भी अपने तीन बच्चों के साथ पाला था और अब वह किसी और को चाहने लगा है। वह कह रहा है कि वह इस नरक में और नहीं जी सकता; उसे सूरज की रोशनी की जरूरत है जो उसे अपनी पत्नी वर्तमान पत्नी के साथ कभी नहीं मिलेगी। अतः अब वह एक वेश्या के साथ जाना चाहता है। वह एक हफ्ते के लिए गायब हो जाता है। अतः ऑदेल्का को लगता है कि वह अब उसे छोड़ ही देगा...।

उसने पत्र फिर से फेंक दिया। कूदकर खड़ा हो गया और कमरे में लम्बे-लम्बे डग भरने लगा। ऑदेल्का परिवार में सबकी लाडली थी। सारे भाई उस पर जान छिड़कते थे। कमबख्त यह बर्बादी लाने वाली शादी। उसको एक उजड़े हुए परिवार के स्मार्ट दिखने वाले लड़के से प्यार हो गया था। वह शराबी था और कुछ करता भी नहीं था। सबने बहन को आगाह किया था। पूरी कोशिश लगा दी थी उसे इससे बचाने की। कितना दुख पहुँचा था उस वक्त सबको और इस बदमाश ने अपनी पहली पत्नी को भी छोड़ दिया था ऑदेल्का के लिए। ऑदेल्का ने अपने पूरे परिवार को उस लड़के के कारण नाराज़ कर लिया था। तब तो माँ भी जीवित थीं। कितनी दुखी हुई थीं वे कि जिस लड़की को उन्होंने इतना प्यार दिया और

दिलवाया था, उसने उन्हें यह दुख दे डाला।

वह आगे पढ़ने लगा।

दो ही विकल्प थे। या तो वह बच्चों को और खुद को भूख से मरने दे या यूँ ही तड़पती रहे। उसे यह कहने में शर्म आ रही थी कि उसके पास एक फूटी कौड़ी भी नहीं थी। बच्चों का पिता तो एक पैसा भी घर नहीं लाता था। इस हालत में वह भी कितना काम कर सकती थी....। वे लोग केवल आलू और सूखी डबलरोटी पर जिन्दा रह रहे थे और वह भी बहुत कम मात्रा में ही उपलब्ध था। वह मानवीय शक्ति की चरम-सीमा तक सब बर्दाश्त करती रही थी मगर यह कब तक चल सकता था। वह बच्चों को स्कूल भेजने में भी असमर्थ थी। नवम्बर का महीना आ गया था और अभी तक सब के सब घर में ही बैठे थे। वे उसकी आँखों के सामने भिखारियों की तरह बड़े हो रहे थे और इस बात को अनदेखा करना पड़ रहा था... इनका क्या होगा, अनपढ़ ही रह जाएँगे। अगर कभी भाई आप पेश्त आयें तो आकर अपनी आँखों से यह सब नज़ारा देख सकते हैं.... और मुझे सलाह भी दे सकते हैं...।

उसने पत्र फेंककर अपनी मुट्ठियाँ भींच लीं।

''अब उसे मेरी सलाह की जरूरत है। जब मैं सब कुछ साफ़-साफ़ देख सकता था और उसे समझाता था...।

उसकी अन्तरात्मा उसे कचोटने लगी। वह आराम से बैठ नहीं पा रहा था। लीना के आने का इन्तज़ार कर रहा था।

वह खुश होती अन्दर आयी। अपना गाल उसने चुम्बन के लिए बढ़ा दिया और पूछा कि ऑफ़िस की क्या ख़बर है?

''तुम ऑफ़िस के बारे में पूछ रही हो जबकि ऑदेल्का का पत्र यहाँ सामने है?''

''ओह! ऑदेल्का। हाँ, काफी दुख की बात है।''

पिश्ता को आश्चर्य हुआ कि उसकी पत्नी इस बात को इतनी गम्भीरता से नहीं ले रही थी जितना वह।

''हे भगवान!'' लीना बोली, ''यह सब उसका अपना करा धरा है। सब जानते थे कि क्या होगा? गुस्ती राबॉ!, क्या आदमी चुना था? तुम अपना मन दुखी मत करो। ऑदेल्का की हर बात को ब्रह्म वाक्य मत समझो। वह काफी काल्पनिक किले बनाती है और जब दुखी होती है तो उन्हें लिख डालती है। बाद में उसे उस पर अफसोस भी होता है।''

"मगर वे लोग भूखे मर रहे हैं।"

"ओफ डार्लिंग! लोगों के जीवन में उतार-चढ़ाव आते ही रहते हैं....तब बात और थी जब वह मेरे सब कुछ करने पर भी नाक-भौं सिकोड़ती थी... जब क्रान्ति के बाद मैं एक छोटे-से कमरे में रहती थी, वह हमारे पास आयी थी, उसने देखा था कि मैं कैसे पाई-पाई बचा रही थी। याद है कितनी हिकारत की नज़र से देखती थी तब वह। मगर फिर भी मैंने उसकी आवभगत की। उसे ठीक ठाक दिया भी. ..मैं उतना ही नहीं दे सकती थी जितना उनकी अपेक्षाएँ थीं। आखिर मैं अपनी पूरी जमा-पूँजी तो उस पर नहीं लुटा सकती थी। रोमानियाई फौजों ने मेरे पिता का सब कुछ छीन लिया था। घर में केवल आधा किलो सूअर का माँस था, वे तक ले गये थे वो...और वह उस समय क्या-क्या फरमाइशें लेकर आयी थी हमारे यहाँ... ।"

पिश्ता का सिर चक्कर खाने लगा। वह तो इस सबको कब का भूल चुका था। उसे आश्चर्य हो रहा था कि पत्नी को एक-एक शब्द ज्यों का त्यों याद था, मानो कल ही घटा हो यह सब और उसके बाद कुछ हुआ ही न हो। उसे बस इतना याद था कि उस वक्त उसने अपनी पत्नी का साथ दिया था, अपनी इच्छा के विरुद्ध और अपने बहनोई से इसी कारण उसकी लड़ाई हो गयी थी। इतनी भयंकर लड़ाई कि दस साल तक उनका एक-दूसरे से कोई लेना-देना नहीं रहा था। मगर उसके लिए यह पुरानी बातें थीं। इस वक्त उसका दिल अपनी छोटी बहिन के लिए तड़प रहा था। उस छोटी बहिन के लिए, जिसे वह एक छोटी, प्यारी-सी बच्ची के रूप में देखता था जो बेहद खूबसूरत थी। आज यह बच्ची भूख से मर रही थी...। वह हमेशा उम्मीद करता था कि ऑदेल्का जीवन में सही सिद्ध हो जाये... मगर हुआ तो उल्टा ही था, वह उसके लिए कुछ कर नहीं सकता था जबकि जानता था कि वह और उसके बच्चे भूख से मर रहे हैं...।

"उसे पाँच-पाँच बच्चों की क्या जरूरत थी?" लीना ने दृढ़ता से कहा– "अगर पैदा कर सकते हैं तो उनकी देखभाल भी कर सकते हैं...। बच्चे इसलिए पैदा किये कि कोई दूसरा उन्हें पाले? और अपने ही काफी नहीं थे, पति के भी अपना लिए।"

यह कहकर वह सूप लाने चली गयी।

"हे भगवान! मैं अब क्या करूँ?" वह अपना माथा पकड़कर बैठ गया। उसे ऐसा करते ही अपनी माँ याद आ गयी। वे भी परेशानी में ऐसा ही किया करती थीं। क्या वह भी अपनी माँ जैसा होता जा रहा है?

वह मेज पर बैठ गया और उसने अपना सफेद नैपकिन अपनी गोद में बिछा लिया। ऑदेल्का पढ़ी-लिखी थी, टीचर थी। उसने कितनी बार सोचा था कि उसे शहर बुलाकर कहीं कोई नौकरी दिलवा दे। मगर यह विचार दो औरतों की वजह से विचार ही रह गया था। उसकी पत्नी वह होने नहीं देना चाहती थी और ऑदेल्का ने कभी अर्जी ही नहीं डाली। पत्नी तो उसे भी छोड़ देने की धमकी दे चुकी थी अगर ऑदेल्का उसके ही शहर में आकर रहने लगी तो। अब वह क्या करता? क्या उसे उसके पाँच बच्चों समेत यहाँ आने को कहे? यहाँ कहाँ? क्या लीना उसके लिए तैयार होगी?

घरेलू परेशानियाँ सबसे ज्यादा खराब होती हैं।

लीना सूप लेकर आयी और उसने बच्चों को भी आवाज़ लगायी—'लंच'। बच्चे धमा-चौकड़ी मचा रहे थे मगर माँ की आवाज़ सुनते ही चुपचाप कमरे में आ गये, हँसते हुए, चमकते चेहरे लिए, डरे हुए जानवरों की तरह अपने आप पर काबू पाते। माँ ने यूँ ही उन्हें पुकारा भी।

"तो क्या हो रहा है? सूअरों की झुंडों की तरह ऊधम मचा रहे थे?" बच्चे मेज पर आ गये।

"हाथ धोये?"

"हाँ!", दोनों ने एक स्वर में कहा। अपने हाथ फैलाकर दिखाये जिन पर पानी और स्याही दोनों के धब्बे थे।

"ठीक है, बैठ जाओ!" लीला ने आदेश दिया क्योंकि यद्यपि वह देख पा रही थी कि हाथ बहुत अच्छे नहीं धुले हैं मगर वह इस वक्त कुछ कहना नहीं चाह रही थी।

बच्चे बैठ गये।

"पापा!", छोटा बेटा कालमुश्का बोला, "क्या यह सच है कि आपने कॉर्दिच अंकल की पार्टी में सोने के काँटे-छुरी से खाना खाया?"

"यह बकवास तुमने कहाँ सुनी?" लीना ने पूछा।

"स्कूल में सब कहते हैं कि बड़े मेहमानों के लिए मेज़ पर सोने के काँटे-छुरी सजाये जाते हैं। क्या आपके लिए नहीं लगाये गये?"

"चुप हो जाओ और अपना सूप पियो! अपना नैपकिन ठीक करो।"

बच्चे समझ गये कि आज मूड ख़राब है अतः चुप हो गए। बीच-बीच में आपस में एक-दूसरे की ओर देख खिसिया जरूर रहे थे।

"अगर यही सब चलता रहा तो मैं तुम्हें यहाँ अपने साथ बैठने नहीं दूँगी।"

माँ बोली। "दोनों को एक कमरे में रख ही नहीं सकते। मैं एक को तबेले में डाल दूँगी और दूसरे को बाहर गेट के नीचे।"

दोनों बच्चे कुछ देर बिल्कुल चुप रहे, फिर थोड़ी देर बाद ठहाका लगाकर हँसने लगे। माँ का विचार बहुत ही मज़ेदार लगा दोनों को। इतना अच्छा कि वे अपनी हँसी रोक न पाये। कालमुश्का को तो सूप मुँह में होने की वजह से ठसका लग गया, थोड़ा सूप छलक भी आया बाहर। उसे फौरन अपने कमरे में भागना पड़ा ताकि अच्छी तरह से हँस सके। कुछ देर बाद लौटा वह।

पिश्ता ने दोनों पर कड़ी निगाह डाली और खाना शुरू किया। सूप बहुत अच्छा था और उसे सूप पसन्द भी था पर जब उसने सूप लगभग खत्म ही कर लिया था तो कहीं खो गया था और चम्मच उसके हाथ से गिर पड़ा था। उसके बाद उससे खाया नहीं गया। वह तो यहाँ मजे से बैठ खा-पी रहा था क्योंकि उसकी पत्नी इतनी अच्छी चीज़ें बनाती थी, पूरी उम्र उसे बढ़िया खाने खिलाती रही थी. ...और वहाँ उसकी बहन भूखी मर रही थी, अपने पाँच छोटे बच्चों के साथ...। मालूम नहीं आज उनके पास कुछ खाने को था भी कि नहीं...

"तुम और नहीं लोगे?"

"नहीं! शुक्रिया।"

लीना ने उसकी प्लेट हटा ली। जब वह कमरे से बाहर चली गयी तो लड़के फिर हरकत में आ गये।

"पापा! यह सच नहीं है ना कि कॉर्दिच अंकल के पास सोने के छुरी-काँटे नहीं हैं।", बड़ा बेटा बैर्त्सी बोला।

"चुप रहो। बेकार की बातें मत करो।"

"सिर्फ राजा ही सोने के चम्मच से खाते हैं।" कालमुश्का बोला।

"बुद्धू!" बैर्त्सी तपाक से बोला, "रानी के बच्चे भी भूख से मर रहे हैं स्पेन में।"*

पिश्ता ने दोनों लड़कों की ओर देखा, उसकी आँखें क्रोध से लाल थीं।

"क्या तुम लोग चुप बैठ सकते हो?"

लीना इस बीच मेन कोर्स ले आयी थी। पास्ता था दही के साथ ऊपर से चर्बी के पकौड़े। बच्चों की आँखें चमकने लगीं। यह उनका मनपसन्द खाना था।

"पापा!, मेरे दोस्त के घर एक अमरीकन आया था। वह बहुत अमीर था।

---

* राजा चार्ल्स चतुर्थ की मृत्यु के बाद उसकी पत्नी रानी ज़ीटा और उनके बच्चों को स्पेन में शरण लेनी पड़ी थी(1922 में)

जब उसे पास्ता दही के साथ ऐसे ही चर्बी के पकौड़ों से सजाकर परोसा गया तो उसने सोचा यह छोटे-छोटे पकौड़े किशमिश हैं, उसने जब खाया तो पता लगा कि सूअर की चर्बी के तले हुए टुकड़े हैं तो उसने उल्टी कर दी।''

पिश्ता हँस पड़ा।

''तुम्हें ऐसी बातें कौन बताता है?''

और वह हँसता रहा।

''पेतैर ने क्लास में बताया था।'' बच्चे एक साथ बोल पड़े, बेहद खुश होकर कि आखिर उन्होंने पापा को हँसा दिया था।

लीना भी यह सब सुन रही थी। इन बच्चों के साथ बिना हँसे रहा ही नहीं जा सकता था। उसने बच्चों को थपथपाया प्यार से और खुश थी कि उन्होंने माहौल बदल डाला था। वह नहीं चाहती थी कि उसका पति ऑदेल्का के दुख से दुखी हो।

''अमरीकन जानते हैं कि खाना कैसे खाया जाता है?'' वह बोली। ''दरअसल वे सब चीज़ें टिन से निकालकर खाते हैं।''

''क्या गुलॉश भी?'' पिश्ता हँसा।

''पापा खाली गुलॉश ही नहीं, सभी तरह की खाने की चीज़ें। वे अपनी खाना बनाने वाली से कहते हैं—आज हम यह खाएँगे। वो बाज़ार जाती है और सब चीज़ के डिब्बे उठा लाती है—मीट, सॉस और सब्ज़ियाँ।''

''अक्ल के दुश्मन तुम यही जानते हो बस?'' और पिश्ता इस पर इतनी ज़ोर-ज़ोर से हँसने लगा कि उसका मुँह लाल हो गया था।

लंच अच्छी तरह से निबट गया। बड़े अच्छे मूड में वे दोनों अपने बच्चों का वार्तालाप सुनते रहे।

''मीठा लेकर आओ'', लीना ने बैर्त्सी से कहा।

वह उठा और साइडबोर्ड पर रखी ट्रे उठा लाया जिसमें फल सजे थे। नाना के फार्म से आये सेब थे। बड़े ध्यान से ट्रे उसने मेज पर रखी ताकि फल गिरें नहीं।

सबने एक-एक सेब उठाया और यूँ खाने का अन्त हुआ।

''मुसीबत के वक्त पता चलता है कि असलियत क्या है?'' लीना ने उपदेश देते हुए कहा, ''अभी तो तुम ठीक हो क्योंकि पापा हर चीज़ तुम्हारे लिए ले आते हैं, मगर अगर पढ़ोगे नहीं और काम नहीं करोगे तो टक्करें मारोगे।''

लंच के बाद लीना धुलाई का काम देखने बाहर चली गयी। नौकरानी अच्छी

लड़की थी मगर उसे हर काम समझाना पड़ता था। उस पर अकेले धुलाई का काम नहीं सौंपा जा सकता था।

पिश्ता ने दराज़ में से एक गुलाबी रंग का मनीऑर्डर फॉर्म निकाला। उस पर ऑदेल्का का पता लिखा और पचास पैंगो निकालकर दोनों चीज़ें बैर्त्सी को पकड़ायीं और कहा–

"बेटा इसे पोस्ट-ऑफ़िस ले जाकर भेज दो। मैं यह काम किसी और से नहीं कह सकता। ऐसे काम खुद ही करने होते हैं।"

"दो बजे से पहले तो वे फॉर्म लेंगे नहीं।"

"ठीक है, तो दो बजे ही जाना।"

और यह कह उसने मनीऑर्डर जान-बूझकर वहीं डेस्क पर छोड़ दिया ताकि लीना आये तो उसे देख ले और खुद जाकर झपकी लेने के लिए लेट गया।

जब लीना अन्दर आयी, उसने फौरन देख भी लिया, उठाया, पढ़ा, पिश्ता को खुशी हुई कि उसने सिर्फ इतना ही लिखा था कि तुम्हारा प्यारा बड़ा भाई।

लीना ने पढ़कर उसे फेक दिया और बिना एक शब्द भी बोले कमरे से बाहर चली गयी।

पिश्ता ने चैन की साँस ली। उसे लगा उसने यह पचास पैंगो एक नेक काम में लगाये थे। एक ऐसा कर्ज़ चुकाया था जो यूँ तो उसका नहीं था पर उसकी आत्मा को तकलीफ पहुँचा रहा था। उसे याद आया कि जब वह विद्यार्थी था तो 'सहायता बोर्ड' की स्थापना उसने की थी और उसके लिए हर महीने एक निश्चित धनराशि देने का भी प्रयोजन किया था। इस बोर्ड से उन बच्चों की मदद की जाती थी जो किताबें वगैरह खरीदने में समर्थ नहीं थे मगर हुआ क्या? युद्ध छिड़ गया, उसे युद्ध के लिए बुला लिया गया (तब भी वह खुशी से कुछ देता ही रहता अगर उसे अपनी माँ की मदद न करनी होती)। फिर वह युद्धबन्दी बना लिया गया। वापिस आया तो अपनी छोटी-सी आय से अपना और अपने परिवार का पेट भरने में लग गया। उसने कभी अपने प्लान के बारे में किसी को बताया नहीं था कि वह किस तरह से दीन-दुखियों की मदद करने की सोच रहा था। अब जब वह डिप्टी मेयर बन गया था, वह जरूर वो सब कुछ करेगा गरीब बच्चों की सहायता के लिए, जो अभी तक सम्भव न हो सका था।

यही उसकी पारिवारिक जिम्मेदारियों के साथ था। आज उसे अपना दायित्व निभाने में बहुत खुशी मिल रही थी। ऑदेल्का को अच्छा लगेगा। उसे यह जानकर तसल्ली मिलेगी कि उसके पत्र को भाई ने रद्दी की टोकरी में नहीं डाल दिया

था। आज उसे पता चलेगा कि खून कभी पानी में नहीं बदलता। कैसे वह ऐसी हालत में उन्हें मरने के लिए छोड़ सकता था सिर्फ इसलिए कि उसने अपनी मर्ज़ी से शादी की थी....

सो पचास पैंगो तो एकदम ही हवा हो गये। अब वह इन्हें मॉक्रोत्सी के कामों का पता चलाने में नहीं लगा सकेगा क्योंकि मॉक्रोत्सी तो हर हफ़्ते अपने खास चमचों को खाना खाने बुलाता था। वह शिकारी भी था और अपने साथ अपने खास लोगों को शिकार पर भी ले जाता था। तीसा नदी के किनारे एक रेस्ट्रॉ में ले जाता था जहाँ मछली बढ़िया मिलती थी, वहाँ बढ़िया वाइन पी जाती और जिप्सियों का डांस देखा जाता। इसलिए उसके अपने लोग तो उसका साथ मरते दम तक देते। पिश्ता ने सोचा था धीरे-धीरे वह भी अपने लिए एक ऐसा फंड तैयार करेगा जिससे कभी-कभी बीयर के लिए लोगों को ले जाया करेगा....आज एक ही झटके में प्लान तो ध्वस्त हो गया था। उसने सोच लिया था कि लीना को इस पैसे के बारे में कुछ नहीं बतायेगा। सांस्कृतिक विभाग के अध्यक्ष की हैसियत से तो वह इस तरह की छोटी-मोटी पार्टी के बारे में सोच भी नहीं सकता था। लीना कभी इसकी इजाज़त न देती पर अब उसे जरूर कुछ करना होगा। वह हमेशा ही किसी न किसी का कर्ज़दार रहता था....

कोई बात नहीं। अच्छा होगा अगर ऑदेल्का और उसके बच्चे कुछ खा लेंगे—बेचारे! उसकी आँख घड़ी पर टिकी हुई थी। वह पूरे वक्त जगा रहा था। दो बजते ही उसने बैत्सी को पुकारा कि अब वह डाकखाने चला जाये।

लड़का चला गया। पिश्ता ने लीना को रसोईघर में आवाज़ लगाते सुना कि वह कहाँ जा रहा था।

''डाकखाने।''

वह प्रतीक्षा करता रहा कि अब लीना कुछ कहेगी पर उसे एक शब्द भी नहीं सुनाई दिया। वह शान्त हो गया और कुछ देर के लिए उसकी आँख भी लग गयी।

लीना के अन्दर आने पर उसकी आँख खुली।

वह काफ ी शोर मचाती हुई कमरे में आयी। वह बोली तो कुछ नहीं मगर उसके चारों और लगता था तूफान-सा था। उसके हाथ में एक छोटा-सा कागज़ था जिसे उसने डेस्क पर फेंका।

जब उसने देखा कि वह जग गया है तो बोली—

''तो तुमने आखिर भेज ही दिया।''

पिश्ता ने कोई जवाब नहीं दिया। लीना कमरे में ज़ोर-ज़ोर से उठा-पटक

करती रही। कुर्सियाँ सीधी करी, मेज साफ करी।

"बेचारे!" वह कुछ देर बाद बोला, पत्नी को शान्त करने का प्रयास करते, "समुद्र में एक बूँद के समान...इसकी बेचारी हकदार थी।"

"बिल्कुल!" लीना सीधी खड़ी हो गयी, "बिल्कुल वह इसकी हकदार थी. ...तो अब तुम समुद्र में बूँदें भेजते रहोगे?"

"नहीं-नहीं। बस एक बार काफ ी है।"

"क्या एक बार? यह तो बस शुरुआत है। क्या इससे उनकी पूरी ज़िन्दगी कट जाएगी?"

"मैं इससे अधिक कुछ नहीं कर सकता। मैं कोई धन्ना सेठ तो हूँ नहीं। मैं उसके लिए खुद को बरबाद थोड़ी कर लूँगा।"

लीना रोयी, उसने अपने आँसू पोछे।

"देखो पिश्ता, तुम बहुत कठिन डगर पर निकल पड़े हो। अगर तुम अपने सब रिश्तेदारों को, अपने चाचाओं, भाई-बहनों, छोटे-बड़ों सबको जमा करना शुरू कर रहे हो तो इसका अन्त कहाँ होगा। क्या तुम सबको अपना ख़ून पीने की आज़ादी दे दोगे?" पिश्ता ऐसे कूद पड़ा मानो उसे साँप ने काट लिया हो। वह पत्नी के सामने तन के खड़ा हो गया।

"क्या कहा तुमने?" वह पूरे ज़ोर से चिल्लाया " तुम्हारे विचार से कोपयाश परिवार खून पीने वालों का परिवार है? यहाँ हो क्या रहा है? क्या यही तरीक ा है मुझसे बात करने का? क्या तुम महज़ पचास पैंगो के लिए पागल हो गयी हो? क्या तुमने दिए थे मुझे यह पचास पैंगो? क्या वो पैसे सैंतकालनाई परिवार से आये थे? क्या सैंतकालनाई ने मेरी ग़रीबी दूर करने के लिए दिये थे यह पैसे? क्या मैंने सोलह साल तुम्हारे साथ इसलिए गुज़ारे हैं कि तुम्हारे बाप मुझे एक ख़रगोश और एक सड़े हुए सेबों की टोकरी भेजें?"

"सड़े हुए?" लीना धीरे से बोली, "क्या तुम ईमानदारी से कह सकते हो कि वे सड़े हुए हैं? क्या मेरे पिता चुन-चुनकर सबसे अच्छे सेब तुम्हें नहीं भेजते? तुम मेरे पिता की बेइज़्ज़ती कर रहे हो जो तुम्हारे लिए अपनी जान भी दे सकते हैं? वो खुद बिना खाये रह जाएँगे मगर तुम्हें सबसे अच्छे ही चुनकर भेजेंगे।"

पिश्ता को फ ौरन ही समझ में आ गया था कि उसकी ज़बान फिसल गयी थी, वह अपने ससुर की इज़्ज़त नहीं करता था क्योंकि वे उसे हिकारत की नज़र से देखते थे। वह कमाता जो अच्छा नहीं था, उनकी बेटी इसके घर में खाना पकाने और कपड़े धोने के काम जो करती थी....मगर पिश्ता यह जानता था कि बुजुर्गवार

कभी उससे कोई छोटी बात नहीं करते थे लेकिन ज़बान से निकले शब्द वापिस तो नहीं लिए जा सकते थे। उसके शब्दों ने तो 'रक्त-पिपासु' शब्द को भी पीछे छोड़ दिया था।

"तुम्हें आज तक मेरे किसी रिश्तेदार ने कोई परेशानी नहीं दी है। चाहे सड़े ही सही वे कुछ भेजते ही हैं, माँगते तो नहीं। मैंने तुम्हें यह सड़े सेब खाते देखा है। तुम्हें शक तो था कि उन्होंने सड़े सेब भेजे हैं, मगर तुम खा तो तब भी गये।"

पिश्ता इतना लाल हो गया था कि वह कुछ बोल भी नहीं पा रहा था। लीना कहती रही–

"सब वहाँ घुसे हैं तुम्हारे पेट में। तुमने अभी तक उल्टी भी नहीं की। वे तुम्हें मोटा कर देंगे क्योंकि मैंने तुम्हें सैंतकाल्नाई सेब खिलाये हैं, इसीलिए तुम सिर उठाकर चल सकते हो। कहीं ऐसा न हो कि इतने मोटे हो जाओ कि एक दिन फट जाओ। क्या मैं देख नहीं सकती कि अब तुम्हारा दिमाग़ पलटने लगा है। तुम घर में घुसते हो तो लगता है भिखारियों के पास आ रहे हो...पचास पैंगो तो तुम एक झटके में उड़ा सकते हो.....मैंने तुम्हें नहीं दिये तो फिर तुम्हारे पास यह आये कहां से? पिछली बार जब हमने देखा था तो तुम्हारे पास तो एक पैसा भी नहीं था। तो या तो तुमने मुझे धोखा देकर अपने पास छिपाकर रखा था, इन्हें और या फिर तुमने अभी से मच्छर की तरह खून चूसना शुरू कर दिया है, सरकारी पैसा चुराया है।"

इस पर पिश्ता हिल गया, जोर से दहाड़ा।

"चोरी की ऐसी की तैसी", वह आमतौर पर कड़े शब्द नहीं बोला करता था...न लीना ही। केवल तब जब वह बेहद गुस्से में आ जाती थी। "यह पैसा ईमानदारी से कमाया था मैंने। मुझे यह ऑफिस में एक कॉन्ट्रेक्ट लिखने के लिए मिला था। तुमसे चोरी? क्या? मैं ही तुम्हें दूँ और तुमसे चोरी करूँ? भाड़ में जाए यह सब..."

उसने अपनी टाई सीधी की और चलने के लिए तैयार हो गया।

लीना कुछ कहना चाह रही थी, मगर शब्द उसके हलक में अटककर रह गये, वह अपने पति को जाते देखती रही। पिश्ता ने उसकी ओर देखा और ठिठक गया, यह देख कि एक पल में ही उसकी पत्नी कितनी बूढ़ी हो गयी थी। उसका चेहरा लटक गया था, गालों का माँस ढुलक गया था। आँखों की जगह काले गड्ढे थे जिनसे नफ रत टपक रही थी।

लीना कुछ न बोली, पलटी और बाहर निकल गयी।

इस पर पिश्ता ने भी कपड़े सीधे किये और भागते हुए घर से निकल गया।

आज शायद पहला दिन था जब वह बिना लीना को चुम्बन दिये घर से निकला था।

12

वह तेज़ी से चलता गया। आँसुओं से उसकी आँखें जलने लगी थीं। वह शहर से बाहर की ओर निकल पड़ा था। वह इस वक्त किसी से मिलने की स्थिति में नहीं था।

अचानक उसे अपना जीवन निरर्थक लगने लगा। जीवन में क्या बचा था अगर व्यक्ति अपने उन आदर्शों पर न चल सके जो ज़िन्दगी को जीने लायक बनाते हैं। वह वास्तव में अपने भाइयों और बहन से बहुत प्यार करता था, शब्द जितना ब्यान कर सकते थे उससे कहीं अधिक। उसने कभी यह नहीं सोचा कि वह अपने भाइयों से कितना ज़्यादा लायक़ था, या यह कि वे उसकी तुलना में बहुत छोटे थे। अगर ऐसा था भी तो क्या यह इसलिए नहीं था कि परिवार में एक बच्चा अच्छा निकल जाए तो बाक ी सब की मदद करे, उनकी जो पिछड़ गये हैं?

अब यह चुनाव ही था। इसमें उसने खुद तो कुछ नहीं किया था ना? वह कोई अपनी काबिलियत के कारण तो नहीं जीता था यह, बस केवल कि स्मत का ही तो खेल था सब। भगवान की करनी। परमात्मा ने इस पद को दिया ताकि लीना जीत सके। क्या परमात्मा ने सब कुछ केवल लीना के लिए किया था, लीना सैंतकाल्नाई के लिए ही सिफ र्? क्या ऐदेल कौप्याश पचास पैंगो की भी हक दार नहीं थी?

ख़ैर। आगे और पचास पैंगो आएँगे। फिर सौ। फिर हज़ार। दस हज़ार।

उसका सिर एक घंटे तक बजता रहा। पत्नी के साथ उसकी लड़ाई दिमाग़ में चलती रही। अब मन ही मन में वह अधिक से अधिक कठोर शब्द बोल सकता था। वह अच्छी औरत थी, मेहनती, कम पैसे में खर्च चलाने वाली, अच्छी गृहणी, खाना पकाने वाली, कपड़े धोने वाली, सफ ाई करने वाली। इससे अधिक वह क्या चाह सकता था? वह सब कुछ कर सकती थी।

मगर उसके अपने जीवन साथी के रूप में एक कामवाली बाई नहीं, एक

अच्छे दिल वाली साथिन चाहिए थी। वह अपना ध्येय इस औरत के साथ कभी नहीं पा सकेगा। क्योंकि यह तो उसे कीचड़ में घसीटकर ले जाएगी।

'रक्त-पिपासु'। उसने मेरे परिवार को यह कहकर बुलाया। वह क्या है? किसी तरह का गुलाम?.. 'रक्त-पिपासु'... क्या वह खुद इसका खून नहीं चूस रही थी? उसने इसके दिमाग़ के सारे आदर्श चूस डाले थे, वह सब ठीक था। वह बस ख़ाली एक खेत पर काम करने वाला मज़दूर बना रहे। वह कभी ऐसा नहीं होने देगा।

ऊपर चढ़ने के रास्ते में क्या ऐसा साथी चाहिए उसे? वह तो उसे हमेशा नीचे की ओर ही खींचती रहेगी। उसे कभी भी यह समझ में नहीं आएगा कि अब उसके सिन्ड्रैला वाले दिन (अर्थात् काम काज में लगे रहने के दिन) गये। अब उसे बदलना होगा, एक नयी औरत बनना होगा, करियर को बनाने वाली औरत।

मगर उसका तो कोई अपना था ही नहीं। क्योंकि यह औरत तो उसके रास्ते में रुकावटें ही डालती रहती है, अगर किसी से दोस्ती बढ़ाने लगता है तो टोकती है। उसे किसी चीज़ की ज़रूरत नहीं थी बस एक-दो बेवकूफ नौकरानियों की जो उसके खुद के जैसी ही हैं, उस जानवरों के डॉक्टर की बीवी की, जिससे फ ोन पर ख़रगोश बनाने की विधि पूछ रही थी।

अगर आदमी को अपने हाथ में ताक त लेनी हो तो उसे अच्छे साथियों की ज़रूरत होती है। उसका साथी कौन था? वह किसके साथ बैठकर अपने इरादों के बारे में बात करे? और इस पर उसे अपने छोटे भाई मैन्यहेर्त का ख़याल आया।

उसे किसी तरह यहाँ अपने पास बुलाना होगा। क्या उसके दो भाइयों मैन्यहेर्त और एल्बर्ट से बढ़कर कोई दोस्त हो सकते हैं? ख़ासतौर पर मैन्यहेर्त। वह तो बिल्कुल उसी की तरह था, इतनी अच्छी तरह से जानते थे दोनों एक दूसरे को। जब कभी भी वे दोनों साथ बैठे थे, खूब बहस-मुबाहिसें हुई थीं दोनों के बीच, जिससे दोनों ही ज़्यादा अच्छी तरह से हर पहलू को समझ पा रहे थे और अन्त में इस निष्कर्ष पर पहुँचे थे कि वे दोनों एक ही से विचार रखते हैं, जो बहस थी वह छोटी-मोटी बातों पर थी अहम् मुद्दों पर विचार एक-से थे।

लीना से तो बहस का सवाल ही नहीं उठता। वह थी तो औरत मगर बहस इस तरह करती थी कि उससे जीतने का तो सवाल ही नहीं पैदा होता था। 'रक्त-पिपासु'...वह ऐसी बात सोच भी कैसे सकती थी? यह कौन-सा तरीका था अपना विरोध प्रकट करने का, इस तरह के शब्द? सबसे गिरे हुए शब्द चुनकर बोल गयी। अब कैसे इसका जवाब दे कोई।

अचानक उसका ख़याल फिर से लीना की ओर क्यों चला गया था। इस

तरह से? क्योंकि लीना और मैन्यहेर्त तो एक दूसरे को पसन्द नहीं करते थे... .क्यों भला? क्योंकि मैन्यहेर्त ने लीना को किसी बिज़नेस में पैसा लगाने को कहा था जो सफल नहीं हुआ, तो अब लीना तो उसे ज़िन्दगी भर पसन्द नहीं करेगी। मैन्यहेर्त ने तो सब अच्छी तरह से सोच समझकर ही किया था... युद्ध के बाद सैनिक जहाँ-जहाँ लड़ने गये थे वहाँ से काफ ी अच्छी कलाकृतियाँ लेकर आये थे। मिलिटरी ऑपरेशन के कड़े नियमों के बावजूद अपने थैलों में किसी तरह ठूँस-ठूँसकर यह सामान सफ लता से ला सके थे। इसमें चर्चों का कीमती सामान भी था। अब ग्रेनेड को तो लाने से रोका जा सकता था मगर इस बच्चों के खेलने के लिए लाये गये सामान को कौन रोकता?

मैन्यहेर्त के दिमाग़ में यह आया, क्योंकि वह म्यूज़ियम में काम करता था, कि क्यों न इन वस्तुओं को एकत्रित करके म्यूज़ियम में रखा जाए, इस तरह से पुरानी कलाकृतियाँ बची भी रहेंगी और सैनिकों को भी बाज़ार में इन्हें कौड़ियों के भाव नहीं बेचना पड़ेगा। यह सामान तो बेशकीमती था जो कुछ बदमाश लोग औने -पौने दाम देकर ख़रीद लेते। लीना के अन्दर भी आर्मीनियन खून था, उसे भी बिज़नेस की समझ थी। वह जान रही थी कि इसमें खूब पैसा है, अतः उसने अपना पैसा, जो उसे अपने पिता से मिला था, सब मैन्यहेर्त के बिज़नेस में लगा दिया...अब इसमें किसका दोष था कि मिलिटरी अथॉरिटी ने इसकी इजाज़त बिल्कुल नहीं दी। इससे तो देशों के बीच गड़बड़ी पैदा हो जाती। यह खुली लूट होती। तो जो पैसा लीना ने लगाया था शुरुआत करने के लिए, वह डूब गया। अब यह बात अलग है कि एक यहूदी ने यही बिज़नेस करके, बिना मिलिटरी की परवाह किये, लाखों कमाये।

लीना अपने तीन सौ सत्तर कोरोना हाथ से निकल जाने पर रोती रही थी तो उसके अनुसार मैन्यहेर्त ने तीन किश्तों में उससे ठग लिए थे। पहले दो सौ, फिर सौ और फिर सत्तर। अब वह उन्हें 'सोने के सिक्कों' की तरह याद करती है। अब वह मैन्यहेर्त से किसी प्रकार का सम्बन्ध नहीं रखना चाहती थी।

पिश्ता ने सोचा मैन्यहेर्त को, दबाव डालकर, झौरात्नोक आने को कहेगा। उसके दिमाग़ में एक विचार कौंधा। शहर, एक म्यूज़ियम बनाने पर विचार कर रहा था। मैन्यहेर्त को बुलाकर इसका डायरेक्टर पद सौंप दिया जाए।

असल में पिश्ता ने इसके बारे में तब भी सोचा था, जब वह सांस्कृतिक विभाग में सलाहकार था। मगर उस समय यह सम्भव नहीं हो सका था क्योंकि मॉक्रोत्सी की पत्नी का कोई विकलांग भाई था, एक स्कूल टीचर जिसे डायरेक्टर

बनाने पर विचार हो रहा था हालाँकि उसे म्यूज़ियम में काम करने का कोई अनुभव नहीं था। उस वक्त मॉक्रोत्सी से टकराने की किसकी हिम्मत थी?

और मॉक्रोत्सी के बारे में सोचते समय उसे यह ख़याल आया कि अब वह खुद उस पद पर था, अब तो ज़ाहिर है उसी के भाई को यह पद मिलना चाहिए। मैन्यहेर्त इस काम के लिए एकदम उपयुक्त भी था। वह नेशनल म्यूज़ियम के पुरानी वस्तुओं के विभाग में काम कर रहा था। उसने कई लेख और पुस्तकें लिखी थीं। कई खुदाई की जगहों पर काम किया था। उसकी साख अच्छी थी, हंगरी अकादमी ने सिफ ' इसलिए उसके लेख और पुस्तकें छापने से इन्कार कर दिया था क्योंकि उसका पैसा युद्ध बांड में फँसा हुआ था....

इस सब को सोच वह बहुत खुश हुआ। वह भाई को लिखेगा कि फौरन आये। यह भी कहेगा कि अपने सब सर्टिफिकेट, अध्यापकों की सिफारिशें वगैरह सब लेकर आये, बस फिर वह आराम से उसके डायरेक्टर बनने के लिए जोर डाल सकता है। और इससे खुद पिश्ता को कितना फायदा होगा, उसको एक दोस्त और सहायक मिल जाएगा, क्योंकि मैन्यहेर्त एक कोपयाश था, कल्पना से भरा, बस दोनों अपना दिमाग़ लगाकर झौरालोक का नक्शा ही बदल डालेंगे।

इसे पता भी नहीं चला कि कितनी दूर निकल आया था। वह बड़े-बड़े क दम रखता, तेज़ी से चला जा रहा था, छोटे-छोटे कई घरों को पीछे छोड़ता, गड्ढों, कीचड़, पानी को दरगुज़र करता। वह अब बँगलों के क्षेत्र में पहुँच चुका था।

यहाँ वह रुका और उसने चारों तरफ देखा।

कि स्मत का खेल था सब; वह कब से इस ओर आने का सोच रहा था। वह यहँ की उन्नति देखना चाह रहा था; इस वक्त वह चारों ओर इसलिए देख रहा था कि कौन-सा बँगला उसका होने वाला था।

यहाँ कई बँगले थे, नये-नये घर शहर के सिविल सर्वेन्ट्स के लिए।

वह कोई भी ले सकता था। सब बढ़िया बने हुए थे, सबमें बाग थे, सब ही आरामदेह थे। बड़ी-बड़ी चमकती खिड़कियाँ, हर तरफ बड़े-बड़े बरामदे, लाल छतें, टाइल्स लगीं और ऐस्बेस्टोज़, शीट लगीं। यह अभी नयी-नयी मार्किट में आयी थी। वह धीरे-धीरे चलता रहा। किसी ने उसे सलाम किया, उसने शालीनता से उसका जवाब दिया, मगर वह पहचाना नहीं कि कौन था। उसे अपनी पोज़ीशन का बोध हो रहा था। वह डिप्टी मेयर था, नया डिप्टी मेयर।

वह नॉद्र्यएरदेइ एवेन्यू पहुँचा। यहाँ इस क्षेत्र का अन्त होता था। यहाँ केवल बड़े-बड़े बँगले ही थे। उसने बैलॉतिनी का बँगला पहचान लिया। धीरे- धीरे उसके

पास से गुज़रा, अच्छी तरह उसे देखा, और मुस्कुराया; वह इतने बड़े घर का क्या करेगा? क्या यह लीना के लिए ठीक रहेगा जो खुद ही घर का सब काम करना चाहती थी?

उसने लीना के लिए बैलातिनी विला की बात सोची भी कैसे, वह स्वयं से पूछने लगा। वह भी जानती थी कि यह तो एक महल जैसा है। लीना में आख़िर कुछ बात तो ज़रूर थी ना? क्या वह कभी अपने आप को इस महल में देखने की कल्पना कर सकती थी?

अचानक उसके पैर जम-से गये मानो।

एक औरत उसके सामने चल रही थी। लम्बी, सीधी तनी, दुबली-पतली औरत, बहुत सम्भ्रान्त, वह हल्के रंग का सूट पहने थी। उसके पास छतरी नहीं थी, एक छोटा हैट सिर पर था। यह भी बड़े हल्के रंग का था। बहुत ही अच्छे घर की प्रतीत होती थी, ऊँची श्रेणी के परिवार की....।

हे भगवान! यह तो मॉग्दॉलेना सैंतकालनाई थी।

कुछ सैकेंड तक तो पिश्ता ने साँस तक न ली। उसको लगा कि उसे पलट कर फ ौरन यहाँ से भाग लेना चाहिए, यहाँ से ही नहीं, दुनिया से भी और फिर वह डरा कि यह तो चली जाएगी, उसकी आँखों से ओझल हो जाएगी और वह लम्बे डग भरता उसके पीछे चल पड़ा।

मॉग्दॉलेना साधारण गति से चल रही थी। कुछ अजीब-सा था उसके यूँ अकेले चलने में। लग रहा था कि कोई बोझ था जो उसे दबा रहा था, कोई बड़ा दुख। वह यह नहीं बता सकता था कि उसे क्यों ऐसा लगा कि वह दुखी थी। उसका सिर तो नहीं लटका हुआ था मगर उसके कदमों से खुशी नहीं झलक रही थी। उसके कदम ठीक तो उठ रहे थे मगर पीठ कुछ ज़्यादा ही तनी थी। हाथ झूल रहे थे शायद इसलिए....

उसका इतना प्रभाव पिश्ता पर पड़ रहा था कि वह ठगा-सा उसे एकटक देखता जा रहा था।

उसे भागकर उसके पास जाना चाहिए, उसके आगे निकल जाना चाहिए. ..उससे सलाम दुआ करनी चाहिए....अगर उसने उसे देख लिया क्या वह इसे पहचान पाएगी? ओफ भगवान रक्षा करो, अब बर्दाश्त नहीं हो रहा था, उसका दिल धड़क रहा था, वह खुद भी अपने दिल की धड़कन को सुन पा रहा था।

यह कि स्मत भी तो.....आख़िर चाहती क्या थी? क्यों फिर से इस औरत को उसके सामने ले आयी थी। उसके मस्तिष्क ने सोचना छोड़ दिया था, वह एक

भागती हुई मशीन बनकर रह गया था, बस उसे डर था कि कहीं वह उसे खो न दे....क्यों खोएगा? वह सामने जा रही थी, एकदम ग़ायब तो हो नहीं सकती थी....वह एक जीती जागती औरत थी, दो पैरों पर चल रही थी, बराबर क दम रखते हुए। वह अकेली क्यों थी? क्या वह अकेली रहना चाहती थी? क्या वह शहर के लिए निकली थी या केवल सैर पर? या कहीं गयी थी और वहाँ से लौट रही थी?

ख़ैर यह ज़रूर था कि वह यहीं कहीं रहती थी और उसके पति फ ैरी बोरोन्काई कहाँ हैं? क्या यह सच था कि वे एक दूसरे से प्यार नहीं करते थे? उसने कई बार यह अफवाह सुनी थी। यह कैसे हो सकता था? क्या यह सम्भव था कि उस जैसी औरत को उसका पति प्यार न करे?....या वह अपने पति को?....तो फिर वे एक साथ क्यों थे?

वह इन सब बातों के बारे में सोच नहीं पा रहा था। अगर वह अधिक पास जाता तो उसका रक्तचाप बढ़ जाता, वह गर्मी-सी महसूस करने लगता, अगर रुक जाता तो डर सताने लगता। क्यों इस औरत का इतना प्रभाव था उस पर? क्या वह कभी उससे मिल सकेगा? अगर हाँ तो.....

अब मॉग्दॉलेना एक गेट के सामने आकर रुक गयी थी। उसने घंटी बजायी।

उसने पिश्ता को नहीं देखा था और पिश्ता को समझ में नहीं आ रहा था कि वह क्या करे। अगर तेज़ चला तो उसके सामने पहुँच जाएगा तब क्या होगा? अगर रुक गया तो भी उसका ध्यान अपनी ओर आकर्षित करेगा। वह साधारण चाल से ही चलता रहा।

अब वह उससे केवल तीन क दम दूर था। गेट खोला जा रहा था, उसी वक्त यहाँ से गुज़रते एक व्यक्ति ने हैट उठाकर उसे सलाम किया। मॉग्दॉलेना ने उसकी ओर देखा, सलाम स्वीकार किया, सिर हिलाया और मुस्कुरायी।

फिर वह बँगले के अन्दर चली गयी।

उसने एक नज़र उस पर डाली और तेज़ी से चल दिया। बस अन्दर वह हरे-भरे पेड़ ही देख पाया था। गेट लोहे का बना था और गेट से अन्दर जाने का रास्ता पत्थरों से बना था, दोनों तरफ हरी घास थी। मॉग्दॉलेना अन्दर चली गयी, सीढ़ियाँ चढ़ती....

यह बहुत बड़ा बँगला था।

सबसे पहले यही विचार उसके मस्तिष्क में आया। फिर जब वह तेज़ी से चल दिया तो कुछ दूर जाकर फिर रुककर उसने बँगले को देखा।

वाकई बहुत खूबसूरत घर था। जैसा मैगज़ीनों में देखने को मिलता है।

वह धीरे-धीरे जंगल तक पहुँचा। फिर पलट गया। उसने सड़क पार की, अच्छी तरह से फिर एक बार घर को देखा। फिर उसे लगा कि कहीं मॉग्दॉलेना उसे खिड़की से न देख ले, अतः तेज़ी से वहाँ से खिसक लिया।

यह कितना अलग संसार था। कितना भिन्न उस संसार से जहाँ वह रहता था। क्या दोनों मिल सकते थे.....

नहीं इसे तो हथियाना ही होगा, ज़बरदस्ती, आक्रमण करके।

13

वह आँखें झुकाये चला जा रहा था कि किसी ने उसे पुकारा।

"माफ कीजिएगा, डिप्टी मेयर साहब", एक दुबला-पतला व्यक्ति उसके सामने था। "मुझे क्षमा कीजिएगा मैं आपके विचारों में अवरोध पैदा कर रहा हूँ। पर मैं आपको यहाँ देखकर इतना खुश हुआ कि आपसे अपनी पुरानी पहचान फिर से बनाने की इच्छा को रोक नहीं पाया...आप मुझे नहीं जानते? हम स्कूल में एक साथ थे। हाँ, इस बात को कई साल बीत चुके हैं। मैं आपसे एक क्लास पीछे था इसलिए मैं अपको ज़्यादा अच्छी तरह से पहचानता हूँ।"

"हाँ, मुझे तुम्हारा चेहरा तो जाना पहचाना लग रहा है, मगर नाम..."

"मैं होल्लॉकी हूँ, यॉनी होल्लॉकी। हमने स्कूल में कई खेल एक साथ खेले थे। तब तक फुटबॉल इतना लोकप्रिय खेल नहीं था। उस वक्त बच्चे कितना खेलते थे....क्या मज़ा आता था स्कूल में। डिप्टी मेयर साहब, वे दिन कितनी शान्ति के थे।"

यॉनी होल्लॉकी की आवाज़ बड़ी कर्कश थी। पिश्ता अगर उससे नहीं मिलता तो उसे कोई निराशा नहीं होती, या अगर उसे नहीं पहचान पाता तब भी नहीं। मगर पिश्ता की प्रवृत्ति में ही यह नहीं था कि किसी के साथ अभद्र व्यवहार करे। अतः उसे यॉनी की बात, मार्किट स्क्वेयर तक पहुँचने तक सुननी पड़ी। वह उसे अपनी पूरी कहानी सुनाता रहा। स्कूल से लेकर आज तक जो भी उसके साथ घटा था। अपनी असफलताओं के बारे में भी। शायद यह उसकी आवाज़ के कारण था....पिश्ता उलझने लगा था उसकी ऊबाने वाली कर्कश, बिना रुके चले जाने वाली आवाज़ से। क्लब तक पहुँचकर पिश्ता ने उसकी ओर अपना हाथ बढ़ा दिया विदा लेने को—तभी जब यॉनी उससे कुछ याचना करने जा रहा था।

बेचारा, वह मुँह बाये खड़ा रह गया वहीं सड़क पर, पिश्ता की पीठ को देखता। जब पिश्ता तेज़ी से, क़रीब-क़रीब भागता हुआ-सा ही, क्लब में प्रवेश कर गया। इस क्लब में यॉनी को अन्दर आने की इजाज़त नहीं थी। पिश्ता कल्पना करने

लगा कि इस समय यॉनी क्या सोच रहा होगा, मगर खुश भी था कि इस यॉनी के कारण अब वह अपने स्कूल के साथियों को कभी नहीं अपनाएगा।

वह सीढ़ियों से ऊपर चढ़कर गया। एक चपरासी ने उसका कोट उतरवाकर खूँटी पर टाँगा। उसने चपरासी की ओर देखा जो नयी कड़क यूनीफ ार्म पहने हुए था।

''साहब'', चपरासी बोला, ''क्या आप अपना कुछ समय दे सकेंगे...''

''क्यों, क्या बात है यॉनी?'' उसने कहा और फ ौरन ही आगे बढ़ गया। जब वह अन्दर पहुँच गया तब उसे समझ में आया कि अरे यह तो यॉनी नहीं था। वह हँसा क्योंकि यह भी तो कोई याचना ही करने वाला था।

वह चुनाव के बाद से क्लब नहीं आया था। उसने चारों ओर नज़रें दौड़ायी, देखा, कौन-कौन बैठा था वहाँ। वही पुराने चेहरे थे। किसी भी क्लब में वही चेहरे बार-बार देखने को मिलते हैं और वे वही करते दिखाई देते हैं जो हमेशा से करते आये हैं। कुछ अख़बार पढ़ते, कुछ सैटी पर लम्बे हुए, बजाय घर के यहाँ लेटने चले आते हैं, शायद उनके दिमाग़ को क्लब का भारी वातावरण ज़्यादा सुकून पहुँचाता है।

''हैलो पिश्ता'', एक मोटे व्यक्ति ने आवाज़ लगायी, ''तुम यहाँ इस वीराने में क्या कर रहो हो?''

पिश्ता आख़िरी बार उससे फ ौज में मिला था, जहाँ वह मेजर था। वह स्कूल में भी उसके साथ था, उससे एक साल सीनियर; यॉनी ठीक कहता था। पिश्ता उसे ज़्यादा जानता था क्येंकि वह उससे एक क्लास आगे था।

''और फ सल कैसी हुई'', उसने पूछा क्योंकि अब तक उसे याद या गया था कि यह बालिन्त माँदी है। जमींदार।''

''हा, हा'' बालिन्त ज़ोर से हँसकर बोला, ''अब मेरा अनाज से कोई लेना-देना नहीं; बस अनाज खाता भर हूँ। मैं अब किसान नहीं हूँ। अब मैं साहब बन गया हूँ। ज़मीन वग़ैरह सब बेच दी।''

''अरे नहीं! अब समय कैसे काटते हो?''

''मैं अपने को व्यस्त रखता हूँ। अब जब और कुछ करने को नहीं है तो युवाओं के प्रेम-कलापों पर नज़र रखता हूँ। बेचारे बच्चे, मेरे पास अपनी समस्याएँ लेकर आते हैं यह सोचकर कि इतनी बड़ी समस्या मेरे सामने कभी न आयी होगी, जबकि मैंने तो दुनिया देखी है।''

उसका ठहाका ज़ोरदार था। उसके मुँह में ढेरों दाँत भरे हुए थे, मगर जब

वह ज़ोर से हँसता था तो उसका चेहरा फिर से जवान दिखने लगता था। वह अपनी जवानी के दिनों में बहुत खूबसूरत हुआ करता था। लड़कियाँ उस पर मरा करती थीं।

अचानक उसने पिश्ता का हाथ पकड़ा और उसे एक कोने में ले गया।

''वो जो 'किसिंग स्कैन्डल' हुआ था, निबट गया क्या?''

''कौन-सा स्कैन्डल?''

''अरे भगवान, तुमने उसके बारे में सुना तक नहीं...तुम जानते हो आजकल के नौजवान हमारे वक्त के नौजवानों से अलग हैं। जब हम किसी लड़की के पीछे भागते थे तो हम उसकी एक मुस्कुराहट से ही खुश हो जाते थे। आजकल के लड़के तो एकदम पॉइंट पर आ जाते हैं। यह लोग लम्बे समय तक प्यार मुहब्बत की बातों में नहीं अटके रहना चाहते। अभी एक पार्टी में तीन लड़कों ने एक लड़की को पकड़ा लिया। दो ने उसके हाथ पकड़ लिए और तीसरे ने उसके होठों पर ज़बरदस्ती चुम्बन जड़ दिया। वो बेचारी चिल्ला भी न सकी। एक-एक करके बाकी दोनों ने भी यही दोहराया।''

वह हो हो करके हँसने लगा।

''मगर यह तो बहुत भयानक बात है'', पिश्ता बोला।

''भयानक तो है'' बालिन्त हँसा, ''क्योंकि इससे काफ ी बवाल भी मच गया। लड़की ने स्वाभाविक था, अपने माता-पिता से शिकायत की। लड़की के पिता पुराने फ ौजी अफ सर हैं, सौ प्रतिशत विकलांग, उन्होंने बहुत शोर मचाया क्योंकि और कुछ तो है नहीं उनके पास करने को। एक कोर्ट ऑफ ऑनर बिठा दिया गया और मुझे उसका प्रेसिडेंट बना दिया। मैंने लड़कों को एक झटका दिया। मैंने उनकी पूरी बात सुनी और फिर उनसे कहा, ''लड़कों, चूँकि लड़की के पिता तो अपने हाथ से तुम्हें कुछ भी दंड देने में समर्थ नहीं हैं, उन्होंने देश के लिए अपने शरीर के अंगों का बलिदान दिया है....अतः इस कोर्ट का यह कर्तव्य बनता है कि हम तुम्हें सज़ा दें....अभी चूँकि तुम स्कूल में ही पढ़ते हो, हम यह बात केवल रिकार्ड पर रख देते हैं, मगर जैसे ही तुम द्वन्द्व युद्ध के लिए तैयार हो जाओगे, हम तुम्हें बुलाएँगे और तुम एक दूसरे पर गोली चलाओगे, कानून के हिसाब से पहले बीस कदम की दूरी से, फिर पन्द्रह, फिर दस....और अन्त में एक रुमाल जितनी दूरी से... हमें इसमें कोई परेशानी नहीं होगी। हम काफ ी सख़्त हैं और हमारी ज़िन्दगी में अब बचा भी क्या है। अगर हम एक लड़की की इज्ज़त बचाने के लिए मर भी गये तो हमारा जीवन व्यर्थ नहीं जाएगा।''

वह फिर हँसा और बोला।

"बिल्कुल, लड़के डर गये थे, इसलिए कि वे देख सकते थे कि अब उनके स्कूल में यह बात सबको पता चल जाएगी। वे सब ग़रीब लड़के थे। एक जनरल की विधवा का पुत्र था, दूसरे के पिता युद्ध में मर चुके थे, वह अनाथ था, तीसरा किसी पेंशनर का लड़का था जो छात्रवृत्ति पर पढ़ रहा था, जो अब उससे छिन जाने वाली थी क्योंकि स्कूल आजकल उतने नर्म नहीं हैं जितने हमारे वक्त में हुआ करते थे। आजकल तो बैरक जैसा अनुशासन है स्कूलों में। तो देखा, इस तरह समय व्यतीत करते हैं हम..."

पिश्ता उसे यूँ देखता रहा मानो सपना देख रहा हो। वह इस सबके लिए जी रहा था? यह उसके जीने का मकसद था? अजीब संसार है यह, अजीब है यहाँ के लोग। उसे लगा—एक जीता जागता कंकाल उसके सामने बैठा मुस्कुरा रहा था।

एक हट्टा कट्टा, सेहतमन्द, अक्लमन्द व्यक्ति यूँ अपना मनोरंजन करके समय व्यतीत कर रहा था। गुनगुने पानी की मछली की तरह, यह लोग समाज के बहाव में खेल रहे थे जो उन्हें बहाये लिए जा रहा था। और हर जगह यही थे जो लीडर थे, यही थे जो माप-दण्ड निर्धारित करते थे, यह ही नियम-कानून बनाने वाले थे, फैसले लेने वाले थे। हर जगह एक स्थान था, जहाँ केवल चुनिंदा लोग ही बैठकर बात कर सकते थे, वे थे यह चुनिनदा लोग। और अपने साफ दिमाग़, गर्म दिलों और होठों पर खुशी लिये यह स्वयं को खुदा समझते थे।

इनके चारों ओर आम जनता बोझा ढोती रहती थी, हर समय मेहनत मशक्कत में लगी, उनके कन्धे झुके, भवों पर चिन्ताएँ, गर्दनें ज़मीन तक झुकी, मशीन की तरह चली जाती थी। वह, मोटे और खिलखिलाते लोग, बेकार की बातचीत और हँसी-मज़ाक में समय गुज़ारते थे।

पिछली गर्मी में पिश्ता ने अपने गठिया के रोग के लिए, जो उसे युद्धबन्दी कैम्प में हो गया था, एक आयुर्वैदिक स्नान लिया था। गर्म पानी की झील में बैठ उसने नोटिस किया था कि समाज क्या है। उस बड़े से तालाब में जहाँ गर्म पानी के चश्मे थे, वहाँ पानी पच्चीस-तीस मीटर गहरा था। यहाँ समाज के बड़े-बड़े लोग ही तैर सकते थे। छोटे-मोटे आम लोगों को वहाँ जाना निषेध था। यह कहीं लिखित में नहीं था, बस यह सबको यूँ ही समझ लेना होता था। बड़े लोग सब अच्छे तैराक थे, अच्छे खिलाड़ी थे, अच्छे घुड़सवार थे। स्वस्थ थे। आम आदमी बेचारा, अपनी ख़राब टाँगें लिए उसी जगह पड़ा रहता जहाँ न उसके शरीर को, न उसकी

आत्मा को आराम मिलता। किसी को उनकी परवाह नहीं थी। वे दूर से इन बड़े आदमियों के बेटे-बेटियों को चश्मे के आस-पास किलकारियाँ मारते हुए देखता रहता। अगर कोई आम आदमी भूला भटका उस ओर पहुँच भी जाता तो अपने को अटपटा महसूस करने लगता। यहाँ तो दोस्तों की चौकड़ी जमा थी, किसी बाहर वाले को इनके पास आने का कोई अधिकार नहीं था।

मगर वे एक दूसरे को पहचानते कैसे थे? सब तैराक एक ही क्लिनिक के मरीज़ थे। वे तो एक परिवार के सदस्यों की भाँति ही थे; हमेशा से एक दूसरे के साथ पले-बढ़े, एक-सी यादें सँजोए।

यह समाज एक था, जुड़ा हुआ। अगर कोई नया व्यक्ति, जो समाज में अपना स्थान बन पाया हो, इनसे जुड़ता तो उसे फौरन अपना लिया जाता। अगर कोई इस जैसा न होता तो वह दस साल में भी इतनी तरक्की न कर पाता, जैसा इनके बच्चे पैदा होते ही कर लेते थे।

यह संगठन बहुत शक्तिशाली था। इन्हीं के हाथ में सरकार थी, शक्ति थी। पूरे देश को यह ही तो चलाते थे। सब के सब ऊँचे पदों पर थे, फ ौज के सीनियर ऑफि सर, बड़े-बड़े ज़मींदार। कोई जासूसी सोसाइटी भी इतनी सुगठित न होगी, जितना यह लोग बिना किसी नियम कानून के, एक दूसरे से जुड़े थे।

सब के सब बड़े खुशमिज़ाज, मज़ाकिया और मस्त तबीयत के थे। और तो और इनके बीमार भी, अपने इस निजी संसार में दुनिया की हर परेशानी से अपने को दूर समझते।

पर जिस द्रव्य सम्बन्धी आधार पर यह ढाँचा खड़ा था अब वह चरमरा रहा था। बड़े अफ सरों की तनख्वाहें कम हो रही थीं। इसी साल तीन बार वेतन कम किया गया था। ज़मीनदार अपनी ज़मीनें खो रहे थे। जिनके पास हज़ार एकड़ ज़मीन थी आज वे पैसे-पैसे के मोहताज थे और कर्ज़े में डूबे हुए थे। जिनके पास पाँच हज़ार एकड़ ज़मीन थी उन पर लाखों रुपये का क़र्जा था, उन्हें तो सरकार की तरफ से मदद देकर बस खड़ा रखा जा रहा था। वे केवल नाम भर के ज़मींदार रह गये थे। एक ही वजह थी कि वे अपनी ज़मीनें बेच नहीं पाये थे, वह यह कि उन्हें ख़रीदने वाला कोई नहीं था नीलामी के वक्त। कई ऐसे थे जिनके पास पुश्तैनी स्टेट थे, साठ कमरों के महल थे, वे अभी भी उन महलों से चिपके हुए थे। हालाँकि यह बात अलग थी कि उनके घरों के क ीमती सामान बुदापैश्त ले जाकर बेचे जा रहे थे। पुश्तैनी ज़मीनें अब हंगारी हाथों से निकलकर ऑस्ट्रियन हाथों में चली गयी थीं।

अब जहाँ अमीर आदमी भी ग़रीबी और दुख का शिकार हो, वहाँ आम आदमी की तो बात ही क्या। वहाँ तो तकलीफें और भी ज़्यादा थीं। उनकी जेबों में बिल्कुल पैसा नहीं था। एक जिलाधीश की तनख्वाह मात्र एक सौ साठ पैंगो रह गई थी जिससे उसे अपने कई बच्चों को भी पालना होता था। वह एक अच्छा घर भी न ले सकता था जो उसके पद के अनुरूप हो; बस उसके पास कोई नाम की शान ही बची थी। इस विरोधाभास से बड़ी मुसीबतें खड़ी हो जाती थीं। परिवारों को इसका ख़ामियाज़ा भुगतना पड़ता था। इज्ज़त भी रखनी थी और उसे बचाने के लिए पैसा भी नहीं था।

पिश्ता मेजर की बकवास सुनते समय यही सब सोच रहा था, और सोच रहा था कि यह रास्ता सीधे विनाश की ओर ले जा रहा है।

अब बस केवल क्लब ही एक ऐसी जगह रह गयी थी जहाँ-जहाँ बिना पैसा ख़र्च किये आप साहब बने रह सकते थे और भी एक दो जगहें थीं जहाँ ऐसा सम्भव था। सब सरकारी गेस्ट हाउस, सरकारी आराम-गृहों में सरकारी अफ सर डॉक्टरों की पर्चियाँ दिखाकर रह सकते थे। हाथ में शैम्पेन की जगह केवल पानी का ग्लास लेकर ही खुश हो सकते थे।

पिश्ता खोया हुआ-सा मेजर को सुनता रहा, पर उसकी बातें सुनकर उसका दिल बहुत दुखी हो रहा था। कितना पतन हो चुका था अच्छी से अच्छी आत्माओं का भी।

"यक ीन मानो दोस्त, हंगरी कानून क़र्ज़दारों के खिलाफ बहुत सख़्ती बरतता है। पुराने क़ानून बनाने वालों की निगाह में अगर कोई क़र्जदार होता था तो वह या तो जुआ खेलने वाला होता था या शराबी होता था। और ऐसे लोगों को सज़ा मिलनी ही चाहिए थी ताकि औरों के लिए यह एक उदाहरण बने। अब लेकिन एक नया संसार है। पैसे का मूल्य बढ़ गया है, अनाज का दाम घट गया है। सो अगर कोई अच्छा किसान है तो वो तो समझो मर गया क्योंकि उसे तो अच्छी पैदावार पाने के लिए कर्ज़ा लेना ही पड़ेगा, क्योकि क्रान्तियों और रोमानियाई आक्रमण के कारण बेहद बरबादी हो चुकी है। अगर किसी ने एक हज़ार पैंगो उधार लिए थे, उस वक्त जब गेहूँ तीस पैंगो किलो था, आज उसे चौगुना ब्याज देना पड़ रहा है क्योंकि गेहूँ आठ पैंगो किलो बिक रहा है। उसको अपना घर चलाना तक मुश्किल हो रहा है। एक बैल जो हज़ार पैंगो का हुआ करता था आज एक सौ अस्सी का बिक रहा है। ज़रा इतने पैसे में गुज़ारा तो चलाकर दिखाइए। और जब आप इस मुसीबत के दौर से गुज़र रहे होते हैं तो बैंक आप पर शिकंजा कस लेता है। हर

आदमी आपको दीवालिया करार देने के लिए तैयार हो जाता है। आपको कर्ज़ देने वाला इससे घबराकर आपको और कर्ज़ दे देता है ताकि आपको डूबने से बचा ले। क्योंकि अगर आप दीवालिया घोषित हो गये तो उसका पैसा तो गया। अगर आप वकील के पास जाते हैं तो मामला और बिगड़ जाता है। मेरे फ ार्म की केवल तीन सुनवाई हुई और उसका खर्चा इतना था जितनी उस पूरे फ ार्म की क ीमत।"

इस पर वह अचानक खड़ा हो गया और पिश्ता की ओर देखने लगा। "यह सब सच है, मेरे दोस्त, पर मैं तुम्हें भविष्य में बँगला हासिल करने के लिए बधाई जरूर देता हूँ।"

"मुझे?" पिश्ता ने हैरान होते हुए कहा

"बिल्कुल। वह बहुत अच्छा बँगला है। उससे अच्छा बँगला इस पूरे शहर में नहीं है। वह एक प्रतियोगिता जीतने के लिए बनाया गया था, विश्व में सबसे सुन्दर बँगलों की प्रतियोगिता।"

"मुझे नहीं समझ में आ रहा कि आप किसकी बात कर रहे हैं।"

"अरे बोरोन्कॉई विला की। ऑलइश्पान ऑन्द्रिश भाई ने मुझे बताया कि कॉर्दिच चाहता है कि तुम यह बँगला ख़रीदो।"

पिश्ता चुप रहा, दो वजहों से। पहली, क्योंकि यह एक बहुत बड़ा अचम्भा था, और दूसरे उसका रक्तचाप एकदम बढ़ गया था, मॉग्दॉलेना...चाहे घुमा फिरा कर ही मगर उसका ज़िक्र तो आ गया था...तो वह मॉग्दॉलेना का विला था जो उसे ख़रीदने को कहा जा रहा था...।

"फ ेरी बोरोन्कॉई सैक्रेटरी ऑफ स्टेट बनकर मिनिस्टरी ऑफ एग्रीकल्चर में जा रहा है।"

पुराने फ ौजी ने अपना सिर झुकाया और दुखी होता बोला—"फ ेरी के लिए यह बहुत अच्छा है....इससे कम से कम वह बच जाएगा....वह बहुत भारी कज में है...ज़रा सावधान रहना कहीं तुम्हें ज़्यादा कर्ज़े में न डुबा दिया जाए इस सम्पत्ति के लिए, क्योंकि तुम्हें इससे कुछ नहीं मिलेगा...उस सूअर-फार्म ने उन लोगों को बरबाद कर डाला...समझ में नहीं आता वे इसमें फँसे कैसे, उस वक्त जबकि हालत इतने ख़राब थे.....यह मॉक्रोत्सी की ही ग़लती थी। इसीलिए उसे निकालकर बाहर फेंक दिया गया।"

यह सब पिश्ता के लिए नयी ख़बर जैसा था। हर शब्द वह दर्शा रहा था जिससे वह अब तक बिल्कुल अनभिज्ञ था।

ओह! तो मॉक्रोत्सी के जाने का कारण केवल वह 'झें-वें वाला कथन ही

नहीं था। उसे इस सब की भी सज़ा मिली थी। उस बात ने तो सिफ ' काउंसिल को मौका दिया था, उसे हटाने का। पिश्ता हिल गया था, इसमें वह अपना भविष्य भी देख सकता था। उसे बहुत होशियार रहना पड़ेगा कि उससे कोई गुनाह न हो जाए, वरना वे लोग उसे भी बाहर निकालकर फेंकने का बहाना ढूँढ़ लेंगे।

"अगर तुम सँभल के कदम रखो और एक अच्छा सौदा कर सको तो वह सम्पत्ति अच्छी है। यह समय भी निकल जाएग। कुछ भी सदा नहीं रहता, असम्भव भी नहीं। अगर तुम यह कर पाये तो तुम अपने बच्चों को उस महल में रख सकोगे दोस्त!"

कुछ अजनबी लोग क रीब आ रहे थे, अतः दोनों चुप हो गये। पिश्ता इतना उत्तेजित हो चुका था कि अब उसके लिए वहाँ खड़ा रहना मुश्किल हो रहा था। उसने बहाना बनाया और क्लब से बाहर निकल गया।

वह ऑफि स पहुँचा। वहाँ डॉ. पेतैरफ ी बैठे थे। उसने पूछा—यह सूअर फ ार्म का माजरा क्या था?

उसे कई बड़ी चौंकाने वाली बातें बता चलीं। यह एक बहुत बड़ा स्कैन्डल था। बोरोन्कॉई विला इस सूअर-फार्म वाले पैसे से ही बना था। यह घोटाला बोरोन्कॉई का किया हुआ ही था जो इस फार्म का डायरेक्टर था।

पिश्ता को पहली बार सुनने में पूरी बात समझ में नहीं आयी। पर वह इससे इतना घबरा गया था कि उसे फ ौरन लीना के पास घर भागने की ज़रूरत महसूस हुई....उसकी तीव्र इच्छा हुई कि अपने छोटे-से फ्लैट में पहुँचे जहाँ वे इतने सालों से शान्ति से रह रहे थे। वह इस चरमराते, बड़े संसार में कदम रखने से डर रहा था....बेहतर होगा कि वह अपने छोटे-से घोंसले में जाकर शरण ले।

ओफ इस समय वह बोरान्कॉई विला में जाने का ज़रा भी नहीं सोच रहा था। उसका किराये का छोटा मकान कितना अच्छा था....

सर्द, रोशन, साफ सुथरा, उस गर्म दम घोंटने वाले कार्नर से कहीं अच्छा। पर लीना को क्या कहकर शान्त करेगा वह?

14

जब तक वह घर पहुँचा अँधेरा हो चुका था। सड़क की बत्तियाँ जल चुकी थीं और उनके चारों ओर ओस की बूँदें दिखाई दे रही थीं।

पूरी दोपहर वह इस बात से दुखी रहा था कि वह लीना को परेशान करके बाहर चला गया था। अब वह घर में इस तरह प्रवेश कर रहा था जैसे कोई आदमी सिर के बल गोता लगा रहा हो। वह जान गया कि लीना रसोईघर में है। उसने कोट उतारते समय रसोई का दरवाजा खोला। वह वहीं खड़ी कपड़े प्रेस कर रही थी। वह उसके पास गया और पीछे से उसे गर्दन पर चूम लिया। लीना काँप गयी मगर कुछ बोली नहीं।

वह कुछ देर उसके पीछे ही खड़ा रहा, फिर धीरे से, मजाक के स्वर में बोला—''अभी तक 'रक्त-पिपासु' को प्यार नहीं करोगी?''

लीना फूट-फूटकर रो पड़ी, जिसकी उसने कल्पना भी न की थी।

''जाओ, चले जाओ, मुझे अकेली छोड़ दो।''

और वह धम्म् से रसोई के स्टूल पर बैठ गयी, अपने चेहरे को हाथों से छिपा रोने लगी।

वह उस पर झुका खड़ा रहा, उसकी समझ में नहीं आ रहा था कि क्या करे।

''लीना, ओह लीना'', वह बोला, ''डार्लिंग प्लीज़ बातों को इतनी संजीदगी से मत लो।''

''तुम मेरे पास मत आओ,'' लीना बोली, ''मैंने तुम्हें कुछ नहीं किया है। मैंने तुम्हारा इतना बुरा ज़रूर किया है कि हमेशा तुम्हारे भले का सोचा है। तुम अपनी पूरी तन्ख्वाह उड़ा दो, मुझे क्या फ   र्क पड़ता है।''

वह कुछ देर चुप रहा, इन्तज़ार करता रहा फिर कहने लगा—''देखो, लीना....आज जो मैंने किया प्लीज़ उसका गलत मतलब मत निकालो.....मेरी बहन दस साल से मुझसे कुछ नहीं बोली, कभी उसने कुछ नहीं माँगा और उस पत्र के प्रभाव की वजह से....।''

"कुछ नहीं माँगा—क्योंकि मैं यहाँ हूँ", लीना का गला रुँधने लगा और अब वह बिल्कुल दबी आवाज़ में बोल रही थी, बड़े नपे तुले, पहले से सोचे हुए शब्दों में, "मगर यदि मैं ही रुकावट हूँ तो मैं जा सकती हूँ। तब मुझे कोई भी चिन्ता नहीं रहेगी कि तुम अपना पैसा कैसे उड़ा रहे हो...."

उसके पास कोई जवाब नहीं था। वह वहीं खड़ा रहा। फिर उसके पास गया, उसके ऊपर झुका, उसके बालों को चूमा। उनमें से रसोई के मसालों, सूअर के मीट; धुलाई के साबुन की बदबू आ रही थी। उसे शर्म आ रही कि वह इन बदबुओं को महसूस कर रहा था, पर वह इसके बाद भी उसे चूमता रहा। हे भगवान, यह बेचारी औरत, इसका तो ढेर ही हो जाएगा उस बड़े मकान में...यहीं ठीक है इसके लिए, यहाँ यह अपने पति, बच्चों का ध्यान रख सकती है....यह वाकई एक सन्त है।

इस सन्त पर वह अपना प्यार उँड़ेले चला जा रहा था और फुसफुसाकर कह रहा था—"एक तुम ही हो जो पूर्ण हो। तुम ही हमारी ज़िन्दगियों को इस भयानक, निरन्तर बदलते समय में, जिस वक्त पूरा संसार बिखर रहा है, सुरक्षा प्रदान कर रही हो, आज हम तुम्हारी वजह से ही सही सलामत हैं। मैं यह बात अच्छी तरह से जानता हूँ और उसके लिए तुम्हारा कृतज्ञ भी हूँ।"

उसने अपनी बाँहें लीना के चारों और बाँध लीं और लीना ने उसे रोका भी नहीं। वह पति के कन्धे पर सिर रखकर रोती रही तब तक, जब तक उसके आँसू सूख नहीं गये। वह अच्छी तरह जानती थी कि वह हर प्रयत्न करता था अपनी बड़ी-बड़ी इच्छाओं पर काबू पाने का और इस छोटे से ब्रह्मांड में अपने को खुश और सन्तुष्ट रखने का, उसे लगा कि ज़रूर उसके साथ कुछ घटा है, वह अब शान्त था और उसकी लड़ने की कोई इच्छा नहीं थी....

"चलो अन्दर चलो", कुछ देर बाद वह बोली, अपने आप को सँभालते हुए "चलो अन्दर तुम्हारा कोई रिश्तेदार इन्तज़ार कर रहा है।"

यह कहकर वह अजीब तरह से हँसी।

पिश्ता घबरा गया। "रिश्तेदार?" ... "अब इस वक्त कौन आ गया?"

"चलो अन्दर, आवभगत करो...." लीना ऐसे हँसी कि रोने के बाद अब दूसरे आँसू उसकी आँखों से छलक पड़े।

पिश्ता अन्दर गया। वहाँ सैटी पर माँ की चचेरी बहन, कॉती मासी बैठी थीं।

"ओह कॉती मासी आप यहाँ कैसे?"

"मैं अभी-अभी आयी हूँ बेटा", कहकर पिश्ता के गले लग गयी।

"अरे, कितना समय हो गया आपको देखे, आप कैसी हैं?" उसने यह कह उनकी पीठ थपथपायी। वह बिल्कुल ढाँचा रह गयी थीं।

"हाय काश आज झूझिका ज़िन्दा होती, तेरी माँ" कॉती मासी ने अपने आँसू पोछे। "वह कितनी अच्छी रिश्तेदार थी पर मैं भी कुछ कम नहीं हूँ। मैं भी किसी रिश्तेदार की मदद करने से पीछे नहीं हटती, इसलिए मैं तेरे पास आयी हूँ बेटा कि तेरी मदद कर सकूँ। मैं जानती हूँ कि तुझे अब मदद की ज़रूरत पड़ेगी, तू इतना बड़ा मकान जो ख़रीद रहा है।"

"अरे मासी, उसकी चिन्ता आप मत कीजिए, यह बताइए आप थीं कहाँ, आप कैसी हैं? आपकी तबीयत तो ठीक है।"

"मैं ठीक ही हूँ बेटा। तू देख सकता है, ज़्यादा ख़राब तो नहीं हूँ" और रोकर, हँसकर, उन्होंने नाक साफ की, उनके भांजे ने उन्हें निराश नहीं किया था, अच्छी तरह स्वागत किया था उनका।

लीना अपने को इस मासी-भांजे के मिलन के दृश्य से महरूम नहीं रखना चाहती थी, अन्दर आयी फिर बेडरूम में गयी फिर पलटकर आयी।

"देखो लीना कॉती मासी आयी हैं।"

लीना हँसी पर बोली कुछ नहीं।

"मैं तुम्हारी क्या मदद कर सकती हूँ बेटी? कॉती मासी ज़ोर से चिल्लाकर बोलीं "बताओ मैं क्या कर सकती हूँ, मैं वाक़ई कुछ करना चाहती हूँ।"

"वहीं बैठकर मेरे पति को खुश करिए कॉती मासी" और यह कह रसोई में चली गयी।

"अरे बड़ी प्यारी लड़की है...जिस जगह पाँव रखती है आप उस जगह को चूम सकते हैं।" कॉती मासी फुसफुसाकर पिश्ता से बोलीं। "ओफ देखो तो कैसे काम करती है, यह बिल्कुल पुराने ज़माने की औरतों जैसी नहीं है। उनका जीवन तो काफ ी आराम का था। अगर वे लोग अपने पैसे को हिफ ाज़त से रखतीं तो आज उन्हें यह बुरे दिन न देखने पड़ते।

पिश्ता हँसा क्योंकि आमतौर पर पुरानी औरतों के लिए यही कहा जाता है कि वे बहुत मेहनती हुआ करती थीं। मगर कॉती ने तो उन्हें स्वयं देखा था, उनसे अधिक कौन जान सकता था।

"वास्तव में, कॉती मासी, क्या उनके पास कोई काम नहीं हुआ करता था?"

"अरे बेटा, पुराने ज़माने में दिखावा बहुत था। उसके बारे में बात ना करें

तभी ठीक है। तुम्हारी अपनी परदादी चार घोड़ों की गाड़ी पर शहर का चक्कर लगाया करती थीं, और उनके मुँह में एक लम्बा सिगार लगा होता था।''

पिश्ता दबी हँसी हँसता रहा ताकि कहीं कॉती मासी नाराज़ न हो जाएँ।

''बड़ा ख़राब वक्त था वह। उन दिनों सिर्फ ताश के पत्ते होते थे, खाना और पीना। हाँ घर ज़रूर देखता होता था मगर उन्हें खुद को कुछ करना नहीं होता था, बहुत सारे नौकर-चाकर होते थे, तुम्हारी माँ की जवानी के दिनों में भी इतने लोगों के पास काम नहीं था कि सारा गाँव उनके पास काम माँगने खड़ा होता था। तुम्हारे पिता बेचारे पुराने तौर-तरीके निबाहे जा रहे थे। चलो यह सब बातें छोड़ो, मैं खुश हूँ कि तुम बड़े हो गये हो, आदमी बन गये हो। तुम असली मर्द हो। ओफ तुम्हारी माँ कितनी खुश होतीं यह देख कि तुम आज डिप्टी मेयर हो—बहुत बड़ी बात है यह। अपने पुराने कोट ऑफ आर्म्स पर तुम सोना चढ़ा रहे हो।''

''कोट ऑफ आर्म्स का ज़माना गया मासी। आज उसका कोई मोल नहीं है....आप बताइए आप कैसी हैं। आप तो ज़रा भी नहीं बदलीं।''

''हाँ बेटा, वक्त गुज़र गया है। मैं कोई शिकायत नहीं कर सकती। जहाँ भी जाती हूँ लोग प्यार और इज्ज़त से ही पेश आते हैं। किसी ने कभी मुझसे पीछा छुड़ाने की कोशिश नहीं की, और तो और तुम्हारे मामा बेचारे और उनका परिवार तक, जब मैं वहाँ से चली तो सब रो रहे थे, 'मत जाओ कॉती आंटी, तुम यहाँ से ज़्यादा खुश कहीं नहीं रहोगी।' मगर उनको मुसीबत में देख मैं कैसे वहाँ रह सकती थी?''

''कैसी मुसीबत?''

''अरे इस क्षेत्र में बड़ी ख़राब है ज़िन्दगी। वहाँ रीमा घाटी में चेक लोगों का शासन है। बेचारा ऑन्द्रिश, उसकी ज़िन्दगी तो जीने लायक तक नहीं है। इतनी ग़रीबी कि देखना तक मुश्किल है।''

''क्या मतलब आपका, क्या ऑन्द्रिश के पास कुछ नहीं है?''

''कुछ भी नहीं बेटा, खाने तक के लाले हैं। काश तुम उसके लिए कुछ कर सकते। कोई काम दिलवा सकते। वह इतना अच्छा किसान है और इतना कट्टर हंगारी है। लोग उसके बारे में क्या कहते हैं, तुम्हे सुनना चाहिए। पिछले साल जब वह प्राग गया, तो एक दुकान में कुछ खरीदने के लिए घुसा, उसे समझ में नहीं आया जो दुकानदार ने कहा, क्योंकि उसने अपनी पूरी ज़िन्दगी कभी चेक या कोई और भाषा नहीं सीखी। तो वह बोला, ''तुम दस साल तक हमारे देश में थे, तुमने अब तक हंगारी भाषा बोलनी नहीं सीखी?'' ट्रायानौन से पहले यह

हंगरी का ही भाग था???

पिश्ता ज़ोर से हँस पड़ा। मासी ने यह बात कुछ इस तरह से बोली थी कि जैसे वह ऑन्द्रिश से सहानुभूति रखती हो।

''बेटा उसके छः बेटे हैं और उसके पास एक एकड़ ज़मीन भी नहीं बची है।''

''अरे भगवान! यह तो बहुत खराब है। क्या लड़के पढ़ रहे हैं?''

''क्या बेटा? बस साँस ले रहे हैं। वहाँ बेचारे हंगारी बच्चे क्या सीख सकते हैं? उन्हें स्लोवाक भाषा बोलनी पड़ती है, और एक कट्टर हंगारी यह कैसे होने दे सकता है? स्कूल में चेक भाषा सीखना ज़रूरी है। एक शुद्ध हंगारी इसकी इजाज़त कैसे दे, अतः उसने बच्चों से साफ -साफ कह दिया, 'छोड़ दो वरना फेंक दूँगा यह किताब अगर यह चेक या स्लोवाक भाषा में है तो यह किताब ही नहीं है।' सो नतीजा यह है कि पाँच बेटे मज़दूरी कर रहे हैं यहाँ-वहाँ। सबसे छोटा चेक भाषा अच्छी बोल लेता है, वह शायद कुछ कमा लेगा और उनका गुज़ारा चल जाएगा मगर इन बाकी पाँचों को तो हंगारी बुलाना बहुत ज़रूरी है। अगर तुम उनके लिए कुछ कर सको तो बहुत अच्छा होगा।''

पिश्ता गम्भीर हो गया। ऑन्द्रिश मामा एक ज़मींदार थे, जिनके यहाँ वह गर्मी की छुट्टियाँ बिताने जाया करता था, युद्ध से पहले। उसकी निगाह में वे एक आदर्श किसान थे। उनके पास बहुत अच्छे घोड़े भी हुआ करते थे।

''वे सब फ ौज में काम कर चुके हैं। बेटों में से सबसे बड़ा विलमोश इंजीनियर था और अब सिल्क बिजनेस में है, पेतैर सरकार में था, अब पिता के पैसों पर जी रहा है, गाबोर बैक में थोड़े-बहुत पैसे कमा लेता है, बेला और ऐन्द्रे, जैसे वक्त बरबाद कर रहे हैं। भगवान ही मालिक है और छोटा मात्याश, वह डांस अच्छा करता है पेशेवर डांसर बनना चाहता है।''

"ओफ हो!"

कॉती मासी का चेहरा लैम्प की रोशनी में चमक रहा था।

क्या हर व्यक्ति, कहीं से भी क्यूँ ना आये, केवल नोचना-खसोटना ही चाहता है?

वे एक दूसरे के सामने तो बैठे रहे पर दोनों के संसार एक दूसरे से बहुत दूर थे।

कॉती मासी इधर-उधर की बातें करती रहीं—कभी टैक्स के बारे में, कभी पुराने ज़माने के बारे में, पिश्ता के बचपन के बारे में, उसकी शैतानियों के बारे

में, पुरानी सदी।

इसको सुनते रहना अच्छा होता अगर इनके हर शब्द के पीछे कोई दुख भरी कहानी न होती।

लीना रसोई में ही काम करती रही। अन्दर नहीं आयी। बच्चे अन्दर अपनी पढ़ाई में लगे थे। उन्हें काम पूरा किये बग़ैर उठने की इजाज़त नहीं थी। माँ उनके साथ काफ ी कठोर थी।

"तुम्हारी माँ, बेचारी कैसे गुज़र गयी, उनका जीवन एक कुर्बानी था, बेचारी.... ।"

पिश्ता का खून जम-सा गया। उसे याद आया कि वह तो माँ की मदद सिफ तब कर पाया था जब वह विधवा हुई थीं और गाँव से शहर आकर रहने लगी थीं। उन्होंने अपने बच्चे ट्यूशन पढ़ाकर बड़ी कठिनाई से बड़े किये थे। वह इस सब के बारे में अधिक नहीं जानता था।

"बलिदान। जो भी जीता है उसका जीवन एक बलिदान ही तो है। कम से कम झूझिका का तो था। तुम्हारे पिता के सरल स्वभाव के कारण बहुत दुख उठाया बेचारी ने।"

पिश्ता ने कुछ कुरेदने की कोशिश नहीं की। कहीं यह बुढ़िया और बड़े-बड़े राज न खोल दे।

"उनके लिए एक औरत काफ ी नहीं थी" कॉती मासी ने सबसे अधिक दुख पहुँचाने वाले शब्द कह डाले।

एक अफवाहें फैलाने वाली औरत से ज़्यादा ख़राब चीज़ नहीं है दुनिया में। पिश्ता शर्म से गड़ता उन्हें देखने लगा। वह उसकी दुखती रग पर हाथ रख रही थीं। इससे उसका मानसिक सन्तुलन बिगड़ सकता था।

"छोड़ो इस बात को, यह कुछ नहीं है बेटा क्योंकि तुम्हारे पिता भले आदमी थे। बस वे केवल सह रहे थे।"

"मेरे पिता?"

कॉती मासी पास आकर फुसफुसायी।

"प्यार, मेरे बेटे, प्यार कोई शर्म की बात नहीं है। यह तो एक दुर्घटना है। किसी के साथ भी घट सकती है....उम्मीद है तुमने यह विरासत में नहीं पायी है।"

वह अब समझ गया था कि इससे पीछा छुड़ाना असम्भव था। उसके लिए आज यह जानना ज़रूरी था। जिस बात से वह हमेशा अनभिज्ञ बना रहना चाहता था, आज लगता था उसे जानना ही पड़ेगा, शायद यही भगवन की मर्ज़ी है।

''कौन थी वह?''

''श्रीमती कोलतॉई।''

पिश्ता कॉती मासी को घूरता रहा। ''क्या यह यहाँ इसीलिए आयी थी, उसके जीवन में आग लगाने?''

''उन्होंने मेरी माँ को धोखा दिया?''

''वे केवल उसे पाना चाहते थे। उन्होंने जीवन में कभी उसे हाथ तक न लगाया था। ऐसे व्यक्ति के लिए आसान होता है बनिस्बत तुम्हारे बैर्त्सी मामा जैसे लोगों के लिए, क्या वह अभी ज़िन्दा है? वह तो बड़ा ही दिलफेंक था, जिस लड़की को देखता उसी से प्यार कर बैठता। तुम्हारे पिता इश्तवान ऐसे नहीं थे। उनका चरित्र सुदृढ़ था। वे दूर से ही उसकी पूजा करते थे, मगर पत्नी तो इस दुख से सदा पीड़ित रही, वह अपने पति को इस दुख से तड़पते, गलते देखती रहीं और उनकी कोई मदद करने में असमर्थ थीं...''

''मगर यह तो बहुत ख़राब है'' पिश्ता कहकर खड़ा हो गया।

कॉती मासी ने खुश होते हुए उसकी ओर देखा, ''मगर वे बहुत खूबसूरत व्यक्ति थे। बिल्कुल तुम्हारे जैसे। तुम्हारा माथा, मुँह सब उनके जैसा है, उनकी भी आँखों में बड़ी जल्दी आँसू आ जाते थे।''

वह लीना के पास रसोई में पहुँचा।

मगर वहाँ नौकरानी भी थी। वह जो कहना चाहता था, कह नहीं सका। वह यह कहना चाहता था कि किसी तरह इस कॉती मासी को जल्द से जल्द घर से निकालने का प्रयत्न करे। पर वह इतना ही बोला, ''क्या खाना तैयार है?''

''मैं अभी मेज़ लगाती हूँ।''

''क्या यह काम यह लड़की नहीं कर सकती?''

''मैं अभी लगाती हूँ। क्या तुम्हें बहुत भूख लगी है?''

वह रसोई में और ज़्यादा देर नहीं रुका। बाहर आँगन में ताज़ी हवा खाने निकल गया।

15

पिश्ता ने पूरी सुबह ऑफि   स में सूअर-फ   ार्म सम्बन्धी क़ागज़ात देखकर बितायी। यह एक बिल्कुल हंगारी समस्या थी।

एक किरायेदार ने, जिसका नाम काइसर था, सैंतकाल्नाई का दस एकड़ का फ   ार्म, रेलवे स्टेशन के पास किराये पर लिया सूअर-पालने के लिए। यह तब की बात है जब मार्किट में बहुत उछाल आया हुआ था, सन् 1928 में। अपने पैर जमाने के बाद उसने शहर के बड़े-बड़े लोगों को अपने साथ मिला लिया और इसे एक बड़ा कारोबार बना डाला। हज़ारों सूअर और मनों मक्के की ख़रीदारी कर ली। यह किसी ने ध्यान नहीं किया कि वह सब सामान उधार पर ले रहा था, लेकिन जब वह जितना बटोर सकता था उतना लेकर अमरीका भाग गया तब पूरे शहर की नींद खुली कि इसमें तो हज़ारों पैंगो लगे हुए थे। उसने हर उस व्यक्ति को, जिसने कभी उससे बात भी की थी, चूना लगा दिया था।

सो यह बड़ा उद्योग तो फ   ेल हो गया था, मगर सैंतकाल्नाई अभी यहीं था, उसके पास रह गया था एक बहुत ही शानदार सूअर-पालन फ   ार्म क्योंकि काइसर ने ऊपर की टीम-टॉम बनाने में तो कोई कसर नहीं छोड़ी थी। उसने अति आधुनिक सूअरों के बाड़े बनवाये थे। अमरीकी डिज़ाइन के, सबसे प्रसिद्ध बिल्डर से ढांचा तैयार करवाया था, इतना बड़ा धोखा देने के लिए बड़े स्तर पर ही सब काम किया था। तो अब बाकी रह गया था एक आधा-बना ढाँचा और एक बड़ा बिल।

मगर बूढ़ा सैंतकाल्नाई तो घाघ बिज़नेसमैन था। उसने फैसला किया कि एक पब्लिक लिमिटेड कम्पनी बनाएगा, फिर से पैसा लाने के लिए, और उसने वह बना भी ली। उसने शहर के बड़े-बड़े लोगों—फ   ोइश्पान, ऑलइश्पान, बड़े ज़मींदार और कई छोटे किसानों को भी इसमें शरीक कर लिया। यह क्षेत्र मक्के की खेती के लिए बहुत उपयुक्त था तो छोटे किसान भी इसमें अपना हिस्सा देकर शामिल हो गये। बहुत चालाकी से स्कीम बनायी गयी थी और सबसे होशियारी का कदम तो यह था कि अपने दामाद, फैरी बोरोनकाई को मैनेजिंग डायरेक्टर बना दिया

था।

इसके बाद बिल्डिंग तो आलीशान बन गयी। एक ऑफि स ब्लॉक खड़ा हो गया, बिजली, पानी, स्टोर-हाउस, मक्का रखने के गोदाम सब तैयार हो गया। जो बाकी पैसा बचा उससे बोरोन्कॉई के लिए एक आलीशान बँगला भी ख़रीद लिया गया।

मगर इससे पहले कि सूअरों की तादाद बढ़ायी जाती, सूअरों के दाम गिर गये और मक्का के दाम चढ़ गये।

तब एक ज़ोर का झटका लगा।

सैंतकाल्नाई ने बहुत हेरा-फेरी करने की कोशिश की—अपने दो हज़ार एकड़ के फ ार्म से सूअरों को इधर लाकर दिखा दिया, उनको रात को निकालता और दिन में वापिस ले आता, जो कम हो जाते उन्हें बीमारी के कारण मरा हुआ दिखा देता, पर उसकी सब चालें भी सत्य छिपाने में सफल नहीं हुईं, अन्ततः बिज़नेस बिल्कुल डूब गया।

हालत इतनी ख़राब हो गयी थी कि मॉक्रोत्सी जो इस सबमें शामिल था, उस पर गाज गिरी और अब आगे की ज़िम्मेदारी पिश्ता पर आ गयी। आश्चर्य कि पिश्ता को डिप्टी मेयर बने दो हफ ते हो चुके थे मगर यह मामला उसके सामने नहीं लाया गया था। वह तो उसने स्वयं ही लगातार कोशिश करके इसे सामने लाकर रखा था। जैसे-जैसे वह हिसाब देखता गया, इस झूठ के पुलिन्दे में नीचे ही नीचे धँसता जाने लगा।

कई दिन तक वह इसी हिसाब-किताब में लगा रहा, अच्छा ख़ासा बुक कीपर बन चुका था अब तक, घर पर उसे नींद नहीं आती थी, रात को जग कर बैठ जाता था और हिसाब करने लगता था। वह अभी भी जान नहीं पा रहा था कि आख़िर करे क्या। मगर फिर भी एकाग्रचित्त होकर जैसे एक शिकारी अपने शिकार का पीछा करता है, उसके पंजों के निशान, उसकी हर गतिविधि पर नज़र रखता है, और हर जानवर को फाँसने के लिए अलग-अलग तरीके अपनाता है, वैसे ही वह भी इस पूरे कांड पर अपनी नज़रें जमाये हुए था।

एक दिन मेयर ने उसे बुलाया और कहा कि रात को ट्रेन से उसे बुदापैश्त जाना है, कल सुबह नौ बजे मिनिस्टर से उसका साक्षात्कार होना है।

उसके लिए यह बहुत बड़ी बात थी। वह अपने शहर का प्रतिनिधित्व मिनिस्टर के सामने करेगा।

मेयर ने अच्छी तरह से उसे समझाया, एक-एक प्वाइंट अलग-अलग, कि

उसे क्या कहना होगा। उसे ख़ास तौर पर मिनिस्टर से शहर के लिए पैसा सैंक्शन करवाने की कोशिश करनी है।

"तुम्हारा रास्ता अच्छी तरह कटेगा क्योंकि ऑलइश्पान भी तुम्हारे साथ स्लीपर कोच में जा रहे हैं।"

घर पर पिश्ता ने यात्रा की तैयारियाँ बड़ी तत्परता से की। लीना भी काफ ी खुश थी, हालाँकि वह जानती थी कि वह पैश्त जाते ही सबसे पहले अपने रिश्तेदारों से मिलेगा।

उन्होंने इस बारे में कोई बात नहीं की। अगर मिनिस्टर से मुलाकात सुबह नौ बजे है तो दोपहर की ट्रेन से ही वापिस भी तो लौटना होगा।

"मैं एक होटल में चला जाऊँगा," पिश्ता बोला।

लीना ने इस पर कुछ न कहा जबकि वह जानती थी कि होटल की ज़रूरत नहीं थी। वह ट्रेन में ही नहा धोकर कपड़े बदल सकता था। यह सच था कि ट्रेन सुबह पाँच बजे पैश्त पहुँचती थी, पर क्या मुश्किल थी दो-तीन घंटे ऑफि स में ही काटने में! पर जब उसने देखा कि पति को इस विद्यार्थियों जैसे प्रोग्राम में कोई दिलचस्पी नहीं है तो वह कुछ न बोली। उसने उसे, जो वह चाहता था, करने के लिए छोड़ दिया।

ट्रेन पौने बारह बजे रवाना हुई। वे तब तक जगे रहे। हालाँकि लीना नहीं चाहती थी इतनी देर तक बिजली जलाकर बिजली व्यर्थ करे।

"अरे गुड ईवनिंग सर।"

"है तो पिश्ता" ऑन्द्रिश साहब उसका हाथ अपने हाथ में लेकर बोले, "तो हम दोनों राष्ट्र के हित में एक साथ ही रात गुज़ारेंगे।" उन्होंने हँसकर कहा।

स्टेशन मास्टर खुद उन्हें सलाम करने आया और यह बताने भी कि उनके लिए अलग कम्पार्टमेंट सुरक्षित है, जैसे ही वे उसमें चढ़ेंगे एक गार्ड उनकी सेवा में खड़ा होगा। ट्रेन में बहुत भीड़ थी, कॉरिडोर में लोग भरे हुए थे, पर गार्ड ने उनका सुरक्षित डिब्बा खोलकर उन्हें दो बर्थ वाले कम्पार्टमेंट में बिठा दिया।

ऑलइश्पान ने लपककर इंजन की ओर मुँह वाली बर्थ हथिया ली। अपना रात का सोने का सामान निकाला और लेट गये आराम से।

"अच्छा सिपाही बर्फ से जमे मैदान पर भी सो सकता है," बोले, "लेट जाओ पिश्ता तुम भी एक नींद ले लो बुदापैश्त पहुँचने से पहले। चौबीस घंटे में पाँच घंटे सोने के कुछ ज़्यादा नहीं हैं।"

जब वे लेट गये, तो पिश्ता, जो इतने आराम से सफ र करने का आदी नहीं

था, सोचने लगा कि कितने लोगों को बैठने तक की जगह नहीं मिली थी, इस बात से उसकी आत्मा बोझिल हो रही थी। पर यह उसकी ग़लती तो नहीं थी। अब उसे यह सब सोचना छोड़ अपनी सुखद यात्रा का आनन्द लेना चाहिए। आख़िर अब वह शहर का ज़िम्मेदार अफ सर था।

"अजीब बात है, सोने से पहले ऑलइश्पान बोला, "जिन्दगी आपके साथ कैसे-कैसे खेल खेलती है। मैं अपनी पूरी जिन्दगी रसोई के काम-काज से नफ रत करता रहा और युद्ध के दौरान मैं खाद्य-पूर्ति विभाग का अध्यक्ष था। सालों मुझे यह हिसाब रखना पड़ा कि हमारे पास कितने टन आटा था, कितना मीट, कॉफ ी, और मालूम नहीं क्या-क्या ताकि जिस चीज़ की ज़रूरत हो वो हमारे पास हो। घर पर बीवी रोती थी कि यह कैसा काम तुम्हें दे दिया गया, मैं पूरे देश के राशन को सँभाल रहा था और आज भी वही स्थिति है।"

वह हँसा, पलटा और सो गया।

पिश्त को मगर नींद नहीं आयी, वह चुपचाप लेटा रहा ताकि उसके सहयात्री की नींद में ख़लल न पड़े। "यह लोग हमेशा जीना जानते हैं," वह सोचने लगा, अच्छा इसीलिए युद्ध के दौरान खाने-पीने की चीज़ें इतनी मुश्किल से मिलती थीं—अब भई ऑलइश्पान को रसोई सम्बन्धी काम का कोई ज्ञान तो था नहीं।

मगर इस बात का तो कोई प्रश्न ही नहीं उठता था कि वह ट्रेन में ही नहा-धोकर तैयार हो जाए। स्टेशन आने से पहले ऑलइश्पान जग गया था। बोला—"पिश्ता अच्छा हो हम लोग नहाने के लिए किसी होटल में चलें। पैंनोनिया कैसा रहेगा?'"

"ठीक है।"

ऑलइश्पान उसे टैक्सी में लेकर होटल पहुँचा, मगर भाड़ा पिश्ता ने दिया। स्थिति कुछ ऐसी हो गयी थी कि वह अब ऑलइश्पान का नौकर-सा बनकर रह गया था और ख़र्चा भी वही कर रहा था।

"तुम ऑफि स से यह पैसा क्लेम कर लेना" हँस कर बोला।

पिश्ता होटल में लेटा नहीं, सीधा अपने भाई मैन्यहेर्त से मिलने पहुँचा। उसके घर तक जाने के लिए उसे टैक्सी ही लेनी पड़ी।

उसने जाकर भाई को जगाया। उसकी बड़ी आवभगत हुई, वहीं उसने नाश्ता किया, फिर दोनों शहर में घूमने निकले। पिश्ता ने उसे सारी बातें समझायीं। वह खुश था कि किसी से अपने दिल का हाल कहकर अपने को हल्का तो कर सका था। वह ऑदेल्का से भी मिलना चाहता था, पर मैन्यहेर्त ने उसे सावधान किया। ऑदेल्का खुद भी अपनी इस हालत की ज़िम्मेदार थी, केवल उसका पति ही नहीं।

मैन्यहेर्त उसे बुदा की ओर किले तक भी लेकर गया, जहाँ वे एक छोटे-से कैफे में बैठे। तब तक बैठे रहे जब तक पिश्ता का मिनिस्टर से मिलने का वक्त नहीं हो गया। ''आज हर्क्युलिस चौराहे पर खड़ा है'' पिश्ता बोला ''आज फैसला होगा कि मैं अपने क दम जमा कर खड़ा रह सकता हूँ या नहीं...''

''तुम क्यों नहीं सफल होगे?'' मैन्यहेर्त ने गम्भीरता से पूछा, ''यह मिनिस्टर लोग भी तो हाड़-माँस के ही बने हैं। सिफ ि इसलिए कि किसी के सब मोहरे जगह पर बैठ गये और वह सरकार चलाने लगा। इससे वो कोई ख़ुदा थोड़ी हो गया। वह तो असल में वही इनसान है जिसे भगवान ने पेन घिसने के लिए बनाया है। मज़े की और खुशकिस्मती की बात यह है कि इन लोगों को कुछ आता जाता नहीं है क्योंकि जब कोई अक्लमन्द आदमी इसके सामने आता है तो वह इन पर हावी हो सकता है।''

''मैन्युश्का, हम कैसे तुम्हें झौरात्लोक बुलवा सकते हैं म्यूज़ियम के डायरेक्टर की हैसियत से? अगर हम दोनों एक साथ हो जाएँ तो मेरे हाथ मज़बूत हो जाएँगे। मैं किसी से खुलकर बात कर सकूँगा।''

उसने भाई को बताया कि यह म्यूज़ियम का मामला कितना उलझकर रह गया था। मार्किट स्क्वेयर में कई एक मंज़िल के घर थे, जो ज़बरदस्ती ख़रीदे जाने थे, पर कोई मिस बोल्दोग ने अड़ंगा लगा दिया कि यहाँ के लोग अपनी जानी पहचानी जगह छोड़कर कहीं नहीं जायेंगे। यह महिला फ़ोइश्पान की पत्नी के मित्रों में थी। अतः म्यूज़ियम बनाने का ख़याल ठंडे बस्ते में चला गया।

''उससे कोई फ र्क नहीं पड़ता'' मैन्यहेर्त बोला,''म्यूज़ियम किसी शान्त जगह में बेहतर तरीके से बन सकता है। धूल-भरी, अँधेरी जगह में यह एक टापू का काम करेगा।''

पिश्ता इस बात को सुनकर बहुत खुश हुआ। कितनी सरलता से उपाय निकाल लिया था उसके भाई ने। वह यही करेगा।

मगर उसका दिल भारी हो गया था, जब पौने नौ बजे दोनों ने एक दूसरे से विदा ली, उसे मिनिस्टर से मिलने जाना था और मैन्यहेर्त को अपने ऑफि स।

मिनिस्टर ऑफि स पहुँच चुके थे मगर पिश्ता को ग्यारह बजे तक इन्तज़ार करना पड़ा, क्योंकि पहले रोजमर्रा के काम निबटाये गये, फिर जब पिश्ता की बारी आयी तो मिनिस्टर को संसद में जाना पड़ा।

बड़ा थकाने वाला और झुँझलाहट पैदा करने वाला दिन था। पूरे दिन वह मिनिस्टर के पीछे ही भागता रहा इधर से उधर। आख़िर शाम के छः बजे वह उनके

सामने पहुँच पाया।

वह बिल्कुल पस्त हो चुका था, जब उन्होंने रात की नौ बजे वाली ट्रेन पकड़ी—ऑलइश्पान भी काफ ी जद्दोजहद में लगे रहे थे, वे भी काफ ी थके हुए लग रहे थे। दोनों हँसे कि इस पागल नगरी में हर व्यक्ति का एक-सा भाग्य था।

फिर ट्रेन पूरी खचाखच भरी हुई थी। फिर यह दोनों आराम से सुरक्षित डिब्बे में बैठे थे। बस फर्क यह था कि इस बार बर्थ एक ही थी। फिर भी इसमें वे अपने आपको 'साहब' समझ रहे थे।

लगता था ऑलइश्पान काफ ी पिये हुए थे क्योंकि इस वक्त वे बड़े अच्छे मूड में थे, खूब बातचीत कर रहे थे।

''तुम मिनिस्टर से कहाँ मिले?''

''बड़ा अजीब था, पहले मैंने मिनिस्टरी में उनका इन्तज़ार किया, फिर मुझे संसद भेज दिया गया—जब तक मिनिस्टर वहाँ बैठे रहे, मैं संसद की बहस सुनता रहा—फिर वापिस ऑफि स आया क्योंकि जब मैंनें नज़रें दौड़ायीं तो मिनिस्टर साहब हाउस से नदारद थे।''

''तुम क्या पार्लियामेंट हाउस गये थे?''

''हाँ सर।''

''काफ ी लोग थे?'' ऑलइश्पान हँसे।

''जब मैं वहाँ बैठा था, तब तो सत्रह लोग मौजूद थे और उस वक्त महामहिम भाषण दे रहे थे।''

दोनों ने एक दूसरे की ओर देखा और हँसे।

''मुझे नहीं मालूम कि कुल मिलाकर संसद के कितने सदस्य हैं।''

''दो सौ चवालीस, दो सौ पैंतालिसवाँ अभी बाई-इलैक्शन में आयगा क्योंकि उंघी के मरने से एक सीट ख़ाली है।''

''इसका मतलब दो सौ सत्ताइस सदस्य ग़ायब थे। सत्रह अन्दर, दो सौ सत्ताइस बाहर।''

वे फिर हँसे।

''आजकल संसद काम करने का क्षेत्र नहीं रह गयी है। काम हम लोग करते हैं पार्लियामेंट नहीं। आजकल सारा भार राज्य की सरकारों पर है।'' ऑल इश्पान ने कहा।

''जब मिनिस्टर बोल रहे थे तो यह सत्रह भी भाग खड़े हुए थे। केवल सात लोग ही रह गये थे वहाँ।''

"आजकल हर संसद सदस्य अपने चुनाव क्षेत्र में काम करना बेहतर समझता है। गर्मी में चुनाव ज़रूर होगा, सो सब अपनी-अपनी गद्दी बचाने में लगे हैं।"

"मैं पिछले साल भी गया था संसद में। तब तेईस लोग वहाँ बैठे थे।"

"आजकल संसद-सदस्य का कार्य पार्लियामेंट के अन्दर नहीं, उसके बाहर है। तुम कल्पना भी नहीं कर सकते कि इन्हें कितनी भाग-दौड़ करनी पड़ती है। चुनाव क्षेत्र का हर व्यक्ति अपनी रोज़मर्रा की ज़िन्दगी में अपने सांसद पर ही निर्भर होता है। वे उसके सामने हर तरह की समस्याएँ लेकर आते हैं, हर समस्या का समाधान उससे चाहते हैं। इन सदस्यों पर काम का ख़ासा बोझ होता है। पर यह भी तो सच्चाई है कि केवल एम.पी. ही कोई काम करवा सकता है। वह कहीं भी जा सकता है, सब उससे डरते हैं। सब वकील, सब इंजीनियर सभी एम.पी. बनना चाहते हैं। और तो और बिज़नेसमैन और ज़मींदार भी क्योंकि सारी ताकत तो इन्हीं के हाथ में है।"

"मगर सर क्या संसद का कार्य राज्य के हित में नहीं है?"

"सरकार काम करती है। संसद को तो सब कुछ प्लेट में सजा मिल जाता है। उसे तो बस हर चीज़ 'पास' करनी होती है।

"यह तो बड़ा काम होता होगा," पिश्ता ऊपरी तौर पर बोला।" वह सरकार और संसद के विरुद्ध कुछ कहना नहीं चाहता था। उसे डर था कि कहीं ऑलइश्पान उसके बारे में कोई ग़लत धारणा न बना ले...।

मगर वे तो जम्हाइयाँ ले रहे थे, बोर होते हुए-से पूछने लगे, "विपक्ष के कितने लोग थे?"

"तीन या चार।"

"देखो तुमने, इसका अर्थ कि विपक्ष तो है ही नहीं।"

पिश्ता, मगर, प्रेस गैलरी में बैठा था, जहाँ उसकी राय को काफ ी धक्का पहुँचा था। अगर कोई भी बोलने को खड़ा होता तो गैलरी में टिप्पणी सुनने को मिलती, "इसने यूनाइटेड पार्टी छोड़ दी थी क्योंकि इसे वहाँ से निकाला जा रहा है, अब अपनी लोकप्रियता बढ़ाने का प्रयत्न कर रहा है। अब विपक्ष की ओर से बोल रहा है, यह आदमी विपक्ष के बेंच से सरकार की ओर से बोल रहा है ताकि अपनी सीट बचा सके। शायद इसके खिलाफ सरकार चुनाव में किसी को नहीं उतारेगी", "यह आर्चड्यूक पर आक्रमण कर रहा है क्योंकि वे इसके ख़िलाफ चुनाव के मैदान में उतरने की सोच रहे हैं।"

उसने ठीक नहीं समझा कि यह सब बातें ऑलइश्पान से कहे। उसकी बोलने

की बहुत इच्छा हो रही थी पर उसने अपनी ज़बान पर काबू रखा। अगर वह बोला तो ज़रूर अपना पद खो देगा।

अब वह यह समझने लगा था कि पूरे देश को ख़रीद पाना भी सम्भव है।

हर व्यक्ति किसी न किसी रूप में सरकार पर निर्भर था। वह तो डिप्टी मेयर की हैसियत से सरकार का गुलाम ही था, उसका अपना कोई नज़रिया हो ही नहीं सकता था। अगर वह ज़रा और ताकतवर होता....मगर वह कैसे हो सकता था? केवल दो तरीक े से—एक तो आर्थिक स्वतन्त्रता और दूसरे सामाजिक स्वतन्त्रता। अगर उसका अपना घर होता, और काफ ी पैसा होता...।

ऑलइश्पान ने अपना रुमाल पीछे लगाया सीट पर, उस पर अपना सिर टिकाया और ऊँघने लगा।

पिश्ता ने भी सोने की कोशिश की, पर सो नहीं सका। उसके दिमाग़ में विचार मधुमक्खी के छत्ते की तरह भिनभिना रहे थे।

बहुत अफसोस की बात थी कि उसने सदन में उपस्थित होने की बात बता दी थी और उसने जो देखा था उस पर टिप्पणी भी कर डाली थी। लोगों को कितनी जल्दी शक हो जाता है। उसे क्या लेना-देना था इससे। ना उसे सरकार से मतलब था, ना विपक्ष से। अपना माथा इससे क्या फोड़ना?

देश बहुत बड़ा था, उसके लिए उसका अपना शहर ही उसका संसार था। वह जितनी कम सीमाओं में सिमटकर रह रहा था उससे तो लगता था यह शहर, देश का हिस्सा ही नहीं है। उसने अख़बार पढ़ना शुरू कर दिया, बिना सरसराहट की आवाज़ किये, उसने पढ़ा कि एक मेयर को फ ोइश्पान ने खड़े-खड़े बर्ख़ास्त कर दिया था। उसने इस व्यक्ति के ख़िलाफ लगाये आरोप पढ़े। कुछ तो आर्थिक थे– जैसे कि मेयर ने म्यूनिस्पिल मार्किट के बाग बनाये जाने के लिए ग़लत तरह से ख़रीदारी की थी...नर्सरी स्कूल की बिल्डिंग बनाने में पैसा खाया था...मेयर के लिए घर ख़रीदने में गड़बड़ी की थी। अगला आरोप यह था कि म्यूनिस्पिल स्टाफ से अपने खुद के घर में काम करवाया था...ग़ैरकानूनी तरह से किसी को ऑफि स की गाड़ी चलाने को दे दी थी...। कम स्टैम्प ड्यूटी पर खड़े ठेके दे दिये गये थे जिससे सरकार का नुकसान हुआ था....एक डुप्लीकेटिंग मशीन बिना सरकारी इजाज़त लिए ख़रीद ली थी। एक विदेश से मिले कर्ज़े को गलत तरह से बिल्डिंग बनाने में इस्तेमाल कर लिया था....और अन्त में आरोप था कि उसने ग़ैरकानूनी ढंग से ज़मीनें देकर बहुत पैसा कमाया था।

पिश्ता ने यह आरोप बार-बार पढ़े और घबरा गया। ऐसा एक भी आरोप

नहीं था जो झौरोत्नोक में भी सही न बैठता हो और एक भी ऐसा नहीं था जिसके लिए कानूनी कार्रवाई हो सकती हो। "वह छूट जाएगा" उसने सोचा, "यह सब ड्रामा है।"

इस तरह से तो किसी भी मेयर को हटाया जा सकता है क्योंकि यह आरोप सिद्ध करना तो मुश्किल है। यह सब अफवाहें हैं।

उस पल उसे लगा कि वह एक जंगली जानवर है जो अभी फिलहाल खुला घूम रहा है, मगर जिसके लिए कहीं काई बन्दूक भरी जा रही थी।

जिन्दगी एक जंगल थी। यहाँ जंगली रहते थे जो चीड़-फाड़कर किसी को भी खा सकते थे।

यहाँ कोई कुछ नहीं समझता था। यहाँ मुसीबत यह थी कि हर आदमी ऐसी स्थिति में था जिसके लिए वह तैयार न था और जो कुछ समझते थे, वे कहीं नहीं थे। पार्लियामेंट में जिस पत्रकारों ने उसे असलियत दिखायी थी, वह उसके साथ स्कूल में था। वह सब कुछ जानता था, मगर केवल एक रिपोर्टर बना बूढ़ा हो रहा था। उसने समझाया था कि विदेशों में संसद सदस्य बनने के लिए ज़िन्दगी के स्कूल में पढ़ाई करनी पड़ती थी। भावी सांसदों का चयन उस समय शुरू होता था जब, वह प्रचार करना शुरू करते थे। उस मैदान में उनके बोलने और प्रभाव डालने का इम्तिहान होता था। यह एक विज्ञान था क्योंकि आजकल सरकार चलाना एक विज्ञान ही तो है। यही युवा लोग पार्टी संगठन के सैक्रेटरी बनेंगे और धीरे-धीरे लीडर बनेंगे, फिर एक लम्बे समय बाद लोगों को कैसे अपनी उँगलियों पर घुमाना है, वह सीखेंगे और यह सब करते, सरकर चलाने के गुर भी उन्हें समझ में आ जाएँगे। वे संसद के बड़े-बड़े नामों को जान जाएँगे, फिर वे यह भी सीख जाएँगे कि किसको कौन-सा काम सौंपना है, कौन किस तरह के विचार रखता है, कौन सरकार में क्या पार्ट अदा कर सकता है....अतः यह संसद की सदस्यता बड़े लम्बे अरसे की जद्दोजहद के बाद ही हासिल होती है। हंगरी में तो कोई चयन का नियम ही नहीं था। यहाँ तो हर संसद सदस्य का उसका पद उसकी समाज में कितनी साख है, उसके ईनाम स्वरूप मिलता था। जो बात महत्त्वपूर्ण थी वह यह थी कि कौन कितना भरोसेमन्द है, यह नहीं कि क्या कर सकता है। सबसे बड़ा भरोसे का मापदण्ड था आपके परिवार का नाम और आपका किनके साथ उठना बैठना है। जो राजनीति विज्ञान के बारे में जिनता कम जानता था उतना अधिक भरोसेमन्द माना जाता था। यहाँ तो उसकी दरकार थी जो वोट खींच सकता हो। यहाँ नागरिक को चेन से बाँधकर वोट देने के लिए लाया गया था। संसद

आज ही खाली नहीं थी, भरे हाउस में बड़े-बड़े लोग बोलते थे। तब कोई विपक्ष नहीं होता था। ऐसा विपक्ष जो शासन चलाने योग्य हो वह तो यदा-कदा ही दिखाई देता था और अगर कभी विपक्ष या मिलीजुली सरकार शासन में आयी तो उसका अर्थ बदलाव कदापि नहीं होता था, क्योंकि फिर भी तो वही लोग सामने आते थे जो कुछ नहीं जानते थे, कोई ताज़ी हवा कहाँ से लाते वे राष्ट्र के लिए! उसी ढर्रे पर सरकार चलती रहती थी जैसे उनसे पहले।

तो इस देश की ज़िन्दगी में किसी भी तरह का बदलाव कहाँ से आ सकता था?

पत्रकार ने कहा था कि युवा पीढ़ी अब उन कामों में रुचि दिखा रही थी, और जब यह पीढ़ी सत्ता अपने हाथ में लेगी तो यह जानेगी कि किस तरह देश चलाना है मगर अभी कहाँ थी यह पीढ़ी?

"आज", पत्रकार ने कहा था, "विश्व की राजनीति के करंट की इतनी ताकत है कि एक अन्तर्राष्ट्रीय फ़ैसला पूरे आर्थिक ढाँचे को इस तरह झकझोर देता है कि छोटे देशों को तो उस पर कोई कंट्रोल ही नहीं रहता, छोटे देश तो ऐसी परिस्थिति में खुद को भी नहीं सँभाल पाते। इससे कोई फ र्क नहीं पड़ता कि संसद क्या फ ैसला लेती है या नियम बनाती है, आजकल तो ज़िन्दगी की चलने की गति अन्तर्राष्ट्रीय फैसले निर्धारित करते हैं।

संसद प्रणाली ने अपना पल्ला झाड़ लिया है, उसकी सारी ताकत छीनी जा चुकी है, अब तो सरकारें बस राज्यों में सिमटकर रह गयी है। संसद के पास और कोई विकल्प नहीं है सिवा इसके कि कुछ हाथों में ताकत दे दे अैर छोटे-छोटे राज्यों को उससे बाँध दे। यह मिलकर हो सकता हे देश को खींच पाएँ...

पिश्ता ने ऑलइश्पान के चेहरे को देखा। उसे एक अमीर आदमी का चेहरा नज़र आया। खूब शिकार करने, खुले में व्यायाम करने से उसे खुरदुरा बना दिया था, त्वचा में जगह-जगह पतली नसों के फटने से लाल धब्बे-से उभर आये थे. ..क्या इस व्यक्ति ने कभी कोई पुस्तक पढ़ी होगी? साहित्य के बारे में इसके क्या विचार थे? या विज्ञान के बारे में? यह आजकल के बौद्धिक विकास के बारे में क्या जानता था? कुछ भी नहीं।

यह तो केवल एक जीवित मनुष्य था जो अपने चन्द अभिन्न मित्रों से ही मतलब रखता था। जो अपनी काउंटी की दुनिया के आगे, उसकी सरहद के परे कुछ नहीं जानता था और कांउटी के भीतर भी वह कहाँ कुछ ठीक तरह से सँवार पाता था। एक सिस्टम था, बाबूशाही सिस्टम, जिसके हिसाब से सब कुछ चलना

था पर इसके परे कोई ऊँचे ख़याल की अपेक्षा इससे करना फिजूल था। जैसे कि तीस हज़ार बेरोज़गार लोगों के लिए काम तलाश करना कैसे होगा? यह तीन हज़ार व्यक्ति कितनी बड़ी ताकत बन सकते हैं। यह पूरा देश बनाने में समर्थ थे। सड़कें, घर, स्कूल, म्यूज़ियम क्या नहीं बना सकते थे। बस ज़रूरत थी तो किसी ऐसे लीडर की जो इन तीस हज़ार को काम पर लगा सके। इसके लिए ज़रूरी था, इच्छा का होना और सामने कोई ध्येय होना। पूरे देश को दोबारा खड़ा करने में समर्थ थे यह तीस हज़ार। पहाड़ों में जंगल उगा सकते थे, पूरे बंजर मैदान को उपजाऊ बना सकते थे, बिना कोई सरहद पार किए देश को दस गुना बड़ा बना सकते थे। देश अमीर हो सकता था। यहाँ का बंज़र मैदानी क्षेत्र जन्नत बन सकता था। मगर ऐसा व्यक्ति कहाँ था, जिसमें ऐसी इच्छा-शक्ति हो और इस राष्ट्र का भाग्य उदय करने की चाह हो? ....यह तीस हजार लोग जो पूरी सर्दी अपने मोटे कोटों में ठिठुरते, अपने ठंडे घरों में बैठे तम्बाकू पीते रहते हैं..., जिनके पास कोई ज़मीन नहीं, कोई पशु नहीं, कोई लघु उद्योग नहीं, जो थे भी वे बन्द हो गये। क्या इस ऑलइश्पान को ज़रा भी समझ है कि इन सब को काम पर लगाकर वह इनका ही नहीं देश का भी भला कर सकता है। यह कुछ नहीं जानता। जानना चाहता भी नहीं। जब तक कि एक-एक दाना अनाज का ख़त्म नहीं हो जाएगा, जब तक क्रान्ति नहीं हो जाएगी तब तक इसके कानों पर जूँ तक नहीं रेंगेगी। अगर लोगों ने विद्रोह कर दिया तो ग़रीबों की मदद करने का कुछ क्षण भर का प्रोग्राम बना लिया जाएगा, थोड़ा बहुत सबको खाने को दे दिया जाएगा ताकि देश में मार-काट न मच जाए।

पिश्ता परेशान होने लगा था, कोशिश कर रहा था कि इन बातों के बारे में न सोचे। वह क्यों नहीं इतनी मोटी चमड़ी का हो सकता था कि बग़ल में आग लगी हो और वो चैन से सो सके यह सोच कि यह आग मुझ तक नहीं पहुँचेगी...।

शायद मुसीबत यह थी कि उसने खुद भी वाइन पी ली थी...या फिर उसका सिर इसलिए घूम रहा था क्योंकि उसके पुराने मित्र ने इतना सारा ज़हर उसमें भर दिया था?....

पत्रकार मित्र ने कहा था, "अगर कोई संसद का रिपोर्टर चुनाव लड़ने के लिए खड़ा हो तो यकीन मानो उसके खिलाफ कोई अनजान-सा ज़मींदार खड़ा कर दिया जाएगा।"

इन शब्दों में ही सब कुछ निहित था—कड़वापन, ईर्ष्या और सच्चाई। वह

अनजान ज़मीदार रिपोर्टर के लिए अनजान होगा मगर अपने चुनावी क्षेत्र में तो नहीं। वहाँ तो सब अच्छी तरह से जानते हैं कि वह कौन है। वे लोग कहेंगे कि यह दो हज़ार एकड़ का मालिक है। इस दो हज़ार एकड़ से कइयों का फायदा भी तो जुड़ा है, सबसे पहले तो ज़मींदार वर्ग का ही; वे अपने में से किसी बेवकूफ के नाम चुनाव के लिए प्रस्तुत कर देंगे, वह चुनाव का ख़र्चा करेगा, और अपने ऊपर इतना भार चढ़ा लेगा कि ज़िन्दगी भर उसकी भरपाई नहीं कर पाएगा...और इस बीच वह अपनी ज़मीन पर अधिक ध्यान भी नहीं देगा....न परिवार पर और यूँ अपनी रोज़मर्रा की ज़िन्दगी से दूर जाकर वह स्वतन्त्र विलासी जीवन बिताने लगेगा.... बाहर खाना, प्रेम-प्रसंगों में पड़ना यही सब विचार उसे घेरे रहेंगे....और जब तक उसकी अवधि पूरी होगी वह भिखारी बन चुका होगा...

और दूसरी ओर उसके कुछ हासिल करने की क्या सम्भावना है? पहली बात तो यह है कि वह उसके बारे में कुछ जानता ही नहीं है। उसे तो यह तक नहीं मालूम कि उसे खुद अपने लिए क्या करना है। ज़ाहिर है, वह कभी किसान भी अच्छा नहीं था, क्योंकि वह तो हंगारी 'भद्रलोक' था, इसी बात के नशे में चूर कि वह किसी का गुलाम नहीं है....जब तक वह यह सब बातें समझेगा तब तक तो बहुत देर हो चुकेगी, वह जितना पाएगा नहीं उससे अधिक खो चुकेगा...उसकी सम्पत्ति गिरवी चली जाएगी....आजकल हरेक की संपत्ति पाँच सौ पैंगो प्रति एकड़ के भाव से गिरवी रखी है और यह पाँच सौ उससे दुगुना मूल्य है जिस पर आज के भाव से ज़मीन बेची जा सकती है।

मगर फ   ाइनेंस कम्पनी और बैंक कुछ नहीं कर सकते। वे यह ज़मीनें बेचकर भी कर्ज़ा वसूली करना चाहें तो ख़रीदेगा कौन? अगर तीस ज़मींदार एक साथ मिलकर ब्याज देने से इनकार कर दें तो देश का हर बैंक बैठ जाएगा।

अब इन हालात में लोग क्या कर सकते हैं?

पिश्ता ने अपने एक सांसद मित्र को देखा था। घर पर वह एक आदर्श किसान था, उसके सब पशु स्टॉक-बुक्स में रजिस्टर्ड थे। उसकी ज़मीन अच्छी थी, अच्छी देखभाल की। अगर सौ प्रतिशत नहीं तो कम से कम अस्सी प्रतिशत तो वह अच्छा किसान कहा जा सकता था। जबकि उसके आस-पास के किसान तीस-चालीस प्रतिशत छोड़ दस प्रतिशत ही थे। जहाँ तक आम लोगों का सवाल है, वे तो एक प्रतिशत ही कहलाये जा सकते हैं क्योंकि उनको तो खेती करना आता ही नहीं था। वे तो बस इस काम में लगा दिये गये थे, उन्होंने इसके बारे में कोई पढ़ाई तो की नहीं थी। पिश्ता ने स्कूलों के चारों ओर चक्कर लगाया था

गर्मियों में फसल कटने के समय। चारों तरफ उसने बिना फ सल कटे मैदान देखे थे। काश्तकार छोड़कर भाग खड़े हुए थे क्योंकि उन्हें चालीस किलो अनाज हर एकड़ पर जो वेतन मिलना था, वह नहीं मिला था। उस वक्त भी इस आदमी की ज़मीन ने अच्छी उपज पैदा करके दिखायी थी और अब, किसी सांसद की मृत्यु के कारण, उसके इस दोस्त को संसद में पहुँचा दिया गया था। उसे बैंक के दो सौ चालीस हज़ार पैंगो देने बाक ी थे। उसके पास एक यही रास्ता बचा था कि एक एम.पी. बन जाए।

और अब उसका क्या होगा? वह एक नया मेम्बर था, अतः इसे अपना कर्तव्य समझता था कि सदन में बैठे, बहस सुने। घर पर वह सबसे पहले उठा करता था, खेतों में निकल जाता था, एक-एक पशु को पहचानता था, गायों को चारा देने के समय वहीं मौजूद रहता। अगर वह अधिक देर तक सांसद बना रहा तो वह भी औरों की तरह ही हो जाएगा। उसके यूँ सदन में बैठे रहने से क्या उसकी फ सल को नुकसान नहीं पहुँचेगा। वह बोलना जानता नहीं था, वह तो किसान था जो मेहनत मशक्कत करना जानता था। अपनी ज़मीन से उसने बीस पैंगो एक एकड़ पर कमाये भी थे जबकि दूसरे किसानों ने नुकसान उठाया था और अब वह भी इस डगर पर चल दिया था। चुनाव प्रचार में कम से कम बीस हज़ार पैंगो तो लगते ही हैं। थोड़े-से समय के लिए कौन इतना पैसा फेंक सकता है? और कोई नहीं कह सकता था कि अगला चुनाव तीन-चार महीने बाद ही नहीं हो जाएगा। फिर से बीस हज़ार पैंगो?

मगर तब क्या कि अगर वह देश के काम आने की आशा रखता हो? एक किसान कैसे जान सकता है कि देश के किस चीज़ की ज़रूरत है? और अगर जानता भी तो कर क्या सकता था? उसकी एक वोट, सैकड़ों वोटों में क्या महत्त्व रखती है। सरकार को बस एक वोट ज़्यादा मिल जाएगी और अगर वह सरकार से सहमति नहीं रखता तो वह विपक्ष की ओर हो जाएगा और एक बड़ा ज़मींदार विपक्ष में जाकर क्या करेगा? विपक्ष तो बरायनाम है वह तो सरकार का कोई भी कानून रोक नहीं सकता। दो सौ पैंतालीस के सदन में केवल पच्चीस ही तो विपक्ष के हैं।

उसके पास कोई विकल्प नहीं है सिवा इसके कि जो है उसे स्वीकार कर ले।

राष्ट्र की गाड़ी लुढ़कती जा रही थी। आज तो यह बैलगाड़ी नहीं, एक मोटरकार थी। कोई इसे चला रहा था और वह उधर जा रही थी जहाँ इसे ले जाया जा रहा

था....

अगर चलती रहती तो ठीक था। यह तो गैराज में खड़ी थी। और ड्राइवर? वह तो शायद किसी मयख़ाने में बैठा होगा; या फिर शिकार पर निकल गया होगा। क्या फ र्क पड़ता था?

रास्ता बहुत लम्बा लगने लगा था, ऑलइश्पान इतनी गहरी नींद में सोया हुआ था कि मुँह खोलकर खर्राटे ले रहा था।

वह कुछ भी नहीं कर सकता था, यह तय था।

उसकी, पिश्ता की, यही ड्यूटी थी कि आर्थिक रूप से स्वयं को सक्षम बना ले; बिना देर किए। उस पर काफ ी भार था, एक बीवी थी, दो बच्चे थे।

वह एक पल के लिए भी नहीं सोया था। वह आश्चर्य कर रहा था ऑलइश्पान पर कि वह कितने आराम से सो रहा है। बिल्कुल एक बच्चे की तरह, हर चिन्ता से मुक्त, बिना किसी ध्येय के, क्योंकि उसके जीवन में सब कुछ वैसा था जैसा होना चाहिए था। वह बचपन से अमीरी में पला-बढ़ा था। जिस पद पर वह आसीन था, वह तो उसके लिए निर्धारित ही था। वह तो भद्र समाज से था।

''पिश्ता, बस अब हम पहुँचने ही वाले हैं'' ऑलइश्पान ने बड़ी जम्हाई लेते, अपने हाथों को फैलाते कहा। वह एक शेर था। शेर को क्या पता होता है कि वह बादशाह है।

''थोड़ा समय अभी बाकी है, चलिए चलकर कुछ खा लेते हैं।''

दोनों डाइनिंग कार तक पहुँचे।

इस समय तक ज़्यादा लोग नहीं बचे थे वहाँ। डिनर ख़त्म ही हो रहा था। कुछ विदेशी एक मेज पर बैठे, न समझ में आने वाली भाषा में बातचीत कर रहे थे।

ऑलइश्पान ने भुना गोश्त माँगा और पिश्ता ने दो अंडों का ऑमलेट।

''पीने के लिए?''

ऑलइश्पान ने अच्छी वाइन की बोतल चाही।

''मैं पैश्त में अपने भाई से बात कर रहा था,'' पिश्ता अचानक बोल पड़ा, ''वह यहाँ नेशनल म्यूज़ियम में सीनियर क्यूरेटर है। वह कह रहा था कि अगर किसी छोटी जगह भी म्यूज़ियम बनाया जाए तो कोई ख़राबी नहीं है। वह वहाँ भी अपनी उपयोगिता बना लेगा। सवाल बस यही है कि म्यूज़ियम बनाने की पॉलिसी जल्दी बन जाए।''

''सच? क्या तुम्हारा भाई म्यूज़ियम का आदमी है?''

"अपने क्षेत्र में स्पेशलिस्ट है।"

"तो तुम उसे शहर बुलाकर म्यूज़ियम क्यों नहीं स्थापित करते?"

"मुझे लगता है यह उसके भाग्य में नहीं है। डायरेक्टर का पद तो किसी और के लिए रखा जा चुका है।"

"किसके लिए?"

"मॉक्रोत्सी के साले के लिए।"

"और छोड़ो! मॉक्रोत्सी इस वक़्त अपने साले के बारे में सोचने की स्थिति में नहीं है। वह तो खुश होगा अगर अपनी जान भर बचा सके। वह काफ ी मुसीबत में है, इस समय उसे तुम्हारी मदद की ज़रूरत है। वो सूअर के फ ार्म का मामला काफ ी गड़बड़ है।"

पिश्ता को यह सुनकर अच्छा लगा कि आज मॉक्रोत्सी को उसकी मदद की ज़रूरत है। पर उसने यह खुशी जाहिर नहीं होने दी। उसने सोचा वह मॉक्रोत्सी को इस बात की गारंटी अवश्य दे देगा कि बिना किसी भेदभाव के इस केस की सुनवाई करेगा। अब फैसला क्या होगा, उसके बारे में तो कहा जाना मुश्किल है।

अगर वह अपने ध्येय में सफल होना चाहता था तो इतनी चालाकी तो उसे सीखनी ही पड़ेगी।

"मेरी तो तुम्हारे भाई के लिए यही सलाह है कि वह फ ौरन इस पद के लिए अर्ज़ी दे, ताकि हम काम जल्दी शुरू कर सकें।"

वह हँसा और पिश्ता की ओर इस तरह देखने लगा मानो उसे कोई काम ज़बरदस्ती जल्दी करने को कह रहा हो। यह लोग कितनी चालाकी से काम करते हैं। पिश्ता अब तक यह भी जानता था कि सूअर-फ ार्म में ऑलइश्पान खुद भी फँसे हैं। अगर वह मामला दब गया तो इनका भी फ ायदा है।

जब वह कुछ न बोला तो ऑलइश्पान बोले–"वैसे भी मॉक्रोत्सी का साला या भतीजा जो भी है, वह कोई स्पेशलिस्ट तो नहीं है और ऊपर से बीमार भी रहता है। वह क्या काम करेगा?"

"आ हा!"

"और फिर यह भी तो महत्त्वपूर्ण है कि नाम किसने प्रपोज़ किया है। मेयर तुम्हारी बड़ी इज्ज़त करते हैं; अभी कुछ दिन पहले कह रहे थे कि वे तुमसे बहुत खुश हैं।"

"वास्तव में?"

"हाँ बिल्कुल। वे तुम्हें बहुत पसन्द करते हैं।"

"पसन्द करते है? पसन्द करने से क्या तात्पर्य?"

"उन्होंने मुझे कल फ ोन किया और कहा कि हमें एक साथ सफ र करना चाहिए। उन्होंने बड़ी कृपा की क्योंकि तुम्हारे साथ यात्रा करके बड़ा अच्छा लगा।"

और यह कह उन्होंने अपना हाथ पिश्ता के हाथ पर रख दिया। पिश्ता अपना दिल धड़कते हुए सुन सक रहा था। वाक ई सफ र बहुत अच्छा था। दोनों एक दूसरे को जान सके थे, एक दूसरे के करीब आ सके थे। यह कैसे हो पाता। यह एक आकस्मिक उपहार था।

पिश्ता ने वेटर से बिल मँगवाया और दोनों के लिए पैसे दिए। "यह क्या बात हुई? तुम ही सब जगह पैसे ख़र्चोगे?" ऑलइश्पान हँसकर बोला।

इस पर कुछ कहना बेकार था। वे उठे और अपने कम्पार्टमेंट में पहुँच गये। बुदापैश्त पहुँचने पर टैक्सी बुलाने को कहा गार्ड को।

"नहीं नहीं!" ऑलइश्पान बोले, "मेरी कार इन्तज़ार कर रही होगी। मैं तुम्हें घर छोड़ दूँगा।"

वे दोनों बड़ी कार में बैठे, ड्राइवर के साथ एक सन्तरी बैठा हुआ था। गाड़ी में ऑलइश्पान ने कहा–

"मैं मेयर से कल बात करूँगा।"

सिटी हॉल आ गया था। पिश्ता गाड़ी से उतरा ताकि ऑलइश्पान आराम से उतर सके।

"डिप्टी मेयर साहब को घर छोड़कर आओ" ऑलइश्पान ने ड्राइवर से कहा। पिश्ता फिर से गाड़ी में जा बैठा।

"तुम जानते हो मैं कहाँ रहता हूँ?"

"बिल्कुल सर" पिश्ता को सुनकर अच्छा लगा कि सरकारी ड्राइवर उसका पता जानता है।

जब बड़ी गाड़ी उसके दरवाज़े पर जाकर रुकी, उसकी छोटी गली में, तो पिश्ता ने ड्राइवर को बड़ा टिप दिया, जो उसने सलाम करके रख लिया।

16

घर में सब जगे हुए थे। लीना उसका इन्तज़ार कर रही थी और बच्चे अभी सोना नहीं चाह रहे थे। कॉती मासी सबको परेशान कर रही थीं, वह यह मानने को तैयार ही नहीं थीं कि उनके कर्त्तव्यों में लगातार बोलना शामिल नहीं था। जैसे ही लीना ने गाड़ी की आवाज़ सुनी वह खुश हो गयी कि अब तो कॉती मासी बोलना बन्द करेंगी।

उसने खिड़की से बाहर झाँका, फिर गेट खोलने भागी। नौकरानी भी जगी थी, उसे कैसे सोने दिया जाता जबकि साहब लोग जगे हुए थे। लीना ने अपना स्काफ र्लपेटा और बाहर भागी, यह सोचकर कि जब तक लड़की उठेगी वह दरवाज़ा खोल भी चुकी होगी।

''अरे, तुम्हें इस ख़राब मौसम में बाहर नहीं आना चाहिए था, दरवाज़ा खोलने,'' पिश्ता ने उसे लिपटाते हुए कहा।

एक दूसरे के गले में बाँहें डाले दोनों घर में घुसे। नौकरानी ने आँखें मलते हुए दरवाज़ा बन्द किया।

''सपर लेकर आओ'' लीना बोली, ''और देखो कुछ तोड़ना नहीं।''

''डार्लिंग आज मैंने मिनिस्टर से हाथ मिलाया। क्या कॉती मासी अभी यहीं हैं?''

''जी हाँ, और वे सर्दियों तक यहीं रहना चाहती हैं।''

''हैलो पिश्ता'' कॉती मासी मुस्कुराते हुए बोलीं, अपनी सिलाई छोड़कर उठते हुए, ''तुम्हें भूख लगी है?''

''अभी सपर आ रहा है।''

कॉती की उपस्थिति से वह काफ ी संकोच में था। वह वो सब नहीं बता पा रहा था जो बताना चाह रहा था, बस इधर-उधर की बातें बोलता रहा– यात्रा कैसी रही, कैसे ऑलइश्पान के साथ सफ र किया, कैसे ऑफि स की बड़ी कार में घर आया, कैसे पिछली रात अच्छी तरह सोया, होटल में नहीं ठहरा, केवल कुछ

ही समय बिताया वहाँ, फिर मैन्यहेर्त से मिलने गया, उसके पास रुका, तब तक जब तक मिनिस्टर से मिलने का वक्त नहीं हो गया।

और इसी तरह की कई बातें।

''आप क्या सिल रही हैं कॉती मासी?'' लीना ने अचानक पूछा। जब लीना बाहर गयी थी तब कॉती ने बच्चों की एक पुरानी कमीज़ हाथ में ले ली थी, जो चिथड़ा हो चुकी थी, और बड़ी गम्भीरता से सिलाई में व्यस्त दिखा रही थीं स्वयं को।

''मैं काम कर रही हूँ, रफू करके पैसे बचा रही हूँ,'' वे बोलीं, ''जब परिवार के पास अधिक पैसा न हो तो आपको यह सब करना ही पड़ता है।''

''ओफ ! भगवान आपका भला करे, कृपया इन्हें इस तरह फैलाकर मत रखिए, वरना मेरे पति सोचेंगे कि बच्चे इस तरह के कपड़ों में स्कूल जाते हैं। ये क मीज पोछे बनाने के लिए रखी हैं।''

''मैंने तो सोचा मैं मदद कर रही हूँ।''

''आप कृपया सोने जाइए, एक बूढ़ी औरत को स्वयं को इतना थकाना नहीं चाहिए।''

''मैं कल खाना पका दूँगी। मैं कल कुछ ऐसा पकाऊँगी जैसा पिश्ता की माँ इसके लिए बनाया करती थीं। कम से कम एक बार कुछ ऐसा खा ले जो इसे पसन्द हो।''

''वे अक्सर ऐसा ही खाते हैं'' लीना ज़बरदस्ती की हँसी हँसते बोली, ''अब आप जाकर लेटती क्यों नहीं?'' उसने कॉती मासी को ज़बरदस्ती ही कमरे में धकेला। उस छोटे कमरे में जो वैसे तो नौकरानी का होना चाहिए था मगर नौकरानी रसोई में ही सोती थी। पिश्ता सूखे हुए गोश्त के टुकड़े खाने लगा।

''मुझे नहीं लगा था कि तुम अब आओगे। तुम दोपहर बाद की ट्रेन से क्यों नहीं आये?''

''नहीं आ सकता था। मिनिस्टर से मिलने के लिए छः बजे शाम तक इन्तज़ार करना पड़ा। शुक्र है ऑन्द्रीश भाई भी नौ बजे वाली ट्रेन से ही आये।''

''यह आन्द्रीश भाई कौन हैं?''

''ऑलइश्पान।''

''ओह! मैं समझी तुम्हारा कोई रिश्तेदार।''

जब वे सोने जा रहे थे तब लीना ने पूछा—''ऑदेल्का के यहाँ क्या हाल है?''

"मैं उसके यहाँ मिलने नहीं गया। मैन्यहेर्त ने मना कर दिया।" उसने यह इसलिए कहा ताकि मैन्यहेर्त पत्नी की नज़रों में ऊँचा उठ जाए। जब वह लेटा हुआ था तब सोच रहा था; काश लीना थोड़े उँचे विचारों की होती। कितने अफ सोस की बात है कि यह सारे दिन सिफ र् खाना पकाने और सफ ाई में लगी रहती है। जब हम ग़रीब थे तब तो ठीक था, पर अब तो उसे इससे ऊपर उठना चाहिए। मैं उससे कोई काम की बातचीत नहीं कर सकता क्योंकि उसका दिमाग़ तो हर वक्त मेरे रिश्तेदारों के लिए नफ रत से भरा रहता है।

"मैं चाहती हूँ कि तुम बच्चों से बात कर लो" वह पलँग पर लेटकर बोली, "जबसे उनके पिता बड़े आदमी बन गये हैं तबसे वे ठीक से पढ़ाई नहीं कर रहे हैं। आज शाम को मुझे उनके साथ बहुत मेहनत करनी पड़ी। उन्हें लगने लगा है कि अब उनको हर चीज़ आराम से हासिल हो जाएगी। बदमाश कहीं के, जहाँ ज़रा छूट मिली वे फ ायदा उठाने की सोच लेते हैं। इनका क्या होगा? क्या यह भी बाक ी कोपयाशों की तरह बन जाएँगे?

"तुम पूरी कोपयाश फ ैमिली के बारे में ऐसे कैसे बोल सकती हो। एल्बर्ट ने भी अपना अच्छा करियर बना लिया है। मैं उससे अभी हाल में मिला तो नहीं हूँ मगर वह बुदापैश्त बैंक के इन्वेस्टमेंट डिपार्टमेंट में काफ ी अच्छे पद पर है। बैंकिंग क्षेत्र में यह बड़ी बात है और वह यहाँ तक अपने बल-बूते और काबिलियत से पहुँचा है। जहाँ पैसे का मामला है, वहाँ आपको वाक ई होशियार होने की ज़रूरत है वरना किसी वक़्त भी आपकी गर्दन पर छुरी चल सकती है।"

"मुझे इससे क्या लेना-देना है, मैं तो खुश हूँ कि वह अच्छा कर रहा है क्योंकि तब कम से कम यहाँ तो नहीं दिखेगा। मैं उसकी लम्बी उम्र और सफलता की कामना करती हूँ, पर जानते हो मुसीबत क्या है? आज ही एक पत्र आया है जिसमें उसने तुमसे निवेदन किया है कि झौरात्नोक सेविंग्स बैंक में उसे नौकरी दिलवा दो।"

पिश्ता चुप हो गया। यह तो बड़ी अरुचिकर बात थी, लीना के पास हमेशा तुरुप का इक्का होता था।

उसने फ ौरन सोने की कोशिश की। फिर रात को उठकर बैठ गया और काफ ी देर सो नहीं पाया। वह अपने परिवार के लिए क्या-क्या करे, सभी को तो नौकरियाँ नहीं दिलवा सकता था पर कोशिश करेगा कॉरदिच भाई से बात करके कि अगर वे एल्बर्ट को नौकरी दिलवा सकें। इस तरह उनका अपना भरोसेमन्द आदमी सेविंग्स बैंक में भी हो जाएगा।

सुबह वह मेयर को रिपोर्ट देने गया।

"आओ भाई सुनाओ क्या ख़बर लाये हो" मेयर बोले। उसे सब कुछ पूरे विस्तार से बताना पड़ा। मिनिस्टर ने क्या कहा, किस बारे में बात की, कहाँ ज़ोर डाला, किस बक्से में से उसे सिगार दिया—दाहिने हाथ वाले या बायें हाथ वाले। उसे अपने सामने वाले डेस्क पर बिठाया या अपने साथ अपने अन्दर वाले कमरे में ले गया। वह देखने में कैसे लग रहे थे, क्या उसे मालूम था कि पिछली बार जब वे शिकार पर गये थे, उनकी कमर टूट गयी थी? वे अपनी आरामकुर्सी पर कैसे बैठे थे, क्या बहुत हिल-डुल रहे थे? क्या लाल क ालीन था।

पिश्ता ने सावधानी बरती और यह नहीं कहा कि इतनी बड़ी हस्ती से वह इतनी बेतकल्लुफ ी से बात नहीं कर सकता था। वह तो शुरू में बहुत डरा भी हुआ था...फिर अचानक उसे याद आया कि मिनिस्टर के प्राइवेट सैक्रेटरी ने, जिसके साथ पिश्ता ने दो घंटे गुज़ारे थे इन्तज़ार में, बताया था कि मिनिस्टर आजकल रोलर का इस्तेमाल कर रहे हैं। एकदम उसके मुँह से वही शब्द निकल पड़े—

"आजकल वे रोलर का इस्तेमाल कर रहे हैं।"

"हा, हा हा, हा" मेयर ज़ोर से हँसे अपने पोर्सलीन से दाँत चमकाते जिन पर सोना चढ़ा हुआ था। "यह तो बड़ा अच्छा है।" उन्होंने पिश्ता की नाभि को थपथपाया। बहुत अच्छा कि वे रोलर का प्रयोग कर रहे हैं....वाक ई वे अभी कुछ समय से काफ ी मोटे हो गये हैं, मगर अपनी जवानी के दिनों में वे काफ ी दुबले-पतले थे और बड़े अच्छे खिलाड़ी भी थे। तो अब बात रोलर तक आ गयी है। ठीक है इससे पेट छंट जाएगा।"

पिश्ता शर्म से लाल हो रहा था। उसने साफ दिखा दिया था कि वह नहीं जानता था कि रोलर क्या होता है और यह भी नहीं कि वह स्लिमिंग के लिए होता है। मगर यह ज़रूर था कि इस बात से मेयर को लगा कि मेयर काफ ी सन्तुष्ट थे कि उनके डिप्टी ने मिनिस्टर से इतनी घनिष्ठता बना ली थी, पहली ही मुलाक ात में कि वे उससे इस तरह की बात कर पाये थे।

अब इस सबके बाद ही काम की बात पर आया गया। मेयर ने सोचा कि शायद मिनिस्टर इतनी आत्मीयता से इससे इसलिए बात कर रहे होंगे क्योंकि वह हमारे शहर के बारे में कुछ विशेष सोच रहे होंगे। यह तो बड़ा अच्छा होगा कि उनके दिमाग़ में हमारा शहर है, क्योंकि तब उनसे कुछ हासिल करना आसान होगा।

उन्होंने कहा कि वे पैसा सिफ ' उन कामों के लिए देंगे जिनसे लाभ होने

की उम्मीद हो। मैंने कहा, ''महामहिम, हम बड़ी अच्छी स्थिति में हैं कि अमरीका के पास शायद इतना धन न होगा जितना हम लाभकारी कामों में लगा सकते हैं। क्योंकि यह सही है कि 'ड्रेनेज' से तुरन्त तो कोई फ ायदा नहीं मिलता मगर क्या हम उसके बगै र रह सकते हैं? इस पर वे बोले, ''बिल्कुल ठीक कहते हो, अब 'रोलर' से कोई ब्याज तो नहीं कमा सकता, मगर उसके अपने ही फ ायदे हैं।''

मेयर ज़ोर से हँसा।

दरवाज़ा खुला और बिना किसी सूचना के कॉर्दिच ने प्रवेश किया।

''हैलो, आज लग रहा है आप बड़ी मस्ती में हैं।''

''आओ, आओ'' मेयर बोले, हँसते हुए ही उन्होंने कॉर्दिच से हाथ मिलाया।'' यह पिश्ता, यह तो हीरा है। ज़रा कल्पना करो मिनिस्टर स्लिमिंग रोलर इस्तेमाल करते हैं।''

कॉर्दिच भी हँसा, जैसे कोई बहुत मज़ाकिया बात कह दी गयी हो और उसकी हँसी रुक ही नहीं रही थी। ''यह काउंटेस सिम्बी का कमाल है।''

दोनों बूढ़े खूब हँसे, बिल्कुल स्कूल के लड़कों की तरह। कुछ ही पलों में पिश्ता जान गया कि मिनिस्टर का चक्कर काउंटेस सिम्बी से चल रहा था जो उसे इस रोलर पर घुमवा रही थीं। अपनी पत्नी के लिए तो वह यह कभी न करता, पर काउंटेस के लिए तो करना ज़रूरी था।

पूरी सुबह हँसी-मज़ाक में बीत गयी।

''बेनी टोथ डिस्ट्रिक्ट जज बना दिया गया।''

''अरे नहीं।''

''लैपेन्थ डिस्ट्रिक्ट में।''

''अरे यह तो बहुत बड़ी बात है...'' कॉर्दिच फिर हँसा। ''चलो ठीक है।'' वह पिश्ता की ओर पलटा और उसे यह मज़ेदार कि स्सा सुनाने लगा। ''पिछली सर्दियों में वह ताश में इतना जीत गया था कि उसने अपने भाइयों की ज़मीन भी ख़रीद ली। छः सौ चालीस एकड़, ऐसी कौड़ियों के मोल कि जो उसे किसी बाहर वाले से न मिलती परन्तु लक्ष्मी तो चलायमान होती है, वह जैसे आयी थी वैसे चली भी गयी। जब वह बाल-बाल कर्ज़े में आ गया तो उसे अपना गेहूँ बेचना पड़ा। और इस तरह से शैबैश की टोथ फ ैमिली अपनी काउंटी की सबसे बड़ी करदाता न रह सकी। वह उजड़ गयी। मैं जब छोटा था वहाँ जाकर बड़े मज़े करता था। वहाँ आरोन चाचा थे। उनका बेटा मिचकी था—उसका बेटा अभी कुछ दिन पहले मुझसे बैंक में नौकरी लगवाने के लिए कह रहा था। लोगों को अपने परिवार का

ख़याल रखना चाहिए अगर वे उनकी सहायता करने योग्य हों तो ज़रूर मदद करनी चाहिए।

"बेनी के पास कोई योग्यता नहीं है। मिनिस्टर को सदन में मुसीबत थी। अदन मैलेग ने कहा, मैं तुम्हारी मदद करता हूँ, तुम मेरे आदमी को डिस्ट्रिक्ट जज बनाओ।"

दोनों बूढ़ों को यह कटाक्ष करके बहुत मज़ा आ रहा था। दोनों खूब हँस रहे थे। पिश्ता भी हँसा, हालाँकि उसे यह सब बातें बड़ी छोटी लग रही थीं। वह इसलिए हँसा ताकि अपना मतलब भी सिद्ध कर सके, अपने भाइयों को काम पर लगवा सके।

दोपहर भी इन्हीं बातों में बीत गयी। पिश्ता को आश्चर्य हो रहा था कि वह कैसे इस कम्पनी में फिट बैठ पा रहा था। उसने कभी सोचा भी नहीं था कि वह पैश्त से इतने स्कैंडल लेकर आया है। जब पैश्त में वह पत्रकार उसे सब बता रहा था तो असल में उसे गुस्सा आ रहा था। पर अब उन्हीं सुनी सुनाई, जितनी उसे याद रहीं, बातों के कारण वह आज इस बातचीत में भाग ले पा रहा था।

अन्त में तीनों ने लम्बी साँस ली, जैसा भारी खाना खाने के बाद, खाने को अन्दर तक पहुँचाने के लिए किया जाता है। कॉर्दिच बोला–

"मैं पिश्ता को ले जाता हूँ, मैं उसे एस्टेट पर ले जा रहा हूँ। मुझे फै   री के यहाँ जाना है, ऑन्द्रिश भी वहीं होंगे, वे पिश्ता के साथ यात्रा करके आये हैं, मुझे फ   ोन पर बता रहे थे कि उन्हें बड़ा मज़ा आया, उसके साथ। वे चाहते हैं कि मैं उसे यह घर दिखाकर लाऊँ कि उसे पसन्द भी है कि नहीं।"

इस पर वे फिर हँसे, मगर पिश्ता इतना खुश था कि वह मॉग्दॉलेना से मिलने वाला था कि उसने ध्यान ही नहीं दिया कि वे दोनों उसी पर हँस रहे थे, इस वाक्य पर "कि उसे घर पसन्द आता है कि नहीं।" एक भूख से मरते आदमी से यह यही पूछने के बराबर था कि उसे तारीफ   ी खाना पसन्द आया कि नहीं।

उसने अपने ऑफि   स से अपना कोट मँगवाया और कॉर्दिच को अपना हाथ थमाकर उसे स्वयं को कार तक ले जाने दिया।

जब गाड़ी में बैठ गये तब उसके दिमाग़ की बत्ती जली।

"मैंने अपनी पत्नी से तो इस बारे में कुछ नहीं कहा है, हमने फ   ैसला किया था कि मिलकर सोचेंगे।"

"कोई ज़रूरत नहीं है औरतों से हर बारे में राय लेने की। बेहतर है कि आदमी खुद सब मालूमात करे और तब उन्हें बताये। सबसे अच्छा तो यह है कि

खुद ही फैसला करे और उन्हें बता दे कि यही उनकी किस्मत में है। मैंने तो कभी अपनी पत्नी से सलाह नहीं माँगी, हमेशा उसको बताया और चौंका दिया...''

ओफ यह कार कितनी सुखदायक होती है। मात्र सात मिनट में वे एवेन्यू तक पहुँच गये थे। घरों के सामने खड़े थे। इस बार पिश्ता घर पहचान गया था, उसे एक जवान लड़के की तरह शर्म आ रही थी।

उन्होंने घंटी बजायी। माली ने दरवाज़ा खोला। उस पर ताला नहीं लगा था, आपको बस ठीक से हैंडिल घुमाना आना था।

वे अन्दर पहुँचे। अब तक अँधेरा होने लगा था, कुछ दिखाई नहीं दे रहा था। सड़क से केवल धीमी रोशनी ही अन्दर आ रही थी। वे सामने के दरवाज़े से अन्दर नहीं घुसे। कॉर्दिच घर से अच्छी तरह परिचित था—बल्कि साइड के दरवाज़े से। अन्दर जाने का रास्ता ऐसा था मानो किसी महल में घुस रहे हों। जब वे ऊपर जा रहे थे तो पिश्ता को लगा वह किसी जेल में ले जाया जा रहा था। इस प्रकार की सीढ़ियाँ बहुत पुरानी ऐतिहासिक इमारतों में हुआ करती थीं। सबसे ऊपर जाकर एक शीशे का दरवाज़ा था, जो आधा खुला हुआ था। वे अन्दर घुसे। कॉर्दिच इतनी अच्छी तरह से इस घर को जानता था कि उसका हाथ एकदम लाइट के लिए स्विच पर पड़ा। फौरन कमरा जगमगा उठा। वे लोग एक एल शेप के हॉल में खड़े थे, जहाँ दीवारों पर ऊपर तक लकड़ी जड़ी हुई थी। बायें हाथ पर एक पुराने ज़माने जैसी (हंगारी) लकड़ी की सीढ़ियाँ थीं, उसके नीचे कई कमरे थे, वह गिन न पाया कितने। सामने के शीशे के दरवाज़े से बैठक दिखाई दे रहीं थीं।

उन्होंने अपने हैट, कोट और छड़ियाँ वहीं छोड़े, अपने को शीशे में देखकर ठीक किया, और फिर जिस तरह कलाकार, फिल्म के सैट पर रोशनी होने से पहले अपने को तैयार करते हैं, वैसे ही तन गये और धीमी रोशनी से सजी बैठक में प्रवेश किये।

उसको पहली नज़र में यह कमरा कुछ ज़रूरत से ज़्यादा बड़ा लगा, ज़रूरत से ज़्यादा लम्बा-चौड़ा। इसे तो सर्दियों में गर्म रखना भी मुश्किल होगा।

दूसरी बात जो उसने महसूस की, वो यह थी कि वह यहाँ मॉग्दॉत्मोना के सामने बैठा था।

वह एक आरामकुर्सी पर उसके बिल्कुल सामने बैठी थी, उसके पास उसकी माँ बैठी थीं जिनका मुँह दूसरी ओर था। श्रीमती सैंतकाल्नाई (माँ) ऐसे कपड़े पहने थीं मानो किसी भव्य समारोह में आयी हों। काली ड्रेस, सिल्क, ज़ेवर, सोने की

चेन। पिश्ता मालूम नहीं क्यों उनके चेहरे को घूरता ही जा रहा था मानो वह किसी रहस्य की चाबी हों। उनका चेहरा कितना सफेद था, कैसी सजी-सँवरी दिख रही थीं मगर उनमें कहीं कोई शारीरिक कमी जरूर थी, या तो उनकी पीठ सीधी नहीं थी, या उनकी एक टाँग नक ली थी। वे चल बहुत ख़राब तरह से रही थीं।

दूसरी ओर मॉग्दॉलेना बहुत ही शालीन थी और कितनी लम्बी! लीना से लम्बी। उसे नहीं मालूम कि वह कभी उसके सामने यूँ आमने-सामने इससे पहले कभी खड़ा हुआ था या नहीं, पर आज वह उसके कद को देख हैरान ज़रूर हो रहा था। और वह यूँ चल रही थीं मानो तैर रही हो। उसमें आत्म-विश्वास दिख रहा था, एक बहुत ही स्वावलम्बी औरत जिसे अपना ध्यान खुद ही रखना होता हो, जिसे आदत हो हर वक्त चौकन्ना रहने की, हुक्म देने की और हर काम अपनी इच्छानुसार करवाने की।

''बैठो सोमा। तुम कैसी हो?''

कॉर्दिच, जैसा कि उसका तरीक ा था, बहुत बोलता था और बहुत ज़ोर से बोलता था, आज यूँ दिख रहा था जैसे उसके लिए यह घर अपने घर जैसा ही था। बिल्कुल जैसे बैत्सी मामा उसके घर में महसूस करते थे।

काफ ी देर तक पिश्ता ने कुछ नहीं सुना जो वहाँ कहा जा रहा था, वह केवल कमरे पर निगाहें दौड़ा रहा था। दीवारों पर तस्वीरें लगी थीं। उसे यह आश्चर्य जनक लगा। अपने जीवन में उसने कभी किसी रिहायशी घर में इतनी तस्वीरें नहीं देखी थीं। चारों ओर की दीवारों पर ऊपर से नीचे अनगिनत तस्वीरें थीं, उन पर तिल-भर भी जगह ख़ाली नहीं थी। दीवारें तो दिखाई तक नहीं दे रही थीं।

मॉग्दॉलेना ने उसका असमंजस देख लिया।

''आजकल तस्वीरें लगाने का फ ैशन नहीं है, मगर मैं फ ैशन की परवाह नहीं करती। मैं अपने दोस्तों को बहुत चाहती हूँ और मैं उनकी कृतियों को कभी अपने से अलग नहीं कर सकती।''

''आप इन सबको जानती हैं? इन सब चित्रकारों को?''

''हाँ, कम से कम इनकी प्रदर्शनियों से तो जानती ही हूँ। मगर इनमें से कई इस घर में भी आ चुके हैं।''

मेज़ पर एक पीतल मढ़ा मोटा एल्बम रखा हुआ था। उसने अपना लम्बा, पतला हाथ उस पर रखा और बोली–

''यह एल्बम हमने तब शुरू की थी जब हम मकान में आये थे, देखिए यहाँ जो-जो आये हैं उनकी तस्वीरं इसमें हैं। आपको पसन्द आयेगी। आपको इसमें

कविताएँ, चित्र और हर मशहूर व्यक्ति का नाम मिलेगा।''

इस पर वह दुखी हो गया। मालूम नहीं क्यों उसे लगने लगा कि यह तो वह औरत नहीं थी जिसे वह दस साल पहले जानता था। उसका गर्म मिज़ाज जैसे पत्थर में परिवर्तित हो गया था, जो लावा उसमें बह रहा था अब ठंडा होकर जग गया था। उसे वह बहुत आत्म-विश्वासपूर्ण, बहुत स्वावलम्बी लगी। अब तक उसने यह हिम्मत नहीं की थी मगर अब वह उसको एकटक देख रहा था, बिल्कुल उतनी ही आसानी से जैसे एक जीती जागती मूर्ति को देख रहा हो। उसे लग रहा था कि अब वह बिना इस बात की परवाह किये कि उसकी नज़रें इस औरत को परेशान कर देंगी, उसकी ओर देख सकता था। माया का जाल उसकी आँखों से उतर चुका था। मॉग्दॉलेना में कुछ भी राज़ नहीं रह गया था, न उसके खून में रवानगी बाकी थी, वह तो मात्र एक बुत बनकर रह गयी थी। अब उसमें कोई खिलन्दड़ापन, कोई चुलबुलापन, कोई रहस्य नहीं दिखाई दे रहा था। वह एक वस्तु, फर्नीचर या एक चित्र जैसी ही दिख रही थी—एक दम भाव-विहीन।

वे खड़े हुए और तस्वीरें देखने लगे। मॉग्दॉलेना एक-एक को नाम से जानती थी जैसे एक चरवाहा अपनी भेड़ों को जानता है। दूसरी ओर पिश्ता को लगा कि वह तो इतने नाम जन्म भर याद नहीं कर सकता। युवा चित्रकारों के साथ-साथ पुराने प्रसिद्ध चित्रकारों के भी चित्र थे। नये चित्रकारों के चित्र इस तरह से लगाये गये थे ताकि वे पुराने चित्रकारों के चित्रों में कुछ रंग भर सकें।

''यह माँ है....'' पिश्ता ने पहले चित्र को देखा फिर उसकी माँ को, जो इस समय बातचीत में लगी थीं। चित्र में वे एक महारानी जैसी लग रही थीं, ऊँचे बने हुए सफे द बाल, ऊपर से टियारा (मुकुट), सर्द नीली आँखें जिनसे ज़बरदस्ती अच्छा मिज़ाज दिखाने की कोशिश की जा रही थी। पर फ ोटो में कहीं भी उनकी टूटी टाँग के दर्शन नहीं हो रहे थे।

''और यह मैं हूँ....''

''बहुत ख़राब'' गुस्से से पिश्ता बोला।

''मुझे पसन्द है'' मॉग्दॉलेना ने कहा।

अगर उसे पसन्द थी तो ज़रूर इसमें कुछ होगा।

उसने फिर फ ोटो को देखा। एक बड़ी उम्र की ऑफि स की लड़की। वह बहुत कठोर लग रही थी। उसे गर्व था कि उसके फि गर में कहीं कोई त्रुटि नहीं थी।

वह अधिक देर फ ोटो देख न पाया क्योंकि वह यथार्थ के बहुत निकट थी, पर उसे दुख हो रहा था, जैसा कि अब उसके समझ में आ रहा था कि यह औरत

पत्थर है मानो इसमें कोई अनुभूति हो ही नहीं.....इसकी तुलना में लीना कितनी प्यारी थी, चाहे उसका ज्ञान सीमित ही क्यों न हो।

"और यह मेरे पति हैं।"

वह एक स्वैन्गाली (अफ्रीकन) पुरुष जैसा लग रहा था अपनी काली दाढ़ी के साथ। एक पल में ही पिश्ता जान गया कि यह दोनों पति-पत्नी एक दूसरे को कदापि नहीं जानते। नहीं। यह स्वैन्गाली इस महिला से डरता था...देखो ज़रा इसकी आँखों में, कैसी अन्दर की ओर धँसी हुई हैं मानो उनमें से रोशनी निकलकर सामने वाली की ओर न पहुँचकर अन्दर ही रह जाती तो...उसने पिछली, ऑफि स की लड़की, वाली फ ोटो पलटकर देखी, फिर से इस स्वैन्गाली को देखा....अजीब जोड़ी थी। यह उलटा सम्बन्ध था। एक हिप्नोटिज़्म का मीडियम मानो खुद हिप्नोटिस्ट को हिप्नोटाइज़ कर रहा हो।

यह हॉल एक छोटे कमरे में खुलता था। हालाँकि कहने भर को ही छोटा, क्योंकि यह भी काफ ी बड़ा था। यह डाइनिंग रूम था। यहाँ भी तस्वीरें थीं दीवारों पर। इतनी ज़्यादा कि पिश्ता का तो मानो सिर ही चकराने लगा। कुछ ताँबे की मूर्तियाँ भी थीं और एक साइडबोर्ड भी जो स्टोर-बोर्ड का भी काम कर सकता था। वह इसे कुछ देर देखता रहा, यह उसे पसन्द आया।

"इसे मैंने डिजाइन किया है।"

"अच्छा है।"

"मेरा मानना है घर रहने के लिए होता है। उसमें फ नींचर आपकी आवश्यकता के अनुसार होना चाहिए।"

वह मुस्कुराया और उसने मॉग्डॉलेना की ओर देखा और अब पहली बार अपनी ज़िन्दगी में वह उससे आराम से बात कर रहा था?

"क्या आपकी ज़िन्दगी में सब इतना सुनिश्चित और पारदर्शी है?"

उसने एक उड़ने को तैयार चिड़िया की तरह उस पर दृष्टि डाली।

"जो मैं लोगों को दिखाने को तैयार हूँ– है।"

और वह पलट गयी मगर पिश्ता को लगा कि वह बेधने में सफल रहा था और इससे वह खुश भी हुआ। ठीक ही तो है, कुछ चीज़ें लोगों को दिखाने के लिए होती हैं, कुछ नहीं।

"यहाँ दो कमरे और हैं, एक धुम्रपान का कमरा और मेरे पति का पढ़ने का कमरा। आप क्या बाग़ देखना चाहेंगे?"

उसके प्रश्न ने पिश्ता को याद दिलाया कि वह यहाँ उससे मिलने नहीं बल्कि

उसका घर देखने आया है। वह शरमा गया।

तब तक सब बरामदे में पहुँच चुके थे, यह एक बड़ा, ऊपर छत से ढका क्षेत्र था और यहाँ से अँधेरा दिखता था। शाम ढल चुकी थी, और रात अभी गहरी न हुई थी। अतः बाग़ की बाउंड्री, चारों ओर की झाड़ियाँ, और जो कुछ भी इस वक्त दिखाई दे रहा था, सुन्दर लग रहा था।

मगर अचानक बहुत तेज़ रोशनी हो गयी, बाहर सड़क का लैम्प जल गया जो कि एक खम्भे पर काफ ी ऊँचाई पर था और इस रोशनी में एक गुलाबों की भरी हुई, बड़ी क्यारी के सामने की ओर, चमक गयी। पत्ते तो इस मौसम में पीले पड़े हुए थे मगर कुछ एक डालियों पर अभी भी गुलाब दिखाई दे रहे थे। यह 'रोज़ेरियम' इतना सुन्दर था कि पिश्ता तो भौचक्का रह गया। उसने इससे खूबसूरत दृश्य कभी नहीं देखा था ना उसकी कल्पना की थी। सुन्न खड़ा वह इसको निहारता रहा। रोशनी ख़ास इसी जगह पड़ रही थी और यह दृश्य अद्वितीय था।

"तुम्हें सर्दी तो नहीं लग रही?" कॉर्दिच ने पूछा, और पिश्ता ने घबराकर मॉग्दॉलेना की ओर देखा और उसे बुरा लगा यह सोच कि उसने इसके बारे में स्वयं क्यों न सोचा....

वे फिर से आकर गर्म ड्राइंग रूम में बैठ गये।

"तो ठीक है, हम एक प्रोविज़नल कॉन्ट्रेक्ट बना लेते हैं,", कॉर्दिच बोले, और अपना पेन निकालने लगे।

"मैं इसे अपनी पत्नी के साथ फिर से देखना चाहूँगा" पिश्ता ने हिचकिचाते हुए कहा।

"हाँ हाँ, वो तो तुम देखोगे ही" कारर्दिच ने बड़े आराम से कहा और कॉन्ट्रेक्ट लिखता रहा।

पिश्ता को समझ न आया कि वह क्या बोले, क्योंकि वह तो इस वक्त सातवें आसमान पर था, उसमें इस समय यह भी सोचने की शक्ति नहीं थी कि इस स्वप्न का अन्त कहाँ होगा। वह दाम सुनने का इन्तज़ार कर रहा था, सोच रहा था सुनते ही वह कूदकर यहाँ से भाग खड़ा होगा परन्तु जब कॉर्दिच ने दाम बताया तो वह तो उसे काफ ी कम लगा। इन दामों में तो एक मामूली घर से ज़्यादा कुछ नहीं ख़रीदा जा सकता था....उसने दोनों औरतों की ओर देखा.... मॉग्दॉलेना के चेहरे पर किसी तरह का कोई भाव नहीं था, मानो वह काफ ी समय से उसके लिए तैयार हो, पर उसकी माँ कुर्सी पर एकदम जड़ बनकर रह गयी थी। पिश्ता अधिक देर तक उनकी ओर देखने की हिम्मत नहीं कर पा रहा था। उसे खुद पर शर्म आ

रही थी। यह दाम तो, इस महल को बनाने में जो लागत आयी होगी, उसका भी आधा था।

उसने हस्ताक्षर किये। पहले मॉग्दॉलेना ने, एक विक्रेता की तरह, फिर उसने ख़रीदार की तरह। कॉर्दिच भाई ने गवाह की हैसियत से अपने दस्तख़त किये।

आज वह सबका लाडला था, आज बैंक उसके लिए काम कर रहा था। कॉर्दिच ने स्याही सूखने दी, फिर काग़ज को मोड़ा और अपनी अन्दर की जेब में रख लिया।

''कल, नहीं परसों, बैंक आना'' वे बोले, ''वहाँ सब काम हो जाएगा'' पिश्ता को लगा यह सब बहुत स्वाभाविक-सा था।

जब वे वहाँ से बाहर निकले तो पिश्ता को लगा कि वह एक चोर की भाँति, बिना इधर-उधर देखे, निकल रहा था क्योंकि लूट के माल को कोई आँकता थोड़ी है। ओफ यह बाग़, यह झाड़ियाँ, यह गुलाब अब सब उसके थे?

कॉर्दिच भाई उसे उसके घर तक छोड़ने आये। उसने उनसे हाथ मिलाया गर्मजोशी से और इज़्ज़त से, मगर मन ही मन उसके अन्दर यह एहसास भी था कि अब वह इनसे कम नहीं, इनके बराबर ही है। अब उसके पास ऐसा घर है जहाँ वह सबको पार्टी पर बुला सकता है। धीरे-धीरे वह भी उन्हीं के स्तर पर पहुँच रहा था।

धीरे-धीरे? क्या कोई इससे जल्दी इतना ऊपर जा सकता था?

''अच्छा भई शुभ रात्रि।''

उसने तब तक वहीं इन्तज़ार किया जब तक कॉर्दिच गाड़ी में बैठकर चले नहीं गये। उसने धन्यवाद भी दिया था और उनके आँखों से ओझल होने तक वह वहीं खड़ा भी रहा था।

17

"मैं यहाँ एक नौकर की तरह से खड़ा हूँ" उसने सोचा और फिर गुस्से से घर में प्रवेश कर गया।

अच्छा होगा यह जान लेना कि आख़िर उसकी हस्ती क्या थी? क्या वह अब भी इन लोगों के सामने तुच्छ है।

उसके पास यह सब सोचने के लिए अधिक समय न था, वह घर के अन्दर पहुँच चुका था। लीना अभी भी रसोई में ही थी। वह वहाँ क्या कर रही थी, अभी तो छः भी नहीं बजे थे। वह अपना सारा वक्त ही रसोई में गुज़ारती है।

"हैलो डार्लिंग!" उसने रसोई का दरवाज़ा खोला, और उसकी गर्दन पर चुम्बन रखा, वह अपने काम में लगी रही।

"यह आजकल की नौकरानियाँ," लीना ने बजाय उसका स्वागत करने के कहना शुरू कर दिया, "अब यह महारानी खाना भी नहीं बनाना सीख सकतीं। अब तक यह इतना भी नहीं सीख पायी है कि बड़े लड़के को दूध में मलाई पसन्द नहीं, छोटे को है। हमेशा इसका उलटा ही करती है। गधी है बिल्कुल। इससे जल्दी तो घोड़े को सिखाया जा सकता है।"

लड़की वहीं कोने में खड़ी थी, गुलामों की तरह सिर झुकाये, चेहरे पर जड़ता का भाव लिए। वह अच्छी लड़की थी, पिश्ता ने कभी उसकी ओर ध्यान नहीं दिया था, उसे इसकी ज़रूरत भी नहीं थी, हो सकता है वह सुस्त हो काम में, चीज़ें समझती न हो, या सपनों में ही खोई रहती हो। हो सकता है उसे घर की याद आती हो, गाँव की खुली हवा की, शायद उसका यहाँ शहर में दम घुटता हो, क्या मालूम क्या बात थी....अपनी पत्नी का उसकी ओर इतना कड़ा रुख उसे अच्छा नहीं लगा। वह कैसे एक नौकरानी से इस तरह बात कर सकती थी? उसे कोई डर नहीं था. ...वह यह नहीं समझ पा रहा था कि किस बात का डर, लड़की हमारे यहाँ काम करने भेजी गयी थी। इसमें उसका बेचारी का क्या दोष था। उसने रूस के युद्धबन्दी कैम्प में हर व्यक्ति को बराबर समझने का पाठ पढ़ा था, पर यहाँ तो अमीर लोग,

ख़ासतौर पर औरतों को तो यह सब सिखाया ही नहीं गया था और अपने से निम्न वर्ग के लोगों पर वे बड़ी सख्ती से शासन करते थे।

वह नहीं चाहता था कि लीना उसके सामने नौकरानी को और अधिक डाँटे, इस स्थिति में वह ना तो लीना को चुप होने के लिए कह सकता था ना नौकरानी को ही यह दिलासा दे सकता था कि वह उसके लिए मैडम से बात करूँगा।

"मैं पागल हो जाऊँगी।"

"डार्लिंग जरा अन्दर तो आओ" उसने बड़े प्यार से कहा, कुछ इस अन्दाज़ में कि लीना को लगे ज़रूर कोई खास बात है। पिश्ता हॉल में पहुँचा सारी लाइटें जलाता हुआ, लीना उसके पीछे उन्हें बुझाती हुई। कोई बहुत बड़ा घर होता, ढेर सारे बल्ब जल रहे होते तो समझने वाली बात होती, पर यहाँ तो दो एक सोलह वॉट के बल्ब टिमटिमा रहे थे। इससे साफ ज़ाहिर था कि दोनों के नज़रिये में कितना अन्तर था।

लीना इससे भी काफ ी चिढ़ गयी थी। दरवाज़े पर खड़ी हो बोली–

"मुझे समझ में नहीं आता कि तुम दो क दम भी बिना लाइट जलाये नहीं चल सकते। क्या तुम फ र्नीचर से टकराकर अपनी नाक फोड़ लोगे? और यह कह वह फिर रसोई में लौट गयी।

पिश्ता ने लम्बी साँस ली। उसके विचार तो इस वक्त कोसों दूर थे, उसके दिमाग़ में तरह-तरह की बत्तियाँ जल रही थीं। उसने एक सिगार डिब्बे में से निकाला। लीना को उसका घर के अन्दर सिगार पीना बिल्कुल अच्छा नहीं लगता था क्योंकि उसे खिड़कियाँ खोलनी पड़ती थीं, मगर फिर भी उसने सिगार सुलगाया क्योंकि अब वह बहुत बड़ा काम करने जा रहा था। उसने भारी ब्रिटानिका सिगार का कश अन्दर खींचा, अपने फेफड़े भरे और फिर उसे समझ में नहीं आया कि वह क्या करे। वह अब फटने ही वाला था, उसने इतनी बड़ी खुशी आज से पहले कभी महसूस नहीं की थी...

वह उसके बारे में सोच तक न पा रहा था, सब कुछ उसके अन्दर था और टेंशन के कारण बाहर नहीं आ पा रहा था।

"तुम्हें भूख नहीं है?"

"नहीं! धन्यवाद। मैंने घर ख़रीद लिया है।"

लीना ने एक पल उसे देखा और बोली कि वह अभी आती है। यह कहकर वह अन्दर चली गयी और अपने पीछे दरवाजा बन्द कर दिया।

लीना अन्दर क्यों चली गयी थी जब उसने घर खरीदने की बात उसे

बतायी? पिश्ता को हमेशा अनज़ान ताक   तों से लड़ना पड़ता था। हमेशा उसके आगे, किसी न किसी की जिद क्यों आड़े आ जाती थी। पीछे मुड़कर देखता तो यही पाता कि हर जगह पर हर व्यक्ति के विरोध का सामना करना पड़ा था उसको। सिवा शायद मैन्यहेर्त के, उसके भाई....

वह खड़ा होकर कमरे में टहलने लगा। उसके अन्दर तूफान उफन रहा था। किसी क्षण भी फट पड़ने वाल तूफ   ान। उसने वाक   ई बहुत बड़ा फैसला ले लिया था। उसे लीना से बग़ैर पूछे ऐसा नहीं करना चाहिए था... लीना तो फाड़ खाएगी. .और वह चतुर भी बहुत है...उसे उसके ख़िलाफ   नहीं जाना चाहिए था, उसे इतने बड़े फै   सले से बाहर नहीं रखना चाहिए था....उसे तो यह भी नहीं मालूम था कि घर कैसा था...वह उसको बता भी नहीं सकता था। चलो कोई बात नहीं, उसने स्वयं को दिलासा दिया....यह तो एक उपहार जैसा ही था, और उपहार इतना बढ़िया हो तो फिर बात ही क्या है.... आदमी को बाढ़ आने पर ही तो लहरों को सँभालना चाहिए.....

मगर क्या यह सही था? लग रहा था वह एक बहुत उँची बिल्डिंग पर खड़ा नाच रहा था, उसे चक्कर आ रहे थे, उसे समझ में नहीं आ रहा था कि वह है कहाँ, उसे अब क्या करना है, कल क्या लेकर आयेगा...कहीं उसका पतन तो नहीं? कौन जाने क्या होने वाला था। सब ही तो अनपेक्षित के भँवर में थे। ऐसी घर की ख़रीदारी ? क्या ऐसा पहले कभी हुआ होगा? पाँच मिनट में? कुछ गिरवी नहीं. ...बस यूँ ही चुटकी बजाते, यह कहीं अविश्वसनीय तो नहीं है क्योंकि यह साधारण बात तो हुई नहीं है। आम ज़िन्दगी में आप तरक्की की सीढ़ियाँ एक-एक करके चढ़ते हैं : वह इतने बोझ से कहीं पागल तो नहीं हो जाएगा ; क्या रुकने की कोई सम्भावना थी? या फिर यह एक कभी न थमने वाला मैरी-गो-राउंड था।

अगर यह सच था तो उसने अच्छा सौदा किया था।

पर क्या यह सच था?

अब तक वह इतना परेशान हो गया था कि लीना के पास जाकर बड़े प्यार से उससे बोला—''डार्लिंग प्लीज़ ज़रा अन्दर आओ।''

लीना आयी।

''मैं तुम्हें कुछ बताना चाहता हूँ।''

''मैं ज़रा बच्चों को चाय दे आऊँ फिर आती हूँ। बस एक मिनट रुको।'' वह फिर रसोई में वापिस चली गयी। पिश्ता सोच रहा था कि कुछ पलों की ही तो बात थी, क्या यह बाद में अपना काम निबटाने नहीं जा सकती थी। वह अब

बर्दाश्त नहीं कर पा रहा था। वक्त कैसे भागता जा रहा था और मिनट कितनी धीमी गति से बढ़ रहे थे यह समय का बोझा उसे कहीं दबा न दे अतः वह अपने आपसे ही बातें किये चले जा रहा था।

अन्ततः लीना आयी।

उसने बच्चों को खिला-पिला दिया था। कॉती मासी बाहर गयी थीं किसी से मिलने।

"कॉती मासी" अरे हाँ, उन्हें तो वह भूल ही गया था।

वह लीना को बताने लगा। उसने, जो भी घटा था, विस्तार से बता दिया। कैसे वह मेयर के पास गया, फिर वहाँ कॉर्दिच आया, कैसे बातचीत हुई...।

वह बोल तो रहा था मगर उसे अपने ही शब्द खोखले लग रहे थे। कुछ ऐसा भी था जो वह बताने से शायद डर रहा था।

"फिर कॉर्दिच भाई उठे और बोले कि यह आख़िरी मौका है मुझे घर दिखाने का, क्योंकि कल तो बोरोन्कॉई बुदापैश्त जा रहा है....ख़ैर उन्होंने मेरी बाँह पकड़ी, खींचते हुए मुझे कार तक ले गये, अन्दर बिठाया....मैं हँस रहा था, मैंने मेयर से कहा कि मैं नहीं जाऊँगा, क्योंकि मैंने अपनी पत्नी से वादा किया है कि हम दोनों यह घर साथ-साथ देखेंगे। उन्होंने कहा कि वे हमेशा ऐसा ही करते हैं, मगर कभी-कभी हालात के हिसाब से भी काम करना पड़ता है। अगर मैं आज देख लूँगा तो मेरे लिए बाद में पत्नी को भी दिखाना आसान रहेगा....तो बूढ़े की धौंस चल गयी. ....यह बोरोन्कॉई का विला था—एस्टेट में सबसे बड़ा....पूर्णतः आधुनिक, ऊपर की मंज़िल भी बनी हुई, ज़मीन के नीचे सैलर, बड़ा-सा गुलाबों से भरा बाग़, पन्द्रह सौ गुलाब घर के सामने के हिस्से में....मैं तुम्हें बता ही नहीं सकता मैं तो दंग रह गया देखकर....वहाँ अपना ही पानी का प्रबन्ध है, जेनरेटर है बिजली के लिए, और मैं क्या कहूँ, कमरे इतने बड़े हैं कि एक-एक कमरा सिटी हॉल के बराबर है, पूरा घर सेंट्रल हीटिंग से गर्म रहता है....और ज़रा सोचो दाम कितने? एक छोटे-से घर के लायक....मैं क्या करता? मैंने कॉन्ट्रैक्ट साइन कर दिया मगर यह ज़रूर कह दिया कि मेरी पत्नी ही आख़िरी फ ैसला लेगी।"

लीना ने हाथ फैलाकर, उँगली से इशारा किया।

"क्या?"

"मुझे दिखाओ।"

"क्या भला?"

'कॉन्ट्रैक्ट।"

"वह अभी पक्का थोड़ी है।"

"कोई बात नहीं।"

अब तो पिश्ता परेशान होने लगा। उसे मानना पड़ा–

"अरे वो तो मेरे पास है नहीं।"

"तो कहाँ है?"

"कॉर्दिच भाई ने उसे तो अपनी जेब में रख लिया था, ताकि हम कल बैंक में एक साथ साइन करें।

लीना हैरान होकर उसकी ओर देखती रही।

"तुम्हारे पास अपनी कॉपी नहीं है?"

"नहीं।"

"तब तुम्हारे पास कॉन्ट्रैक्ट है ही नहीं।"

वह चुप था। बात में तो दम था।

लीना खड़ी हुई और धीरे-धीरे कमरे से बाहर चली गयी। उसके लिए तो आसान था। उसके पास कमरे के बाहर भी बहुत कुछ करने को था। मगर पिश्ता को तो यहीं बैठना था। वह परेशान होकर कमरे में चक्कर लगाने लगा।

वह यहाँ भी मात खा गया; लीना इतनी होशियार, अक़्लमन्द और साफ दिमाग़ की थी। और यह कैसे हुआ कि कॉर्दिच ने कॉन्ट्रैक्ट अपनी जेब में रख लिया आराम से, इतने स्वाभाविक रूप से....मगर वह क्या कर सकता था... वह उसका कॉन्ट्रैक्ट तो था नहीं....वह तो एक उपहार जैसा था जो देने वाला तब देता है जब वह चाहता है...वह उससे कैसे अपनी कॉपी माँग सकता था...पर अभी क्या बिगड़ा था, अभी भी स्थिति वैसी ही थी जैसी एक घंटा पहले, हर चीज़ कॉर्दिच के रहमो-करम पर ही तो थी।

लीना अन्दर आयी। रो-रोकर उसकी आँखें लाल हो गयी थीं।

"क्या हुआ?", वह थोड़ी देर बाद बोली।

"इसमें मुझे कुछ गड़बड़ लग रही है।"

"क्या गड़बड़", उसने भी कुछ देर बाद पूछा।

"क्या यह गड़बड़ है कि वे आप को यह घर करीब-करीब मुफ त में देना चाह रहे हैं? घर उनका है, मैंने तो उन्हें इतने कम दाम ऑफ र नहीं किये, मैं ऐसी जुर्रत भी नहीं करता। आधे दामों में....अगर फ ौरन भी बेचूँ तो दुगुना कमा लूँगा।"

"कोशिश करके देखो।"

"बाग़ ही ग़ज़ब का है। दक्षिणमुखी है, बड़ी-बड़ी झाड़ियाँ हैं, जैसी सिटी

पार्क में हैं।"

"वहीं से तो लायी गयी हैं।"

इस पर वह चुप हो गया। यह ज़रूर सम्भव था। वह चलते-चलते सोचता रहा। वास्तव में यह लोग ऐसे ही रह रहे थे जैसी इनकी सम्पत्ति और सरकारी सम्पत्ति एक ही हो। मेयर के घर में भी इतने खूबसूरत पौधे थे जो सब के सब सरकारी थे। कहा गया था कि ग्रीन हाउस में जगह नहीं थी इनके रखने की.. .ज़रूर हो सकता है कि बोरोन्कॉई के घर में खूबसूरत फूलों की झाड़ियाँ भी सरकारी हों; और तो और यह लोग अपने घरों में सरकारी सामान रखकर सरकार पर एहसान भी कर रहे थे।

"उससे कोई फ र्क नहीं पड़ता....अगर हमें किसी चीज़ की ज़रूरत होगी तो उसे रखेंगे बाकी चीज़ें सरकार को लौटा देंगे। घर तो है ना और वह उसके अपने नाम ही है...राजकुमारों के रहने जैसा। क्या अच्छा तापमान घर के अन्दर, ऐसा घर पूरे झौरात्नोक में किसी के पास नहीं होगा। उसकी तुलना में तो सिटी हॉल भी एक खँडहर से अधिक कुछ नहीं है...

"उसको गर्म रखने का ख़र्चा क्या आता होगा?"

थोड़ी देर चुप रहा वह, फिर बोला—"शहर की सरकार के पास जंगलों की कमी नहीं है।"

और वह हँसा। उसे पक्का मालूम था कि मॉक्रोत्सी के घर हर महीने उसका लकड़ी का कोटा पहुँच जाया करता था। एक बार तो ऐसा भी हुआ था कि जब स्कूलों को गर्म रखने के लिए लकड़ी नहीं थी, तब भी मॉक्रोत्सी के घर बैलगाड़ियाँ भर-भर के लकड़ी पहुँचायी जा रही थी। उसने उस वक़्त कभी सोचा भी नहीं था कि एक दिन वह भी वही करने जा रहा था...

लीना कुछ बोले बग़ैर वहाँ से उठकर चली गयी।

यहाँ मुद्दा यह था, वह स्वयं से कह रहा था, कि लीना और वह एक साथ एक इकाई थे कि नहीं, क्या वे एक साथ अपने रहन-सहन को अपने पद के अनुसार बढ़ाने को तैयार थे या नहीं। अगर वे इसी मध्यम-वर्गीय मूल्यों में फँसे रहे तो उनके लिए आगे चल कर बड़ी मुसीबत खड़ी हो सकती है...।

इस वक़्त वह यह नहीं सोच रहा था कि वह मॉक्रोत्सी की तरह अपने पद के फ ायदे कैसे उठाये बल्कि एक डिप्टी मेयर की तरह इस मुद्दे के मूल्यों के तराजू में तौलकर देखे।

पुराने समय से चले आ रहे तौर-तरीकों का सवाल था। सिटी हॉल के कर्मचारियों

की तनख्वाहें बहुत कम थीं, सीनियर अफ   सरों की भी। अतः वे अपनी स्थिति थोड़ी बेहतर बनाने के लिए कुछ और तरह के फ   ायदों का भी प्रयोजन करते थे.....यह सच है कि उस समय भी यह अनैतिक और अवैध था, पर अब जब यह एक तरीका इतने सालों से चला आ रहा था तो इसे कैसे बदला जा सकता था..... वैसे भी वह तनख्वाह में क्या-क्या शामिल होता है उसे देखेगा, कितनी लकड़ी हर अफ   सर को महीने में मिल सकती है.....अब ट्रांसपोर्ट को ही लो। कुछ अफ   सर थे जो सरकारी गाड़ी चौबीस घंटे इस्तेमाल करते थे, उन्हें बिल्कुल अपनी ही समझते थे। वह तो कभी एक भी सरकारी गाड़ी में नहीं बैठा था अब तक। उसे तो अभी तक कोई कार नहीं मिली थी हालाँकि वह जानता था कि मॉक्रोत्सी तो सरकारी गाड़ी में शिकार तक पर जाया करता था। मॉक्रोत्सी को कोई अधिकार नहीं था सरकारी गाड़ी ले जाने का मगर वह अपने पद का लाभ उठा रहा था...बस आर्थिक सलाहकार चोभा को पटाने की बात थी.....वह आजकल पिश्ता के चारों ओर चक्कर लगा रहा था मगर अभी तक उसकी चाटुकारिता पिश्ता ने मंजूर नहीं की थी। एक बात अभी उसे याद आयी कि जब उसने बैर्त्सी मामा के कोयले की जाँच करवाने को उससे कहा था तो उसने बड़ी नम्रता से बात की थी। पिश्ता ने उससे कहा था कि वह केवल निष्पक्ष जाँच चाहता है और कुछ नहीं...तब से उसने कोई बात तो की नहीं...हो सकता है चोभा ने यह सोचा हो कि इनके लिए यह कार्य अधिक महत्त्वपूर्ण नहीं है। पिश्ता स्वयं को यह सब समझाता हँस पड़ा। उसे लगा कि जैसे एक बड़ा-सा पत्थर पानी की खर-पतवार के बीचोंबीच फेंक दिया गया हो। उसके हित में था उस पत्थर को निकालना, मगर जैसे ही वह पत्थर को खींचता, एक एक खर-पतवार उसके शरीर से लिपट जातीं। क्या यह सब टहनियाँ उसे लपेटकर पानी के अन्दर नहीं खींच लेंगी।

अब उसे साफ   -साफ   नज़र आ रहा था कि उसने अपने आपको...एक अच्छे-ख़ासे दलदल में फँसा डाला था। कई हफ   तों से एक उँगली भी उसकी ओर नहीं उठी थी, किसी भी तरह के भ्रष्टाचार की, अब लग रहा था उसके चारों ओर काले ध ागे लिपटे थे, और वह एक मक्खी की तरह मकड़ी के जाले में फँस चुका था, अपने पर फड़फड़ा रहा था कि वह खुद भी एक मकड़ी बन जाए और बाक   ी सभी की तरह खून चूसना शुरू कर दे, वरना वे उसका खून पी जाएँगे।

"अगर सच कहूँ तो मुझे इस सबकी ज़रूरत नहीं है। अब तक मैंने अपनी ज़िन्दगी बड़े साधारण तरीक़े से जी है और आगे भी जी सकता हूँ।"

उसने व्यर्थ ही स्वयं से यह सब कहा; उसके आत्म-सम्मान ने उसे समझाया

कि ऐसा नहीं था। अब हालात बदल चुके थे।

उसने दरवाज़ा खोला, फिर से लीना नौकरानी से बहस कर रही थी।

वह बाहर गया और विनती के स्वर में बोला,"डार्लिंग कृपया अन्दर आओ....।"

एक मिनट बाद लीना अन्दर आयी।

"अगर यह लड़की इतनी बेकार है तो इसे निकाल क्यों नहीं देती?"

लीना उसकी ओर घूरती रही।

"हाँ, उसे निकाल दूँ और फिर दूसरी कहाँ से लाऊँ? और वह दूसरी भी क्या इससे बेहतर होगी?"

"तो अपना दिमाग़ ख़राब मत करो। थोड़ी बर्दाश्त रखो।"

"इससे अच्छा तो मैं परमात्मा का कहर बर्दाश्त कर लूँ। कम से कम उससे मेरी दिमाग़ की नसें तो नहीं फटेंगी। यहाँ कमरे में बैठकर बातें करना आसान है....तुम जानते क्या हो इसके बारे में? यूँ एक बित्ते भर की लड़की आप को हर वक़्त बेवकूफ बनाये... मुझे नफ रत होती है इससे, घिन आती है। मैं जरा-सा पलटती हूँ तो यह नैपकिन से, मुँह पोंछने में नैपकिन से, मेज़ पोंछने लगती है। ज़रा देखूँ तो तुम इस सब को कैसे बर्दाश्त करोगे! हूँह!"

कहकर वह फिर रसोई में चली गयी।

पिश्ता ने मुँह लम्बा कर लिया। जान गया यहाँ से कोई मदद नहीं मिलेगी। लीना इस ग़रीबी की ज़िन्दगी जीते-जीते कड़वी होने लगी थी, वह अब उससे बात नहीं कर सकता था। मगर यह भी तो हो सकता था कि वह इस अति गम्भीर मामले से जान छुड़ाकर भाग रही थी। एक नैपकिन के लिए नाराज़ होना, ज़्यादा आसान था बनिस्बत एक इतने बड़े सौदे के लिए।

तभी पिश्ता की आँख डेस्क पर रखे एक बन्द पत्र पर पड़ी।

उसने उसे उठाया और अपने भाई की लिखाई देखकर चौंक गया। एल्बर्ट का पत्र था। उसने जल्दी-जल्दी उसे पढ़ना शुरू किया खड़े-खड़े ही, मगर शीघ्र ही बैठ गया क्योंकि शब्दों का बोझ इतना अधिक था कि वह बर्दाश्त नहीं कर पा रहा था।

एल्बर्ट ने लिखा था कि वह एक कैफ े में बैठा यह पत्र लिख रहा था। चूँकि उसके पास और कुछ करने को नहीं था, वह आज फिर लिखने बैठ गया था। उसने परसों भी लिखा था, पर उसे भेजने की हिम्मत नहीं जुटा पाया क्योंकि उसमें सत्य बोलने का साहस नहीं था, मगर आज जब वह यहाँ बैठा था उसके पास

एक कॉफ ी पीने को साठ पैसे भी नहीं थे। बैंक ने कुछ महीने पहले उसे नौकरी से निकाल दिया था। यह सच नहीं था कि वह एक इन्वेस्टमेंट मैनेजर था। अब चूँकि मार्किट बचा ही नहीं था, ऐसे मैनेजरों की ज़रूरत ही कहाँ थी। बाहर से तो कोई पैसा आ ही नहीं रहा था, केवल सत्रह पेपर थे जो भद्र लोग इधर से उधर घुमा रहे थे। मार्किट में ग्राहक थे नहीं, कोई फ क़् नहीं पड़ता था कि एक्सचेंज खुला है या बन्द। अतः उसे नौकरी की कोई आशा नहीं थी, बिल्कुल वैसे जैसे इसकी कि कोई आकर उसकी कॉफी के पैसे दे देगा। नौकरी से निकाले जाने के वक़्त जो पैसे उसे मिले थे, वे कब के ख़र्च हो चुके थे। अब उसका बाल-बाल क़र्ज़े में था। अब कोई उसे एक कौड़ी तक देने को तैयार नहीं था। वह अकेला होता तो सब सह लेता, मगर उसके साथ उसकी पत्नी और चार बच्चे भी तो थे जो एक कमरे में बैठे थे। उसकी पत्नी की हालत इतनी बुरी थी कि वह घर जाकर उससे नज़रें तक न मिला सकता था। जिस एक कमरे के फ्लैट में रह रहे थे वह झुग्गी झोंपड़ी में था, वहाँ से भी अब मकान मालिक ने उन्हें निकालकर एक शहर के बाहर वाले फ्लैट में जगह दिलवा दी थी और किराया जो बाक ी था, वह भी माफ कर दिया था। अब वे चूहों की तरह एक बिल में रह रहे थे। पत्नी तो बेचारी कुछ सिलाई वगैरह करके बच्चों के लिए सूप का प्रबन्ध कर लेती है, पर वह तो यहाँ बिना पैसे के कैफ े में बैठा यह सोच रहा है कि अपनी पूरी फै मिली को ख़त्म कर ले। मुश्किल सिफ र् यह है कि उसकी पत्नी इसमें उसका साथ नहीं दे रही है, वह इसके लिए तैयार नहीं है।

पिश्ता ने यह पत्र यूँ पढ़ा मानो यह कोई कहानी हो। पूरी ज़िन्दगी एक छलावा थी। यह भी। यहाँ सब कुछ ही छलावा है।

उसने आगे लिखा था कि वह कुछ माँग नहीं रहा था। उसकी अन्तरात्मा उसे अपने भाई पर बोझ बनने की इजाज़त नहीं देती थी। इस भाई पर जिसके साथ उसने कभी अच्छे दिन बिताये थे। शायद वह अपने आप को ख़त्म कर लेता, पर उसे लगा कि यह तो कायरता होगी, और इससे परिवार का कोई भला नहीं होगा। अगर पेपरों में छपेगा कि....

पिश्ता के हाथ से पत्र छूटकर ज़मीन पर गिर पड़ा। उसने फुर्ती से उठाकर उसे जेब में रख लिया।

अब बस इसी की कसर रह गयी है कि परिवार का नाम इस तरह से अख़बारों में आये। उसका नाम यूँ बदनाम हो।

मगर वह करे क्या? वह कैसे छः लोगों के परिवार को पाल सकता है? उसने पर्स खोलकर देखा, केवल दस पैंगो बचे थे।

वह बाहर जाने के लिए खड़ा हुआ।

उसे इस समय एकान्त की आवश्यकता थी।

वह बच्चों के पास गया, उनसे बातचीत की ताकि लीना को बताने के लिए भूमिका तैयार रहे। बच्चों को सहलाया और खुश हुआ कि केवल दो ही थे। इसके लिए भी लीना ही ज़िम्मेदार थी और वही ठीक थी।

"मगर क्या होगा अगर कॉर्दिच भाई रातोंरात अपना फैसला बदल लें? अब तो यह काम होना ही चाहिए।"

वह खोया हुआ-सा बच्चों को देखता रहा, उसका कोई विचार उसके चेहरे पर प्रकट नहीं हो रहा था। वह मुस्कुराया और जैसे ही छोटा बेटा कुछ कहने को हुआ उसने सिर हिलाया और बाहर निकल गया।

लड़कों ने कोई शिकायत नहीं की, वे इस बात को जानते थे कि उनके पिता उनकी बेवकूफी की बात में कभी रुचि नहीं रखते थे। वे अपनी पढ़ाई में लग गये।

पिश्ता ने अपना कोट उठाया, हैट हाथ में लिया और लीना को पुकारा "मैंने मेयर से वादा किया था कि मैं क्लब में उनसे मिलूँगा। साढ़े छः बज रहा है, मुझे देर हो रही है।"

लीना ने ताना कसते हुए कहा,"तो अब तुम ताश खेलने चले? हाँ हाँ क्यों नहीं, एक जुआरी को सब तरह के जुए खेलने चाहिए।"

"माफ करना, मैं जुआरी नहीं हूँ।"

"दरवाजा बन्द करो, घर ठंडा हो जाएगा।"

"तुम अच्छी तरह से जानती हो कि मैं सिर्फ तुम्हारे और बच्चों के लिए जी रहा हूँ। मैं तुमसे यह अपेक्षा नहीं करता कि तुम हर समय मुझ पर हँसो, मेरा मज़ाक उड़ाओ और मेरी बेइज्ज़ती करो। मुझे तुम्हारी सहानुभूति की आवश्यकता है।"

"बेचारा ग़रीब आदमी।"

"न मैं ग़रीब हूँ, न अमीर।"

"क्यों? तुम्हें आज पैश्त जाने का पैसा तो मिला ही होगा, या वह भी मेरी ही जेब से सरकारी काम के लिए दिया जाएगा?"

वह आश्चर्यचकित रह गया। यह लीना कितनी चतुर थी। उसने अभी वह पैसा जो यात्रा के लिए लेकर गया था, पूरा खर्च नहीं किया था, पर जो ऑलइश्पान पर पैसा ख़र्च किया था उसका हिसाब कैसे देगा?

अब फिर वह इस विषय पर लीना से बात करना चाह रहा था, पर चूँकि

वह कह चुका था कि उसे क्लब पहुँचना है, वह ऐसा कर नहीं पाया।

"मैं जब वापिस लौटूँगा तब हम इस पर चर्चा करेंगे।"

"बिल्कुल।"

उसने अपने पीछे दरवाज़ा बन्द कर दिया।

सड़क पर उसने सोचा—"मैं कौन हूँ और मैंने क़िस्मत का क्या बिगाड़ा है? वह क्यों मेरे साथ यूँ खिलवाड़ कर रही है? क्या मैं अपने पूर्वजों के पापों की सज़ा भोग रहा हूँ? मेरे एक भाई और एक बहन इस हालत में हैं कि अगर किसी को पता चले तो लोग मुझे पत्थर दिल बुलाएँ। कहें कि यह अपने सगे सम्बन्धियों की भी सुध नहीं लेता, पर मैं इनके लिए क्या करूँ?"

फिर उसने सोचा—

"वे कम से कम यह तो जानते हैं कि वे कहाँ हैं। बरबाद, और बस। वे नीचे ग़र्त में पहुँच चुके हैं और अगर अब वे मर नहीं गये तो उसकी स्थिति केवल अच्छी ही हो सकती है। मगर मैं कहाँ हूँ...बग़ैर किसी बात के, अचानक ग़रीबी से मुझे ऊपर उठाया जा रहा है और मैं जान भी नहीं पा रहा हूँ कि मुझे क्या हो रहा है। मैं हवा में तैर रहा हूँ, मेरे साथ न जाने क्या होने जा रहा है!"

वह पोस्ट ऑफि स के सामने से निकल रहा था। अन्दर गया, पुरानी अँधेरी इमारत थी यह, पुराने हंगरी का बोध कराती। यहाँ से पुराने ज़माने में प्रसिद्ध डाक बाहर जाया करती थी...आजकल तो पोस्ट ऑफिस आलीशान भवनों में हैं। एक यही झौरात्नोक का पोस्ट ऑफिस पुरानी मर्यादा में जी रहा है। उसने वहाँ रखा टूटी नोक का एक पेन उठाया और लिखा—"यह दस पैंगो भेज रहा हूँ ताकि तुम अपनी कॉफी का बिल चुका सको, मैं बहुत परेशान तो हूँ मगर मैं नहीं जानता कि मैं क्या कर सकता हूँ...कुछ करने की कोशिश करूँगा....शुभकामनाएँ।"

उसने इसे दोबारा पढ़ा, कुछ ख़ास अच्छा तो नहीं लगा, पर इससे ज़्यादा वह कुछ सोच नहीं पा रहा था।

उसने पत्र भेज दिया। भाई का पत्र टुकड़े-टुकड़े करके वहीं रद्दी की टोकरी में डाल दिया।

इस पूरे वक़्त वह हैट सिर पर चढ़ाये रहा था ताकि कोई उसे देखकर पहचान न ले। जैसे वह कोई गलत काम कर रहा हो।

"मुझे उनकी मदद करनी होगी।" उसने अपने आप से कहा, "मुझे नहीं मालूम कि मैं हल कर सकता हूँ। मैं तो एक किश्ती हूँ जो कई छोटे-छोटे जहाजों को खींच रहा हूँ। जब तक खींच सकता हूँ खीचूँगा। मुझे उन्हें किनारे तक पहुँचाना ही होगा।"

18

क्लब में बहुत कम ही लोग थे।

"कोई है?"

अपनी यूनीफ ार्म में 'शिकारी' खड़ा था मगर जब उसने झुककर सलाम बजाया तो उसका 'शिकारीपन' हवा हो गया। उसके इस कदर झुकने से पिश्ता को अच्छा नहीं लगा। यह ड्यूटी का झुकना नहीं था बल्कि एक ऐसे व्यक्ति की अत्यधि ाक नम्रता थी जो हालात से टूटकर इस स्थिति में पहुँच गया हो, एक कुत्ते की भाँति दुम हिलाकर अगले आदेश की प्रतीक्षा कर रहा हो।

"डॉक्टर मार्तिनी यहीं है...सब साहब लोग ताश खेल रहे हैं।"

पिश्ता ने और नाम जानने की कोशिश नहीं की। डॉ. मॉर्तिनी विपक्ष के बड़े बुलन्द नेता थे।

वह हिचकता हुआ ताश खेलने के कमरे में पहुँचा।

"अरे, अरे! डिप्टी मेयर साहब तशरीफ लाये हैं, चलो तुम अब उठ सकते हो।" डॉ. मॉर्तिनी ने अपने पार्टनर से कहा।

डॉ. ने पिश्ता को बाध्य ही कर दिया मेज़ पर बैठने को। वे लोग 'रमी' खेल रहे थे। एक ही खेल जो पिश्ता ठीक तरह से खेल लेता था। घर पर तो उसके साथ कोई खेलेगा नहीं, कम से कम पत्नी तो बिल्कुल भी नहीं, क्योंकि उसे इस खेल में बहुत जोश आ जाता था, अगर जीत रहा होता था तो छोड़ता ही नहीं था।

यूँ दिखाते हुए कि उसके लिए यह खेल कुछ ख़ास मायने नहीं रखता, उसने पत्ते समेटने शुरू किये।

पहला हाथ वह हार गया। दूसरा जीता, तीसरा बराबर रहा, और चौथा वह फिर जीता। अन्त में वह तीन पैंगो जीत गया था।

"एक और रबर हो जाए?"

वह घर जाना चाहता था क्योंकि जानता था कि एक 'रबर' का अर्थ था

कम से कम पैंतालीस मिनट और साढ़े सात बज चुके थे, मगर सबने ज़ोर डाला और उसे उठने ही नहीं दिया।

"यह तो नये खिलाड़ी का भाग्य था" मॉर्तिनी बोला, "अब हमें भी तो बदला लेने का अवसर हो। हाँ भाई और वह बड़े कर्ज़ का क्या हुआ?"

"अभी क्या मालूम?" पिश्ता पत्ता चलते हुए बोला।

"दूसरे शब्दों में, वह रोक दिया गया" मॉर्तिनी बोला, यूँ मानो ताश की मेज़ पर बोले गये शब्दों का कोई महत्त्व नहीं हो, "कह दिया गया कि केवल लाभ कमाने वाले कार्यों के लिए दिया जाएगा?"

"हाँ, कुछ ऐसा ही है।"

"मैं जानता था नालियाँ बिछाने का काम लाभकारी नहीं है, स्कूलों की बिल्डिंग की मरम्मत कराना भी नहीं। लाभकारी तो केवल मोटर ट्रेडिंग कम्पनी है क्योंकि उसमें मिनिस्टर साहब मुख्य शेयर होल्डर हैं। कब शुरू की जा रही है यह झौरात्नोक मोटर ट्रेडिंग कम्पनी?"

उसने कोई उत्तर नहीं दिया, केवल मुस्कुरा दिया।

"क्योंकि भई जब यह शुरू होगी तो इसके लिए अन्तर्राष्ट्रीय कर्ज़ा भी मिलेगा. ..बिल्कुल उस वक़्त जब किसी घोटाले का पर्दाफ ाश होने वाला होगा। मैंने सुना सूअर-फ ार्म भी अच्छा बन रहा है।"

पिश्ता ने बात का रुख़ बदलते हुए पूछा, "क्या इतने कम लोग आते हैं यहाँ आजकल?"

"मॉक्रोत्सी ने ताश खेलना छोड़ दिया है, तब से मैदान खाली है। अब हम तो बरबाद हो जाएँगे अगर नये डिप्टी मेयर ने भी यूँ जीतना शुरू कर दिया—बड़ी त्रासदी हो जाएगी। वैसे भी सरकर आख़िरी पैसा तक तो झटक लेती है हमसे।"

अन्ततः पिश्ता ने चारा कबूल कर ही लिया, फँस गया जाल में।

"सरकार? मुझे लगता है हमें हर बात का दोष सरकार पर मढ़ देने की आदत पड़ गयी है।"

मॉर्तिनी को तो बस इसी का इन्तज़ार था। चढ़ गया।

"सवाल यह है कि यह संसार किसका है—पैसे का? मज़दूरों का? या फिर सरकार का? एक बात तो यह है कि आजकल सरकार आम जनता के हित में काम नहीं करती। उसके पास एक ऐसी ताक़त है जो पहले राजा महाराजाओं के पास हुआ करती थी। जनता की नज़रों में वह ताक़त रहस्यमयी है। मानो यह ताक़त एक ज़रिया न होकर एक ध्येय ही हो। जनता की जान जाती है तो वह

महत्त्वपूर्ण नहीं है, सरकार को बस पनपते रहना चाहिए। राष्ट्र अपने ही बच्चों को खा जाता है। कहा जाता है कि हम राष्ट्र में जीते हैं, ग़लत, राष्ट्र हमारा ख़ून पीकर जीता है।''

''शादी के साथ भी तो यही है। लेकिन जब तक इससे बेहतर कोई इन्स्टीट्यूशन न तलाश लिया जाए, इसी से काम चलाना होगा ना।''

''शादी की बात अभी छोड़ो, सरकार पर ही रहो। यह सोचना ग़लत है कि आदमी स्वतन्त्र रहने के लिए पैदा होता है। मानवता निर्भर रहने की माँग करती है। मैं व्यक्तिवादी नहीं हूँ। मैं ग़रीब जनता का प्रतिनिधि हूँ, मैं व्यक्ति की आज़ादी के लिए नहीं लड़ता। अकेले रहकर कोई करेगा क्या? वहाँ कीचड़ में फँसे-फँसे दम तोड़ने के अलावा? मैं तो हज़ारों लाखों हंगारी लोगों के बारे में सोचता हूँ। सरकार उनके लिए क्या करती है। हर फ ार्म आज एक जेल बनकर रह गया है, जहाँ आम जनता कैद है। सरकार को उनसे केवल तब मतलब होता है जब रक्तदान करवाना हो, या कर वसूल करना हो। वह लेने के लिए तो उनके पास जाती है मगर देने के लिए कभी नहीं। ना सड़कें हैं, ना सुरक्षा है, ना रोशनी है, ना ख़ुशी है।''

''मगर मैं इस समय फार्म के प्रश्न पर नहीं बोलना चाहता। इसके लिए तो बहुत वक़्त चाहिए। मैं तो एक गम्भीर समस्या का प्रश्न उठाना चाहता हूँ। क्या लोगों को स्वतन्त्र स्पर्धा का हक है कि नहीं?''

''नहीं है। केवल एक ख़ास व्यक्ति को व्यक्तिगत स्वतन्त्रता मिलती है। आम जनता रोती रहती है, सिसकती रहती है कि उन्हें भी क्यों नहीं मौका मिलता है बराबरी से इस प्रतिस्पर्धा में भाग लेने का। अब हम इसे बर्दाश्त नहीं करेंगे। यह जनता अब एकजुट हो जाएगी और अपना अधिकार माँगेगी।''

''यहाँ लगता है एक विरोधाभास है क्योंकि मनुष्य को तब राहत मिली जब वह गुलामी से आज़ाद हुआ।''

''हाँ। हम बहुत देर तक गुलाम रहे। गुलामी सिफ ' इसलिए ख़राब थी क्योंकि दबे हुए लोगों का आपूर्ति पर कोई कंट्रोल नहीं था। वह इस मायने में अच्छी भी थी कि गुलाम शान्त थे। उनको अपनी देखभाल स्वयं नहीं करनी पड़ती थी। ज़िम्मेदारी किसी और की थी, वह भूख से केवल तभी मर सकता था, जब वह खुद चाहे।

''अब जनता ऐसी निर्भरता चाहती है जिसमें हरेक को कम से कम दो वक़्त की रोटी गारंटी से मिले, और साथ ही साथ उन्हें आगे बढ़ने, का ऊपर उठने का अवसर भी मिले।''

"आज का यह जीवन, यह बेरोज़गारी, यह अब बर्दाश्त नहीं होगी।"

"जनता का, बड़ी-बड़ी स्कीमों, बड़े कल-कारखानों, बड़े व्यापार, किसी में कुछ बोलने का अधिकार नहीं है, वे कैसे काम कर रहे हैं उसमें भी नहीं, और दूसरी ओर वे आज़ाद हैं अपना जीवन अपनी तरह से जीने के लिए। जब उनके पास साधन ही नहीं हैं तो कैसे बनाएँ वे अपना भविष्य?" उनकी आज़ादी किस काम की है अगर पूँजीपतियों को बाध्य नहीं किया जाता उन्हें काम देने के लिए? मेरा एक दोस्त है पेतैर कोवाच। वह संसार का सबसे आज़ाद व्यक्ति है, उसे बस टैक्स देना है, ब्याज देना है, हर कर जो सरकार उसके लिए निर्धारित करती है, उसे अपने परिवार के लिए खाने-कपड़े का इन्तज़ाम करना है और यूँ वह आज़ाद है। आज़ाद है कि अपना अनाज उस दाम पर बेचे जो सरकार ने निर्धारित किया है—उस दाम पर जितना उसकी लागत से दस गुना कम है। किस तरह की आज़ादी है यह? वह एक पत्र लिख सकता है, मगर फिर उसे सोलह किलोमीटर पैदल जाना होगा उसे डाक से देने के लिए। उसे जवाब भी मिल सकता है, अगर यदि जवाब पोस्ट ऑफि स में आया और वह उसके आने के दो हफ़्तों के अन्दर डाकखाने न पहुँचा तो पत्र वापिस भेजने वाले को लौट जाएगा।

"वह सरकारी ज़मीन किराये पर लेने के लिए अर्ज़ी दे सकता है क्या? अगर वह अपने दोस्त से दुगुने दाम देने को तैयार हो। तभी तो सरकार मानेगी कि वह स्वाधीन है।"

"मगर अगर वह यह स्वाधीनता दिखाये कि एक दिन आगे पीछे यह किराया चुका सके तो बस आ गयी मुसीबत। तब तो उसने बड़ा संगीन जुर्म कर दिया, जिसके लिए उसे जेल की सज़ा मिलेगी।"

डिप्टी मेयर ने विचलित होते हुए कहा—"आज लोगों का रहन-सहन का स्तर सौ साल पहले के स्तर से काफ ी अच्छा है।"

"यह अधिक देर तक नहीं चलेगा। ना लोगों के लिए ना हमारे लिए। हम बड़ी तेज़ी से बहुत गरीबी की ओर जा रहे हैं। जब पचास-साठ हज़ार भूखे लोगों को बुदापैश्त में रोज़ मुफ़्त खाना बाँटा जा रहा हो, जब छोटे-से छोटे गाँव में बेरोज़गारी हो, जब कोई उद्योगपति पैसा लगाने की हिम्मत न कर पा रहा हो, तो समझ लो भारी मन्दी का वक़्त आ गया। हम बाल्कान या पूर्व की ओर जा रहे हैं, नहीं बल्कि उससे भी नीचे की ओर। मैंने बहुत लोगों को भूख से मरते देखा है। हम भी उसी राह पर हैं। हमारे गरीब एक भयंकर छूत की बीमारी फैला रहे हैं, जिसका नाम है ग़रीबी।"

19

पिश्ता घर की ओर चला तो उसका सिर चकरा रहा था। इस तरह की बातें सुनकर यह लाज़मी ही था। इन बातों पर घंटों बहस कर भी कोई फ ायदा नहीं था क्योंकि निष्कर्ष तो कुछ निकलता ही नहीं था। अच्छे से अच्छे विचार भी कार्यान्वित करना तो कठिन था। मानवता को एक सिस्टम में रहने की आदत पड़ चुकी थी। अब कहाँ उम्मीद थी इसको बदलने की।

हर व्यक्ति बदलाव के परिणामों से डरता था। विपक्ष का व्यक्ति कम से कम जो चाहता था कह तो सकता था, मगर एक सरकारी अफसर उसके पास तो चुप रहने के अलावा कोई विकल्प ही नहीं था।

उसकी स्वयं की जिन्दगी इतनी गुंठित हो गयी थी कि वह उसके सुलझने की प्रतीक्षा कर रहा था। आज का यह दिमागी दबाव उसके लिए सहना कठिन हो रहा था।

''क्या बात है, तुमने अभी तक खाना नहीं खाया?'' उसने दरवाज़ा खोलते ही पूछा।

''कैसे खा सकते थे बिना घर के मुखिया के?'' पत्नी ने ताना मारते कहा। वह कुछ न बोला।

''काफ ी देर तक बात चलती रही मेयर से?''

''उनसे नहीं, क्योंकि वे वहाँ थे ही नहीं, डॉ. मॉर्तिनी से बात हो रही थी। विपक्ष के साथ तो हर वक़्त लड़ना पड़ता है।''

''कहाँ? बीयर ग्लास के साथ?''

''मैंने कोई बीयर नहीं पी'' उसने पत्नी को चूमते हुए कहा, ''एक हल्की फुल्की ड्रिंक ली थी केवल चालीस पैसे की।''

वह खाना खाने बैठा। मेज़ के ऊपर एक बड़ा झाड़-फानूस लटक रहा था जिसमें बल्ब केवल एक ही था और वह भी बहुत कम पावर का। उसने ऊपर देखा और मुस्कुराया। उसने दस साल पहले अपनी पत्नी के साथ, उसे बहुत कम

दामों में ख़रीदा था। अब तक वह बहुत खुश होता था यह सोच कि कितना सस्ता मिल गया था यह। मगर अब वह फ ैरी के विला के झाड़-फानूस के बारे में सोच रहा था।

उनके यहाँ भुना गोश्त बना था। नूडूलस अब सूख चले थे और उबले हुए आलू अब गिलगिले हो चुके थे। उसने इस पर कोई टिप्पणी नहीं की, बस जब खाना खा चुका तो अपने लड़कों से बोला।

''बच्चो, पापा ने एक घर ख़रीद लिया है।''

पत्नी ने उसे आँख दिखायी। दोनों लड़के खुशी से चिल्लाने लगे।

''पापा ने घर ख़रीद लिया है।''

बड़े लड़के ने पूछा, ''पापा कहाँ है यह घर? आशा करता हूँ कि यह विला एस्टेट में है।''

पिश्ता मुस्कुराया। उसने अपने बेटे की ओर देखा। उस लड़के में कुछ विलक्षण बात थी ज़रूर। वह बहुत सुन्दर था और अच्छे आचरण का भी।

उसने कोई जवाब नहीं दिया, केवल मुस्कुराता रहा, पर उसकी मुस्कुराहट यही बता रही थी कि बेटे ने सही अन्दाज लगाया था।

इस पर बेटा भागकर बाप से लिपट गया और बार-बार उन्हें प्यार करने लगा।

''यह सब हो क्या रहा है?'' लीना चिल्लायी। बेटा फ ौरन अपनी जगह जाकर बैठ गया।

''तुम्हें कुछ दिन बाद सब पता लग जाएगा।'' पिश्ता बोला।

लड़कों को माँ ने बाहर भेज दिया कि जाकर अपना काम ख़त्म करें और सो जाएँ। उन्हें दस बजे तक सो जाना चाहिए था।

पिश्ता वहीं मेज़ पर बैठा रहा और उसने एक सिगरेट सुलगा ली। पत्नी बच्चों को लिटाकर जब वापिस आयी तो उसे वहीं बैठा पाया, अपने स्वप्नों में मग्न, आने वाले सुखद भविष्य के बारे में सोचता। वह इस बेवकूफ ी के ख़याल में मग्न था कि कि स्मत उसके साथ है और अब सब कुछ अच्छा ही होगा।

''क्या तुम इतनी बड़ी बात के बारे में कुछ सुनना नहीं चाहती?'' उसने पूछा, वह खुश था आख़िरकार लीना हाथ बाँधे उसके साथ बैठी थी, हर चीज़ के लिए तैयार। उसका चेहरा तो अभी भी तना हुआ था, मगर जब वह पूरी बात विस्तार से बता चुका तब भी वह कुछ न बोली, मानो उसने सब कुछ स्वीकार कर लिया था।

''तुम्हारे रिश्तेदार अब क्या लिखते हैं?''

''कौन रिश्तेदार?''

''मैंने देखा था कि तुमने पत्र उठा लिया था।''

''ओह कुछ नहीं। बस माँगें, माँगें और माँगें। कुछ भी इससे ज़्यादा आसान नहीं है। वे भी मेरी ही तरह कोपयाश हैं। मैंने कभी किसी के सामने हाथ नहीं फैलाया। आज जब मेरी किस्मत जागी है तो सब मुझसे अपेक्षा रख रहे हैं।''

''मुझे पत्र दिखाओ।''

''वह तो अब नहीं है।''

'कहाँ गया?''

''मैंने फाड़कर रद्दी की टोकरी में फेंक दिया।''

वह कुछ न बोली। उसने रद्दी की टोकरी में अच्छी तरह देख लिया था, उसके पत्र का एक टुकड़ा तक न मिला था। वह कोई बवाल मचाना नहीं चाह रही थी। जो कोई मुसीबत होगी, वह सामने आ जाएगी।

''क्या मैन्यहेर्त का था?''

''नहीं एल्बर्ट का''

''वह तो फर्स्ट क्लास आदमी है।''

वह बेवकूफ लोग मुझे ऑफिस के पते पर क्यों नहीं भेजते हैं पत्र? कतनी बेवकूफ ी की बात है कि इस तरह के ख़त घर के पते पर भेजते हैं। कुछ तो अक्ल होनी चाहिए। वह उन्हें यह बात कहना भी चाहता था। बस झिझक के मारे न बोला। इस समय वह सावधान था। न उसने दस पैंगो के बारे में कुछ कहा, न ताश में जीतने के।

''मुझे समझ में नहीं आ रहा कि कॉर्दिच भाई इस सब को किस नज़रिये से देख रहे हैं क्योंकि चाहे यह प्रोपर्टी बैंक के नाम पर है, मुझे अभी जल्दी ही कुछ अपने पास से भी तो देना होगा। विक्रय मोल तो उसी पर निर्भर होगा जितना कर्जा बैंक को लौटाना है। ख़ैर छोड़ो जल्दी ही सब साफ हो जाएगा।

लीना अब भी कुछ न बोली। बातचीत एकतरफ ा चलने के कारण बिल्कुल बेमायना हो चली थी। वह खुश भी न हो सकता था। वह सीधे सामने की ओर शून्य में ताक रही थी और थकी-सी लग रही थी।

''कुछ तो बोला,'' पिश्ता ने धीरे से कहा।

लीना ने अपना सिर तो उठाया पर आँखें ज़मीन पर गड़ाये रखीं। उसका शरीर आगे को झुका हुआ था, उसने केवल अपनी गर्दन सीधी की थी, सिर आध ा झुका हुआ था, चेहरे पर माँ मरियम जैसा भाव था।

''मुझे समझ में नहीं आता'' काफी देर बाद उसने मुँह खोला, ''हो सकता है कि तुम ठीक हो। पर फिर भी अच्छी तरह से सोच विचार कर लो, क्योंकि मेरा इससे कोई लेना-देना नहीं है, मैं कई तरह की ज़िम्मेदारी अपने ऊपर नहीं लूँगी...जो भी नतीजा होगा पिश्ता उसका दोष मेरे सिर नहीं होगा।''

''तुम्हारे सिर पर क्या होना चाहिए?''

लीना ने दुखी होकर सिर झटका।

''देखो पिश्ता, तुम और कॉर्दिच और बाकी लोग यह काम बड़ी जल्दबाज़ी में कर रहे हो, पीछे लौटना बड़ा कठिन होगा। पर क्या तुम जानते हो कि एक औरत के लिए, जिसने तिनका-तिनका करके अपना आशियाना बनाया हो, उसे एक झटके में बिखरते देख कितनी तकलीफ होती होगी। जो तुम अब कर रहे हो उसका अर्थ तो यह हुआ कि मैंने अभी तक जो किया वह व्यर्थ था। मुझे अब तक एक ऐसे पति की आदत रही है जिसकी सीमित आय थी मगर जिसे वह पूरी की पूरी मेरे हाथ में लाकर रख देता था। मैंने कम आय में भी कड़ी मेहनत करके अपना घर काफी सुचारु रूप से चलाया। पति के खर्चों का भी ध्यान रखा, बच्चों को भी अच्छी तरह से पाला, और स्वयं को भी ठीक से रखा ताकि यदि तुम कहीं लेकर जाओ तो तुम्हें शार्मिन्दा न होना पड़े। यह सब करना आसान नहीं रहा है पिश्ता....अब जब तुम्हारे लिए यह छप्पर फट गया है, खुशकिस्मती से या बदकिस्मती से तो इसके अचानक झटके से तुम्हारी गाड़ी पटरी से उतर गयी है; अब जिन लोगों के साथ तुम उठ-बैठ रहे हो वे उन लोगों से बहुत अलग हैं जिसके साथ अभी तक तुम्हारा उठना-बैठना था। इनके तौर-तरीके अलग हैं, इनके मूल्य अलग हैं, इनका वातावरण अलग है—सब कुछ अलग है। पिछले पन्द्रह साल से मैंने एक भी किताब नहीं पढ़ी, कोई अख़बार नहीं पढ़ा, कोई फैशन पर ध्यान नहीं दिया, कोई ऐसा काम नहीं किया जो आमतौर पर घरेलू औरतें करती हैं। मैं उस दिन पार्टी पर गयी, पूरी शाम मैं सावधान रही, मुझे केवल चुप रहना था और यह अक़्लमन्दी दिखानी थी कि कोई यह न जान पाये कि मैं उनके जैसी नहीं हूँ। तुम क्यों मुझे ज़बर्दस्ती एक नये संसार में धकेल रहे हो? तुम्हारे लिए धीरे-धीरे आगे बढ़ना क्यों ठीक नहीं है? अगर सब अच्छा चलता रहा और हमारे पास पैसे जुड़े तो ज़रूर हम अपने लायक कोई घर ढूँढ़ लेंगे। हमारे दोस्तों की ओर देखो, वे सब औरतें, टीचर, डॉक्टर, इंजीनियर। क्या हमें उन सबको छोड़ देना चाहिए? क्या हमें एकदम से 'नये रईस' बनकर सबसे ऊँची श्रेणी के लोगों के साथ उठना-बैठना शुरू कर देना चाहिए? तुम तो अक़्लमन्द आदमी हो, क्या तुमने कभी सोचा है

कि इसका अन्त क्या होगा? क्या लोग पुरानी खाल बदलकर नयी ख़ाल ओढ़ सकते हैं? और खाल नयी चढ़ भी जाए तो क्या आत्मा बदल सकते हैं? मुझे क्या छः कमरे के विला में रहने के लिए चले जाना चाहिए? तुम समझते हो मैं जानती नहीं कि यह बोरोन्कॉई कौन हैं। वे पुश्तों से ऊँचे पदों पर रहे हैं। श्रीमती बोरोन्कई ऑलइश्पान की साली हैं। अभी कुछ ही समय पहले वे और फ ोइश्पान की पत्नी एक ही बॉक्स में साथ-साथ बैठी थीं, तुम क्या कल्पना कर सकते हो कि फ ोइश्पान की पत्नी अब मुझे बुलाया करेगी? और अगर बुलाएँ भी तो मुझमें और उनमें क्या समानता है—वह अकड़ू, चिड़चिड़े मुँह की औरत जिसने अपनी जिन्दगी में काम और पैसे का मोल नहीं जाना। उसके पास इतना पैसा रहा हमेशा कि दोनों हाथों से भी ख़र्च करती तो ख़त्म न होता। मैं तो पैस नहीं ख़र्च कर सकती। मैं यह सीख भी कैसे सकती थी। अब तुम चाहते हो कि मैं अपने आपको ख़त्म करने के लिए बोरोन्कॉई विला जाऊँ? अपने हाथों से इतने बड़े बाग़ की देखभाल करूँ? या फिर तुम मेरे लिए माली का इन्तज़ाम भी कर सकोगे? एक माली, एक रसोइया, एक बटलर जो बढ़िया पार्टी कर सके? और एक नौकरानी भी? एक नौकर भी। पिश्ता मैं यह सब नहीं सँभाल सकती। मैं तुम्हारे पुराने फ्रॉक-कोट तक को सँभालकर रखती थी पिश्ता, ऐसे जैसे तुम्हारी ज़िन्दगी को, उस ज़िन्दगी को जिसमें बेहद इज़्ज़त थी पिश्ता। मैं जानती हूँ तुम्हारे लिए उन दिनों उस कोट को ख़रीदना कितना मुश्किल था क्योंकि तुमने मुझे बताया था कि कैसे अपने विद्यार्थी जीवन में तुमने आठ-नौ किश्तें देकर ख़रीदा था उसे। वह कोट मेरे लिए तुम्हारे आत्म-सम्मान का, तुम्हारी ईमानदारी का, तुम्हारी सच्चाई का प्रतीक था। तुम अपने पुराने नेक रास्ते से इतनी जल्दी कैसे फिसल सकते थे?

पिश्ता चुपचाप, दहलते दिल से, अपनी पत्नी के समझदारी के शब्द सुनता रहा। उसे कई बार आश्चर्य होता था यह देख कि जब कोई ख़तरा होता, तब वह अपने विचार इतनी सफ ाई और अक़्लमन्दी से रख सकती थी, पर आज तो वह दंग रह गया था। अपनी आत्मा में तो वह महसूस कर रहा था कि जो वह कह रही है, वह अक्षरशः सत्य है। वह दुखी भी हो रहा था कि उसके शब्दों ने वह अन्तर्द्वन्द्व जो उसके भीतर चल रहा था, जिस मूल्यों के सवाल ने पिछले कुछ दिनों से उसे झकझोरा हुआ था, सब का सब लीना ने प्रकट कर दिया था। उसने एक सिगरेट और सुलगा ली।

"अब इस धूम्रपान को ही लो। पहले तुम कितने स्वच्छ व्यक्ति थे, हमारा घर शीशे की तरह साफ था, इसमें से अच्छी खुशबू आती थी। साधारण लोगों के

घरों जैसी सफ ाई थी इसमें। सालों से तुमने घर में सिगरेट तक न जलायी थी, सिगार की तो बात ही क्या? और इस बात का मुझे बहुत गर्व था, क्योंकि मैं स्वयं से कहती थी कि मेरा पति जीने के तरीके को समझता है। तुमने हमारे घर को क्लब नहीं बनाया था, जो लोग यहाँ आते थे वे हमारी तरह के ही लोग थे। अब यह बड़े-बड़े लोग जिनसे तुम्हारा सम्बन्ध बन गया है, वे तुम्हारे घर तो नहीं आते ना? वे अपने को नीचे क्यों गिराना चाहेंगे? वे तो तब आएँगे जब हम नये बड़े घर में चले जाएँगे, उस किले में जो तुमने बोरोन्कॉई से छीन लिया है। उस घर को रौनक करेंगे वे लोग, उस घर में यूँ ही पार्टियाँ चलती रहेंगी जैसे अभी तक चलती थीं। अब यह बताओ पिश्ता कि यह सब क्या तुम अपनी तनख़्वाह से पूरा कर पाओगे? नहीं ना, मगर कहीं से तो यह ख़र्चा चलाया जाएगा। उसका भुगतान कौन करेगा? और क्यों?''

वह कुछ नहीं बोला। उसका चेहरा लाल होने लगा। वह समझ रहा था कि पत्नी क्या कहना चाह रही है और जल्दी ही उसने कह भी डाला—''मैं तुम्हें बताती हूँ पिश्ता कि यह कहाँ से आयेगा। वहीं से जहाँ से उनके लिए आता था। मेरे विचार से इन बड़े आदमियों के ख़र्चे उनकी तनख़्वाहों से नहीं चलते। इस पैसे का कोई हिसाब नहीं होता। बड़े-बड़े बिजनेस चलेंगे, उसमें से तुम्हें भी हिस्सा मिलेगा इकट्ठा या थोड़ा-थोड़ा करके। उसे किसी न किसी तरह से तुम्हारे नाम डाल दिया जाएगा; फैक्टरी वालों को अपने खाते में बढ़ा चढ़ाकर दिखाने को कहा जाएगा ताकि वहाँ से पैसा तुम्हारे पास आ भी जाए और कोई कानूनी झमेला भी न खड़ा हो। बिजली वाला बता रहा था कि कुछ समय पहले, जब वह सरकार के लिए कोई काम कर रहा था तो जितने पैसे उसे मिले उससे अधिक की रसीद पर उसके हस्ताक्षर कराये गये। आजकल तुम किसी पर विश्वास नहीं कर सकते। वहाँ सब चोर बैठे हैं, बिजली वाला बोला, उसे काम भी तब मिलता था जब वह बिल्डर के लिए काम करे, अब बिल्डर चाहे उसके साथ इस प्रकार की हेरा-फेरी करे तब भी वह मजबूर था। भूखा तो नहीं रह सकता था। जितने पैसे की रसीद पर वह साइन करता था अगर उतने ही उसे मिलते तो वह अब तक मकान ख़रीद लेता। वह और उसके बीवी बच्चे मुश्किल से अपना पेट पाल रहे हैं, वह अपने बच्चों को स्कूल भी नहीं भेज सकता....क्या इस तरह के पैसे में तुम भी अपना हिस्सा चाहते हो?''

''तुम बहुत कठोर हो रही हो'' पिश्ता ने कहा और सिर झुका लिया। दुखी होता एश ट्रे को ताक रहा था।

"देखो पिश्ता, मैं किसी चीज़ में दख़ल नहीं दे रही, मैं तुम्हें यह सिफ र्इसलिए बता रही हूँ कि कहीं तुम फँसो नहीं। मैं तुम्हारी बेइज्जती नहीं करना चाहती, मैं नहीं जानती कि यह अफ   वाहें सच भी हैं या नहीं। मैं इस तरह की ज़िन्दगी को बिल्कुल नहीं जानती मगर एक बात तय है—तुम्हारा परिवार यूँ अचानक एक तरह की ज़िन्दगी से, जो सादी और ईमानदारी की है, दूसरी तरह की ज़िन्दगी में प्रवेश नहीं कर सकता। ईमानदारी का पैसा है मगर उसके लिए आपको अपने पैरों के नीचे मज़बूत ज़मीन चाहिए, पीछे कोई सम्बल चाहिए। मुझे बताओ पिश्ता तुम्हारे पास क्या है? तुम्हारे पास केवल तुम्हारे ग़रीब रिश्तेदार हैं, जिनका बोझा तुम अपने सिर लेना चाहते हो। और इतना ही काफ   ी नहीं। कि   स्मत ने तुम्हारे ऊपर इतनी कृपा नहीं की है कि तुम अपने सब भाई बहिनों को अपने जैसी पोज़ीशन पर ला सको। और बाक   ी रिश्तेदारों को भी, जिनको तुम ज़रूर ही लाना चाहोगे।"

"मैं कम से कम कुछ दान तो कर सकता हूँ" उसने उदास होते कहा, "हाँ और इससे तुम्हें दुख होता है। देखो आज मुझे भी एक पत्र मिला यह भी तुम्हारे ही किसी रिश्तेदार का है—कोई रोज़ा आंटी हैं नॉदूथकारोई ज़िले की। तुम्हारी शोहरत वहाँ तक भी पहुँच गयी है। रोमानियाई उसकी पेंशन रोके हुए हैं और वह कपड़े रफ़ू करके अपना गुज़ारा चला रही है। वह घर से बाहर तक नहीं निकल सकती क्योंकि उसके पास कपड़े नहीं हैं। उसने पूछा है कि क्या मैं पुराने कपड़े उसको भेज सकती हूँ क्योंकि मेरे जैसी महान औरत तो एक ड्रेस अधिक बार पहनती नहीं होगी। अब तुम बताओ पिश्ता कि मैं उसे क्या भेजूँ? मुझे अपनी कुछ अच्छी ड्रेस ही तो भेजनी पड़ेंगी, इसलिए नहीं कि मैं यह सुनना नहीं चाहती कि देखो झौरात्लोक के डिप्टी मेयर की पत्नी ऐसे फटे पुराने कपड़े पहनती है बल्कि इसलिए कि वह इन कपड़ों को पहनकर अपनी शान दिखाना चाहती है, "देखो मुझे यह भेजा गया है, कितना बड़ा दिल है मेरे रिश्तेदारों का, वे कितने दयालु हैं।"

"तुम्हें जवाब देने की कोई जरूरत नहीं है," पिश्ता बोला।

"यह कहना आसान है। क्या मैं ही बुरी बनूँ? तुम्हारे रिश्तेदारों में यह बातें बनें कि तुम तो बहुत दयालु हो, तुमने लॉयोश मामा को अपना फ्रॉक कोट दे दिया, और तुम्हारी पत्नी अपने चीथड़े देने में भी संकोच करती है; अगर हम अमीर होते तभी वह हमसे सम्बन्ध रखती।"

कुछ देर दोनों चुपचाप बैठे रहे, फिर लीना उठ गयी।

"दस बज गये हैं, बच्चों को अब सो जाना चाहिए....मैं बस इतना कह रही हूँ पिश्ता कि सावधानी से हर बात को सोच लो।"

और यह कहकर वह चली गयी।

पिश्ता अपने भारी सिर के साथ वहीं बैठा रहा।

मगर वह आशावादी व्यक्ति था, ज्यादा फिलॉसफ ी में नहीं पड़ता था, कुछ ही मिनट में फिर से अपने ही तरह से सोचने लगा था।

कॉर्दिच को बहुत ज़रूरत थी कि पिश्ता को अपनी ओर करे। पिश्ता के दिमाग़ में आया, जैसा उसने पहले भी सोचा था कि वह बड़ी जल्दी अपने आपको इस शैतान के हाथ सौंप देगा, और उसका नतीजा यह होगा कि शैतान किसी मुसीबत में पड़कर इसकी दया पर निर्भर हो जाएगा। उदाहरण के लिए सूअर-फ ार्म का प्रश्न।

अगर कॉर्दिच सूअर-फ ार्म के घोटाले में फँसा हुआ था, तो वह पिश्ता के हाथों में खेलेगा।

घर का खरीदना अच्छा था। ऑलइश्पान पलटकर आये नहीं थे तो यह तो साफ था कि बोरोन्काई को छोड़ दिया गया था। आदमी जीवन में तभी तरक्क ी कर सकता है जब वह अपने को सब बोझों से आज़ाद कर ले, और उसमें बोझा डालने वाले रिश्तेदार भी शामिल थे। अपने चारों ओर उन्हीं लोगों को रखना चाहिए जिनसे फ ायदा हो और बेकार के लोगों को उनके अपने भाग्य पर छोड़ देना चाहिए। जहाँ तक मैन्यहेर्त का सवाल था, वह ठीक था, म्यूज़ियम में अच्छे पद पर था, उसे साथ मिलाया जा सकता है, वह काम आएगा। उसमें स्फूर्ति है। मगर एल्बर्ट अपने बच्चों को मार डालने के प्लान के साथ...क्या किया जा सकता था?.... एक के बाद एक अपने ही बच्चों को मार सकता था? बकवास कर रहा था। हालाँकि अभी हाल में ऐसी घटनाएँ घटी हैं। हर जगह उनकी चर्चा हुई है–

"लिलियोम स्ट्रीट पर पूरे परिवार की हत्या।" मगर उस जैसा पढ़ा-लिखा इनसान उसका अपना भाई...वह कैसे यक़ीन से कह सकता था कि यह कोरी धमकी थी...उसे अवश्य उसकी सहायता करनी चाहिए, जिससे उसका गुज़ारा चल सके। कुछ छोटी-मोटी नौकरी ही सही इतना तो वह कर ही सकता था। वहीं कहीं, ताकि वह भूखा न मरे, मगर इस शहर में नहीं। कोपयाश परिवार के लोग तो अपने बच्चों से बहुत प्यार किया करते थे....अभी तक कैर्लेमैन, जो स्कूल मास्टर है वह प्रकट नहीं हुआ है, जहाँ है, वहीं बना रहे।

सो इस तरह उसने अपने भाइयों के बारे में तो सोच लिया था। जहाँ तक चाचाओं का सवाल था, अगर वे अब तक ज़िन्दा हैं तो अपना काम आगे भी चला ही लेंगे। नहीं अब वह कोई बोझा नहीं उठाएगा। उसके पास अपनी ही मुसीबतें काफ ी थीं। उसका अपना भी परिवार था।

सबसे ज़रूरी था कि चीज़ों को साफ-साफ देखा जाए। कॉर्दिच...वह मुख्य था। कोई ख़ास ही घपला हुआ होगा वरना यह कैसे हुआ कि पहली ही सुबह इस आदमी ने उसे सड़क पर ढूँढ़ निकाला, इस आदमी ने इससे पहले तो उससे टकराने की कोशिश नहीं की थी।

अगर कॉर्दिच ने सम्बन्ध स्थापित कर ही लिया था तो उसे अब दृढ़ रहना होगा। अब इस मसले तक पहुँचने के लिए घर ख़रीदने का ज़रिया ठीक नहीं रहेगा। बल्कि सूअर-फार्म के मामले में क्या गड़बड़ी हुई थी वह जानना। अगले दिन जब वह बुड्ढे से मिलने जाएगा तो यूँ बात शुरू नहीं करेगा, ''प्यारे भाई, मैं कैसे इस कॉन्ट्रैक्ट को समझ सकता हूँ'' बल्कि कहेगा, ''प्यारे भाई, इस सूअर-फार्म के बारे में कुछ ऐसा है जो मुझे ठीक नहीं लग रहा। सिटी की सरकार इसमें शरीक नहीं हो सकती। वह मॉक्रोत्सी के ग़लत कामों की जिम्मेदारी अपने ऊपर नहीं ले सकती, यह तय था। उसे अपना पक्ष रखने दीजिए, फिर देखेंगे कि क्या हो सकता है?

अपने विचारों में वह बार-बार यूँ ही सोच रहा था। नये-नये तर्कों के बारे में सोच रहा था। इतना पैसा तो भगवान तक के पास नहीं था जिससे उसे ख़रीदा जा सके.....क्योंकि शहर का फायदा.....

फिर उसने सोचा कि क्या होगा अगर ऑलइश्पान सही हुआ, अगर सारा हिसाब सही निकला, अगर केवल यही पता चला कि मक्का के दाम बहुत बढ़ गये थे, वे सूअर की चर्बी से भी अधिक हो गये थे....तब तो शायद इस मामले में कुछ किया जा सकता था। मान लेते हैं कि सूअर-फार्म एक अच्छा इरादा था, मार्किट में उतार-चढ़ाव से ही इसमें कठिनाई आयी। उस हालत में तो कम्पनी नुक़सान उठा सकती थी और सरकार इसे अपने हाथ में ले सकती थी। तब उन्हें कुछ ऐसा सौदा तय करना होगा, जैसे घर के ख़रीदने में किया है, कि इन्वेस्टमेंट प्राइस से कम पर खरीद लिया जाए। क्यों? बैंक तो इससे भी पैसा बना लेगा और फिर लोगों की इज्ज़त भी बचायी जा सकेगी। इसमें सैंतकाल्नाई पूरी तरह से फँसे हुए थे, जैसा कि ऑलइश्पान ने बताया था। सैंतकाल्नाई परिवार के पास बहुत पैसा था....वे उसमें से कुछ देने को तैयार हो जाएँगे....मगर अगर इसमें कुछ जुर्म भी शामिल हुआ तो सैंतकाल्नाई को बचाना कठिन होगा.....

उसे लगा अचानक उसकी ताकत बढ़ती जा रही थी।

''दोस्तों अब यह ऐसे नहीं चलेगा'' उसने स्वयं से भी ज़ोर से कही यह बात, ''अगर तुम सब को मेरी ज़रूरत है तो देख लें कि कौन क्या है। मैं यूँ किसी को अपने आप को इस्तेमाल नहीं करने दूँगा।'' अगर ज़रूरत पड़ी तो वह

यह सार्वजनिक कर देगा कि सब लोग मिलकर उससे ग़लत काम करवाना चाह रहे हैं। वो प्रोविज़नल कॉन्ट्रैक्ट! उससे वह अभी बँधा नहीं था, वह तो अभी विक्रेता का फ ैसला था। इससे उसे परेशान होने की ज़रूरत नहीं है। वह किसी घोटाले में नहीं था। उसने चुनाव से पहले यह वादा तो नहीं किया था कि वह सरकार को घोटालों से बचाएगा, उसके लिए आज भी लोगों का फ ायदा सर्वोपरि था।

यह बात भी काफ ी शक पैदा करने वाली थी कि अभी तक उसने सूअर-फ ार्म घोटाले के बारे में कुछ नहीं सुना था। बात ज़रूर बहुत गम्भीर है।

अगर बात ज़्यादा बिगड़ी तो वह खुद मिनिस्टर के पास जाएगा और उन्हें सब बता देगा। कौन जाने मेयर भी इसमें फँसे हों। आज के ज़माने में तो किसी के खिलाफ भी केस चलाया जा सकता था।

धीरे-धीरे घर का ख़रीदना उसके लिए बहुत ज़्यादा ज़रूरी नहीं हो रहा था। अभी तक उसने एक पैसा तक तो लगाया नहीं था और उसे आगे भी इसका ध्यान रखना होगा कि न लगाये। अगर घर बिना किसी शर्त पर मिले तो अच्छा हो। उसके बाद तो वह पूरी जान लगा देगा कि सरकार को सूअर-फ ार्म के लिए कुछ पैसा न ख़र्च करना पड़े। तब तो वह शहर के लिए अच्छा बिज़नेस रहेगा और शहर इसका शुक्रगुज़ार भी होगा।

वह स्वयं जाकर कल उसका मुआइना करेगा और पूरा जायजा लेगा? अपने साथ सम्बन्धित इंजीनियरिंग क्लर्क को भी ले जाएगा, क्योंकि अब तो वह शहर का मालिक ही था। सब कुछ डिप्टी मेयर के हाथ में था। उसके पास फ़ैसले लेने की ताक त तो नहीं थी मगर वह काम को सही दिशा में चलाने में तो समर्थ था ही। कल सुबह, इससे पहले कि मेयर ऑफि स पहुँचे वह क्लर्क को लेकर निकल जाएगा और अपनी रिपोर्ट तैयार कर लेगा, उनके सब खाते वगैरह भी देख लेगा।

इसमें खोने को क्या था? बल्कि इससे तो उसका फायदा ही हो सकता था। पूरा शहर इसमें उसका साथ देगा। इससे पहले इतनी बड़ी सफलता का उसने सोचा भी न था।

इसका ऐतिहासिक पहलू भी उसके दिमाग में साफ होने लगा था। सांस्कृतिक विभाग में काम करते समय इस सबसे तो उसका कुछ लेना देना था नहीं, मगर कुछ ही समय पहले उसने उसकी चर्चा ज़रूर सुनी थी। यहीं तो समस्या का स्रोत था।

उसने कमरे में चारों ओर देखा और पाया कि कमरा धुएँ से भरा हुआ था। उसने खिड़कियाँ खोल दीं। बाहर सड़क पर सन्नाटा था, किसी भी घर से रोशनी

आती नहीं दिखाई दे रही थी। उसने घड़ी की ओर देखा। उसे पता भी न चला था, कब ग्यारह बज गये थे।

उसने शान्त होकर शहर की ओर देखा, सब लोग सो रहे थे। उनमें से किसी को नहीं मालूम था कि डिप्टी मेयर उनकी भलाई के लिए क्या-क्या भुगत रहा था, कैसे-कैसे प्लान बना रहा था।

जब उसने देखा कि कमरा अब साफ हो गया है तो उसने खिड़कियाँ बन्द कीं और सोने के कमरे में पहुँचा।

लीना गहरी नींद में थी।

वह चुपचाप लेट गया। मगर उसे नींद नहीं आयी। वह घड़ी के घंटों को सुनता रहा।

बहुत अजीब बात थी, कई सालों में उसके साथ ऐसा न हुआ था कि वह ठीक से सो न पाये। वह हमेशा ही एक मासूम बच्चे की तरह सोया करता था। तकिए पर सिर रखता और बस नींद आ जाती। उसकी पत्नी हमेशा उसके बाद ही सोने जाती, क्योंकि उसको घर के सारे कामकाज करने के बाद ही सोना होता था। पिश्ता तो खाने के बाद ही ऊँघने लगता। कभी-कभी उसे बच्चों को लैटिन जरूर पढ़ानी होती थी जिसे पढ़ाने में उसे काफी मज़ा आता था। कभी-कभी गणित भी, जिसे पढ़ाने के लिए उसे पहले खुद समझना पड़ता था ताकि बच्चों को आराम से समझा सके। मगर उसकी पूरी कोशिश यही रहती थी कि बच्चों को पढ़ाना न पड़े, हमेशा ऑफिस में बहुत काम का बहाना बनाने की कोशिश करता।

अब कुछ दिनों से उसे नींद नहीं आ रही थी और लगभग हर रात ही ख़राब तरह से बीतती थी। कभी जल्दी नींद आ भी जाती तो जल्दी आँख खुल जाती और वह करवटें बदलने लगता। पत्नी भी कभी-कभी इस पर ऐतराज करती, थोड़ा विवाद होता और वह थकी होने के कारण शीघ्र ही सो जाती। वास्तव में उसके पास फिक्र करने को बहुत कुछ था। अब पलँग पर लेटे हुए ही उसे समझ में आ रहा था कि उसने कितनी बड़ी और असम्भव ज़िम्मेदारी अपने सिर ले ली है। घर चाहे उसे कितना भी सस्ता क्यों न मिल रहा हो, फिर भी यह बहुत पैसा था; कुछ हफ्ते पहले तक वह इसकी कल्पना तक नहीं कर सकता था। यह सब वह कैसे कर पाएगा? मान लीजिए कि बैंक ने यह पैसा दिया मगर तब भी उसे बैंक को तो चुकाना ही होगा यह पैसा। उसकी तनख्वाह से तो ब्याज भी नहीं चुकाया जा सकता था। यह पैसा आयेगा कहाँ से, लीना ठीक कहती थी। वे लोग उसे अपनी बराबर की हैसियत का समझ रहे थे, या कम से कम ऐसा जिसके लिए

पाँच-दस हज़ार पैंगो कुछ मायने नहीं रखते थे। क्या यह सम्भव है कि कभी उसकी भी इतनी आमदनी होगी?

आधी रात के बाद, उसे वक्त का अन्दाजा भी नहीं रहा, बैत्सीं मामा की कोयले की खदान उसकी आँखों के आगे घूम गयी। यह क़ानूनी मामला था, और उन्होंने बीस हज़ार पैंगो कमीश्न के रूप में देने का वादा किया था। मगर वह जानता था कि सरकार से अगर एक बार पैसा निकलकर बैत्सीं मामा के हाथ पहुँच गया तो वे उसका कमीशन कभी नहीं देंगे। यही क्लर्क से कहकर पहले से ही बीस हज़ार पैंगो काटकर उन्हें पैसा भिजवाया जाएगा।

वह यह हिसाब लगाने लगा कि यदि उन्हें सौ हज़ार पैंगो कमाने हैं तो खदान में से कितना कोयला निकालना होगा। वह बत्ती जलाये रखना चाहता था, मगर इससे लीना जग जाती। यह एक ही कमरे में सोना कुछ ठीक नहीं था। अब उसके समझ में आया कि रईसों के घरों में पति-पत्नी के लिए अलग कमरे क्यों होते हैं। कारण साफ   था। उस संसार में पति न रात को सो पाते थे, न दिन में। इतनी परेशानियाँ सिर पर लिए किसको नींद आ सकती थी?

अगली सुबह वह बिल्कुल निढाल और थका-सा उठा। उसको भीतर से कँपकँपी-सी महसूस हो रही थी और मुँह का स्वाद कड़वा था। सिर चक्कर खा रहा था। मतली हो रही थी और बिल्कुल भूख नहीं थी।

जब वह ऑफि   स पहुँचा, उसका पहला काम था उस क्लर्क को फ   ोन करना, बिस्त्रीसांए नाम था उसका। वह फ   ौरन ही मुद्दे पर आ गया। वे दोनों एक दूसरे को ज्यादा अच्छी तरह से जानते न थे, उनका एक दूसरे से कोई सम्बन्ध नहीं रहा था। केवल एक बार, जब पिश्ता सांस्कृतिक विभाग में था, तब इस आदमी के पास किसी स्कूल की बिल्डिंग के मामले में आकर मिला था। यह क्लर्क बहुत सीनियर आदमी था, जिसको आदेश देने का पिश्ता को कोई अधिकार नहीं था, मगर उसकी बात मानना पिश्ता के लिए ज़रूरी था। अगर क्लर्क कहता कि मरम्मत के लिए पैसे नहीं हैं तो मतलब पैसे नहीं थे। एक स्कूल की दूसरी मंज़िल बननी थी, बाद में पता चला कि दीवारें मज़बूत नहीं थीं अतः छत में दरार आ गयी थी। क्लर्क साहब अपनी गलती को अपनी अथॉरिटी के बल पर छिपाते, मुआइना कर गये। उन्हें मालूम होना चाहिए था कि दीवारें कमज़ोर हैं। वे तो मगर यह कहकर चले गये कि उन्हें जो आदेश मिला था उन्होंने केवल उसका पालन किया था। अब एक नया आर्डर मिलेगा तो यह काम दोबारा कर दिया जाएगा। बाद में दीवारों में बीम डाली गयी और उसको सहारा देने के लिए लोहे के खम्भे। बहुत ही बेवकूफी

का काम लग रहा था, मगर विद्यार्थी खुश थे क्योंकि उन्हें एक हफ्ते की छुट्टी जो मिल गयी थी और साथ ही स्कूल एक किले की तरह दिखने लगा था। पिश्ता लेकिन इससे सन्तुष्ट नहीं हुआ था अैर कमरा इतना ख़राब दिखने से नाराज़ भी। उसे उस वक़्त यह तो समझ में नहीं आया था कि यह क्यों हुआ, मगर यह ज़रूर कि कुछ गलत ज़रूर हुआ था। उसके दिल में इसलिए भी कड़वाहट भर गयी थी क्योंकि मॉक्रोत्सी ने उसके साथ बहुत अभद्र व्यवहार किया था। कहा था कि वह बेकार शक कर रहा है जबकि वह तो केवल अपनी राय ही ज़ाहिर कर रहा था।

जब क्लर्क उसके कमरे में पहुँच रहा था पिश्ता इसी सब को याद कर रहा था, और साथ ही सूअर-फार्म से सम्बन्धित फाइल भी पढ़ रहा था।

क्लर्क जब अन्दर आया तो उसे फाइल में डूबा पाया। वह मुस्कुरा रहा था और इतनी नम्रता दिखा रहा था कि पिश्ता को उससे घृणा हो रही थी।

"तुम इस सूअर-फार्म के बारे में क्या सोचते हो, अगर मैं पूछ सकूँ?"

"अगर मैं सही कहूँ तो यह एक मुफ्त की स्कीम थी जो एक हवाई क़िले की तरह ग़ायब भी हो गयी।"

"वो कैसे?"

इंजीनियरिंग क्लर्क हँसा।

"जैसे होना चाहिए।"

पिश्ता ने गम्भीरता से पूछा, "बिल्डिंगें कैसी हैं?"

"फर्स्ट क्लास। बिल्कुल अप-टू-डेट। बिल्कुल डेन्मार्क के डिज़ाइन पर बनी हैं, एकदम साफ सुथरी, और आर्थिक रूप से भी अच्छी। उसमें कोई बुराई नहीं है मगर शायद कुछ ज़रूरत से ज़्यादा काम करवा लिया गया। मॉर्किट के उतार-चढ़ाव का ध्यान नहीं रखा गया। पैसे की कठिनाई हो गयी।

उन्होंने इस पर काफ़ी देर विचार-विमर्श किया। पिश्ता को समझने के लिए काफ़ी मेहनत करनी पड़ी।

उसने खेती सम्बन्धी सलाहकार को भी बुलवा दिया। तीनों पूरी सुबह पेपरों से उलझे रहे।

बहुत बड़ा घाटा था। मैंनेजमेंट ने इतनी गड़बड़ियाँ की थीं कि आपराधिक दृष्टिकोण भी उभरकर आने लगा था।

"किसी को तो इसका ज़िम्मेदार ठहराना ही पड़ेगा", पिश्ता ने मेज़ ठोककर कहा।

"ज़िम्मेदार?" कृषि सलाहकार बोला, "ज़िम्मेदार ठहराना होगा?" पिश्ता को

अफ सोस हुआ कि उसने ऐसा कहा। काम का डंका क्या बजाना। "ज़रा गाड़ी बुलाइए, हम स्थल पर जाकर मुआइना करेंगे।"

सरकार की एक गाड़ी थी मगर कृषि सलाहकार तो घोड़ों से काम चलाते थे। उन्होंने फ ोन किया, घोड़ा गाड़ी बाहर लाकर खड़ी कर दी गयी।

वे हौरोन्गोश पहुँचे। पहली ग़लत बात जो नज़र आयी वो यह थी कि यह साइट शहर की सम्पत्ति थी और यह कहीं नहीं दिखाया गया था कि यह दान थी, उपहार में दी गयी थी या सरकार से ख़रीदी गयी थी, क्योंकि इस बिज़नेस में वही लोग शामिल थे। अतः कानूनी तौर पर यह साबित करने की चेष्टा नहीं की गयी थी कि आख़िर इसका मालिक कौन है। पूरा मामला शहर की सरकार के हाथों में था, मेयर पर निर्भर था कि वह इस सबको किस नज़रिये से देखे।

रास्ता बहुत अच्छा था। नवम्बर का सुहाना दिन था, चारों ओर धुन्ध-सी छायी हुई थी। सूर्य भी अपनी किरणें इस धुन्ध के पार छिटका रहा था। किसान मक्के की कटाई कर रहे थे और मक्के से लदी गाड़ियाँ उनकी आँखों के सामने से निकल रही थीं।

"अफ सोस कि मैं अपने साथ बन्दूक नहीं लेकर आया" इंजीनियर बोला।

पिश्ता का ध्यान ऊपर उड़ती चिड़ियाओं और भागते ख़रगोशों की ओर नहीं गया था।

सूअर-फ ार्म पर शान्ति थी। सूअर हटा दिये गये थे क्योंकि उनके खाने के लिए मक्का नहीं था। बिना बड़े हुए ही उन्हें बेच दिया गया था। विशालकाय फ ार्म, बड़ी भव्य बिल्डिंग, और बड़े से बाड़ों सहित एक भुतहा किले की भाँति खड़ा था।

कुछ समय पहले तक, छः हफ़्ते लगभग, यहाँ कनाडा की पूँजी थी और अब पूरा सन्नाटा था। एक-आध सूअर बचा था जो वहाँ के स्टाफ का था। मक्के के स्टोर पर कौओं का झुंड मँडरा रहा था।

उसने अच्छी तरह से सब देखा, उसके कुछ समझ न आ रहा था। कोई सिर पैर नहीं दिख रहा था।

"यहाँ फै री बोरोन्कॉई आना चाह रहे थे" इंजीनियर ने ठहाका लगाकर कहा, उँगली से एक बड़े-से ऑफिस ब्लॉक की ओर इशारा करके।

कोई कुछ न बोला।

"अरे इससे मुझे याद आया, आपके बैर्त्सी मामा का टेलिग्राम आया है" इंजीनियर बोला, "उन्होंने लिखा है कि दो गाड़ी भरकर वहाँ से निकल चुकी हैं।"

"कौन-सी दो गाड़ी?"

"कोयले की?"

पिश्ता घबरा गया। उसने तो कल्पना भी नहीं की थी कि यह कोयले की खदान का बिज़नेस इतना आगे बढ़ चुका है।

"ज़रा सावधान रहना" वह बोला।

"किस बात से?"

पिश्ता अपने मामा के लिए कुछ बुरा बोलना नहीं चाहता था, अतः कुछ देर रुककर बोला—

"बुढ़ऊ बिज़नेसमैन तो अच्छे हैं लेकिन पैसे के मामले में उन पर ज़्यादा विश्वास मत करना। ध्यान रखना कि जितने का माल आया हो उतना ही पैसा दिया जाए।"

"मगर वे तो 120,000 पैंगो पेशगी पैसा माँग रहे हैं जिससे वे खदान में से कोयला निकाल सकें। अब यह कोई बड़ी बात तो है नहीं, अगर कोयला अच्छी क्वॉलिटी का है तो हम इतना पैसा एडवांस दे भी सकते हैं।"

पिश्ता सुनकर दंग रह गया था। एक लाख बीस हज़ार पैंगो! इसमें से चौबीस हज़ार उसके..." मैं सिफ ं यह कह रहा था कि कोयले को अच्छी तरह से चेक कर लेना। मेरी कोई भी ज़िम्मेदारी इसमें नहीं है।"

"डिप्टी मेयर साहब अगर आप इसकी ज़िम्मेदारी नहीं लेंगे तो मैं यह सौदा भी स्वीकार नहीं करूँगा। अभी कॉन्ट्रैक्ट साइन नहीं हुआ है।"

"तो फिर वह कोयला क्यों भेज रहे हैं?"

"वह अपनी स्थिति मज़बूत करना चाह रहे हैं।"

"अब घबराने की बात तो नहीं है, मगर यह सूअर-फ ार्म के बिज़नेस से मैं जरा डर गया हूँ कि मैं भी कहीं इसी प्रकार के पचड़े में न फँस जाऊँ।"

"आप ठीक कहते हैं। कदम फूँक-फूँक कर रखने में ही समझदारी है" चोमा कृषि अधिकारी ने कहा। उन्हें मुहावरे प्रयोग में लाना अच्छा लगता था।

पिश्ता ने जेब से रुमाल निकाला आँखें पोंछने को क्योंकि सदी के कारण उसकी आँखों से पानी बहने लगा था।

जब उसने रुमाल बाहर निकाला, तो उसके अपने रुमाल के साथ एक छोटा-सा औरतों का रुमाल भी निकल आया। उसमें से एक अनज़ान खुशबू भी आ रही थी।

"यह किसका हो सकता है?" उसने सोचा और उसे ग़ौर से देखने लगा।

उसे फिर से सूँघा। खुशबू को पहचान नहीं पाया। उसकी पत्नी की तो नहीं थी। लीना तो कोई और पफ   र्यूम इस्तेमाल करती है। यह तो कोई बहुत ही उत्तेजित करने वाला पर्फ़्यूम है।

उसे समझ में नहीं आ रहा था कि यह यहाँ पहुँचा कैसे? और उस जेब में नहीं जिसमें वह अपना रुमाल रखता था बल्कि सीधे हाथ की जेब में, जहाँ वह कभी इस तरह की कोई चीज़ नहीं रखता था और कैसे उसका हाथ जानता था कि वह वहाँ था। पिश्ता पगला रहा था।

उसकी आँखें उन दोनों पर थीं मगर दिमाग़ रुमाल की उपस्थिति पर विचार कर रहा था।

"क्या हुआ डिप्टी मेयर साहब। कोई अपराध?" इंजीनियर ने पूछा।

"यह तुम कैसे कह सकते हो?"

"मैं देख रहा हूँ कि आप इस रुमाल को पहचान नहीं रहे। आपने इसे कहीं से चुराया है और आप याद नहीं कर पा रहे कि कहाँ से?"

पिश्ता पलभर के लिए ठगा-सा खड़ा रहा, फिर उसका चेहरा लाल होने लगा।

इंजीनियर हँसा। "जरा सोचिए, आप आख़िरी बार किस औरत के ड्राइंग रूम में थे?"

"अरे मैं पागल हूँ। यह मेरी ही पत्नी का है।" वह बुड़बुड़ाया।

"हाँ हाँ बिल्कुल, तभी तो आप इसे पहचान नहीं रहे", इंजीनियर ने उसे छेड़ा।

मानो कुछ हुआ ही नहीं हो, ऐसा दिखा, पिश्ता ने रुमाल जैकिट की जेब में रख लिया, पहले दाहिनीं फिर बायीं। वह मुस्कुराया मगर उसने यह करके बड़ी खतरनाक स्थिति पैदा कर ली थी स्वयं के लिए। बायीं जेब में जाते ही रुमाल ने अपना प्रभाव दिखाना शुरू कर दिया था। उसकी पर्फ़्यूम ने उसे गुदगुदाना शुरू कर दिया था, उत्तेजित कर दिया था और वह अपने दिल में कुछ महसूस करने लगा था। वह काम पर ध्यान नहीं दे पा रहा था और अचानक जिस वजह से वह यहाँ आया था वह बेमायने होने लगी थी।

कुछ और ही उसके दिमाग़ में चलने लगा था। वह अब जानता था कि यह रुमाल कैसे वहाँ पहुँचा और कहीं से आ ही नहीं सकता था...केवल वहीं से...। उसे याद भी नहीं आ रहा था कि उसने कैसे इसे अपनी जेब में रख लिया था, कैसे चुरा लिया था....यह तो एक रहस्य ही था, क्योंकि रुमाल तो यह मॉग्दॉलेना के अलावा किसी का था नहीं। उसने कुछ किया भी नहीं और रुमाल उसकी जेब

में।

उसे याद आया कि अपने विद्यार्थी जीवन में उसने एक छोटा रुमाल चुराया था और कई साल तक उस रुमाल ने उसे उत्तेजित किया था। वह उस लड़की से तो काफ ी समय तक नहीं मिला था, पर चुराये हुए रुमाल ने उसे काफ ी समय तक खुशी पहुँचायी। लीना ने अन्त में उसे छिपाकर शायद फेंक भी दिया था क्योंकि उसके हिसाब से वह किसी लड़की की निशानी थी। मगर सच तो यह था कि ऐसा उसने जानबूझकर नहीं किया था। उसका अचेतन दिमाग़ यह काम कर गया था। यह उसके दायें हाथ की करतूत थी।

वह पूरी तरह से अपने विचारों में डूब गया था और उसके भाव यूँ उमड़ने लगे थे मानो केतली के नीचे किसी ने आग सुलगा दी हो।

वे सब घोड़ा गाड़ी में बैठ गये और वह किसी से कुछ न बोला। वह इतना कमज़ोर महसूस कर रहा था कि वह बेहोश ही हो जाता। उसने अपने आप को बिल्कुल ढीला छोड़ दिया।

''यह तो कमाल हो गया'', वह खुद से बोला, ''मैं सोचता था मैंने उसे भुला दिया....जब हम दोनों साथ थे तो मुझे कुछ महसूस नहीं हुआ, और मैं खुश भी था उस वक्त कि चलो यह मामला ठंडा पड़ गया है...और ज़रा देखो तो यह बदमाश हाथ मेरा, चोर कहीं का, चोरी कर रहा था। मुझे कैसे मालूम होता कि मेरे शरीर का एक अंग बिना मेरे बताये यह जान जाएगा कि उसे यह वस्तु उठा लेनी चाहिए। इतना समय बीत जाने पर भी मुझे इसके बारे में कुछ मालूम नहीं था इससे साफ सिद्ध होता है कि मेरा इससे कोई लेना देना नहीं है। और अब जब मैं जान गया हूँ तो लग रहा है जेब में कोयला धधक रहा है।''

गाड़ी ने उन्हें एक-एक कर उनके घरों पर उतारा। पिश्ता को सबसे आगे तक जाना था। वह खुश था कि इस तरह कुछ देर तो वह अपने विचारों के साथ, अपने दिल के राज़ के साथ अकेला रह सकेगा।

जब गाड़ी उसकी गली में घुसी तो उसने जोर से साँस ली। उसे अपनी पत्नी के सामने जाना था, हिम्मत जुटानी थी ताकि वह जान न पाये कि कुछ हुआ था।

कोट उतारते समय उसने इस बात का ख़याल रखा कि जैकिट की जेब में कुछ उठा -सा न लगे। लीना को न मिल पाये वह रुमाल।

वे सब उसका दोपहर के खाने का इन्तज़ार कर रहे थे। अतः इससे पहले कोई शिकायत उठे उसने ज़ोर से कहा ''आज पड़ोसी अचम्भा कर रहे थे मुझे घोड़ा गाड़ी में घर आते देखा'' वह हँसा, मगर उसकी हँसी साफ झूठी लग रही थी, मानो

वह किसी बात पर पर्दा डाल रहा हो।

"आज तो बहुत काम किया। सूअर-फ ार्म पर गया। इससे बड़ा घोटाला मैंने कभी नहीं देखा।"

जब वह हाथ धो रहा था तो लीना वहीं खड़ी थी।

"मैं तुम्हें बताऊँगा कि यह बड़े-बड़े आदमी क्या करते रहे हैं।"

मगर वह खुश हुआ कि कॉती मासी वहीं थी और वह अब कुछ नहीं कह सकता था। अब उसका चुप रहना ठीक था।

कॉती मासी अपने जिन रिश्तेदारों के यहाँ मिलने गयी थी उन्हीं के बारे में बोलती जा रही थीं। ना पिश्ता को, ना लीना को इन रिश्तेदारों में कोई दिलचस्पी थी।

"वो वैरपैलेती है ना, और वो क्या नहीं जानता घोड़ों के बारे में, उसका तो जीवन ही घोड़े हैं।"

"वाकई, तो मुझे उसे शहर बुलवा लेना चाहिए। आज चोभा कह रहा था कि उसे मैदानों के लिए एक घोड़ा चालक की आवश्यकता है।"

"अरे भगवान तुम्हारा भला करे।" वह घबरा गया कि यह उसके मुँह से क्या निकल गया। उसे अपने ऊपर नियन्त्रण रखना चाहिए था। अब यह कॉती मासी सब तरफ यह बात फैला देगी और ढेर सारे रिश्तेदारों को मेरे पीछे लगा देंगी।

लीना को भी इस पर बहुत गुस्सा आया। उसने पिश्ता को घूरकर देखा। उसने पिश्ता के हाथ उसे उसकी जैकिट लेने की कोशिश की कि उसे जगह पर रख दे।

पिश्ता ने डर के उसका हाथ पकड़ लिया। लीना हैरान हो गयी।

"अरे क्या हो गया? तुम किस बात से इतना डर गये?"

"मैं? मैं क्यों डरुँगा?"

"तो इतने घबराये हुए क्यों हो?" वह सोच रही थी कि पति के इस चौंकने का कारण क्या था। "तुम्हारी जेब में क्या है?" उसने कुछ सोचकर पूछा।

"मेरी जेब में?" पिश्ता ने आँखें बड़ी करते पूछा। उसने दोनों जेबों को ऊपर से थपथपाया और दिखाया कि दोनों बिल्कुल ख़ाली हैं। जेबें फूली हुई तो थी नहीं।

लीना ने बात आगे नही बढ़ायी मगर वह इसे भूली भी नहीं।

"मैं बिल्कुल टूटा हुआ हूँ क्योंकि कई दिन से मैं बड़े ख़राब समय से गुज़र रहा हूँ।"

लीना ने फिर उसे कठोरता से देखा, उसे आगाह करते कि अब वह कॉती मासी के सामने कोई बेतुकी बात न कर दे।

वह समझ गया और उसने बात का रुख बदल दिया।

"बड़ी मुसीबत का काम है नया काम हाथ में लेना क्योंकि आप नयी-नयी चीजें जानते जाते हैं जिनसे आपका सिर फटने लगता है।"

"हाँ" कॉती मासी बोली, "यह सूअर-फ ार्म का तो बड़ा घोटाला है। वे मॉग्दॉलेना सैंतकाल्नाई...."

पिश्ता ने नज़रें झुका लीं, अपनी शर्म को छिपाने के लिए थोड़ा पानी पिया। पर वह शर्म से लाल क्यों हो रहा था? यह क्यों होता है कि अगर आपके पास छिपाने को कोई बात होती है तो उसी की चर्चा कैसे होने लगती है? मॉग्दॉलेना का नाम आमतौर पर इस घर में नहीं लिया जाता था, और आज जब यह रूमाल वाली घटना घटी है तो सबसे पहले कॉती मासी उसी का नाम ले रही हैं।

"मैंने सुना है कि उन्हें अपना घर बेचना पड़ रहा है, क्योंकि उन्हें यहाँ से भागना पड़ रहा है और यह उनकी सबसे बड़ी मुसीबत है", कॉती मासी बोलीं।

"मुसीबत?" लीना ने पूछा।

"हाँ, मैंने सुना है कि उस घर में एक ईंट भी ऐसी नहीं है जो मुकदमे का विषय न हो। अतः वे बेच रहे हैं ताकि सब मामला ठंडा पड़ जाए।" "डार्लिंग," पिश्ता बोला, "मैं ज़रा सोना चाहूँगा, तुम्हें बुरा तो नहीं लगेगा?"

कॉती मासी फ ौरन कूद पड़ीं, उन्हें लगा कि यह उनके कारण है। बोलीं कि पिश्ता को दिन में सोना ही चाहिए। वह लड़कों को समझा देंगी।

"बच्चों को समझाने की चिन्ता मत कीजिए; उन्हें सब कुछ सीखना ही है," लीना बोली।

पिश्ता को लगा यहाँ तो सोना मुश्किल होगा अतः वह बेडरूम से चला गया। लीना उसके पीछे आयी, बिस्तर लगाया।

अब अगर उसे लेटना था तो जैकिट तो उतारनी ही होगी। सावधानी से, जब लीना ने मुँह दूसरी ओर फेरा तो उसने रुमाल निकालकर अपनी पैंट की जेब में रख लिया। फिर जैकिट को कुर्सी पर लटका दिया।

उसने सोने का नाटक किया।

"तुम मेरी जैकिट कहाँ ले जा रही हो?" उसने अचानक लीना से पूछा।

"मैं इसका ढीला बटन ठीक करने के लिए ले जा रही हूँ," लीना बड़ी साधारण तरह से बोली।

जब वह चली गयी तब वह मन ही मन हँसा। अच्छा हुआ उसने सावधानी बरती। पर उससे बहुत बड़ी गलती हुई थी। उसे यूँ चौंकना नहीं चाहिए था जब लीना ने जैकिट माँगी थी। आज तो वह बच गया मगर आइन्दा ऐसी बेवकूफ ी की तो ख़ैर नहीं।

वह सोना चाह ही रहा था कि मानो किसी ने उस पर काला जादू कर दिया। उसे लगा रुमाल में से लपटें निकल रही हैं। उसे जलते कोयलों का-सा एहसास हो रहा था।

वह जगा तो लीना सामने खड़ी कह रही थी—

"डार्लिंग कॉर्दिच भाई ने अर्जेंट पत्र भेजा है।"

लीना की आवाज़ में इस वक़्त शहद घुला हुआ था जैसा उसने बहुत अरसे बाद महसूस किया था।

वह उठा खड़ा हुआ। कॉर्दिच भाई ने उसे फ ौरन बैंक बुलाया था।

"कह दो मैं अभी आता हूँ।"

लीना बहुत शान्त हो गयी थी। उसके कदम अचानक हल्के हो चले थे। वह बहुत राहत महसूस कर रही थी। पिश्ता की जेब से कुछ नहीं मिला था, उस बेचारी को क्या मालूम था कि वह रुमाल तो अब प्यार और उत्तेजना का प्रतीक बन चुका था।

बैंक में बहुत शान्ति थी। लोहे के शटर गिरे हुए थे। पिश्ता को यार्ड से होकर अन्दर जाना पड़ा, और अन्दर जाकर उसे यह देख आश्चर्य हुआ कि उस मौत के से सन्नाटे में बैंक के सभी कर्मचारी चुपचाप काम कर रहे थे। लग रहा था हवा में कोई मातम-सा छाया हुआ था, चपरासी भी अपनी यूनीफार्म में यूँ उधर-इधर जा रहे थे मानो वे कब्रें खोदने का काम कर रहे हों।

कॉर्दिच भाई अपने ऑफि स में थे, जैसे ही पिश्ता अन्दर गया वे हँसते हुए उचककर बैठ गये। बाहर के वातावरण से एकदम भिन्न लगा उनका यह आचरण।

"हैलो, माइ डियर", उन्होंने पिश्ता के दोनों हाथ अपने हाथ में हिलाते हुए कहा।

"आप क्या दोपहर बाद भी काम करते हैं?"

"बिल्कुल, बिल्कुल हा हा, अब तुम सिटी ऑफि स में नहीं हो, यह बैंक है। आओ बैठो। सिगार पिओगे? ले लो यह बातचीत में मदद करेगा।"

पिश्ता को वहाँ बैठना कुछ अटपटा लग रह था। बड़ी-बड़ी चमड़ा चढ़ी कुर्सियाँ थीं जिनमें वह धँसा-सा महसूस कर रहा था। उसे लगा कॉर्दिच भाई ने ऐसा फ र्नीचर

यहाँ आने वालों को डराने के लिए ही रखा है। वे खुद भी कोई लम्बे-चौड़े आदमी नहीं थे, मगर वे तो सैटी पर कूदकर ऐसे बैठ जाते थे जैसे खूंखार जानवर।

"तो आज तुम ऑफि स नहीं गये दोपहर बाद?"

"मैं, दरअसल, सो गया था।"

"आह, देखा घोड़ा गाड़ी में घूमना और ताज़ी हवा खाना कितना थका देता है। और बॉस तो सब चीज़ों पर नज़र रखता है" और वह इतनी ज़ोर से हँसने लगे कि लगा उनकी साँस ही घुट जाएगी।

"और इनके तो दाँत भी नकली हैं," पिश्ता ने सोचा, "मगर इनके कम से कम लगते तो असली हैं, मेयर के तो पोर्सलीन सफे द हैं।"

"तो माई डियर, यह जो सूअर-फ ार्म का बिज़नेस है, यह बहुत बड़ा है", कॉर्दिच भाई बोले, "यह तो सोने की खान है, बस तुम्हें सही दृष्टिकोण से देखने की ज़रूरत है। हम यहाँ हैं हंगरी के इस उपजाऊ मैदानी इलाके में। मक्का पैदा करने वाले भंडार में। मुझे याद है कि मैं जब छोटा था तो डाकू मक्का के खेती में छिपा करते थे। मैं एक गड़रिये को जानता हूँ उसने एक बार तो खुद शान्दोर रोझा* को देखा था मक्का के खेत में छिपे। शान्दोर ने उससे कहा कि, "जाओ शहर जाकर मेरे लिए कुछ रोटी और मीट लेकर आओ।" वह गया और लेकर आया। डाकू ने उसे पैसे भी दिये। आज तक उसे इस बात का दुख है कि उसने इसे पकड़वा क्यों नहीं दिया। अब भगवान जाने उसे दुख है भी कि नहीं। वे दोनों एक ही थैली के तो चट्टे बट्टे हैं। वह ग़रीब और वह डाकू एक ही रस्सी से तो बँधे हैं। उन्हें क्या अलग करना सम्भव है? अगर मैं उसे कुछ करने को कहूँ तो वह नहीं करेगा मगर यदि डाकू उससे कुछ कहेगा तो वह करेगा। यह शुद्ध रोमांस है पर तुम क्या जानते हो कि रोमांस ही जीवन को जीवित रखता है? रोमांस ख़त्म तो सपने ख़त्म। बिना थोड़े रोमांस के कोई बिज़नेस नहीं चल सकता।"

"मुझे लगता है इसमें कुछ अधिक ही रोमांस है।"

"कहाँ, सूअर-फ ार्म में? तुम ग़लत हो। यह अच्छा बिज़नेस है और अभी ही तो यह अच्छा बनने जा रहा है।"

बूढ़ा बड़े जोश में बोल रहा था। उसकी आवाज़ से खुशी और आशा झलक रही थी।

"देखो, यहाँ यह शहर है। इसके पास ढेरों ज़मीन है। और यह हर चीज़

* एक गुरिल्ला लीडर जिसने 1848-49 में सर्बिया के खिलाफ जंग लड़ी। बाद में वह हंगरी का रॉबिनहुड बन गया था,

में पैसे का नुकसान उठा रही है। चरागाह। बत्तीस हज़ार एकड़ केवल चरने के लिए। आज के ज़माने में क्या यह पाप नहीं है? माना कि यहाँ काफ ी जमीन नमकीन है, मगर काफ ी फर्स्ट क्लास भी तो है। आपको पूरे क्षेत्र को मिलाकर ही देखना है, वे क्षेत्र निर्धारित करते हैं, जहाँ खेती अच्छी हो सकती है। उसमें मक्के की खेती करो। अब नवम्बर का महीना है, यही समय है फ सल बोने का। अगले नवम्बर तक इतना मक्का होगा कि हम दस हज़ार सूअरों को भी खिला सकेंगे। जैसे ही सब गणना कर लेंगे, निर्धारित कर देंगे कि किस किसान को कितने सूअर पैदा करवाने हैं। पैसा घर में ही रहेगा। लोगों की आमदनी बढ़ेगी और शहर को भी इससे फ ायदा होगा। इससे मन्दी ख़त्म हो जाएगी। मिनिस्टर ने कह ही दिया है कि केवल लाभ दिखाने वाले कामों के लिए पैसा दिया जाएगा। अगर अभी तक हम बिना पानी के पाइपों के रह सके हैं तो कुछ साल और भी रह सकते हैं। क्या? अरे हम वाइन पीकर रह लेंगे। हमें पानी की क्या ज़रूरत है। हमें पैसे की ज़रूरत है भाई बॉय पैसे की। तुम इससे अधिक लोकप्रिय कुछ कर ही नहीं सकते काउंसिल के लिए।''

उसकी आँखें चमक रही थीं और वह अपनी सीट पर एक मुस्कुराते भालू की तरह बैठा था।

''यह सब बिना हमारे एक पैसा लगाये हो सकता है। कांक्रीट की बिल्डिंग का तो कुछ बिगड़ेगा नहीं। बस हमें उसकी रखवाली के लिए एक गार्ड रखना होगा। फिर जब समय आयेगा हम उसमें जानवरों को ले आएँगे। झौरात्लोक को किसी की ज़रूरत नहीं है। हम यह सूअर-फ ार्म अपने ही बलबूते पर चला लेंगे। सारी जनता डिप्टी मेयर साहब के गुण गाएगी। क्रिसमस तक हम इतने सूअर तैयार कर लेंगे कि हम उनका विक्रय भी कुछ कर देंगे। भविष्य का मार्केटिंग स्टाइल होगा ढेर सारी चीजें किसी देश में जाकर पटक देना (डम्पिंग)। यही तो कनाडा कर रहा है, रूस कर रहा है, यही हम भी करेंगे। बाज़ार बनाएँगे। बस तब भविष्य हमारा है। यह बेवकूफ ी नहीं थी जो मेयर ने की थी कि उस वक़्त ज़मीन बेची नहीं बल्कि सरकारी ज़मीन पर ही फ़ार्म बनने दिया। इस प्रकार उसने ज़मीन पर सरकार का प्रभुत्व जमाये रखा। अब इसे हमसे कोई नहीं छीन पाएगा।

डिप्टी मेयर का नज़रिया बदलने लगा था। वह अन्दर से तो अभी भी घबरा रहा था। मगर यह सब सुनकर मान रहा था कि बहुत चतुराई से सब काम किया गया था।

अब कॉर्दिच ने फ ाइल निकालकर सामने रखी। वे अब और खुलते जा रहे

थे। हज़ारों शब्द उनकी ज़बान से फिसलते जा रहे थे, मानो यह बिज़नेस दस पैंगो वाला साधारण बिज़नेस हो।

पिश्ता कॉर्दिच के दाँतों को देखता रहा। अब वह देख पा रहा था कि कुछ दाँतों पर सोना मढ़ा हुआ था, सोने के छल्ले जो नकली दाँतों को सँभाले हुए थे। उसे लगा—वह किसी भेड़िये के मुँह में झाँक रह था।

कॉर्दिच ने उसके सामने अब कॉन्ट्रैक्ट निकालकर रख दिया, पूरे विस्तार से, साथ में बैंक का लोन-एग्रीमेंट। इसके पास ही कई बिल भी रखे थे और एक लम्बी इंशोरेंस पॉलिसी भी।

"बस साइन कर दो माई बॉय। इससे बेहतर बिज़नेस शहर में आज तक कभी नहीं की।"

पिश्ता ने कॉन्ट्रैक्ट उठाया और पढ़ना शुरू किया।

वह बहुत उदास बैठा रहा मगर उसने अपनी उदासी ज़ाहिर न होने दी। उसी वक़्त एक लड़का वहाँ कुछ कागज़ात लेकर आया। कॉर्दिच भाई ने चश्मा उतार कर उसको देखा।

"मुझे दो यह, लड़के।"

चश्मा फिर से पहन वह उन्हें साइन करने लगा—

"यह बहुत अच्छा है, शाबाश! तुम्हारे सीनियर्स तुमसे खुश हैं और यह फै सला लिया गया है कि तुम्हारी नौकरी पक्की कर दी जाएगी।"

लड़का, एक लम्बा कद, प्यारी-सी सूरत, सजे-सँवरे बाल, अच्छी टाई पहने, शर्माता हुआ-सा बोला—

"आपकी बड़ी कृपा है, सर।"

कार्दिच भाई मुस्कुराये—

"मुझे यह युवा लोग बहुत पसन्द हैं, इनके दिमाग़ खुले हैं, यह अधिक मेहनती और जोशीले हैं, उससे कहीं ज़्यादा जितना हम इनकी उम्र में थे। जब मैं पलटकर अपनी जवानी के दिनों की ओर देखता हूँ, उस वक़्त के जवान बैंक कर्मचारी अपना पूरा वक़्त डांस करने और लड़कियों का पीछा करने में गुज़ारते थे। हम सुबह अपना रात का हैंगओवर लेकर दफ तर पहुँचते थे। कोई भी गम्भीर काम हमें कैसे सौंपा जा सकता था? आज स्थिति बदल चुकी है, जो भी आगे बढ़ना चाहता है उसे मेहनत करना ज़रूरी है।"

फिर उठकर उन्होंने उस नौजवान का कन्धा थपथपाया।

"बहुत अच्छी बात है खेलना—तैराकी, खेल, मुक्केबाजी, वग़ैरह। यह लड़का

अपने स्नायुओं को व्यर्थ नहीं गँवा रहा, खेलकर उन्हें मज़बूत बना रहा है, ख़ाली शैम्पेन नहीं पीता रहता। क्यों?''

लड़का फ र्श पर देखता मुस्कुराता रहा।

''आज दोपहर बाद तुम्हें अपना कनफर्मेशन लैटर मिल जाएगा। तुम्हारे पिता क्या करते हैं?''

''अख़बार में टाइप-सेंटर हैं, सर।''

कॉर्दिच का मानो खून जम गया।

''क्या है?''

''टाइप-सेंटर।''

इस पर कॉर्दिच का चेहरा कठोर हो चला।

''मैं समझा नहीं वह क्या होता है।''

''वह झौरात्नोक न्यूज' में पिछले चौंतीस साल से टाइप-सेंटर हैं। वे बहुत ही भले आदमी हैं, केवल अपने परिवार के लिए जीते हैं, उन्होंने मुझे पढ़वाया क्योंकि मैं सबसे बड़ा हूँ। मैं अच्छा विद्यार्थी था अतः छात्रवृत्ति पर पढ़ा।''

''हाँ हाँ बहुत अच्छा, चलो अब जाओ जाकर काम करो।''

नौजवान सिर झुकाकर चला गया।

कॉर्दिच भाई कारपैट पर चक्कर लगाने लगे।

''यह लोग कितने लापरवाह हैं। बेवकूफ । कौन क्या है पहले से पता क्यों नहीं लगाते? मेरा पिछला कथन बकवास था। यह आजकल के लड़के कुछ काम नहीं करते। बस दारू पीते हैं और लड़कियाँ पटाते हैं, तो यह बदलाव आ नहीं रहा है। मैं अपने बच्चों को भी कभी काम की आदत नहीं डलवा सका। उनके अध्यापकों को घर पर खाने पर भी बुलवाया कि वे ही कुछ मदद कर पाएँ....ख़ैर छोड़ो, पेड़ से सेब गिरते नहीं।''

''मुझे बताइए, क्या मैं अब घर जा सकता हूँ?'' पिश्ता ने अभी भी काग़जों में डूबे पूछा।

''हाँ हाँ बिल्कुल''

''जहाँ तक मैं समझ रहा हूँ, कुल पैसों का कुछ भाग ऐसा है जिसका कहीं कोई जिक्र नहीं है।''

''हाँ हाँ, उसका इन्तज़ाम कर लिया गया है। कॉर्दिच भाई हर बात का ख़याल रखते हैं। हम अब तुम्हारा एक करंट अकाउंट खोलेंगे और यह पूरा पैसा जो बैंक तुम्हें उधार पर दे रहा है वह इसमें जमा हो जाएगा, जो रीपेमेंट होगी, वह इसी

अकाउंट से होगी। जिस पन्द्रह हज़ार का कोई ज़िक्र नहीं है वे तुम्हारे लिए हैं।''

''ठीक है।''

''तो कल सुबह तुमसे मिलता हूँ। तभी बाक ी फॉर्मेलिटी पूरी करेंगे।''

''जी।''

''हस्ताक्षर आदि?''

''जी।''

और पिश्ता जब वहाँ से निकला तो एक ऐसे व्यक्ति की तरह जो अपनी मासूमियत खो चुका था।

जब वह सड़क तक पहुँचा तो उसे ऐसा लगा मानो वह एक उस कुँवारी लड़की की तरह था जो पहली बार एक पुरुष के कमरे में गयी हो; बड़े आत्म-विश्वास से लेकिन क्षण भर के लिए जिज्ञासा से और इच्छा-शक्ति क्षीण होने के कारण अपना सब कुछ लुटाकर आ रही हो और स्वयं को बेहद लुटी हुई महसूस कर रही हो।

अब उसका इतने बड़े बैंक में एक करंट अकाउंट था, इस बैंक में, जहाँ से उसे तीन सौ पैंगो तक का उधार न मिलता। आज उसके पास पन्द्रह हज़ार पैंगो खाते में थे जिसका वह स्वेच्छा से इस्तेमाल कर सकता था।

उसके मस्तिष्क में पुराने और नये पिश्ता के बीच द्वन्द्व चल रहा था। बहुत खलबली मची हुई थी जिसका वह समाधान नहीं निकाल पा रहा था। वह बस चला जा रहा था, यह भी नहीं जानता था कि वह जा कहाँ रहा था। कभी-कभी कोई उसे सलाम करता, वह हैट उठाकर, बिना यह जाने कि किसको, सलाम लौटाता। उसे यह भी न पता चल रहा था कि अपने से बड़े को उत्तर दे रहा है या छोटे को क्योंकि उसे यह लग रहा था कि वह बहुत तुच्छ, सबसे दुखी, सबसे गौण व्यक्ति था इस शहर का।

वह पोस्ट-ऑफि स के सामने आकर यकायक ही रुक गया। कुछ देर हिचकिचाने के बाद उसने एक तार अपने छोटे भाई के नाम भिजवाया कि वह फ ौरन यहाँ आ जाए क्योंकि उसे उससे बहुत ज़रूरी बात करनी थी।

चलो यह अच्छा हो गया। वह इससे थोड़ा शान्त हुआ। अकेला मैन्यहेर्त ही था जिससे वह बात कर सकता था। इस प्रकार की बातें वह लीना से भी नहीं कह सकता था। उसकी घर जाने की हिम्मत ही नहीं हो रही थी इस वक़्त।

वह सड़क पर चलता गया और कुछ दूर चल, एक गली में मुड़ गया। यहाँ वह अधिक विश्वास के साथ साँस ले पा रहा था, जैसे-जैसे गली तंग होती गयी,

वह ठीक से साँस लेता गया। उसके चारों और छोटे-छोटे लकड़ी के बने घर थे। उसने रुक कर उन्हें देखा। यह सब गिराकर मज़दूरों के लिए नये पक्के घर बना दिए जाने चाहिए।

यह काम कैसे होगा, इसका कोई तरीक ा अभी उसके पास नहीं था, मगर इस ख़याल ने ही इसे खुशी प्रदान की। अब वह किसी भी कीमत पर केवल देगा—गरीबों को, उनको जिनके पास कुछ भी नहीं था और जिनके कन्धों पर किसी कॉर्दिच ने हाथ न धरा था। इसीलिए वह सूअर-फ ार्म को सफल बनाना चाहता था क्योंकि इससे बहुत लोगों को काम मिलेगा जो अभी ख़ाली बैठे थे और आने वाले सर्दी के दिनों की डरे हुए बाट जोह रहे थे।

इस विचार से उसको थोड़ी सान्त्वना पहुँची, और उसकी कल्पना ने काम करना शुरू कर दिया कि किस-किस तरह से वह ग़रीबों का भला कर सकता है। बड़े-बड़े प्लान उसके दिमाग़ में आने लगे। मल-व्ययन के लिए नालियों का प्रबन्ध करना है, इससे भी लोगों को काम मिलेगा। उसके मस्तिष्क में कुदाल-फावड़े लिए मजदूरों की छवि अभी से रूप लेने लगी थी।

यहाँ भी अब ज़िन्दगी होगी। होनी ही पड़ेगी क्योंकि इसीलिए तो भाग्य ने उसे यह पोज़ीशन दी थी, इन ग़रीबों की मदद के लिए चुना था। एक बड़ा केन्द्रीय अस्पताल भी बनवाएगा जिसकी बड़े समय से केवल चर्चा ही हो रही थी, डॉक्टर पुराने अस्पतालों में कोई व्यवस्था न होने की कब से शिकायत कर रहे थे। वह फ ौरन इन डॉक्टरों से विचार-विमर्श करना चाहने लगा। डॉक्टर मैनहाइम अक्सर क्लब में हुआ करते थे। उन्होंने एक बार पिश्ता को हस्पतालों की दयनीय स्थिति पर एक भाषण भी दिया था। वह क्लब की ओर पलट गया—हो सकता है यह डॉक्टर अभी वहीं हो।

वह इतनी तेज़ी से चल रहा था मानो कोई चीज़ इसे धकेले लिए जा रही हो। क्लब में शान्ति थी। चपरासी ने सलाम किया, और वह ताश के कमरे में पहुँचा।

"क्या डॉक्टर मैनहाइम क्लब में हैं?"

"नहीं सर।"

मगर डॉक्टर मॉर्तिनी थे।

वे ताश खेल रहे थे। पिश्ता के लिए फ ौरन जगह बनायी गयी, और वह मानो इसी के लिए यहाँ आया हो, वह रमी खेलने बैठ गया।

मगर बड़ा खोया-खोया-सा खेल रहा था वह। कभी अच्छा काम का पत्ता फेंक

देता, ज़रा भी ध्यान नहीं था उसका खेल पर। वह हार गया। दूसरी बार भी हार गया। सब उस पर हँस रहे थे। फिर वह जगा, होश में आया। एक हाथ जीता। ज़्यादा नहीं मगर फिर भी।

"और अब तुम सूअर-फ ार्म के बारे में क्या करने जा रहे हो?" अचानक डॉ. मार्तिनी बोल पड़े।

"सूअर-फ ार्म, उसमें करने वाली क्या बात है?"

मॉर्तिनी खड़ा हो गया और दूसरे कमरे में गया—लाउंज में। पिश्ता भी उसके पीछे-पीछे। उसका कर्तव्य था कि विपक्ष के विचार जाने।

"यह बॉकोन्य* के लुटेरे! इन्हें सबक सिखाना चाहिए। इस वक़्त शहर की सरकार के पास अच्छा मौका है कि उसे अपने हाथ में ले, लेकिन यहाँ शहर की भलाई की किसको पड़ी है, यहाँ तो लुटेरों की भलाई का सोचा जा रहा है। मैं पहले से बता देता हूँ कि सरकार मदद की गुहार जरूर लगाएगी। मगर इन्तज़ार करेगी कि लुटेरों को दलदल में से निकलने का मौक ा मिले, ग़रीब करदाताओं के पैसे के बल पर। क्या फैरी ने अपना विला फ ार्म की ईंटों से तैयार नहीं किया? बिल्कुल किया। जैसी उम्मीद थी। हम इस बदमाश को सज़ा दिलाना चाहते हैं। यह घमंडी इनसान जो ऑलइश्पान के पल्ले के पीछे छिपा हुआ है, अपने लिए एक महल खड़ा करता है। उस लाभ के पैसों से जो अभी कमाया ही नहीं गया! हम इस बिल्डिंग का कच्चा चिट्ठा जानने की कोशिश करेंगे। कुछ साल पहले तक फै री बोरोन्काई मुफ लिस था, उसने बैंक की मदद ली बचने के लिए कि कहीं उसे जेल न जाना पड़े...मैं डिप्टी मेयर को सलाह देता हूँ कि बिना समय बरबाद किये, इसकी जाँच करवाएँ और बोरोन्कॉई विला की कुर्की कराएँ क्योंकि बहुत सम्भावना है कि वह आजकल इन कुछ ही दिनों में इस विला को बेचने की कोशिश करेगा और इससे यह मामला बहुत उलझ जाएगा। मुझे पूरा यक ीन है कि वह झगड़े से बचने के लिए औने-पौने दामों में ही विला बेच देगा। अब ज़िम्मेदारी सब तुम्हारी है, इस चूहे को उसी के बिल में जाकर मारो। इसे गटर में डुबा दो। इसके जैसे शैतान कानून के चंगुल से नहीं बच निकलना चाहिए। अगर छोटे-मोटे चोरों के लिए कानून है तो इन बड़े-बड़े डाकुओं के लिए भी होना चाहिए।"

डिप्टी मेयर का चेहरा फक्क पड़ गया था। वे चाह रहे थे कि किसी तरह ज़मीन फटे और वह इसमें समा जाएँ। क्या वह उसे बता दे कि फै री अपना विला

* बॉकोन्य—हेनरी के पश्चिमी भाग में पहाड़ी इलाका जहाँ आमतौर पर ऐतिहासिक तौर पर, लुटेरे पनाह लिया करते थे।

बेच चुका है? और वो भी भला किसको? उसी को? डिप्टी मेयर को ही जिसे इस मामले की छानबीन करनी चाहिए थी, जनता की माँग के अनुसार।

“इस वक़्त तुम इस सब में नहीं थे, मगर मैंने दो बार यह मसला सदन में उठाया था। सब जानते हैं कि केवल एक शिकायत की ज़रूरत है और फै री के खिलाफ संगीन मुकदमा, जैसा आजतक किसी ने देखा नहीं होगा, चल जाएगा। सारे सबूत सामने हैं। सब मेरे ऑफि स में रखे हैं—शिकायतें, मज़दूरों के हलफ नामें, हर चीज़ एकदम साफ है। मैं यह शिकायत इसलिए नहीं करना चाहता क्योंकि यह डिप्टी मेयर का कर्तव्य है। अभी तुम इस माफि या के सदस्य नहीं हो, मॉक्रोत्सी तो ऑलइश्पान का दोस्त था जो इस घपले की जड़ है, वह कैसे उसके ख़िलाफ आवाज़ उठाता। मगर एक नया व्यक्ति, जो जनता के विश्वास के कारण यहाँ पहुँचा है, वह तो ज़रूर कार्रवाई कर सकता है। इसे तो करना ही होगा। इसके बाद पूरा तूफ ान आयेगा और मैं तुम्हें बता दूँ पहले से ही कि अगर तुमने यह बहादुरी का कदम उठा लिया, तुम शहर के रक्षक के रूप में जाने जाओगे और तुम्हें यह भी मौक ा मिलेगा कि सूअर-फ ार्म तुम्हें शहर के लिए मुफ त ही मिल जाए। बस उस बदमाश शैतान कॉर्दिच से दूर रहो, क्योंकि यह ज़हर उसी का फैलाया हुआ है।”

“वह मेरा रिश्तेदार है।”

“ओह वाक ई!” डॉ. मार्तिनी ने सिगार का लम्बा कश खींचते हुए कहा, “अरे भई अगर ऐसा है तो मैंने कुछ नहीं कहा।”

“क्यों? यह मेरा दोष तो नहीं?”

“बिल्कुल, बिल्कुल”

“उसकी पत्नी फर्डिनेंड कोपयाश की बेटी है जो मेरे दादा के भाई थे।”

“रोचक! तुम्हारी पत्नी का शादी से पहले का नाम?”

“सैंतकाल्नाई।”

“सैंतकाल्नाई! बेड़ा ग़र्क।”

“उसमें क्या बुराई है?”

“बुराई? कुछ नहीं, मैंने कुछ नहीं कहा...मुझे यह इत्तफ ाक काफ ी चौंका रहा है। ज़ाहिर है खून पानी से गाढ़ा होता है।”

“यह ऐसा आरोप है जिस पर मैं इतराज़ करता हूँ।”

“माफ करना डिप्टी मेयर साहब आपको इसमें आरोप कहाँ नज़र आ गया।”

“आपके कहने के अन्दाज़ में।”

“सच! तो भई हज़ार बार माफ ी। मुझे कुछ तथ्य मालूम नहीं थे। उनकी

वजह से अब स्थिति काफ ी बदल गयी है।"

"हंगरी में तो ऐसा होना सामान्य बात है, यह छोटा-सा देश है, हरेक ही एक दूसरे से सम्बन्धित हैं। मुझे पूरा यकीन है कि अगर हम इस पर थोड़ा अधिक विचार करें तो मेरी और आपकी भी रिश्तेदारी निकल आयेगी।"

"हाँ हाँ क्यों नहीं, तुम्हारी दादी और मेरी दादी दोनों औरतें थीं। यहाँ हंगरी में तो इतना ही सम्बन्ध स्थापित करने के लिए काफ ी है अगर दोनों को अपने फ ायदे का सोचना हो। मगर इस केस में हम दोनों के विचार, उद्देश्य और ध्येय एक नहीं हैं। अतः यह रिश्तेदारी जमाने की बात न ही करें तो अच्छा है. ..मैं क़बूल करता हूँ डिप्टी मेयर साहब कि मुझे आप के साथ पूरी सहानुभूति थी इसीलिए मैंने आपको विश्वास में लेकर यह सब कुछ कहा। मगर यदि कॉर्दिच तुम्हारे फूफा हैं और सैंतकाल्नाई– वह सबसे बड़ा शैतान तुम्हारा ससुर, तो फिर अबसे हम एक दूसरे के करीब नहीं आ सकते। हंगरी अब रिश्तों और गोरखधन्धों की कीचड़ है। यह वह दलदल है, जिसमें जो कुछ भी बोओ, वह नष्ट हो जाता है या उसी दलदल का एक हिस्सा बन जाता है। जो पौधे इस दलदल में फूल देने लगते हैं वे पैरों तले कुचल दिये जाते हैं। तो बुरा मत मानना, मैं नहीं सोचता कि कोई सम्भावना इस बात की हो सकती है कि मैं और तुम भी रिश्तेदार हैं।"

"आपकी माँ का क्या नाम था?"

"पहली बात तो यह कि मैं एक लूथरन हूँ। मेरा परिवार सैपेश (उत्तरी हंगरी) का है। अतः यह नामुमकिन है कि मेरे परिवार का कोपयाश या सैंतकाल्नाई परिवार से कोई सम्बन्ध हो। हम पहाड़ों के रहने वाले हैं। ख़ैर मेरी माँ का पारिवारिक नाम मॉलॉतिन्स्की था।"

"मॉलॉतिन्स्की?" डिप्टी मेयर ने आश्चर्य से पूछा, "मेरी माँ झूझौना बातॉए.."

"बातॉए? सॉबोल्च (पूर्वोत्तरी हंगरी) की।"

"नहीं उनका परिवार 'गमर" काउंटी (उत्तरी हंगरी) का था। और उनकी माँ एवा मॉलॉतिन्स्की थीं।"

"यह नहीं हो सकता।"

"देखा आपने। हैं न हम सब एक दूसरे के रिश्तेदार। यह छोटा-सा देश है, पुराना हंगरी (जो आज से तिगुना था) भी छोटा ही था।

"मेरे पिता फ र का बिज़नेस करते थे। वह बिज़नेस के सिलसिले में यहाँ

मैदानों में चले आये और झौरात्नोक आकर बस गये। अपनी पत्नी को भी यहीं ले आये। मेरी नानी एक बुनकर की बेटी थीं। उनका परिवार पोदोलिन के मशहूर बुनकर परिवारों में से था। जहाँ तक मैं जानता हूँ वहाँ अब इस परिवार का कोई नहीं बचा होगा, और होगा भी तो हमारा सम्बन्ध काफ ी समय से रहा नहीं है।''

''मॉलॉतिन्स्की पोदोलिन की?'' मॉर्तिनी हँसे, ''यह तो कमाल हो गया। मेरी माँ उसी परिवार की तो थीं। तब तो भाई हमें सूअर-फ ार्म को बचाने का मिलकर प्रयत्न करना चाहिए।''

''देखा किसी को उसके पारिवारिक सम्बन्धों के कारण बदनाम करना ठीक नहीं। हम लोग इनसान हैं और हर व्यक्ति अपने ही काम से जाना जाता है।''

डॉ. मार्तिनी सोच में पड़ गये।

''अब नतीजा यह होगा कि मुझे, एक रिश्तेदार होने की हैसियत से, यह विला ख़रीद लेना चाहिए और अपने जनता के हित में चलाये जा रहे सभी कार्यक्रमों को तिलांजलि दे देनी चाहिए। क्यों भई, तुम मेरे रिश्तेदार इस काम में मेरी मदद करोगे?''

''मुझे अफ सोस है कि आपने एक दिन की देर कर दी।''

''क्या मतलब?''

''विला बिक चुका है, कॉन्ट्रैक्ट आज साइन हो गया।''

''किसने ख़रीदा?''

''मैंने।''

मॉर्तिनी का मुँह खुला का खुला रह गया, मानो उस पर बिजली गिर गयी हो। उसका सिगार उसके मुँह से गिर पड़ा।

''और तुम्हें उसने कितने का बेचा?''

''मार्किट रेट से बहुत कम में...मैंने जो पैसा विरासत में पाया था, उससे तो ख़रीद नहीं सकता था। ऑलइश्पान बीच में पड़े और सौदा हो गया।''

''बहुत अच्छे!'' कुछ देर दोनों कुछ नहीं बोले, फिर एक दूसरे की ओर देख हँसने लगे।

''मगर यदि आप सोचते हैं कि मुझे इसे नहीं ख़रीदना चाहिए तो मैं बड़ी खुशी से आपके लिए इसे नकार दूँगा।''

''नहीं नहीं, बिल्कुल नहीं। धन्यवाद।''

''क्यों नहीं। अच्छा घोड़ा है।''

''केवल इसीलिए?''

"मुझे इस घर के बनने के इतिहास के बारे में कुछ मालूम नहीं था। घर बोरोन्कॉई के नाम पर है, और मैंने अपने करंट एकाउंट से सारा पैसा बोरोन्काई को ट्रांसफर कर दिया है। बल्कि अब मेरे पास इतना कम पैसा बचा है कि मुझे घबराहट हो रही है, और मैं आपको यह भी बता दूँ कि यह सौदा तभी पक्का होगा जब मेरी पत्नी इससे सहमत होगी, क्योंकि वह इतनी बड़ी सम्पत्ति के लिए तैयार नहीं है, वह इतने राज-पाट में नहीं रहना चाहती। सच कहूँ तो अभी मेरे पास कच्चा कॉन्ट्रैक्ट ही है, अगर वह साइन नहीं करेगी तो सौदा रद्द।"

"क्या तुम्हारा खाता दोनों के नाम है?"

"नहीं, यह तो कोपयाश परिवार का पैसा है मगर मेरी पत्नी और मैं दोनों हर फैसला साथ ही लेते हैं। मैं उसकी मर्ज़ी के ख़िलाफ कुछ भी करना नहीं चाहता।"

"तुमने आज साइन कर दिया?"

"जी।"

डॉ. मॉर्तिनी इधर से उधर टहलने लगे।

"कमबख़्त मैं हर चीज़ के लिए लेट हो जाता हूँ। मुझे तुम्हें यह सब तब ही बता देना चाहिए था। अगर ऐसा कर पाता तो तुम्हें इस सौदे से बचा लेता। मेरे दोस्त, उस विला में एक ईंट भी ऐसी नहीं है जो चोरी की न हो। सूअर-फ ार्म के डायरेक्टर की हैसियत से फैरी ने पूरा महल उसी के पैसे से बनाया है। मेरे पास इसका पुख़्ता सबूत है।"

"देखो भाई," डिप्टी मेयर बोला, "मुझे यह बताओ कि कैसे सरकार इस सूअर-फार्म को पूरी तरह अपने हाथ में ले सकती है? मैं आज वहाँ गया था, अपने साथ इंजीनियर को भी ले गया था, वहाँ सब कुछ अपनी आँख से देखकर आया। बिल्डिंग तो फर्स्ट क्लास है। अगर यह किसी तरह सस्ते दामों में या मुफ्त सरकार के हाथ में आ जाए तो इसे बड़े स्तर पर सरकारी बिज़नेस के काम लाया जा सकता है।

डॉक्टर मार्तिनी सोच में पड़ गये थे। उनके दिमाग़ में यह चल रहा था कि हो सकता है यही मौका हो, कि इस अच्छे दिल के, मगर कुछ न जानने वाले व्यक्ति की सहायता से, मैं भी शहर की अर्थव्यवस्था में अपना योगदान दे सकूँ। अकेला यही व्यक्ति था इस शहर में जिसके साथ उनकी रिश्तेदारी निकल आयी थी। समय निकलता जा रहा था। हमेशा विपक्ष में खड़े रहने का समय भी अब कभी तो ख़त्म होना ही होगा।

उन्होंने लम्बी साँस खींची, बोले–

"माफ करना, मुझे अब जाना होगा, केवल अपनी पत्नी के कारण नहीं बल्कि मुझसे कुछ लोग मिलने आने वाले हैं, वे मेरा इन्तज़ार कर रहे होंगे...मगर अगर कल शाम को तुम आ सको ते मैं इस पर अपने विचार ज़रूर बताऊँगा। उन्होंने एक दूसरे से विदा ली। पिश्ता अपने घर की ओर चल दिया।

वह अपनी गली तक पहुँचा ही था कि एक डाकिया टेलीग्राम हाथ में लिए नुक्कड़ पर ही खड़ा था।

"क्या मैं तुम्हारी मदद कर सकता हूँ?"

"मैं डिप्टी मेयर कोपयाश को ढूँढ़ रहा हूँ।"

"मैं ही हूँ।"

उसने टेलीग्राम लिया और उसे पढ़ा। वह उसके भाई ने भेजा था। लिखा था आज रात को नौ बजे वाली गाड़ी से निकल रहा था जो यहाँ साढ़े ग्यारह बजे पहुँचेगी।

उसने टेलीग्राम फाड़कर वहीं फेंक दिया और घर में घुसा।

"सूअर-फ ार्म पर तो बहतु कुछ चल रहा है", उसने लीना से कहा, "मैं आज पूरी दोपहर उसी पर चर्चा करता रहा हूँ। तुम्हें रात के खाने पर सब बताऊँगा। आज रात को ग्यारह बजे सिटी हॉल में मीटिंग के लिए जाना है।"

"आज रात को?"

"हाँ, क्योंकि कल मुक़दमा दायर करना होगा शायद। यह मॉक्रोत्सी ने तो ग़दर मचा रखा था।"

यह कह वह हाथ धोने चल दिया फिर अकेला खाना खाने बैठ गया। लीना को उसने सब बात विस्तार से बतायी, कुछ बढ़ा-चढ़ाकर भी और कहा कि वह कोशिश कर रहा है कि यह बिज़नेस सरकार के हाथ में आ जाए।

समय इतनी तेज़ी से गुज़र गया कि लीना को उसे बताना पड़ा कि पौने ग्यारह बज चुके हैं।

"ओफ मैं बेहद थका हुआ हूँ, मुझे अब सो जाना चाहिए था, मगर क्या करूँ, अगर कोई काम हाथ में लिया है तो वो तो करना ही पड़ेगा।"

लीना उसके साथ बाहर गेट तक गयी, चुम्बन देकर उसे विदा किया।

जब वह सड़क पर जा रहा था तो उसे लगा वह ग़लत कर रहा था, लीना के साथ बेईमानी! परमात्मा उसे माफ करे, वह आगे से कभी ऐसा नहीं करेगा।

वह धीरे-धीरे पटरी पर चलता गया। कहीं कोई रोशनी नहीं थी। सब लोग सोने जा चुके थे। सिफ ं कॉफ ी हाउस और रेस्टोरेंट से कुछ रोशनी आ रही थी।

कितना अजीब था कि कुछ लोग अगले दिन के काम से कुछ समय छीनकर रात को जिया करते थे।

इस शहर को वह रात के समय अपनी मिल्कियत की तरह से देख रहा था। लोग चैन से सो सकें यह अहम बात थी। उसने बड़ी-बड़ी इमारतों पर नज़र डाली, कहीं बिज़नेस चलते थे, कहीं रहने के फ्लैट्स थे। सब अपनी-अपनी ज़िन्दगी जी रहे थे। कोई तो था जो इस सबको चला रहा था। सब की ज़िन्दगी आराम से चल सके इसके लिए लीडरों को कितनी मेहनत करनी पड़ती थी।

मैन्यहेर्त साढ़े ग्यारह बजे एक्सप्रेस से पहुँचा। इंजन ने सीटी मारी, उसके सामने अभी और लम्बा सफ र बाक ी था। ट्रेन आगे बार्डर तक जाने वाली थी। उसके आगे दूसरे देश की सीमा शुरू होती थी जहाँ हंगारी सामान को बिकने जाना चाहिए था, मगर वह जाता नहीं था, क्येंकि व्यापारियों को वहीं कस्टम वाले रोक लेते थे।

पिश्ता और मैन्यहेर्त ने एक-दूसरे को गले लगाया।

"क्या बात हो गयी?" मैन्यहेर्त ने परेशान-सा होते हुए पूछा, मगर अब तक पिश्ता डॉ. मॉर्तिनी से बात करके काफ ी आश्वस्त हो चुका था अतः कुछ बोला नहीं, बस मुस्कुरा भर दिया।

वे स्टेशन के पास एक रेस्तराँ में गये, जहाँ मैन्यहेर्त ने भुना गोश्त और वाइन मँगायी और पिश्ता ने कॉफ ी—जो वह पी न सका। मैन्यहेर्त की वापसी की ट्रेन एक बजे जाती थी अतः उनके पास एक घंटा था बातचीत करने को।

"मैंने तुम्हें इसलिए आने को कहा क्योंकि मुझे लग रहा था कि मैं पागल हो जाऊँगा। मेरे पास इस शहर में कोई ऐसा नहीं है जिससे मैं बात कर सकूँ। मैं बड़ी अजीब स्थिति में हूँ, मेरे पुराने दोस्त रहे नहीं हैं, सब पिछड़ गये हैं। वे समझ नहीं सकते कि मेरे साथ क्या हो रहा है, अगर मैं उन्हें कुछ बताऊँगा तो वे ईर्ष्या ही करेंगे, मैं यह भी जानता हूँ कि वे मुझसे और क्या कहेंगे। बस इतना ही कि मैं वहीं रहूँ जहाँ था और जहाँ वे अब भी हैं, मगर मैं ऐसा नहीं कर सकता क्योंकि क़िस्मत ने मुझे एक ऊँची जगह लाकर बिठा दिया है जहाँ मुझे अपने कदम जमाने हैं। दूसरी ओर इस ऊँची सोसाइटी में अभी मैं ऐसी जगह नहीं पहुँचा हूँ कि यहाँ किसी को अपना राज़दार बना सकूँ, क्योंकि वे भी मेरी बात समझेंगे नहीं। वे तो यही कह देंगे कि अगर मैं यहाँ की गति से नहीं चल सकता तो इस्तीफ ा देकर अपनी पुरानी शान्त ज़िन्दगी में वापिस लौट जाऊँ। मगर मैं वापिस नहीं जा सकता, ज़िन्दगी किसी के लिए रुकती नहीं, मेरे पास कोई विकल्प नहीं

है। मैं यहाँ सीधा खड़ा रहूँ या जाऊँ।

और फिर उसने बोलना शुरू किया, बिना कुछ भी छिपाए, जितनी सफाई से वह बोल सकता था। वह अपने आपसे ही बात कर रहा लगता था। केवल अपने भाई से ही वह इस तरह दिल खोलकर बात कर सकता था।

मैन्यहेर्त, जो अब तक इन चीज़ों से उतना ही दूर था जितना अब तक पिश्ता, बड़े ध्यान से सुनता रहा। वह भी पिश्ता की भाँति कोपयाश था। उसने भी इसी तरह की कठिनाइयों का सामना किया था जीवन भर। वह केवल आदर्शों से अपना पेट नहीं भरता था बल्कि हमेशा हर चीज़ से फ ायदा उठाने की बात सोचता था। जो चीज़ भी खोजता उससे व्यापार करना चाहता। अभी तक लेकिन उसके पास कभी इतना पैसा नहीं आया था कि अपने बड़े-बड़े प्लान पूरे कर सके। अतः अभी तक उसे सफलता नहीं मिली थी।

अब वह अपने भाई के मामले को समझ गया था और देख रहा था कि वह सही है।

उसे घर का ख़रीदना ठीक लगा, उसे उसका शान से रहना भी ठीक लगा क्योंकि बिना इसके वह अपने कर्मचारियों तक से इ़ज्ज़त नहीं पा सकेगा। अगर उसे हमेशा तुच्छ ही समझा जाता रहा तो वह शहर के विकास में अपना क्या योगदान दे पाएगा, वह तो लड़ाई शुरू होने से पहले ही युद्ध हार जाएगा। यह जीवन का नियम था, हर वर्ग का एक अपना स्तर होता है, अगर आप वहाँ नहीं हैं तो आप का उस वर्ग से तारतम्य होना कठिन है।

उसने सूअर-फ ार्म के मामले में भी भाई की राय का समर्थन किया। पिश्ता को ऐसा करना ज़रूरी था क्योंकि यह मामला तभी निबटेगा जब वह इसे अपना व्यक्तिगत मामला बनाएगा। केवल डिप्टी मेयर ही इसको सुलझा सकता था क्योंकि वही जज था और वही ज्यूरी भी।

मैन्यहेर्त ने उसकी सब बातों का समर्थन किया, अच्छी तरह से सोच समझ कर और पिश्ता को उससे बात करके आत्मिक शान्ति मिली। आज एक दूसरे मनुष्य ने बिना किसी विरोध के उसको सही क़रार दे दिया था। उसने बहुत प्यार से अपने भाई की ओर देखा और वह उसका बहुत शुक्रगुज़ार था कि बिना कुछ कहे भी उसने भाई को पूरा समर्थन दिया था।

समय जल्दी ही बीत गया।

जब वह मैन्यहेर्त को गाड़ी पर चढ़ाने जा रहा था तो उसे झटका-सा लगा। वह पैसे लाना तो भूल ही गया था। उसने अपनी जेबें टटोलीं कि कम से कम

भाई के टिकट के पैसे तो दे दे।

उसकी जेब में केवल बीस पेंगो थे।

"तुम्हारे पास पैसे तो हैं?"

"कुछ ज़्यादा नहीं। केवल सात पैंगो।"

"कोई बात नहीं, हम तुम्हारा टिकट ख़रीद लेते हैं, मेरे पास बैंक में पन्द्रह हज़ार पैंगो है, मैं तुम्हें कुछ पैसा भेज दूँगा।"

"ठीक है।"

"अरे, मैं एक बात बतना तो भूल ही गया बैर्त्सी मामा।"

और उसने कोयले की बिज़नेस के बारे में जल्दी से सब बता डाला, कैसे उन्होंने कॉन्ट्रैक्ट साइन कर लिया था सिटी की सरकार के साथ, और अब दो वैगन कोयले के पहुँचने ही वाले थे। और सौ हज़ार पैंगो जो उन्हें एडवांस मिलेगा उसमें से बीस हज़ार उसके होंगे।

मैन्यहेर्त ने उसकी ओर ज़रा परेशान होते देखा।

"बैर्त्सी मामा से ज़रा होशियार रहना। उन पर विश्वास मत करना। वह सारी जिन्दगी झूठ के सहारे ही जिये हैं।"

"कुछ ग़लत नहीं होगा। मैं कोयले की जाँच करवा रहा हूँ। मैंने इंजीनियर को कह दिया है कि अच्छी तरह से जाँच पड़तल करे, पूरी तसल्ली कर ले वरना मैं ज़िम्मेदार नहीं होऊँगा और मैंने उसे यह भी कह दिया है कि मेरा कमीशन बीस हज़ार रोक ले। मैं उसे अपने अकाउंट में लूँगा। मैं यह सोच रहा हूँ कि जो पन्द्रह हज़ार घर की ख़रीद से बचे हैं उनको बिल्कुल हाथ न लगाऊँ, शायद वह देने ही पड़े वापिस। मुझे थोड़ा पर्सनल लोन ले लेना चाहिए, पर लूँ कहाँ से। मेरे तो किसी दोस्त के पास उधार देने को पैसा है नहीं। ख़ैर, कुछ न कुछ हो ही जाएग। एल्बर्ट के क्या हाल हैं?

"बड़ा दुखी है। एक साल से तो आया नहीं, अभी पीछे एक दिन आया और बोला कि आत्महत्या करना चाहता है।"

"मैं जानता हूँ। मुझे लिखा था कि पूरे परिवार को मार डालना चहता है। इसीलिए तो मेरे पास पैसे नहीं हैं। मुझे उसको भी भेजने पड़े और ऑदेल्का को भी। वह भी बुरी हालत में है। चलो हम भाई-बहन के कुछ काम तो आ सक रहे हैं।"

अब तक ट्रेन आ चुकी थी। उनके शब्द अब तेज़ी से निकल रहे थे– "अगर एल्बर्ट से मिलो तो कहना जल्दबाज़ी न करे, मैं उसे कोई न कोई काम दिलवा

दूँगा। मैं सोच रहा हूँ उसके बारे में। मैं अपना कोई न कोई जुगाड़ लगाकर पैश्त में ही काम दिला दूँगा उसे।''

''अरे सावधान रहना, इन रिश्तेदारों से बचना।''

''तुम्हारी तो म्यूज़ियम की नौकरी ठीक है। तुम्हारी समस्या तो दूसरी तरह की है। ज़रा म्यूज़ियम स्थापित करने का प्लान जल्दी तैयार करो। परमात्मा तुम्हें खुश रखे, बहुत शुक्रिया तुम्हारे आने का, तुम नहीं जानते कि तुम्हारे आने से मुझे कितनी ढाँढस बँधी है। कम से कम कोई तो है जिससे मैं खुलकर बात कर सकता हूँ।''

अब ट्रेन चलने लगी थी। मैन्यहेर्त सीढ़ी पर ही खड़ा होकर भाई से लिपट रहा था। गाड़ी चलने पर अपना रुमाल हिलाता रहा जब तक भाई आँखों से ओझल नहीं हो गया, फिर अपनी आँखें पोछी और नाक छिनकी।

''गुड मॉर्निंग डिप्टी मेयर'' किसी ने पिश्ता को सलाम किया, उसने घबराकर पीछे देखा।

एक डॉक्टर था जो किसी को छोड़ने आया था।

उन्होंने हाथ मिलाये।

डॉक्टर ने बड़े ताज्जुब से उसकी ओर देखा।

''वह मेरा छोटा भाई था'' पिश्ता ने बिना पूछे बताया।

''मैं भी रिश्तेदारों को ही छोड़ने आया हूँ'' डॉक्टर बोला, ''हम सबके रिश्तेदार हैं और सब ग़रीब हैं।''

वह ज़ोर से हँसा, शायद अधिक पिए हुए था।

''अगर रिश्तेदारों को खुश करना है तो आपको अमीर होना ज़रूरी है।''

''मैं तो शिकायत नहीं कर सकता'' पिश्ता बोला, ''कुछ रिश्तेदार बर्दाश्त के लायक भी होते हैं।''

''हाँ हाँ, बर्दाश्त के लायक तो होते हैं, मगर वे आप पर लदने लगते हैं क्योंकि आप जानते हैं कि रिश्तेदार वो नहीं होता जो अमीर हो बल्कि वह जो ग़रीब हो। परिवार के एक अच्छे अमीर आदमी के लिए मैं रिश्तेदार हूँ। मैं कैसे समझाऊँ—रिश्तेदारी नीचे की ओर जाती हैं। वह एक जाल के समान है, एक आदमी अन्दर घुसता है बाक ी रस्सियाँ खींचते हैं। वे बड़ी मछली को फँसाना चाहते हैं। शायद मेरे पास भी ऐसे जाल की रस्सी हाथ में है, कोई न कोई सम्बन्ध के कारण, बस मैं एक बड़े रिश्तेदार को जाल में नहीं फँसा पा रहा हूँ। ताज्जुब यह है कि छोटे रिश्तेदार मुझे फाँस लेते हैं।''

वे स्टेशन से बाहर निकले।

"उदाहरण के लिए, अगर डिप्टी मेयर मेरा रिश्तेदार होता, तो मेरे लिए कितना अच्छा होता। मुझे कोई अच्छी सरकारी नौकरी मिल जाती। पर मेरा तो कोई माई बाप है नहीं, जिसके पास मैं सिफ ारिश के लिए जाऊँ।"

"तुम्हें कोई सिफ ारिश की ज़रूरत नहीं है" पिश्ता ने बेरुखी से कहा, "तुम को केवल योग्यता की ज़रूरत है।"

डॉक्टर घबराया कि उसने अपनी बेवकूफ ी से डिप्टी मेयर को नाराज़ कर डाला था।

"जी जी, वो तो मेरे पास है, मैं इस शहर में, पिछले चौदह साल से हूँ और अच्छी ख़ासी प्रैक्टिस चला रहा हूँ और मैंने कई बार सरकारी नौकरी के लिए आवेदन पत्र भरे हैं मगर भगवान जाने किसलिए आज तक मेरी मदद किसी ने नहीं की। ठीक है, इतने डॉक्टर हैं शहर में, सबको तो यह पद नहीं मिल सकता।"

उसे अब तक यह समझ में आ गया था कि इस इतनी सुबह के वक़्त डिप्टी मेयर कोई मदद करने के मूड में नहीं हैं। अतः वह मज़ाक करता बोला–

"कोई बात नहीं साहब, अगली बार मैं अपने माँ-बाप बेहतर तरीके से चुनूँगा। गुड नाइट सर।"

डिप्टी मेयर को लगा इस डॉक्टर के सामने अपनी इज्ज़त बनाये रखनी चाहिए, अतः उसने टैक्सी बुलायी। वो तो जब वह टैक्सी में बैठ गया तब उसे ध्यान आया कि उसके पास तो एक पैसा भी नहीं था। अब क्या करता, टैक्सी तो चल दी थी।

अब इस वक़्त लीना को तो जगा नही सकता था डेढ़ पैंगो के लिए। सोच रहा था इस स्थिति को कैसे सँभालूँ।

जब गाड़ी घर के सामने रुकी, तब वह सही शब्द बोलने की सोच ही रहा था कि टैक्सी ड्राइवर से कहेगा कि कल ऑफि स आकर भाड़ा ले जाए, कि तभी ड्राइवर ने उचककर, उतरकर दरवाज़ा खोला।

पिश्ता ने अपनी जेब टटोलनी शुरू की।

"अरे आप मुझे पहचाने नहीं साहब? मैं पॉप बाची हूँ रेड़ीवाला जो बाचकाइ स्ट्रीट पर आपके घर के पास रहता था। मैं आपसे एक काम की दरख्वास्त करना चाहता था, अगर आप बुरा न मानें। मुझ पर तरस खाइए। मेरे चार बच्चे हैं और मुझे बोझा ढोने का कोई सरकारी काम नहीं मिल रहा है। मेरा तो कोई माई-बाप है नहीं, जिनके हैं उन्हें काम मिल जाता है।"

"क्या नाम था तुम्हारा?"

"वैन्दैल पॉप।"

"कल सुबह मेरे ऑफि स में आना। देखूँगा क्या कर सकता हूँ।"

"ठीक है मालिक।"

"मैं मालिक नहीं हूँ।"

"बहुत अच्छा साहब।"

"मैं तो आम जनता का आदमी हूँ। मेरे पास 'माई बाप' से काम नहीं होता। मैं तो योग्यता को देखता हूँ। शहर का आम आदमी मेरे लिए प्रमुख है।"

"बहुत अच्छा साहब।"

"अच्छा गुड नाइट।"

"आपको भी शुभ रात्रि।"

जब 'महामहिम' ने अपने पीछे गेट बन्द कर दिया, तब इस 'आम आदमी' ने कहा–

"तुम्हारा बेड़ा ग़र्क हो, तुम आम जनता के आदमी हो मगर किराया नहीं देते। तुम भी औरों जैसे ही हो। मुझे अफ सोस है कि मैंने तुमसे बात की।"

डिप्टी मेयर धीरे से घर में घुसे, जूते उतारे हॉल में, कपड़े उतारे स्टडी में और दबे पैर बेडरूम में गये। बाहर सड़क से अन्दर रोशनी आ रही थी अतः बत्ती जलाने की ज़रूरत नहीं थी। जब वह बिस्तरे में लेटे लीना ने हरकत की, मगर वह जगी नहीं। अब उसे इनके देर से आने की आदत पड़ने लगी थी।

उसने अपनी बाँहें फैलायीं हाथ जोड़े, और माँ की सिखाई हुयी प्रार्थना करने लगा।

तब उसे अचानक ख़याल आया कि वह तो अपनी दादी की ओर से डॉक्टर मॉर्तिनी से सम्बन्धित था, वह मुस्कुराया और सो गया। अगले दिन जब वह सोकर उठा तो बच्चे स्कूल जा चुके थे। सब तरफ शान्ति थी।

बाद में जब लीना ने दरवाज़ा खोला तो पति को उठा हुआ पाया, वह अन्दर आयी। बोली–

"तुम्हारे ऊपर बहुत बोझा आ गया है, क्या यह ऐसा ही चलता रहेगा?"

"कुछ दिन के लिए।"

"इतना बोझा अपने सिर पर मत लो। तुम्हें इसकी आदत नहीं है। अगर ज़रूरत से ज़्यादा काम से तुम मर गये तो?"

"बस इस काम से निबट लूँ। एक बार मेरी धाक जम गयी तो सब वैसा

ही होगा जैसा मैं चाहता हूँ। ज़रा कल्पना करो तुम्हारे सब रिश्तेदारों की बर्बादी की। जैसा मैं समझ रहा हूँ सारे सैंतकाल्नाई परिवार की सम्पत्ति भी इस गड्ढे को जिसे इन्होंने खोदा है, भर नहीं पाएगी।''

लीना पलँग पर बैठ गयी। उसने उसे सूअर-फ ार्म के बारे में सब कुछ बता दिया।

''उनके साथ तो यह होना ही था, वे हमेशा से ख़राब रिश्तेदार रहे हैं। उन्होंने कभी हमारी मदद नहीं की, लीना बोली।''

20

वह तैयार होकर दफ तर पहुँचा।

इंजीनियर वहाँ उसका इन्तज़ार कर रहा था। एक डेस्क पर बैठा, सामने फैले काग़जात में डूबा, अपने नोट्स बना रहा था।

''क्या बात है दोस्त?''

यूँ बोलने का तरीक ा उसने मेयर से सीखा था।

''मैं इन टेंडरों को देख रहा हूँ।''

''कौन-से टेंडर्स?''

''आज सुबह एक बंडल आया है। कल आख़िरी दिन है जमा करने का, और अभी तक ही काफ ी आ चुके हैं।''

इसके साथ ही उसने सब काग़ज इकट्ठा किये और उन्हें एक किनारे रख दिया।

''अरे हाँ, वह लोहे का पुल।''

शहर के एकदम बाहर एक छोटा-सा नाला था जो काफ ी मुसीबतें खड़ी कर देता था, क्योंकि जब भारी वर्षा होती तो वह पूरे क्षेत्र में बाढ़ ला देता था। सरकार ने इस पर जो टूटा-फूटा पुराना लकड़ी का पुल था उसकी जगह एक लोहे का पुल बनाने का फैसला किया था। उसी के लिए आवेदन पत्र मँगवाये गये थे।

पिश्ता बैठ गया और इंजीनियर के बोलने का इन्तज़ार करने लगा। मगर इंजीनियर के पास कुछ और कहने को था नहीं, अतः दोनों बातचीत करने लगे।

पिश्ता बोर होता सुनता रहा।

''हाँ याद आया, कल मैं रात्सकैवेई चाचा से बात कर रहा था। फ ाइश्पान ने उससे वादा किया है कि वह वित्त-मन्त्रालय से उसके बँगले की बात करेंगे।''

''कौन-सा बँगला?''

''वह चाहता है कि मन्त्रालय उसका बँगला टैक्स-ऑफि स बनाने के लिए ख़रीद ले।''

"कौन, रात्सकैवेई?"

"हाँ।"

"मैंने तो आज पहली बार सुनी यह बात!"

"ख़ैर, बाक ी सब तो ठीक है, बस यह बँगला ज़रा शहर के बाहर है। न्योमारका सड़क पर।"

"न्योमारका सड़क? वह तो श्हर से काफ ी दूर है।"

"हाँ, वही तो मुसीबत है। वह दूर है क्योंकि अगर शहर के अन्दर होता तो कोई परेशानी नहीं थी। घर बहुत अच्छा है, बरसों से अच्छी तरह रखा गया है। ऐतिहासिक इमारत भी है क्योंकि सन् 1848 में (हंगारी क्रान्ति का समय) यहाँ नाद्‌थ शान्दोर ने अपना हेडक्वार्टर बनाया था, शहर निवासियों को इसके प्रति बहुत श्रद्धा है और रात्सवैकेई तो हमेशा से इस क्षेत्र में जाने-माने रहे हैं, इस परिवार में कितने ही तो चीफ जज रहे, एक दो ऑलइश्पान भी, बस कठिनाई केवल एक ही है, वो यह कि यह जगह यहाँ से काफ ी दूर है।"

"यह तो काफ ी बड़ी समस्या है। टैक्स ऑफि स तो पास ही होना चाहिए ताकि लोग वहाँ आराम से पहुँच सकें। यूँ भी लोगों से टैक्स वसूल करना आसान नहीं होता, अगर उन्हें इसके लिए कुछ किलोमीटर दूर जाना पड़ा तो बस हो गया काम।"

"दो किलोमीटर से अधिक नहीं" इंजीनियर बोला।

पिश्ता सोचने लगा और इस निष्कर्ष पर पहुँचा कि इससे अधिक है, तीन किलो मीटर से कम तो बिल्कुल नहीं।

"ख़ैर छोड़िए इसे" इंजीनियर बोला। "अगर शहर की सरकार इसकी पैरवी करेगी, तो राष्ट्र की सरकार इसे ख़रीद लेगी, और हमें तो यह तक कहा गया है कि तब हमें मुख्य टैक्स ऑफि स का दर्जा भी मिल जाएगा, क्योंकि वह इस वक़्त जहाँ है वहाँ से झौरात्लोक अधिक सेंट्रल जगह है।"

"और तुम मुख्य कर सचिवालय को शहर के बाहर कैसे रख सकते हो।"

"क्यों नहीं, वह तो आदर्श जगह है। वहाँ पास में एक सुन्दर पार्क है, पुराने पेड़ हैं, हवा स्वच्छ है, कोई मिट्‌टी वगैरह नहीं है। हर आयकर अधिकारी वहाँ जाने की कोशिश करेगा, वह जगह तो स्वर्ग है।"

"और यह क्या अब होने वाला है?"

"बिल्कुल, सब कुछ तय हो चुका है। रात्सकैवेई के चाचा वित्त मन्त्रालय में सैक्रेटरी ऑफ स्टेट हैं।"

"मैं इस बारे में मेयर से बात करूँगा।"

"आप अगर बुरा न मानें तो मैं यह लोहे के पुल के आवेदन पत्र देख लूँ ज़रा? मुझे उनको ठीक से देखना है ताकि मैं तैयार रहूँ।"

"चिन्ता मत करो, जैसे ही आवेदन मंजूर करने की सीमा समाप्त हो जाएगी तुम उन्हें देख सकते हो, मुझे इससे कुछ लेना-देना नहीं है, तुम ही इस पर एक्सपर्ट की तरह से राय दे सकते हो।"

"जी मैं वही कह रहा हूँ। मेरे पास अगले कुछ दिन तक बहुत काम हैं और मैं अभी से शुरू करना चाहूँगा।"

"मेरे हिसाब से यह नियम के विरुद्ध है।"

"कौन-से नियम?" इंजीनियर ने गुस्से से उबलते हुए कहा, "कहीं आप यह तो नहीं सोच रहे कि इस टेंडरों को अवधि समाप्त होने से पहले देखने में मेरा कुछ फ ायदा है? मेरे लिए सब बराबर है, आपको मेरे बग़ैर जो करना है वह कर लीजिए।" उसने गुस्से में ही हैट उठाया और चला गया।

पिश्ता को उसके इस बर्ताव पर बहुत आश्चर्य हुआ। अब तक उसके दिमाग़ में यह वाक ई नहीं आया था कि इसमें कुछ गड़बड़ी हो सकती है, मगर अब वह सोच रहा था कि क्या वास्तव में इंजीनियर का इसमें कुछ हित नहीं था कि यूँ अवधि समाप्त होने से पहले डिज़ाइन देख ले।

इंजीनियर इसलिए अभी तक अपना गुस्सा दबाये हुए था और यहाँ से इतने आराम से चला भी गया था, क्योंकि उसने जो ख़ास बातें थीं वे नोट कर ली थीं, बस कुछ और चीज़ें ही लिखनी बाक ी रह गयी थीं जो उसे होलुब एण्ड कम्पनी को बतानी थीं।

डिप्टी मेयर ने सारे कागज़ात उठाये और उन्हें अलमारी में बन्द कर लिया। फिर उसने अपने सेक्रेटरी डॉ. पेतैरफ ी को बुलाया और सूअर-फ ार्म की फ ाइल लाने को कहा।

सूअर-फ ार्म 1925 में स्थापित किया गया था, कुल साढे दस लाख कोरोना की पूँजी से। जब करैन्सी बदली तो इसका मूल्य 1,20,000 पैंगो हो गया, पर तब तक पूँजी ग़ायब हो चुकी थी। काइसल ने इसको बढ़ाया और पूँजी निवेश 400,000 पैंगो हो गया। पिछले साल यह बढ़ाकर 600,000 पैंगो कर दिया गया था।

"तुमने मुझे यह क्यों बताया कि जमा की गयी राशि 1.5 मिलियन थी?"

"यह तो विपक्ष कहता है। वे आपको यह नहीं बताते कि यह राशि कोरोना

में थी।''

''ठीक।''

''वास्तव में केवल 1.5 मिलियन कोरोना ही जमा किया गया था। अब नुक़सान 1.5 पैंगो का दिखाई दे रहा है।''

''हाँ, मैं समझ रहा हूँ।''

''बिल। बिल्डर्स पर अभी बहुत पैसा बक ाया है। फिर ख़रीदारी। सूअर और मक्का ख़रीदने का कज ि। निवेश-मशीनें इत्यादि।''

''यह कैसे है कि अभी तक ज़मीन सूअर-फ ार्म के नाम पर हस्तान्तरित नहीं की गयी है?''

''मिनिस्टर ने अभी तक काउंसिल के फैसले पर हस्ताक्षर नहीं किये हैं।''

''ठीक।''

यह सब पिश्ता के लिए नया खुलासा था। अब कहीं जाकर वह मामले को ठीक से समझ पा रहा था।

''यह कर्ज़े इतने बढ़ते कैसे गये?''

''मैनेजमेंट एक ऐसे बिन्दु पर शीघ्र ही पहुँच चुका था जहाँ तक जाते-जाते मूलभूत पूँजी ख़त्म हो गयी पर बिज़नेस ऐसा था कि उसे बढ़ाये चले जाने के अलावा और कोई चारा नहीं था। कई संक्रमण भी हुए इस बीच 'स्वाइन फ्लू' के। सूअरों को इंजैक्शन वगैरह लगाने का ख़र्चा बहुत हुआ। एक नुक़सान की भरपाई दूसरा नुकसान उठाकर करते रहे। बूढ़े सैंतकाल्नाई का सदा एक ही उत्तर था ''मैं हूँ ना।'' वह हस्ताक्षर करता चला—बिल, अकाउंट बेहद लापरवाही से। फिर मक्का के दाम आकाश छूने लगे और सब ख़त्म।''

अब सूअर-फ ार्म का पूरा कच्चा चिट्ठा उसके सामने था। जब वे यह सब हिसाब किताब देख ही रहे थे तभी मेयर का सेक्रेटरी अन्दर आया, बोला मेयर साहब आप को याद कर रहे हैं।

पिश्ता फौरन गया।

''ओह हैलो, मेरे दोस्त'' खड़े होकर मेयर ने उसका स्वागत किया। वे आराम कुर्सियों पर बैठ गये, मेयर ने उसके घुटने को थपथपाया।

''तो, मैंने सुना है कि हम ठीक जा रहे हैं। हैं ना? तुम सूअर-फ ार्म के विषय पर कैसे चल रहे हो?''

''दरअसल, महामहिम'' पिश्ता ने गम्भीरता से कहा, ''मुझे अभी भी यह मामला साफ समझ में नहीं आ रहा, मगर मैं यह ज़रूर महसूस करता हूँ कि शहर

को इससे फ ायदा ज़रूर होगा।''

''हाँ हाँ बताओ मुझे।''

और फिर पिश्ता ने उसे वह सब बताया जो पिछले दिन उसने कॉर्दिच से सुना था। उसने वह नहीं बताया जो उसने आज सुना था। मेयर बड़े ध्यान से सुनते रहे, बस एक ही बात से पिश्ता को परेशानी हो रही थी कि मेयर की नज़रें उसे लगातार बेधती जा रही थीं। उसने अतः यह नहीं कहा कि जो प्रारम्भिक शेयर होल्डर थे वे काफ ी हद तक इस सबके ज़िम्मेदार थे।

''यह तो करना ही है मेरे दोस्त! मैंने सुना है कि तुम आजकल डॉ. मॉर्तिनी से बहुत मिल-जुल रहे हो।''

''मैंने उसे इस मामले में कुछ नहीं बताया। मैं बहुत सावधान था।''

''हाँ, हाँ'' मेयर बोले, ''हमें विपक्ष से बात तो करनी ही चाहिए।''

और जो मैंने उसे बताया, मुझे लगा, उसे पसन्द आया। और तो और उसने मेरी हाँ में हाँ मिलायी। वह भी सहमत था कि सूअर-फ ार्म को बचाना ही चाहिए, और सरकार के अधीन इसे ले आना चाहिए। मुझे पूरा विश्वास है कि इस विषय पर हमें विपक्ष का समर्थन मिलेगा सदन में।''

''ओह विपक्ष! विपक्ष तो ज़रूरी है। अगर विपक्ष नहीं होगा तो कोई यह नहीं मानेगा कि सब कुछ ठीक ठाक है।''

और वह ज़ोर से हँसा।

''अगर विपक्ष को यह पसन्द आया तो समझो बिल्ली मार ली।''

पिश्ता चुपचाप सुनता रहा। वह यह जानने का प्रयत्न कर रहा था कि आख़िर मेयर के दिमाग़ में चल क्या रहा है।

मगर मेयर ने तो बात ही बदल डाली। वे फैरेन्त्स दैयाक* के बारे में बात करने लगे। यह उनके जवानी के दिनों की घटना थी। वे दैयाक को अच्छी तरह जानते थे। इस वक़्त वह दैयाक बूढ़े हो चले थे और राष्ट्र के कामों में अधिक हस्तक्षेप नहीं किया करते थे पर हुआ यूँ कि एक जनरल इलेक्शन के प्रचार के समय मेयर साहब उनसे क्वीन ऑफ इंगलैंड नामक रेस्तराँ में मिलने गये। अरे दोस्त वह इतना बड़ा आदमी एक मामूली इनसान की भाँति रहता था। कॉरिडोर में हमें काफ ी देर इन्तज़ार करना पड़ा उससे मिलने के लिए। बहुत देर बाद लोन्याय मैन्यहेर्त उनके कमरे से बाहर आया तब कहीं हमारा नम्बर आया। उस वक़्त हम

* फैरेन्त्स दैयाक—हंगारी राजनीतिज्ञ जिसने ऑस्ट्रिया के साथ सन्धि कर हंगरी को औस्ट्रो हंगेरियन का हिस्सा बनवाया 1867 में।

विपक्ष में थे। जवानी में सब विपक्ष में ही होते हैं। जो चालीस वर्ष की आयु तक विपक्ष में हो वह आदमी ही नहीं बनेगा कभी मगर जो तीस वर्ष से पहले विपक्ष में न हो, वह भी कभी आदमी नहीं बनेगा। तीसा कालमान भी अढ़तीस वर्ष की आयु तक विपक्ष में ही था...ख़ैर हम उनके पास अन्दर गये। वहाँ बड़ी कुर्सी पर विराजमान थे वे, खड़े नहीं हुए। उनके सामने हम यूँ खड़े थे मानो हम स्कूल के बच्चे हों। हमारा व्याख्यान सुना और बोले ज़रा संक्षेप में कहो बच्चों क्योंकि यह ज़िन्दगी छोटी है बिल्कुल पाजामें की डोरी की भाँति वह भी तभी अटक जाती है कपड़ों में जब उसे नहीं अटकना चाहिए...

खूब हँसे यह कहकर, बड़ा अजीब था, उनकी उपस्थिति में हम यह भी भूल गये थे कि आज भी ज़िन्दगी भागी जा रही है, एक पुराने ज़माने के दर्शन कर रहे थे हम।

तभी उन्होंने कहा कि "जो बीस की आयु से पहले सुन्दर न हो, तीस तक बुद्धिमान न हो, चालीस तक अमीर न हो उससे कुछ भी अपेक्षा करना फिजूल है।" तुम कितने साल के हो मेरे दोस्त।"

"पैंतालीस!"

"सबसे सुन्दर समय है यह, ज़रा बताओ तुम उस बेचारे इंजीनियर को वह चीज़ें क्यों नहीं दे देते जिसकी वह माँग कर रहा है?"

डिप्टी मेयर काँप गया।

"महामहिम, जब तक आवेदन भरने की अन्तिम तिथि न निकल जाए तब तक इंजीनियर को आवेदन पत्र दिखाना निषेध है।"

"बिल्कुल, बिल्कुल पर दे दो; अगले हफ़्ते उसके पास बहुत काम रहेगा। मैं ज़िम्मेदारी लेता हूँ, बस अब आगे मैं इसके बारे में कुछ ना सुनूँ, मैं तुमसे पहले ही कह चुका हूँ कि तुम मेरे प्यारे छोटे भाई के समान हो, मैं तुम्हारा बड़ा भाई हूँ, बोलो क्या नकारते हो इस बात को?"

"नहीं.....मेरे प्यारे अच्छे बड़े भाई।"

"उसके बाद हम इस सूअर-फ र्म के विषय में भी बातचीत करेंगे। बहुत अच्छा लगा सुनकर जो तुमने बताया, मेरा उत्तर यही है कि यह काम हमें करना ही है। डॉक्टर मॉर्तिनी विरोध करते रहे, हमें उसकी भी बहुत ज़रूरत है। उसी के कारण तो हम बाध्य हो पाएँगे वह करने को, जो हम करना चाहते हैं। अगर विपक्ष न हो तो सब काम ठप्प ही हो जाएँ....विपक्षियों की तो प्रशंसा करनी चाहिए. ..यह फैरैन्त्स दैयाक ने भी कहा था....यह इस डॉक्टर मॉर्तिनी से तुम्हारी इतनी

दोस्ती कैसे हो गयी?"

"वह मेरा रिश्तेदार है।"

"रिश्तेदार?" मेयर चिल्ला पड़े।

उनके यूँ चिल्लाने से यह ज़रूर ज़ाहिर होता था कि उनके लिए यह बहुत बड़ा अचम्भा था, लगा उन्होंने यह सुन लिया हो कि डॉक्टर मॉर्तिनी को फोइश्पान बना दिया गया है।

"तुम्हारे रिश्तेदार? यह कैसे सम्भव है?"

डिप्टी मेयर मुस्कुराया।

"उसकी दादी और मेरी दादी दोनों बूढ़ी औरतें थीं।"

मेयर इस समय इस तरह के मज़ाक के मूड में नहीं थे।

उन्होंने सख़्ती से और ज़रा शक्क ी निगाह से उसकी ओर देखा, यूँ मानो उन्हें ज़रूरी था उसके बारे में विस्तार से जानना।

"मेरे दादा, कोपयाश इश्तवान, जी हाँ मेरे दादा और पिता का नाम भी इश्तवान ही था, ने गमर काउंटी की लड़की से शादी की थी, जिनका नाम मॉलातिन्स्की एवा था जो पोदोलीनी के मॉलातिन्स्की परिवार से सम्बन्धित थीं। और डॉक्टर मॉर्तिनी की दादी भी इसी परिवार की थीं। यह है हमारी रिश्तेदारी बहुत दूर की, चाहूँ या न चाहूँ जैसा आप हुक्म दें।"

-"हम्म!" मेयर बोले, "बदक़िस्मती, बदक़िस्मती।"

"यही कारण था कि डॉक्टर मॉर्तिनी को अभी तक इस शहर में कोई ऐसा नहीं मिला था जिससे उनका कोई सम्बन्ध था, क्योंकि वे तो पहाड़ों के रहने वाले हैं। शायद इसीलिए वे इतने हठी भी हैं और इतने वर्षों से विपक्ष के लीडर हैं। उनका यहाँ कोई अपना था ही नहीं?"

"मगर देखो, देखो" मेयर अपनी दाढ़ी खींचते हुए बोले, "यहाँ आओ, आओ बैठकर बात करते हैं। यह साधारण बात नहीं है, बिल्कुल साधारण बात नहीं है. .. और यह आदमी चाहता क्या है, इस रिश्तेदारी से क्या चाहता है....क्या उम्मीद लगाये बैठा है इस सम्बन्ध से.....क्या है उसके पास कहने को?"

डिप्टी मेयर घबरा गया। जब वह बैठ गया तो उसको समझ आया कि यह बड़े लोग यह समझते हैं कि आप अपनी रिश्तेदारी के कारण किसी भी घपले में पड़ने का अधिकार रखते हैं। उसने बड़ी सावधानी से उत्तर दिया–

"मैं नहीं जानता वे क्या चाहते हैं। अभी तक उन्होंने अपने पत्ते खोले नहीं हैं।"

"वही तो–अब वह कोशिश करेगा....बहुत होशियार रहने की ज़रूरत है। यहाँ लोग बड़ा और ताक़तवर होने का केवल दिखावा नहीं कर सकते, जब मुसीबत का समय निकल जाता है तब सरकारी कामों में टाँग अड़ाने लगते हैं जहाँ उनके घुसने का कोई मतलब ही नहीं है। विपक्ष में कोई भी बैठ सकता है। बस आपको हर समय धावा बोलना और नुक़्स निकालना आना चाहिए। इन बेकार के लोगों के लिए यही अच्छा है, मैं जानता था कि एक वक़्त ऐसा आयेगा जब यह ऐलान करेगा कि वह फलाँ का रिश्तेदार था... ज़रा देखो इसे....इससे यह सिद्ध करना चाहता है कि वह भी कुछ है....तुम यूँ हरेक को गले नहीं लगा सकते।"

डिप्टी मेयर डॉक्टर मॉर्तिनी की कमियों के बारे में बोलना ही चाहता था कि वे बिल्कुल बेकार के आदमी थे, कि उसके पास उनके लिए कोई समय नहीं था, पर फिर उसने सोचा कि मेयर इस पर विश्वास नहीं करेगा और यही सोचेगा कि वह कुछ छिपा रहा था, शायद मॉर्तिनी से साँठ-गाँठ कर रहा होगा। अतः थोड़ी देर बाद बोला–

"महामहिम, मैं आज शाम को उससे क्लब में मिलने जा रहा हूँ क्योंकि उन्होंने मुझे बुलाया है। देखता हूँ क्या मामला है। मैं असलियत जान कर ही रहूँगा। झाड़ियों में से ख़रगोश को निकाल ही लूँगा। दिखाने दीजिए उन्हें अपना असली रंग।"

मेयर की पतली उँगलियाँ मेज़ पर तबला बजा रही थीं।

"मैं यह उसके असली रंग दिखाने से कोई प्रभावित नहीं हूँ, बस उसे विपक्ष में ही रहना चाहिए। एक अच्छा, नुक़सान न पहुँचा पाने वाला विपक्ष ... तुम्हारे लिए इस कमबख़्त रिश्तेदारी का क्या अर्थ है?"

"मैं अपने दादा का किया तो धो नहीं सकता।"

"पर तुमने यह राज़ उस पर क्यों खोला? तुम जानते हो उसका कितना बड़ा मुँह है..."

"उसे अपना मुँह बन्द रखना होगा।"

"उसे? वह बहुत भूखा आदमी है...उसके हिसाब से कुछ अच्छा नहीं होता। उसकी प्रैक्टिस चलती नहीं। बस यह विपक्ष के हथकंडों से पैसा कमाता है। उसके कोई ग्राहक तो हैं नहीं।"

"बिल्कुल। यह बहुत गम्भीर मामला है, बड़े भाई, बहुत गम्भीर मामला.. .ख़ैर मैं उसकी टोह ले लूँगा। मैं कल तक सब जान जाऊँगा।"

मेयर का सैक्रेटरी आया और उसने बताया कि लोग बाहर इन्तज़ार कर रहे

थे। डिप्टी मेयर सलाम करके निकल गया।

वह कॉरिडोर में जाकर मुस्कुरा रहा था। वह खुश हो रहा था अपनी अक्लमन्दी और चतुराई पर। कभी-कभी इन बड़े लोगों पर शिकंजा कसने में कोई ख़राबी नहीं है। कम से कम तब तक तो बिल्कुल नहीं, जब तक वह यह न जान ले कि उसे इस स्थिति से कैसे निबटना है।

इंजीनियर उसके ऑफि स में इन्तज़ार कर रहा था। उसे देखकर पिश्ता को यह लगा कि बड़ी तसल्ली से वह सोचे बैठा था कि जो काग़ज़ उसे चाहिए वे तो मिल ही जाएँगे उसे। विश्वास से भरा हुआ था वह। चलो ख़ैर उसने इसे थोड़ा इन्तज़ार तो कराया।

पिश्ता ने पहल की।

''माई डियर'', उसने बड़ी तमीज़ से कहना शुरू किया, ''अच्छा है कि तुम यहाँ हो। मैं अभी मेयर साहब से सूअर-फ ार्म के बारे में बात कर रहा था। ज़रा बैठो हम इस बारे में ज़रा देख लें।''

''हाँ, मगर मैं ज़रा मसरूफ हूँ।''

''हाँ, हाँ मैं जानता हूँ मगर यह बहुत अरजेंट मामला है।'' ''माई डियर डॉ. पैतैरफ ी'', उसने आवाज़ लगायी क्या आप ज़रा सूअर-फ ार्म वाले कागज़ात लाएँगे। अच्छा इंजीनियर साहब आप ज़रा बताएँगे कि सरकार को होलुब एंड कम्पनी को कितना पैसा देना है?''

''मैं पूरी तरह नहीं जानता। सारे बिल यहाँ हैं।''

''मगर काफ ी पैसा देना है ना?''

''जी।''

''पूरी इमारत बनाने का काम उन्होंने ही किया था?''

''ज़ाहिर है।''

''और फिटिंग्स?''

''कौन-सी फिटिंग्स?''

''बिजली का प्लांट, मशीनरी।''

''नहीं वह सब सैंतकाल्नाई ने किया था।''

''ठीक। तो उनकी सैंतकाल्नाई मैकेनिकल एजेंसी भी है?''

''वह लोहे का व्यापार है। उन्हीं की लाइन का बिज़नेस है, उन्होंने सोचा होगा कि खुद करेंगे तो सस्ता पड़ेगा बजाय एजेंट से कराने के।''

तब तक डॉ. पेतैरफ ी फ ाइलें लेकर आ गये थे। कमरे के बीचोंबीच एक

बड़ी सी मेज़ थी। उन्होंने फ ाइलें लाकर उस पर रख दीं और कुछ अलग से डॉक्यूमेंट किनारे पर टिका दिये।

इंजीनियर ने इन सब तैयारियों की ओर शक से और ज़रा हड़बड़ाते हुए देखा।

"इधर देखिए जनाब, मैं इस वक़्त पन्द्रह मिनट इस काम के लिए नहीं दे सकता। दोपहर हो चुकी है और मैं अभी अपने काम में बहुत पीछे हूँ। मुझे मेयर साहब के लिए एक रिपोर्ट भी तैयार करनी है।"

पिश्ता सीधा देखता रहा, वह फन्दा ज़्यादा भी नहीं कसना चाह रहा था, उसने इंजीनियर को जाने दिया। वह अभी भी पूरी तरह से इस मामले को समझा नहीं था।

बिना एक शब्द भी बोले, उसने टेंडर्स इंजीनियर को पकड़ा दिया, बड़ी ठंडी मुस्कान चेहरे पर लाये।

जब इंजीनियर चला गया तब भी पिश्ता आवेश में ही था। उसे महसूस हो रहा था कि डकैती हुई थी। यह लोग क्या चाह रहे थे, क्या कर रहे थे, और क्या थे इनके मनसूबे। वह ज़रा इसको अच्छी तरह से समझ ले, बस फिर देखो क्या होता है।

डॉ. पेतैरफ ी उसके सामने खड़े इन्तज़ार कर रहे थे।

"डियर पेतैरफ ी मैं इस मामले में बहुत कम समझ पा रहा हूँ। तुम तो इसको बहुत अच्छी तरह से जानते हो, क्या तुम मुझे शुरू से आखिर तक इसका इतिहास समझा सकते हो?"

"जैसा आप चाहें साहब।"

"मुझे इस पर अच्छी पकड़ चाहिए और जल्दी। जैसा मुझे लगता है, कुछ घंटे ही लगेंगे इसको समझने में, क्योंकि मैं बड़े लोगों का सामना तब तक नहीं कर सकता जब तक सारे तथ्य न जान लूँ। केस के हित में, और मेरे खुद के हित में भी, मुझे सब कुछ साफ -साफ जानना है जल्दी।"

"कोई परेशानी नहीं है साहब।"

"कृपया ज़रा यहाँ बैठो एक मिनट। मैं तुमसे कुछ पूछना चाहता हूँ।"

"जी पूछिए।"

"तुम कहाँ से हो?"

"मैं? ट्रांसिल्वैनिया से। शरणार्थी हूँ।"

"ठीक। और तुम्हारी पत्नी?"

"वह भी।"

"अतः तुम यहाँ हंगरी के पूर्वी भाग के नहीं हो। तुम्हारा यहाँ कोई रिश्तेदार नहीं है?"

"नहीं साहब।"

"तुम अजनबी लोगों के बीच कैसे गुज़ारा करते हो?"

"सच बोलूँ साहब, कठिनाई तो होती है। आपने तो सही बिन्दु पर उँगली रख दी है। अगर यहाँ आपको किसी से मदद मिल सकती है तो केवल अपने रिश्तेदारों से। दरअसल यहाँ झौरात्नोक के लोग हम शरणार्थियों को इतना तुच्छ समझते हैं कि मकान-मालिक हमसे कहता है कि तुम्हारा क्या? तुम आज यहाँ हो, कल नहीं। पर अब हमें इसकी आदत पड़ गयी है, हमें यहाँ किसी उत्सव में नहीं बुलाया जाता, हमारे साथ ऐसा व्यवहार किया जाता है मानो हम हंगारी हो ही नहीं। किसी और प्लैनेट से आय घुसपैठिये हों। अभी कुछ समय पहले ही हमने बड़ी मुसीबत उठायी थी, हमने लोगों को कहते सुना कि हम घुसपैठिये यहाँ क्या कर रहे हैं। हम अपने फर्नीचर, आलू और जौ को सर्दी से बचाने के लिए मकान मालिक से सैलर माँगते हैं तो मना कर देता है। मेरी पत्नी एक सूअर ले आयी तो कहा–मकान किराये पर देते हुए उसमें सूअर रखने की इजाजत नहीं माँगी गयी थी। मकान मालिक के पास बहुत ख़ाली जगह है पर वह हमें नहीं देना चाहता। इस शहर में रहना बहुत कठिन है। घर पर सब अलग था। वहाँ के किसान बहुत अच्छे दिल के और सरल हैं। यहाँ तो सब किसान केवल बड़े आदमियों को खुश करने में लगे हुए हैं। मगर हमें तो सब कुछ बर्दाश्त करना है।"

डिप्टी मेयर को तसल्ली हो गयी थी। वह सिफ यही जानना चाह रहे थे कि पेतैरफ ी विश्वसनीय गवाह है कि नहीं। एक ऐसा गवाह जो किसी से जुड़ा नहीं हो। अब यह साफ था कि पेतैरफ ी बिल्कुल सही व्यक्ति है। उसका इस शहर में किसी से कोई सम्बन्ध नहीं था अतः उस पर भरोसा किया जा सकता है।

"यह फ ार्म शुरू कैसे हुआ?"

"मेरे आने से पहले। मैं इस शहर में 1927 में आया। उस वक़्त तक फ ार्म की दूसरी फ सल हो चुकी थी। मेरा मानना है कि यह काम क्रान्ति के बाद शुरू हुआ। एक सूअर बेचने वाला दैवैचैरी, यह उसके ही दिमाग की उपज थी। 1921-22 में उसने शेयर होल्डरों की मीटिंग बुलाई, वे कम्पनी बनाने में असफल रहे अतः मॉक्रोत्सी के किराएदार को अपने साथ मिला लिया और डेढ़ मिलियन कोरोना

से कम्पनी स्थापित हुई। मगर फिर वित्तीय स्थिति ऐसी हो गयी कि वह पैसा डूब गया, दैवैचैरी दीवालिया हो गया और मॉक्रोत्सी का किरायेदार भी, काइसर को पूरा शेयर-इशु मुफ़्त में मिल गया। कुछ समय बाद उसका भी दीवाला निकल गया और वह अमरीका चला गया। सैंतकाल्नाई ने अपनी बेटी का विवाह किया, तब इसे फिर से शुरू किया गया और यह फैसला लिया गया कि शहर की सरकार की मदद से यह काम किया जाए। उस वक़्त लोगों को समझ में आया कि सैंतकाल्नाई का जो विदेश से व्यापार था वह ख़त्म हो चुका था—उसका बहुमत बड़ा कारोबार था—टर्की और बालकान से। अब चूँकि नये कस्टम के नियम बन चुके थे वह कारोबार बैठ गया था। अब उसे कुछ और करने की ज़रूरत थी। ज़ाहिर था इस शहर में सूअर-पालन में बहुत पैसा था, बहुत माँग थी। बने-बनाये ग्राहक मौजूद थे। यह एक बड़ी बात थी। पर इससे भी बड़ी बात यह थी कि किसान अपने सूअर नहीं बेच सकते थे। जो फालतू सूअर थे उनको ख़रीदने के लिए एक कम्पनी की ज़रूरत थी। सैंतकाल्नाई का फ ार्म बाक ी सब फ ार्मों से अच्छा कर रहा था क्योंकि उसके पास स्थायी ग्राहक थे। उसके पास दो हज़ार एकड़ है और हज़ार एकड़ वह किराये पर देता है। सब बड़े आदमियों के पास बहुत ज़मीन है। ऑलइश्पान के पास छः सौ एकड़, मेयर के पास आठ सौ। तीनों मिलकर काफ ी ताक़तवर थे और बिज़नेस अच्छा चल रहा था। मार्किट की चिन्ता उन्हें थी नही, सभी कुछ उनके स्वयं के ही हाथों में था। मक्का वे खुद ही उपजा सकते थे। सूअर के डीलर, मक्का विक्रेता, जौ, ओट्स, सब कुछ इनके हाथों में ही था।

"क्या यह कॉन्ट्रैक्ट्स हैं?"

"बिल्कुल। सब यहाँ फाइलों में हैं।"

"तो यह फ ार्म का पहला रिकार्ड था।"

"हाँ। इसी का हवाला देकर शहर की सरकार से ग्रांट मिलती थी। रेलवे लाइन के पास इन्हें चौदह एकड़ ज़मीन मुफ़्त मिली तब तक के लिए जब तक फ ार्म चलेगा।"

"अब तो फ ार्म नहीं चल रहा?"

"जी नहीं। चल रहा है। अभी भी करीब दो दर्जन सूअर वहाँ हैं।"

पिश्ता ने याद किया। उसने कुछ सूअर वहाँ देखे थे मगर उसे लगा था कि वे स्टाफ के हैं।

"अच्छा।"

"तो सरकार ने उन्हें इस चौदह एकड़ के अलावा छः एकड़ बहुत कम किराये

पर भी दे दी। यह भी तब तक के लिए जब तक फ ार्म चल रहा है।"

डिप्टी मेयर इस पर आश्चर्य कर रहे थे। वे चुपचाप सुनते जा रहे थे।

"इसके बदले में सरकार को कम्पनी के तैंतीस प्रतिशत शेयर भी मिल गये। जब पैंगो का समय आया तो इसका मूल्य चार लाख निर्धारित किया गया। इसमें से एक तिहाई शहर की सरकार का है, बावन प्रतिशत सैंतकाल्नाई का है और पन्द्रह प्रतिशत छोटे निवेशकों का है, छोटे किसानों का।"

अब सब कुछ साफ हो रहा था।

"यह पहले साल का रिकार्ड है, 1926 का। ज़रा देखिए बैलेंसशीट। एक ओर पूँजी दिखायी है अस्सी हज़ार पैंगो, दूसरी ओर घाटा बत्तीस हज़ार का। शेयर होल्डरों ने केवल साठ प्रतिशत चुकाया...इधर देखिए यह किराया देखिए। शहर की सम्पत्ति तो ओवर वैल्यू दिखायी गयी है। सब मनगढ़न्त नम्बर है। सरकार से पहला कर्ज़ अस्सी हज़ार पैंगो, बैंक से चालीस हज़ार। होलुब का बिल दो लाख। पहले साल की इन्वेस्टमेंट चार सौ सोलह हज़ार, छह सौ तिरेपन पैंगो, शेयर होल्डर ने केवल अढ़तालिस हज़ार लगाये थे और उसका दस गुना पैसा बिज़नेस में लगा था।

"होलुब का बिल कितना बताया?"

"पहले साल के अन्त में दो लाख।"

"क्या यह होलूब अमीर आदमी है?"

"हुआ करता था। अच्छी जगह शादी हुई थी उसकी। पत्नी अमीर बाप की इकलौती लड़की थी। कई लाख की जायदाद थी उसकी, पर कैश अधिक नहीं था। अब तो सुना है तलाक हो रहा है।"

"क्या यह होलुब यहूदी है?"

"नहीं, बिल्कुल नहीं। बाहर विदेश में पढ़ा है। काफ़ी जर्मन प्रभाव है उस पर। बहुत सुसंस्कृत, कलात्मक व्यक्ति है। उसका पुस्तकालय शहर में सबसे अच्छा है, उसका पेंटिंग्स का संचय अच्छा है। वह तो किसी और लड़की से शादी करना चाहता था मगर लड़की के माता-पिता नहीं माने, अतः उसने यहूदी लड़की से शादी कर ली। आजकल वह सही लोगों में उठता बैठता है।"

डिप्टी मेयर मुस्कुराये। ओह तो तभी उन्हें इंजीनियर को सारे टेंडर देने पड़े। होलुब एण्ड कम्पनी!

डॉ. पेतैरफ ी को लगा कि पिश्ता सूअर-फ ार्म का विरोधी है अतः उन्होंने आगे बोलना शुरू किया—

''इमारतें बनने के काम में मन्दी आयी। 1926 में इमारत बननी शुरू हुई और तीन महीने में ही होलुब एंड कम्पनी ने दो लाख का बिल पकड़ा दिया।''

''और बिल्डूर्स को पैसा कैसे दिया गया।''

''बिल्स ऑफ   एक्सचेंज और उसके साथ ही अगला आर्डर भी दे दिया गया। बुनियादी पूँजी चार लाख पैंगो बढ़ा दी गयी। फिर शहर को बड़ा कर्ज़ा मिला राष्ट्रीय सरकार से, जिसमें से चार लाख और दे दिये गये फ   ार्म को। अचानक पूरा शहर इस पर विश्वास करने लगा। अनगिनत छोटे किसानों ने इसके शेयर ख़रीद लिए। स्टॉक एक्सचेंज पर इनका मूल्य बढ़ता गया। छः हज़ार सूअर हर छठे महीने पैदा करने का विचार किया गया। पहले साल पाँच हज़ार सूअर ख़रीदे गये। उनकी क   ीमत थी तीन लाख। बाक   ी बिल्डिंग वगैरह का ख़र्चा डेढ़ लाख, छः हज़ार मन मक्का डेढ़ लाख। गरज़ कि दूसरे साल घाटा लाखों में पहुँच चुका था।''

डिप्टी मेयर अब हैरान होने लगे थे। डॉ. पेतैरफ   ी एक-एक बात बारीकी से जानते थे और बिल्कुल वकील की तरह उसे प्रस्तुत भी कर रहे थे। उन्हं क्या ज़रूरत थी यह सब जानकारी हासिल करने की? कहीं इसमें इनका कोई स्वार्थ तो निहित नहीं है? पैतैरफ   ी बोलते रहे।

''इसमें कोई शक नहीं कि सब कुछ बहुत अच्छा बनाया गया था। देखने लायक फ   ार्म है। पूरा नयी नयी तकनीक से बना हुआ।''

''वाकई बहुत सुन्दर है इसमें कोई शक नहीं'', पिश्ता बोला–

''कुछ ज्यादा ही सुन्दर है।'' जब छोटे किसानों ने इसे देखा तो बड़े नाराज़ हुए। यहाँ सूअरों के सोने और मोटा होने के इतने इन्तज़ाम और हम रहते हैं तकलीफ में! क्या खूबसूरत बाड़े, पाइपों से आता पानी, बिजली! कितनी विलासिता सूअरों लिए!

''अच्छा होगा अगर समस्याएँ सुलझायी जा सकें और एक नयी कम्पनी इसे ले ले, पर कैसे? इतना लम्बा-चौड़ा टीम-टाम था। एक मैनेजर, एक डिप्टी मैनेजर, ऑफि   स स्टाफ   , चीफ   क्लर्क, सचिव, दो ग्रेजुएट किसान, पचास सूअर-पालन विशेषज्ञ, महीने का ख़र्चा इतना था कि सरकार का भी नहीं होगा। और फ   ायदा?....डेढ़ मिलियन किलो सूअर के मांस का लक्ष्य था साल का, मगर कोई नहीं जान पाया कि कितना हो पाता था। सबसे मज़े की बात तो यह थी कि किसान अपना सड़ा गला मक्का यहाँ बेच देते थे जो सूअर खाते नहीं थे। सूअरों को समझाना बड़ा मुश्किल था कि भई यह शेयर होल्डरों के फ   ार्म से आया है। बाहर से मक्का ख़रीदना महँगा हो रहा था। मक्के का दाम तीस पैंगो पहुँच गया मगर मॉगॉलित्सा (हंगरी का बेहतरीन

सूअर) उसे मुँह नहीं लगाते थे। फिर मक्का की फ सल बैठ गयी, ट्रांसदैनूविया (पश्चिमी प्रदेश) से ख़रीदनी पड़ी। सूअरों के दाम में उछाल आया जनवरी और मार्च 1927 के बीच, सोचा अब यह अच्छा चिह्न है।''

''और फिर आयी मुसीबत स्वाइन फ़्लू के रूप में। सूअर, मार्किट रेट से नीचे बिकने लगे। अब भट्ठा बैठ गया था।''

''मगर मैंने तो सुना है कि यहाँ के सूअर ईनाम जीत रहे थे।''

''अफवाह यह है कि प्रतियोगिता के लिए सैंतकाल्नाई अपने खुद के सूअर भेजा करता था; क्योंकि उसके लिए यह ज़रूरी था कि फ ार्म का नाम हो।''

''उस वक़्त बोर्ड पर कौन था?''

''बूढ़ा सैंतकाल्नाई चेयरमैन था। बाक ी सदस्य थे कॉर्दिच, फ ैरी बोरोन्स्काई, मॉक्रोत्सी, ऑलइश्पान और मेयर का दामाद मगर वे मीटिंग में नहीं आया करते थे।''

''शतुरमुर्ग की तरह रेत में गर्दन छिपाये बैठे रहते थे?''

''हाँ...सब बड़े-बड़े नाम शामिल थे। मगर यहाँ हंगरी में मैनेजमेंट के अधिकार और ज़िम्मेदारियाँ केवल क ागजों पर ही हैं। कानूनी तौर पर तो है मगर ऐसा कोई केस सामने नहीं आया है, जहाँ जनरल बॉडी ने मैनेजमेंट को समर्थन न दिया हो।''

डिप्टी मेयर सोच में पड़ गये।

''यह तो एक सुरंग है। तुम इस पर एक किताब लिख सकते हो।''

''जी हाँ हवाई सुरंग'', पेतैरफ ी मुस्कुराये।

''चलो मैं इस पर कुछ नोट्स तैयार करता हूँ।''

वे दोनों काम पर लग गये। पूरी सुबह काम चलता रहा और इस बीच पिश्ता किसी से नहीं मिला। साढ़े ग्यारह बजे उसे ध्यान आया कि उसे कॉर्दिच से मिलने जाना था। कल वादा जो करके आया था। वह अब गिनती करते- करते थक भी रहा था। अतः उसने काम बन्द कर दिया।

अब तक उसको सब मामला अच्छी तरह से समझ में आ गया था। अब कॉर्दिच उसकी आँखों में धूल नहीं झोंक पाएँगे।

''क्या आप मुझे बता सकते हैं कि यह कागज़ात यहाँ सिटी हॉल में क्यों रखे हैं?''

''क्योंकि आजकल खाते चेक किये जा रहे हैं। इन सब खातों को तो एक अकाउंटेंट ही समझ सकता है।''

"हाँ, हाँ बिल्कुल।"

अगर उसे कॉर्दिच भाई से मिलना था तो उसे अब फ ौरन चल देना चाहिए था। उन्हें ज़्यादा इन्तज़ार करवाना ठीक न होगा। और फिर अभी एक घंटे में उसके अपने खाते में पन्द्रह हज़ार पैंगो भी तो आने वाले थे। तभी उसे याद आया कि उसके पास तो इस वक़्त एक पैसा भी नहीं है। उस दिन उसने लीना से पैसे जो नहीं लिए थे। डरता था कि वह पिछले पैसों का हिसाब पूछेगी। लीना को एक-एक पैसे का हिसाब याद रहता था, वह बहुत देखकर पैसा ख़र्चती थी। वह अपनी पूरी तनख़्वाह लाकर उसके हाथ में दे देता था और फिर उससे रोज़ हाथ ख़र्च के पैसे माँगा करता था। अपनी माँ से भी यूँ ही कुछ पैसे उसे ख़र्च करने के लिए मिला करते थे। पिश्ता की कोई लम्बी-चौड़ी आमदनी तो थी नहीं, यही ढर्रा शादी के बाद भी चलता रहा और वह ख़ुश था कि अब माँ का स्थान पत्नी ने ले लिया है। केवल कभी-कभी ही वह पत्नी को धोखा देने में सफल हो पाता था।

पिछली शाम उसके दिमाग़ में आया कि ऑफि स चपरासी को घर भेजकर पाँच पैंगो मँगवा ले। जब लिखने का वक़्त आया तो हिचकिचाया, मैनेजर नया आदमी था, लीना उस पर कैसे विश्वास करेगी। अतः लिखा–

"लीना डार्लिंग, कृपया मेरे लिए पाँच पैंगो भेज दो। यह मेरा नया चपरासी है। एक लिफाफे में डालकर इसे दे दो।"

उसने घंटी बजायी चपरासी आया नहीं। बाहर देखा, वहाँ भी नहीं था अरे, भगवान कहाँ चला गया यह?

इससे पहले कि वो आता, पिश्ता को लगा पाँच पैंगो तो बहुत कम हैं। कहीं उसे बैंक में कोई स्टैम्प ड्यूटी वगैरह के लिए पैसे देने पड़े तो, दोबारा तो लीना से माँगना अच्छा नहीं लगेगा सो उसने वह पत्र फाड़ दिया और दूसरा लिखा–

"लीना, मेरी प्रिये, मुझे बीस पैंगो की जरूरत है। यह नया ऑफि स चपरासी है, विश्वसनीय है, इसके हाथ भेज सकती हो।"

चपरासी शायद कॉरीडोर में खड़ा बतिया रहा था, भागता हुआ आया। "तुम कहाँ थे? जरा दौड़कर मेरे घर जाओ और मेरी पत्नी को यह पत्र दे दो। तुम्हें वे बीस पैंगो देगीं वह ले आओ और जल्दी करो क्योंकि मुझे जाना है।"

चपरासी तेज़ी से ख़त लेकर निकल गया।

क्या लीना उसे पैसे दे देगी? घर के ख़र्चे में से बीस पैंगो निकालना आसान नहीं था। वह ज़रूर कुछ कम ही भेजेगी। उसे चपरासी से यह कहना ही नहीं चाहिए

था कि कितना पैसा लेकर आना है। ख़ाली यही कह देना चाहिए था कि मैडम, "कुछ रुपए देंगी।"

कितनी भयानक बात थी कि उसके पास बिल्कुल पैसे नहीं थे। यह ठीक नहीं था। बिना पैसे का मनुष्य बिना हाथ-पैर वाला होता है। लीना के पास पोस्ट ऑफिस में सात सौ पैंगो थे। वह उससे सौ पैंगो माँग लेगा।

वह भी ठीक नहीं था। वह अभी यह बताना नहीं चाहता था कि घर ख़रीद लिया गया है, जब तक सब कुछ फाइनल न हो जाए, मगर वह उन पन्द्रह हज़ार पैंगो को अभी हाथ लगाना नहीं चाहता था। कम से कम कुछ महीने तो पड़े रहें बैंक में। फिर उसे स्वयं भी पैसा बचाना शुरू करना होगा ताकि हर समय लीना के सामने हाथ न फैलाना पड़े।

मगर यह सौ पैंगो तो चपरासी द्वारा नहीं मँगवाये जा सकते थे, यह तो उसे खुद ही माँगने होंगे, और यह भी दिखाना पड़ेगा कि यह पैसा वह परिवार के लिए ही निकलवा रहा था। ख़ैर कुछ भी सोच लेगा। वह ऑफिस के चक्कर काटता रहा, सोचता रहा जब तक चपरासी लौट न आया। सोचा इस बीच कॉर्दिच भाई को फोन करके बता दे कि वह चल दिया है, मगर बिना पैसे हाथ में आये वह यह करना नहीं चाहता था।

"ओफ यह कमबख़्त पैसा भी! बिना इसके आदमी ही नहीं। उसे ज़रूर कहीं से पैसा कमाना चाहिए। किसी भी वक़्त टैक्सी वाला भी आता होगा, उसे कल के पैसे देने होंगे।"

आख़िर चपरासी वापिस आ गया और उसे एक लिफाफा दिया। उसने खोला, अन्दर बीस पैंगो थे और साथ ही एक पत्र भी। उसने पैसे बाहर निकालकर देखे ताकि चपरासी भी देख ले, उसके बाद ही उसे जाने को कहा। लीना ने लिखा था–

"डियर पिश्ता, मैं सख़्त नाराज़ हूँ कि तुमने घर के ख़र्च का आधा हिस्सा माँग लिया है। परमात्मा के लिए जरा सावधान रहो।"

वह बहुत देर तक पत्र को ताकता रहा। एक ज़माना था जब वह पत्नी को लिखते देखता तो खुशी से उसके दिल में हिल्लोरें उठने लगतीं। आज उसे अपने पर शर्म आ रही थी।

यही ज़िन्दगी है। घनिष्ठ प्रेम भी समय के साथ उड़ जाता है। उसने पैसे अपनी जेब में डाले और इससे उसमें आत्म विश्वास जगा। वह अपने को मर्द महसूस कर रहा था।

उसने बैंक को फ ोन किया कॉर्दिच भाई से बात करने को। उसको आश्चर्य हुआ जब ऑपरेटर ने बताया कि वे अभी-अभी बाहर गये हैं।

"बाहर?" "मैं इश्तवान कोपयाश बोल रहा हूँ, डिप्टी मेयर।"

"जी सर, मैनेजर साहब थोड़ी देर के लिए आये थे पर उन्हें बाहर जाना पड़ा।"

"उनका असिस्टेंट है?"

"जी सर।"

"क्या मैं उससे बात कर सकता हूँ।"

उधर से घंटी बजने की आवाज़ आयी फिर किसी ने फ ोन उठाया—

"हैलो, मैं कॉर्दिच साहब का असिस्टेंट बोल रहा हूँ, डिप्टी मेयर साहब।"

"क्या मैनेजर साहब ने मेरे लिए कोई संदेश छोड़ा है?"

"नहीं सर।"

"कुछ नहीं?"

"जी नहीं।"

"और...वे गये कहाँ हैं?"

"कुछ बताकर नहीं गये।"

"यह नामुमकिन है। यह तय हुआ था कि मैं इस समय उनके पास आऊँगा, उन्हें मेरा इन्तज़ार था।"

"उन्होंने तो इस बारे में कुछ कहा नहीं।"

"क्या वे वापिस आएँगे?"

"मुझे तो नहीं लगता, बल्कि उन्होंने कहा ही था कि नहीं आएँगे।"

"उन्होंने कहा कि वे वापिस नहीं आएँगे और मेरे लिए कोई सन्देश भी नहीं छोड़ा?"

"मुझे अफसोस है, सर।"

"अच्छा, शुक्रिया।"

पिश्ता ने फ ोन रख दिया। उसे लगा कॉर्दिच उसे जताना चाह रहे हैं कि वे कितने महान हैं, उसकी तुलना में।

उसके अन्दर गुस्से का तूफ ान उमड़ रहा था। कल जो यहाँ घटा उसके बाद सही तो यह होता कि बैंक मैनेजर हमेशा उसकी सेवा में तैयार रहता... वह तो यह नहीं चाहता था, उसने कभी ऐसा सोचा तक नहीं था। मगर जब कॉर्दिच ने स्वयं ऐसा सम्बन्ध बनाया, पिश्ता को उसका यूँ अब अचानक पलटी खा जाना

ठीक नहीं लगा। इसका मतलब क्या था? क्या कॉर्दिच को अब अफ सोस हो रहा था कि उसने इतनी आत्मीयता क्यों दिखायी? भाड़ में जाये बदमाश! अब उसके साथ ऐसा बर्ताव कर रहा था। चला गया बिना कुछ कहे सुने। यह तो जानबूझकर बेइज़्ज़ती करना हुआ। इसे वह कभी बर्दाश्त नहीं करेगा। क्या कॉर्दिच यह सोच रहा है कि उसने इसे ख़रीद लिया था? यूँ उसे लात मार सकता था? अरे हाँ! शुक्र है कि वह उन पन्द्रह हज़ार पैंगो पर निर्भर नहीं था। अच्छा हुआ कि उसने इन पैसों का ज़िक्र लीना से किया ही नहीं। तब क्या होता अगर उसने यह पैसा कहीं सूद पर लगा दिया होता? कल तक तो यह पक्की बात ही लग रही थी, अगर उसने इसमें कुछ पैसा भाई को दे दिया होता तो इस वक्त वह मुसीबत में पड़ गया होता....शर्म आनी चाहिए इसे।

वह ऊपर नीचे होता रहा कमरे में, उसका गुस्सा बढ़ता जा रहा था।

"पेतैरफ ी ज़रा यहाँ तो आइए।"

"आया हुजूर।"

"ज़रा देखिए तो इस सूअर-कांड में बैंक की क्या भूमिका है!"

मैं ठीक तरह से तो नहीं बता सकता क्योंकि कागज़ों के हिसाब से तो सिफ ि यही पता चलता है कि बैंक ने फ ार्म को कितना कर्ज़ दिया और वह कुछ ज़्यादा नहीं है। पहली बार चालीस हज़ार, फिर बीस और फिर दस। डेढ़ मिलियन में केवल सत्तर हज़ार। उसके बाद तो सब फर्ज़ी बिल हैं, मगर सेंतकाल्नाई गारंटर था तो सम्भव है कि सौ हज़ार हो, पर तब तो उसके बदले में सैंतकाल्नाई की सम्पत्ति गिरवी होगी।"

"ज़रा किसी को रजिस्टरी ऑफि स भेजकर सैंतकाल्नाई की सम्पत्ति के कागज़ मँगवाओ। हम ज़रा देखें तो कि बैंक का कर्ज़ा कितना बढ़ा है जब से फ ार्म की सम्पत्ति ख़रीदी गयी है।"

"मैं खुद ही जाता हूँ। यूँ आसान होगा।"

"ठीक है। शुक्रिया। और हाँ, वहाँ तक जा ही रहे हो तो फैरी बोरोन्काई और मॉक्रोत्सी के रजिस्टर भी देखते आना।"

"जी।"

"और ज़रा इस पर ध्यान देना कि यह सूअर-फ ार्म का घोटाला क्रिमिनल कब से बना।"

"वह तो बहुत पहले हुआ। तब जब शेयर होल्डर्स देख पा रहे थे कि गड़बड़ है, मगर फिर भी वे पैसा लगाते गये । हो सकता है कमर्शियल कोर्ट ने बिज़नेस

को लाइसेंस दिया हो।''

''हाँ, वही तो हमें चाहिए।''

डॉक्टर पेतैरफ ी डिप्टी मेयर का उद्देश्य समझ गया, उसने कोट पहना और निकल गया।

पिश्ता घूमता रहा, चक्कर लगाता रहा, बदले की भावना उसके अन्दर सुलग रही थी। अब वह सबको अच्छा सबक सिखाएगा।

अचानक उसने अपना हैट उठाया, कोट कन्धे पर डाला और बिल्डिंग के दूसरे भाग में पहुँचा, इंजीनियरिंग विभाग में।

''क्लर्क कहाँ है?''

''कौन-सा क्लर्क?''

''इंजीनियरिंग विभाग का।''

''वो तो बाहर गया है।''

''कहाँ है वह?''

''मालूम नहीं साहब। बिल्डिंग में तो नहीं है।''

''ओह....उसके पास तो यहाँ अर्जेंट काम था, मैंने उसे पुल के टेंडर्स दिये थे, उस पर उसको काम करना था।''

''जी सर हम वही कर रहे हैं।''

''कागज़ात कहाँ हैं?''

''यहीं।''

उसने अन्दर के कमरे का दरवाज़ा खोला जहाँ एक नवयुवक एक बड़ी-सी ट्रेसिंग टेबिल पर खड़ा कुछ डॉक्यूमेंट्स ट्रेस कर रहा था। काफ ी कागज़ वह पहले ही नकल कर चुका था, जो वहीं रखे थे। पिश्ता इन कागज़ों को पहचानता था।

''यह क्या हो रहा है? तुम कौन हो?''

नवयुवक झेंप-सा गया।

''एलियाश शाफ ार।''

''इंजीनियर?''

''जी।''

''किसके लिए काम करते हो?''

वह कुछ नहीं बोला–

''फ ौरन जवाब दो, किसके लिए काम करते हो?''

''होलुब एंड कम्पनी।''

"तुम यहाँ टेंडरों को कैसे देख रहे हो?"

वह फिर चुप।

"एकदम बन्द करो और फ ौरन यहाँ से निकल जाओ। सब कुछ यहीं पड़े रहना चाहिए। एकदम जाओ।"

नौजवान को काटो तो खून नहीं, उसने इधर-उधर देखा, हड़बड़ाया, फिर अपना हैट और कोट उठाकर चलता बना।

"इस सबको जमा करो और मेरे ऑफि स में लेकर आओ।"

पूरे विभाग में अफरा-तफ री मच गयी। लोग सारे कागज़ात उठाकर डिप्टी मेयर के ऑफि स की ओर भाग रहे थे।

उसने अपनी मेज़ पर कागज़ात रखवाये। पिटे हुए कुत्तों की तरह से दुम दबाकर सारे कर्मचारी दौड़ लिए।

आज उसने एक बड़ा कदम उठाया था। उसे बहुत जोश आ रहा था क्योंकि वह जानता था कि आज जो उसने किया है उसकी महत्ता क्या है। उसने एक सिगरेट सुलगायी और बैठ गया। फिर खड़ा हुआ, फिर बैठा।

"ऐसा तो कभी सुना तक नहीं", वह स्वयं से बोला, "क्या सूअरपन है। अब जो होगा सो होगा। मैं तो इस घपले में हूँ नहीं। मैंने इसमें कोई फ ायदा नहीं उठाया। मैं बिल्कुल साफ हूँ।"

"उसे लीना के पत्र की याद आयी, "भगवान के लिए सावधान रहो।" लीना ठीक थी। कोई अपने को बेच थोड़ी सकता है। यहाँ तो पूरा माफि या चल रहा था। तभी तो शहर पनप नहीं रहा था। लोग दिन-दहाड़े लूट मचती देख रहे थे।

चपरासी अन्दर आया, उसने बताया कि टैक्सी वाला आया है।

"उसे बुलाओ।"

ड्राइवर ने अन्दर आकर हैट उठाकर सलाम किया।

"मैं तुम्हारे लिए क्या कर सकता हूँ?"

"डिप्टी मेयर साहब जब आपने रात को मुझे...."

"अरे हाँ। तुमने मुझे कल किराया नहीं बताया। मीटर में कितने पैसे बने थे?"

"अरे वो कोई बात नहीं सर।"

"क्या मतलब कोई बात नहीं? पिश्ता आँखें चमकाता बोला, क्या तुम मुझे रिश्वत देने की कोशिश कर रहे हो? तुम्हारा मतलब क्या है? तुम्हारी हिम्मत कैसे हुई। बताओ कितना भाड़ा बना था?"

''एक पैंगो और बीस फिल्लेर (पैसे)।''

''मुझे वापिस पैसे दो।'' अपनी जेब से उसे बीस पैंगो निकालकर दिये। ड्राइवर ने बाक ी पैसे उसे लौटाये।

''हद हो गयी, झौरात्लोक का एक निवासी इस तरह का काम करे! तुम लोग सब बेइमानी से ही जीना चाहते हो। तुम्हें यहाँ काम चाहिए? मुझे नहीं मालूम तुम उसके योग्य हो कि नहीं। हम देखेंगे और अगर तुम योग्य हो तो स्वाभाविक है यहाँ के निवासियों का ही पहला हक बनता है नौकरी पर। मगर इस सिफ ारिश, इस भाई-भतीजावाद का सहारा मत लो, किसी अफ सर को रिश्वत मत दो। हमें अच्छे आचरण की ज़रूरत है वरना पूरा शहर बरबाद हो जायेगा।''

''डिप्टी मेयर साहब...''

''मुझे अब कुछ नहीं सुनना। तुम्हें तुम्हारा भाड़ा मिल गया ना?''

''जी।''

''तुम्हारा नम्बर क्या है?''

ड्राइवर ने पर्स में से एक छोटा कागज़ निकाला उस पर नम्बर लिख दिया।

''मैं इसके बारे में देखूँगा। और फिर तुम्हें बताऊँगा।''

ड्राइवर ने सिर झुका लिया। वह कुछ बड़बड़ाया फिर दुखी होता चला गया। वह अपने आपसे कह रहा था—

''बेड़ा ग़र्क हो, ज़रूर इनके साथ कुछ बुरा घटा है, और खुद फँसे हैं तो गुस्सा ग़रीब पर निकाल रहे हैं। अच्छा होता कभी इस दफ़्तर में पैर ही ना रखता।''

पिश्ता अपनी कुर्सी पर लुढ़क गया और सामने पड़े काग़जों को देखने लगा। सब कागज यही दर्शा रहे थे कि जनता कितनी तकलीफ में है। क्या किया जा सकता था। पहले भी उसने जनता की तकलीफें देखी थीं, पर उस वक्त वह इसके लिए कुछ कर नहीं सकता था। अब तो बात फ़र्क है। आज वह इस स्थिति में है कि कुछ कर सके। पूरे शहर का फ ार्मिंग सिस्टम बिगड़ा हुआ था। शहर को 'बुश-फार्मृस' बनाने की ज़रूरत थी। हर फ ार्म में एक सांस्कृतिक ग्रुप, एक केन्द्र, एक स्कूल और एक अस्पताल जरूरी था। इस तरह से सरकार इन सब तक पहुँच सकती थी। ओफ इन कागजों में जनता का कितना दर्द छिपा था।

प्रश्न था जनता की ग़रीबी दूर करने का। समय और पैसे की बरबादी कर फ ार्म, स्कूल तो बना लिए गये थे, पर स्कूल पूरी सर्दी ख़ाली रहते थे क्योंकि बच्चों के पास जूते नहीं थे। घरों में एक जोड़ी जूतों का था जो एक दिन एक बच्चा स्कूल पहनकर जाता, दूसरे दिन दूसरा। सब बच्चे सर्दी की बीमारियों से ग्रस्त

थे। गर्मियों में बच्चे इसलिए स्कूल नहीं आते थे क्योंकि माँ-बाप को उनसे घर पर काम करवाने की ज़रूरत होती थी। वे पशुओं की रखवाली करते, घर के काम काज में हाथ बँटाते।

पिश्ता दूर शून्य में ताकने लगा। उसका दिल बैठ रहा था यह सोच कि उसके प्यारे हंगारी लोग कितनी दयनीय अवस्था में जी रहे थे। कौन आगे बढ़कर समाज के बारे में सोचेगा? मॉक्रोत्सी? क्या इन लोगों की अन्तरात्मा बिल्कुल मर चुकी थी?

अब उसे अवश्य नये सिरे से सोचना होगा। दोबारा से समाज को खड़ा करना होगा। अमीरों और ग़रीबों के बीच की दूरी पाटनी होगी।

वह एक शब्द भी न लिख सका। क्या लिखे? क्या नियम बनाये? कौन इन नियमों पर चलने के लिए लोगों को बाध्य कर सकेगा।

डॉ. पैंतैरफी वापिस आ गये। उनका चेहरा दमक रहा था।

"लीजिए साहब, सब ले आया हूँ, अब हम इस बिज़नेस को करीब से देख सकेंगे। जब से फ ार्म बना है, सैंतकाल्नाई का कर्ज़ा बढ़कर छः सौ पचास हज़ार पैंगो बढ़ गया है। मुझे समझ में नहीं आता कि बैंक क्यों इतना बड़ा कर्ज़ा केवल एक हज़ार दो सौ चालीस एकड़ पर दिये चला जा रहा है। पूरी सम्पत्ति से कहीं ज़्यादा का कर्ज़ा है। अगर फ ार्म का कर्ज़ा भी इसमें जोड़ दिया जाए तो सैंतकाल्नाई तो ख़त्म।"

वे जब यह सब देख ही रहे थे, तब तक इंजीनियर वापिस लौट चुका था और विभाग में जो घटा था, वह सुन भी चुका था।

वह गुस्से से तमतमा रहा था।

उसने पहले तो सोचा कि मेयर के पास जाए और डिप्टी मेयर की शिकायत करे जैसा उसने आज सुबह किया था। मगर अब उस वक़्त परिस्थिति बदल चुकी थी। अब वह डिप्टी मेयर के रहमोंकरम पर था क्योंकि उन्होंने होलुब के इंजीनयर को रंगे हाथों पकड़ा था।

अतः उसने अपना हैट उठाया और फ ौरन होलुब के पास भागा।

आर्किटेक्ट लम्बा रौबदार नौजवान था। अपने सजे हुए ऑफि स में बैठा था और सिगरेट पी रहा था। जब इंजीनियर अन्दर घुसा तो उसने गर्दन तक न मोड़ी।

"देखिए, यह आदमी पागल हो गया है। इसका गला काट के फेंक देना चाहिए।" होलुब कुछ न बोला। उसके होठों से सिगरेट लटक रही थी। वह कहीं शून्य में ताके जा रहा था। वह अपनी ज़िन्दगी से थका हुआ था। उसे जिन्दगी

ने कोई खुशी नहीं दी थी। उसकी पत्नी बढ़ते खर्चों से थक चुकी थी और अपना मनोरंजन वह गैर मर्दों के साथ समय बिताकर करती। होलुब उसे बहुत प्यार करता था, बस केवल यहूदी होने के कारण उसका पति नहीं रह पाया था। एक नौजवान बैंकर ने पिछले साल शहर में एक नयी ब्रांच खोली थी। उसका बेटा ग्राइजैन्गार था, मशहूर परिवार का वारिस जिनका अनाज के धन्धे में बड़ा नाम था। एक उन्हीं की कम्पनी थी जिस पर मन्दी का असर नहीं पड़ा था। उनके पास ढेरों ज़मीन थी, उस क्षेत्र में और खुशकिस्मती से वे अभी भी नयी ब्रांचें जगह-जगह खोले जा रहे थे। उनका बिजनेस बढ़ता ही चला जा रहा था।

होलुब को इतने बड़े रईसों से मुकाबला करना था। उसे, जो पूरी तरह कर्ज़े में डूबा हुआ था। सूअर-फ र्म ने उसका सब कुछ ख़त्म कर दिया था।

और यही वजह थी कि उसने पुल बनाने के काम के लिए कोई प्लान तैयार नहीं किया था। उसमें बिल्कुल दम नहीं था, उसकी इच्छा-शक्ति भी काम नहीं कर रही थी। उसे इस प्रतिस्पर्धा की बेहद जरूरत थी, अगर उसे अपने बुरे दिनों से बाहर निकलना था। तभी चुनाव का अनपेक्षित नतीजा आ गया था और मॉक्रोत्सी चुनाव हार गया था। कॉर्दिच चाचा ने और इंजीनियर ने उसे यकीन दिलाया था कि कोई परेशानी अब भी नहीं होगी। ऐसे-ऐसे तरीके निर्धारित किये गये थे पुल बनाने के, इतने बड़े-बड़े मॉडल माँगे गये थे कि शुरू से ही उसे मालूम था कि वही इस काम के लिए चुना जाएगा क्योंकि उसके लिए यह सारी औपचारिकताएँ निभाने से छूट दे दी जाएगी। इस तरह से वह ऐसे दाम का कोटेशन भेज सकेगा जो सबसे कम होगा। मगर उसका प्लान तैयार नहीं हुआ था। और फिर बीच में उस किसान ने आकर अड़ंगा लगा दिया। मगर इंजीनियर ने ठीक किया कि प्लान सिटी हॉल से बाहर नहीं लाया बल्कि वहीं उनकी नकल करवाने दी।

अब यह स्कैंडल था। शहर का हर शख़्स होलुब एंड कम्पनी के वर्चस्व से चिढ़ता था। मानो सब यह जानते हों कि यहाँ क्या-क्या चलता है, शायद इसीलिए बुदापैश्त की सभी कम्पनियों ने अपने टेंडर भेजने में देर कर दी थी।

अब तो यही ठीक होगा कि टेंडर भरा ही नहीं जाए।

और इसीलिए इस वक़्त जब इंजीनियर का चिल्लाना सुन रहा था तो वह केवल सिगरेट पीता रहा। वह समझ रहा था कि यहीं अन्त था, अब सिवा रिवॉल्वर के और कोई चारा नहीं था।

जो उसके पीछे बच जाएँगे वे सब दरवाज़े बन्द कर सकते थे। उसे अपने दो बच्चों की फिक्र करने की ज़रूरत नहीं थी, उनकी देखभाल अच्छी तरह हो रही

थी, बल्कि उसके ना होने के बाद तो और भी अच्छी तरह होगी, क्योंकि उसके पास तो उन्हें देने के लिए कुछ भी न था, समय भी नहीं। उसकी पूरी ज़िन्दगी में असफलता के सिवा कुछ भी नहीं था।

अचानक कॉर्दिच भाई भी वहाँ आ गये। हमेशा की तरह से ख़ुश अरे मस्त, बोले—''हैलो भाई लोगों।''

दोनों कुछ न बोले।

''अरे भई बात क्या है?''

उन्हें सब बात बताना काफ ी दुखदायी था।

आख़िर इंजीनियर ने बताया जो भी हुआ था। कॉर्दिच भाई पर तो बिजली ही गिर पड़ी मानो।

वे फुर्ती से काम करने में विश्वास करते थे। फौरन निकल पड़े मेयर से बात करने।

होलुब ज़रा भी न हिला था। सिगरेट सुलगती रही उसकी छोटी अंग्रेज़ों जैसे मूँछों के नीचे। उसने अपनी आँखें आधी बन्द कर लीं और एक मूर्ति बना—मानो वह आम लोगों से ऊपर उठ गया हो या उसे किसी चीज़ से अब कोई लगाव नहीं रह गया था—बैठा रहा।

21

और वे दोनों चले गये।

मेयर के पास कोई प्रतिनिधिमंडल आया हुआ था, मगर उससे कोई फक नहीं पड़ता था, जैसे ही सेक्रेटरी अन्दर गया, मेयर ने फौरन ही बातचीत समाप्त कर दी। आज उन्होंने फैरैन्त्स दैयाक का किस्सा नहीं सुनाया, उनका काम हो जाने का आश्वासन दिया और उन्हें विदा कर दिया।

कॉर्दिच धड़धड़ाते हुए अन्दर घुसे। वह भयावह तरह से हँस रहे थे और भद्दी गालियाँ दे रहे थे।

इंजीनियर ने पूरी बात विस्तार से समझायी।

मेयर ने अपनी छोटी-छोटी आँखों से उन्हें कुछ देर देखा फिर बड़े इत्मीनान से बोले—

''अच्छा, हाँ....तुम बिल्कुल ठीक कहते हो....मगर दोस्तों काम इतनी आसानी से नहीं हो जाया करते....यह सफ ाई करने का, गन्दगी दूर काने का जो काम है ना वह सबसे अधिक कठिन है, सबसे अच्छा काम है यह भी सही है...संयम की कमी....''

और फिर उन्होंने अपनी मेज़ पर से एक रेलवे के भाड़े का टिकट उठा लिया। ''यह क्या है...यह...यह कोयले का मामला, इंजीनियर? यह कलेशर से कोयले का टेंडर?...कोई व्यक्ति है बैरतॉलॉन बातोई।''

इंजीनियर की आँखें फटी की फटी रह गयीं। वह भौचक्का रह गया था। उसने इसका तो सोचा ही नहीं था। वह कैसे चूक गया...यह तो कमाल हो गया। सब बच गये थे अब तो। बैर्त्सी मामा का कोयला...उसने बेहद खुश होकर सारा मामला समझाया।

''जी महामहिम। ठीक है। आप कल्पना कर सकते हैं कि यह जनाब बैर्त्सी मामा कैसा कोयला भेजने वाले हैं।''

मेयर ने बोर-सा होते कहा—

"क्या मतलब, भेजने वाले हैं?" उन्होंने चश्मा चढ़ा, फिर से रेलवे-भाड़े के टिकट को देखा, जबकि "वह तो यहाँ आ ही चुका है।"

"कोयल, महामहिम।"

"हाँ।"

"मुझे उसके बारे में कोई जानकारी नहीं है सर।"

"मेरे हिसाब से तो यह टिकट यही बता रहा है।"

इंजीनियर इस वक़्त एक ऐसे स्कूल के विद्यार्थी जैसा लग रहा था जिसको कोई साधारण प्रश्न का उत्तर न पता हो और वह अपने टीचर पर भी यकीन न कर पा रहा हो कि जो वे बता रहे हैं वह सही है। उसने टिकट हाथ में लिया और पढ़ा।

"महामहिम मैं क्या आपका फोन इस्तेमाल कर सकता हूँ?"

उसने रेलवे के सामान-वसूली-विभाग को फोन लगाया–

"हैलो, माते? यह कोयला क्या आ चुका है?"

"हाँ, और?.....बहुत बढ़िया....बहुत अच्छा....तो वह फर्स्ट क्लास...तो उन्होंने सबसे उच्च क्वालिटी का कोयला भेजा है...."

दूसरी ओर से ज़ोर का ठहाका लगने की आवाज़ आयी।

"ठीक है माते, उसे छूना नहीं...इस फर्स्ट क्लास कोयले को किसी को छूने नहीं देना....मैं बस यही जानना चाहता था... चिड़ियों तक को इसे गन्दा मत करने देना। इस फर्स्ट क्लास कोयले को... ।"

उसने फोन रख दिया और मेयर को देखने लगा। उसकी आँखों से उसकी खुशी फटी पड़ रही थी। "महामहिम, हमने इतनी आसानी से किसी लोमड़ी को अपने जाल में नहीं फाँसा।"

कॉर्दिच ज़ोर से हँसा।

"इस माते के दिमाग़ की दाद देनी होगी" इंजीनियर बोला। अभी कुछ दिन पहले ही इसने मुझसे कहा था, बॉस, मैं आपसे कुछ कहना चाहता हूँ...हमें इस बैर्त्सी की खदान का मुआइना कर लेना चाहिए...मैंने इसके बारे में कुछ अफ वाह सुनी है। यह पहली बार नहीं है जो यह इस तरह की कोशिश कर रहे हैं। वहाँ कोई कोयला वोयला नहीं हैं, वहाँ तो काली राख़ के गोले हैं जो जलता है नहीं बस चिमनियों को ब्लाक भर कर देता है। हमारे लिए चिमनियों की सफ ाई का काम और बढ़ जाएगा। मैं इस तरह के कोयल को प्रयोग में नहीं ला सकता। बॉस, मुझे एक बार जाकर खदान को तो देख आने दीजिए जहाँ से यह बदमाश

कोयला भेजने की तैयारी कर रहा है।''

मेयर ने घंटी का बटन दबाया।

''यह रिश्तेदार भी ना! इनसे कभी किसी का भला नहीं होता, मैं तो नफरत करता हूँ इनसे'' वे बोले।

सब ज़ोर से हँसे।

''और फिर देखो हैं भी तो यह इतने सारे। और आपको उन सबका ध्यान रखना है। वे आपको उन्हें भूलने का मौका ही नहीं देंगे। यही हाल आपके स्कूल के मित्रों का है। वे भी आपसे सड़क पर, लंच पर, डिनर पर टकरा जाएँगे।

सेक्रेटरी अन्दर आया।

''इमरै, बेटा ज़रा मैं डिप्टी मेयर साहब से मिलना चाहूँगा।''

''बहुत अच्छा महामहिम।''

और इमरै डिप्टी मेयर को बुलाने चल दिया।

''बड़ा अच्छा लड़का है यह इमरै, जब भी मैं इसे देखता हूँ तो मुझे इसकी दादी की याद आती है। कितनी खूबसूरत लड़की हुआ करती थीं वे। आज इन बच्चों ने हमारी जगह ले ली है...क्या यार हमारे भी दिन हुआ करते थे...ख़ैर इंजीनियर मैं तुम्हें बुलाऊँगा अगर ज़रूरत पड़ी....बुलवा भेजूँगा तुम्हे दोस्त...''

इंजीनियर उठकर चला गया।

''तुम तो अभी तक जवान दिल रखते हो, मगर'', मेयर कॉर्दिच के बटन को नचाते बोले, ''मैंने सुना है कि आज सुबह ....तुम अपनी उस नवजवान युवती के पास गये थे?.....तुम्हें इससे अच्छा वक़्त नहीं मिला?...अरे भाई तुम मसरूफ आदमी है।''

कॉर्दिच हँसा।

''जब मैं पीछे पलटकर देखता हूँ तो सोचता हूँ कि अगर मैं सावधान नहीं रहता तो आज पूरी तरह से इसके हाथों में होता।'' फिर उसने विषय बदल डाला और उस बात पर आ गया जो उसके दिमाग़ में इस समय सर्वोपरी थी, ''उसके पास तो प्रारम्भिक कॉन्ट्रैक्ट तक नहीं है। और अगर होता भी तो...वह बिना बैंक की मदद कुछ ख़रीद ही नहीं सकता...उसके पास तो फूटी कौड़ी भी नहीं है। मुझे नहीं लगता उसकी जेब में दो पैंगो भी है...हाथ ख़र्च के पैसे भी बीवी देती है उसे।''

''उसकी पत्नी के पास पैसा है?''

''हाँ बिल्कुल, सात सौ बीस पैंगो हैं पोस्ट ऑफि स में।''

वे हँसे।

दोनों ने सिगार निकाल लिए, चुपचाप कश खींचने लगे। अभी इस विषय पर क्या फैसला लेना है, इसके बारे में दोनों ही एक दूसरे से बातचीत करने से हिचक रहे थे। अभी तो फिलहाल डिप्टी मेयर का पलड़ा भारी था क्योंकि यह टेंडर का मामला खुल जाने पर जनता की सहानुभूति उसके साथ ही जाती। मात से पहले कोई और चाल सोचनी ज़रूरी थी।

"मैं सोचता हूँ!" मेयर बोले।

कॉर्दिच समझ गया।

"हमें वैगनर को तैयार रखना होगा।"

"बिल्कुल।"

और वे दोनों देख सकते थे कि कल डिप्टी मेयर अपना इस्तीफ ा दे देगा और अगले चुनाव में वैगनर जीतेगा, जिसे वे पहले भी जिताना चाहते थे....वैगनर, उनका अपना आदमी, पुराना एक्सपर्ट, दोस्त और उनका वफादार नौकर भी।

अब उन्हें साफ दिखाई दे रहा था कि इश्तवान कोपयाश का करियर अब ख़त्म होने को था। यह दोनों पुराने घाघ थे, अगर दोनों में कुछ फैसला ले लिया तो वह तो होना ही था।

इमरै ने आकर डिप्टी मेयर के आने की सूचना दी।

"हाँ", मेयर ने जवाब में सिर हिलाया।

एक सैकिंड बाद पिश्ता कमरे में था।

"आह, हैलो, आओ बैठो।

पिश्ता कुछ देर खड़ा ही रहा, फिर बैठ गया। वह बहुत गुस्से में था। किसी भी चीज़ के लिए तैयार था।

"इधर देखो", मेयर बोले, "देखो मेरे दोस्त, यह जो इंजीनियर है ना वह बड़े टेढ़े दिमाग़ का आदमी है....तुम उसे अभी जानते नहीं मगर जब उससे वास्ता पड़ेगा तो जान जाओगे...एक इंजीनियर तो वह अच्छा है, मगर ....वैसे कोई नहीं कह सकता कि वह कब क्या कर बैठेगा। मैं तो कभी समझ ही नहीं पाता कि वह क्या चाहता है....आजकल क्या चल रहा है? दिन भर क्या हो रहा है?"

पिश्ता जानता था, कि वे दोनों सब कुछ जानते थे, कि वे दोनों ही उसमें शामिल थे, मगर उसे फिर भी सब बात विस्तार से बतानी पड़ी। वह बोलता रहा मगर जब वह बोल रहा था तब उसे इस सबसे घिन आ रही थी...आज फिर वह उन बातों को बोलने पर बाध्य था जिनसे कुछ निष्कर्ष निकलने की तो अपेक्षा ही नहीं थी।

''होलुब ने मुझे कई महीने पहले बताया था कि वह लोहे के पुल का टेंडर नहीं भरेगा। उसने अभी हाल में बहुत घाटा उठाया है।

मेयर ने कॉर्दिच की ओर देखा, ''यह इंजीनियर तो पागल हो गया है। मैं उसे डाटूँगा। इतनी बेवकूफ ी का काम क्यों करना? यह तो कानून तोड़ने का मामला है। मैं ज़रूर इस पर एक्शन लूँगा।'' ''यह कुछ ज़्यादा ही आगे बढ़ गया'' कॉर्दिच ने हामी भरी।

''मगर, महामहिम, होलुब का एक कर्मचारी ऑफि स में बैठ नक्शे कॉपी कर रहा था।''

''कभी नहीं, क्या तुम इन बेवकूफ ी के हथकंडे पर यकीन कर सकते हो? अभी तुम्हें बहुत कुछ सीखने की ज़रूरत है मेरे दोस्त। लोगों का साथ काम करना सीखने की....चले छोड़ो इन बातों से तुम्हारा स्वाद नहीं बिगाड़ना चाहता। तुम्हें इतवार की पार्टी का न्योता मिल गया?''

''कहाँ, महामहिम''

'बोरोन्काई के यहाँ।''

''नहीं।''

''अरे, वे भी बड़े खराब हैं। वे इतवार को विदाई पार्टी दे रहे हैं, आधे शहर को निमन्त्रण दिया गया है। तुम्हें शायद इसलिए नहीं दिया होगा अब तक क्योंकि तुम्हें स्वयं बुलाने आएँगे।

''हाँ, हाँ, फैरी ने मुझे बताया था कि वे पिश्ता के यहाँ जाएँगे। अरे हाँ, पिश्ता माफ करना आज मुझे ज़रूरी काम से जाना पड़ा, मुझे इंग्लैंड से कोई बड़ा कर्ज़ा आने वाला था वो देखना था। तुम क्या बैंक आये थे?''

''नहीं भाई, मैंने केवल फोन पर पूछा था।''

''तब तक मैं जा चुका था।''

''जी।''

कोई बात नहीं। अब कम से कम तुम्हारी पत्नी भी वह घर देख लेगी। अच्छा होगा एक चलती हुई गृहस्थी को देख पाना।''

और वह ज़ोर से हँसा।

22

पिश्ता बहुत परेशान था, उसके दो दिन बेहद उदासी में कटे। वह मेयर और उसकी बदमाश पार्टी के खिलाफ ठोस सबूत नहीं जुटा पा रहा था। उसे लगता था कि सब कुछ तो सामने था, साफ था, यह काम इतना कठिन नहीं होगा, परन्तु अब उसे ऐसा प्रतीत हो रहा था मानो उसने यह सब सपने में देखा हो।

जब वह दोपहर के खाने के लिए घर पहुँचा तो उसने लीना को बताया कि रविवार को बोरोन्कॉई के यहाँ डिनर का बुलावा था।

लीना का चेहरा लटक गया जब उसे यह पता चला कि बोरोन्काई दम्पत्ति इसके घर आने वाले थे बुलावा देने। अब वह क्या करे! वह फ्लैट को बड़ा तो नहीं कर सकती थी, न उसे और खूबसूरत ही बना सकती थी। इसी घर में उसे उनका स्वागत करना होगा।

शनिवार की दोपहर बैर्त्सी मामा आन टपके। काफ ी चुपचाप थे। उन्होंने पिश्ता को बताया कि उन्होंने दो वैगन भर के कोयला नमूने के लिए भेज दिया था, और अब वह उसे चैन से नहीं बैठने देंगे, उसे फौरन ही वित्त-विभाग में सलाहकार श्री चोभा को फोन करना होगा, जिन्होंने कोयले की क्वॉलिटी को सही माना था।

बस यह कह बैर्त्सी मामा तो एकदम भड़क उठे।

''देखो पिश्ता, तुम इस बिजनेस में कोई रुचि नहीं दिखा रहे हो, क्यों? तुम्हें मालूम है ना कि बाकी सब इसके पक्ष में हैं? उन्हें इससे अच्छा कोयला कहीं मिल नहीं सकता था। बिजनेस के बारे में चौबीस घंटे सोचना पड़ता है, अन्दर हर वक्त आग भड़कती रहनी चाहिए जिससे आपका दिल दिनरात गर्माता रहे। इसमें रविवार, ऑफि स का टाइम यह सब नहीं होता...मैं अपने अन्दर जल रही इस आग से सबको गर्माहट देना चाहता हूँ। पूरे संसार के लिए सेंट्रल हीटिंग। मेरा दिल वह खदान है जो तुम्हारे सभी ऑफिसों को गर्म कर सकती है। हर उस जगह को जहाँ लोग हों—मार्किट तक।''

''बैर्त्सी मामा आपके पास इतना कोयला नहीं है।''

"उससे क्या फर्क पड़ता है बेटा। ज़मीन के गर्भ में बहुत आग है। जब कोयला समाप्त हो जाएगा तो उस आग के अन्दर तक जाएँगे।"

"ज्वालामुखी फट पड़ेंगे।"

"तो क्या, बस उस आग को बिजली में बदलकर फटना होगा। उससे पानी गर्म किया जाएगा जिससे पूरी मानव जाति को फायदा होगा, सबके घर गर्म पानी से गर्म किये जा सकेंगे।"

पिश्ता ने इस पर सोचा, उसे लगा शायद बुढ़ऊ ठीक ही कह रहे थे। अगर वह थोड़ा-सा कोयला जो जंगलों के जलने से बना था, वह सैकड़ों साल तक चल सका था तो जो धरती के अन्दर की गर्मी है उसका क्या? मालूम नहीं वह कितना बड़ा भंडार होगा। आगे भविष्य में मनुष्य सूरज की गर्मी का भी संचय करना सीख लेगा और तब तक धरती के अंदर के गर्म पानी से काम चलाया जा सकता है। केवल ज़मीन के नीचे से ज़मीन के ऊपर तक पाइप बिछाने की ज़रूरत थी। पिश्ता इस सम्भावना से बहुत खुश हो रहा था...

कॉती मासी अन्दर आयीं। वे घर में बहुत कम समय ही गुज़ारा करती थीं, क्योंकि पूरा शहर ही उनका इन्तज़ार करता था। वह हर समय किसी न किसी के घर गयी होतीं। रिश्तेदार और दोस्त। कई बार तो वह कई दिनों तक घर ही नहीं लौटती थीं, क्योंकि लोग उन्हें वापिस जाने ही नहीं देते थे।

"बैर्त्सी!" वह चिल्लायीं।

बैर्त्सी मामा ने शर्मिन्दा होते हुए अपनी पुरानी प्रेमिका को देखा।

"यह ढाँचा कौन है?" वे बोले।

"अरे बैर्त्सी, तुम मुझे नहीं जानते? मैं कॉती हूँ।"

"तुम अभी तक जिन्दा हो? क्यों?"

"तुम बिल्कुल नहीं बदले।"

बैर्त्सी मामा ने उठकर उन्हें लिपटा लिया।

"देखो पिश्ता, यह दो सौ साल पहले भी ऐसी ही थी। इतनी ही भद्दी। चलो प्यार करो।"

कॉती मासी ने उन्हें प्यार किया।

"तुम्हारी तो खुशबू भी अभी तक वैसी है। तुमसे अभी भी पुदीने की गन्ध आ रही है, कहाँ रह रही हो?"

"मैं तो यहीं हूँ, अपने प्यारे भांजे के पास। उसकी पत्नी तो हीरा है।"

"बहुत जल्दी ही वह तुम्हें निकालकर बाहर करेगी। देखती रहो।"

"जैसे चैक लोगें ने मुझे अच्छा हंगारी होने के कारण निकाल दिया।"

"अच्छा तो चैक में भी सब जान गये तुम्हें अच्छी तरह... पिश्ता तुम्हारे पास थोड़ी ब्रांडी होगी क्या?....मैं इस कॉती की गन्ध से छुटकारा पाना चाहता हूँ।"

पिश्ता ब्रांडी लेने अन्दर गया। उसे वहाँ भी इन दोनों की बातें सुनाई दे रही थीं। सुनकर उसे दुख भी हो रहा था कि पुराना समय कितना अच्छा था, किसी तरह आज यह परिवार इस अवस्था में पहुँच गया।

जब बैर्त्सी की समझ में यह आ गया कि जब तक वह यहाँ बैठा रहेगा। तब तक लीना अन्दर नहीं आयेगी तो उन्होंने चलने का फैसला किया। जाने से पहले उन्होंने पिश्ता को बुलाया।

"बेटा, क्या मैं तुम्हे कुछ कह सकता हूँ?"

"क्या?"

"क्या तुम मुझे बीस पैंगो उधार दे सकते हो?"

"मेरे पास तो एक पैसा भी नहीं है।"

"मैं ज़रा परेशानी में हूँ क्योंकि मैंने अपना आख़िरी पैसा तक कोयले का सैम्पल भेजने में लगा दिया है। रेलवे, बिना कैश के माल ढोने को तैयार ही नहीं थे। चलो कोई बात नहीं। यह कॉती किस दिन काम आयेगी? तुम उसे देखना चाहोगे। बड़ी बकवासी है। मैंने कई बार तुम्हें कहा है कि इतने रिश्तेदारों को अपने पास मत चिपकाओ। तुम्हें रिश्तेदारों से सावधान रहना चाहिए।

पिश्ता ने इस पर विचार किया? बैर्त्सी मामा ठीक ही कह रहे थे। पर क्या वह कॉती मासी को जाने के लिए कह सकता था? अगर कोई व्यक्ति आपको छोड़ने को तैयार ही नहीं हो तो उससे पीछा कैसे छुड़ाया जा सकता है?

"तुम्हें मुझे बीस पैंगो देने ही होंगे", एक पल बाद बैर्त्सी बोले, "मैं यूँ तो यहाँ से नहीं जा सकता, बिना एक पैसा जेब में लिए, जबकि तुम्हें बीस हज़ार पैंगो कमीशन में मिलने जा रहे हैं।"

पिश्ता को बहुत गुस्सा आया, उसे लगा घर में आग लग गयी है। उसकी सीधी-सादी जिन्दगी में आज तक कोई कमीशन उसने नहीं कमाया था। इस शब्द ने उसके तन बदन में आग लगा दी। वह सिर से पाँव तक काँप रहा था। उसे लगा—यह शब्द तो उसके करियर को ही समाप्त कर देगा।

"क्यों बेटा? कमीशन तो अच्छा पैसा होता है। जो कमीशन लेते हैं, उनकी इज्ज़त बढ़ती है क्योंकि इसका अर्थ होता है कि आपके पास ताकत है। कोई भी बेवकूफ खदान में उतर सकता है, बस उसे खोदना आना चाहिए मगर बेचना.

..वह एक कला है....आजकल हर चीज़ बिक रही है, हर आदमी दूसरे को गिराने में लगा है, जो व्यक्ति कूड़ा बेचकर भी पैसे कमा रहा है वह अपनी अक़्ल का खा रहा है। इसमें बहुत बड़ा हाथ कमीशन का ही तो है।''

पिश्ता खड़ा होकर कमरे में टहलने लगा।

''हमें कोई झूठी शर्म रखने की ज़रूरत नहीं है'', सिगार चबाते बैत्सी मामा बोलते गये, ''मैंने तुम्हें बीस हज़ार क्यों दिये? क्योंकि तुम मेरे रिश्तेदार हो...तुमने मेरे लिए आगे क्यों बात की क्योंकि मैं तुम्हारा रिश्तेदार हूँ।''

''ऐसा बिल्कुल नहीं है'', पिश्ता ने गुस्से से कहा, ''जब मैं सांस्कृतिक-विभाग में सलाहकार था तो मैंने बड़ी तकलीफें उठायी थीं, इस कोयले के मामले में। हर कोयले का व्यापारी चोर है।

''यह सही है।''

''वे सब कमीशन के बूते पर ही व्यापार करते हैं। मैं इसे अपना कर्तव्य समझता हूँ, जितना सम्भव हो, कि मैं अच्छा कोयला ख़रीदूँ। दुनिया में कोई ऐसा नहीं है जिस पर मैं अपनी माँ के भाई से अधिक विश्वास कर सकता हूँ। आप अच्छा कोयला देंगे मामा, मैं जानता हूँ...और जहाँ तक कमीशन का सवाल है. ...मैं वह पैसा स्वीकार करने को अवश्य तैयार हूँ जो मुझे नहीं तो किसी और को दिया ही जाता...मगर वह मैं अपने लिए नहीं करना चाहता। मैं वह इसलिए करना चाहता हूँ क्योंकि मेरा एक बिना स्वार्थ का सपना है। मैं परिवार के नाम पर कुछ खड़ा करना चाहता हूँ...आप समझ रहे हैं? ताकि मेरा परिवार एक साथ मिलकर जनता के हित में काम कर सके।''

बैत्सी मामा जड़ बने सुनते रहे।

''तुम नौकरी किसे देना चाह रहे हो?''

पिश्ता कुछ देर चुप रहा। वह अपना प्लान अभी उजागर नहीं करना चाहता था, ना उसका कोई मतलब ही था क्योंकि अभी तो मात्र एक विचार ही था यह।

''मैं आन्द्राश तौकशोन्य को सूअर-फार्म का मैनेजर बनाना चाहता हूँ।''

''आन्द्राश?''

''हाँ।''

''मैं उसे जानता हूँ। वह हमेशा से बहुत अच्छा, हँसमुख था। उसने एक बार कॉर्दिच का खूब मज़ाक बनाया था, जो आजकल बहुत शोर कर रहा है... उसे कैसे घोड़े पर बिठाकर घुमा दिया था?''

''यही मैं कहना चाह रहा हूँ। बजाय उन लोगों के जिन्होंने अपने बल से

बड़े-बड़े पद खींच लिए हैं, मैं अच्छे, ईमानदार और योग्य लोगों को ऊपर लाना चाहता हूँ, और मेरे रिश्तेदारों से अच्छा कौन हो सकता है ...जैसे मैं स्वयं पर विश्वास कर सकता हूँ वैसे ही अपने रिश्तेदारों पर भी।''

''मैं ऑन्द्राश की तरक्की से नहीं जलता, मगर मैं एक बात ज़रूर कहूँगा। क्या तुम सरकार से मेरी खदान ख़रीदने को नहीं कह सकते? उनके लिए फायदेमन्द होगा अगर वे बजाय कोयला ख़रीदने के, पूरी खदान ही ख़रीद लें। कोयला बढ़िया है। मेरे पास समस्या है पैसा लगाने की। अतः मैं इसे सस्ते में ही बेच दूँगा। बस मुझे मैनेजर बना दें और तनख्वाह दे दें।''

''उसकी बात हम बाद में करेंगे, पहले पहली डील तो निबट जाए। अगर कोयला अच्छा हुआ तो इस बात पर भी विचार कर सकते है। मुख्य बात यह है कि मैं आप पर भरोसा कर सकूँ।''

''अरे वो तो तुम कर ही सकते हो। सूरज जमीन पर आ जाए अगर मैं तुम्हें धोखा देने का सोचूँ। क्या वाकई तुम्हारे पास दस पैंगो भी नहीं हैं।?''

पिश्ता ने अपनी जेब टटोली और लीना के दिये हुए पैसे में से दस पैंगो उन्हें पकड़ाये।

''बेटा तुम्हारी सरकारी तनख्वाह बेइमानी है। आजकल अगर कोई आदमी ऊपरी कमाई नहीं करता तो फिर वह बीवी के दिये हुए पैसों पर ही गुज़ारा करता है।''

यह कह वे चलने के लिए उठे। लीना अन्दर आयी, उसने एक कड़ी निगाह उन पर डाली।

''मैं तुम्हारे पति से सिर्फ यही कह रहा हूँ कि मुझे इस पर कितना भरोसा है... देखो लीना इस कॉती को यहाँ ज़्यादा देर मत रहने दो।''

''उन्होंने भी इनके लिए यही कहा था?''

''मगर देखो, जहाँ भी वह टाँग अड़ाती है वहीं मुसीबत आती है। तुम्हें अपने रिश्तदारों से प्यार ज़रूर करना चाहिए मगर थोड़ा सावधान भी रहना चाहिए। जिस रिश्तेदार से काम निकलता हो, सिर्फ उसी को प्यार करना चाहिए।''

''मैंने यह बैर्त्सी मामा से पहले भी सुना है, पर उन्होंने यह कभी नहीं बताया कि उनको और हमको एक दूसरे से क्या काम निकलवाना है।''

''तुम देखोगी...मैं तो इन्तज़ार कर रहा हूँ कि कब तुम्हें बीस प्रतिशत मिले।''

''क्या? कौन-सा बीस प्रतिशत?''

''बैर्त्सी मामा मज़ाक कर रहे हैं।'' पिश्ता फुर्ती से बोला।

"हाँ हाँ सिफ ं मज़ाक" कहकर वे चले गये।

"वे किस बारे में बात कर रहे थे?" लीना ने पूछा।

'वे बहुत लम्बी-चौड़ी बातें करते हैं", पिश्ता ने उत्तर दिया, वे मेरे साथ कोई बिज़नेस करना चाहते हैं....जैसे कि मैं उसमें कोई रुचि रखता हूँ।"

"पिश्ता", लीना ने बड़ी गम्भीरता से उसकी ओर देखा, "वादा करो कि तुम मेरी पीठ पीछे कोई काम नहीं करोगे।"

पिश्ता ने उसे लिपटाकर प्यार किया।

"बोरोन्काई के घर जाने की तैयारी कर लो।"

"कितना अच्छा हो अगर हमें न जाना होता..."

"हाँ, मगर हमें जाना ही पड़ेगा। मेयर ने भी कहा कि हमें जाना चाहिए। सब लोग वहाँ होंगे। हम यूँ अलग नहीं रह सकते।"

लीना भी, बाक ी गृहणियों की तरह, जो सुबह से शाम तक काम में लगी रहती हैं, और शाम तक निढाल होने लगती हैं—बैठ गयी थककर चूर होकर।

"मैं नहीं जानती पिश्ता, पर मैं बहुत डरती हूँ उस ज़िन्दगी से...हम इन बड़े लोगों का मुक़ाबला नहीं कर सकते।"

23

फ ोइश्यान की पत्नी ने मॉग्दॉलेना को गले लगाकर प्यार किया और उसकी पीठ थपथपायी।

"तुम बहुत खुश होगी, मॉग्दॉलेना, आज की शाम बहुत सफल रही।"

"मैं खुश हूँ सिदि आंटी।"

उसी पल पिश्ता ने इधर देखा और उसकी नज़र मॉग्दोलेना की नज़र से टकरायी, उसके हाथ के शैम्पेन के ग्लास से शैम्पेन छलकी और उसकी क मीज पर भी गिरी।

लीना ने देखा, यह भी देखा कि कमीज ख़राब हो गयी वह बहुत नाराज थी। मॉग्दॉलेना पिश्ता की नज़र से परेशान हो गयी, वह तुरन्त फोइश्पान की पत्नी के साथ कमरे में चली गयी।

बाहर मौसम बहुत सुहावना था। बाग़ बड़ी-बड़ी लाइटों से जगमग कर रहा था, आसमन बिल्कुल साफ़ था।

तभी पेतैरफ ी आये और पिश्ता को अलग ले गये।

"माफ कीजिएगा, डिप्टी मेयर साहब, बड़ी सनसनी ख़बर है....मगर सावधान रहिएगा अभी कहीं कोई सुन न ले...एकाउंटेंट बता रहा है कि मिनिस्टरी से एक आदमी आया है और वह सूअर-फार्म की फाइलें आज ही रात को देखना चाहता है। लगता है कोई बड़ी गम्भीर शिकायत पहुँची है मिनिस्टर के पास, बोरोन्काई और मॉक्रोत्सी के खिलाफ (जो इस समय यहाँ नहीं है) और मिनिस्टर चुपचाप इस पर फौरन कार्रवाई करवाना चाहते हैं...मैं आपको सलाह दूँगा कि आप सावध ान रहें, मेयर ज़रूर आपको बुलाएँगे..."

पिश्ता सीधा देखता रहा। यह तो अच्छी ख़बर थी। तो अब आये यह सब उसकी मुट्ठी में...

पेतैरफ ी बिना कोई शक पैदा किये, मुँह मोड़कर हँसने लगा। पिश्ता कुछ पल वहीं खड़ा रहा, अपने रक्तचाप की आवाज़ सुनता रहा।

"काफ ी जासूसी कहानी-सी बनती जा रही है," उसने सोचा और उसके चेहरे

पर जीत की मुस्कान थी।

"अरे तुम तो आज बड़े ख़ुश दिखाई दे रहे हो", लीना पास आकर बोली।

"क्या तुम ख़ुश नहीं हो? क्यों?"

तभी बरामदे में कुछ औरतें आ गयीं।

"पागलपन, आजकल लोग कैसे डांस करते हैं", एक मजिस्ट्रेट की पत्नी पिश्ता से बोली।

"हंगारी 'चारदाश' (एक लोक नृत्य) तो अच्छा था। मैंने एक बार दो घंटे तक चारदाश नृत्य किया था", पिश्ता ने कहा।

"वह कब?"

"पुराने युद्ध के अच्छे दिनों में।"

"युद्ध के अच्छे दिन? हाँ ठीक कहते हो" वह ज़ोर से हँसी। बाकी औरतें भी इस पर हँसीं फिर सब वहाँ से चली गयीं। लीना अब तक चुपचाप खड़ी सुन रही थी, वह उनमें से किसी को जानती ही नहीं थी।

"मैं तुमसे पूछ रहा था कि तुम क्यों ख़ुश नहीं हो?"

"और मैंने तुमसे पूछा था कि तुम क्यों इतने ख़ुश हो?"

"गुड ईवनिंग!" पिश्ता अचानक चीफ इंस्पेक्टर ऑफ स्कूल्स से मुख़ातिब हो गया था।

"इस सबसे" उसने लीना को उत्तर दिया।

"क्या मैं सिर्फ इस बात से ख़ुश होऊँ कि मेरा पति यूँ अकड़ के घूम रहा है? तुम कैसे अपना सीना ताने दिखावा कर रहे हो!"

"रश्शू।"

"कम से कम अपनी कमीज़ पर कुछ गिराते तो नहीं।"

"मैं इसे दोबारा नहीं पहनूँगा।"

"कैसे पहन सकते हो अगर उसे साफ रखने पर ध्यान नहीं दोगे।"

"कोई भी एक कमीज़ दो बार नहीं पहनता।"

"जैकिट होती तो कह सकते थे।"

तभी मेयर का सेक्रेटरी भागता हुआ आया। वह हर जगह पिश्ता को ढूँढ़ रहा था। उसकी बाँहें पकड़कर बोला–

"डिप्टी मेयर साहब, मेयर आपसे बात करना चाहते हैं।"

"मैं फौरन आता हूँ, इमरै।"

"जी वे ताश खेलने के कमरे में हैं।"

पिश्ता थोड़ी देर रुका रहा क्योंकि सामने से बैत्सी मामा आ रहे थे और वह लीना को उनके पास अकेली छोड़ना नहीं चाहता था।

"बेटा, क्या मैं तुमसे कुछ बात कर सकता हूँ?" बैत्सी बोले।

लीना एकदम तीखे स्वर में बोली, "इस वक्त कोई बात का समय नहीं है।"

"तुम अजीब हो...मैं कोई पैसा नहीं माँग रहा....यहाँ किस चीज़ के लिए पैसा चाहिए.....सिफ ' दरबान को टिप ही तो देना है।"

लीना अपने पर्स में पैसे टटोलने लगी।

'इतना साफ़ मत दिखाओ", पिश्ता ने टोका

बैत्सी मामा ने बेशरमी से हँसते हुए चेंज हाथ में पकड़ी और हँसे, फिर पैसों को देखा, भौंचक्के रह गये।

"चालीस पैसे?"

"इतना काफी है टिप के लिए। यहाँ पहले भी काफी जेब कट चुकी है।" बैत्सी मामा का मुँह खुला का खुला रह गया। उन्होंने पैसे जेब में रखे और चुपचाप वहाँ से खिसक लिए, अच्छा सबक मिला था उन्हें।

"कितनी शर्म की बात है कि मेरे मामा को तुमने चालीस पैसे दिए।"

"उन्होंने लौटाये तो नहीं ना?"

"और मैं दरबान को क्या टिप दूँगा?...मैं, इन कीमती कपड़ों में, प्रिंस ऑफ वेल्स की तरह तैयार, मेरे पास तो एक पैसा भी नहीं है।"

वह मेयर के पास जाने के लिए मुड़ा ही था कि बोरोन्कॉई और उसके ससुर बूढ़े सैंतकाल्नाई कार्दिच के साथ वहाँ आ गये।

"ओह प्रेमी-युगल", कॉर्दिच बोला, "यहाँ भी प्रेम-कलाप का मौका ढूँढ़ लिया?"

पिश्ता को लगा कॉर्दिच के बोलने के अन्दाज़ में कुछ मगरूरपन था। उसने उनकी ओर देखा, सोचा, "झे-वे....झैब रे वागलॉक (तुम्हारी जेब काटूँगा) मगर अब तुम मेरी जेब में हो...पिछली डिनर पार्टी और आज की पार्टी में बहुत अन्तर है. ..।"

"मेरा घर तुमको अच्छा लगा?" सैंतकाल्नाई ने लीना से पूछा।

लीना शरमा गयी। बोली–

"यह बहुत ऊँचा, बहुत चौड़ा और बहुत बड़ा है हमारे लिए।"

"हाँ, यह नयी पीढ़ी बहुत ज़्यादा खर्च करती है।" बुजुर्गवार ने विश्वास के साथ कहा।

दोनों एक दूसरे को अच्छी तरह समझ गये। यह आजकल के चोंचले दोनों

को ही पसन्द न थे। लीना को वृद्ध पर तरस भी आ रहा था, उन्हें कितना दुख हो रहा होगा कि उनकी इतनी मेहनत से बनाया यह घर आज बिकने की कगार पर आ गया था।

"भाई, क्या मैं तुमसे कुछ बात कर सकता हूँ।" कॉर्दिच ने पिश्ता से कहा।

और लीना यूँ पलटी एकदम मानो उसे शहद की मक्खी ने डंक मारा हो। उसका सारा शरीर अकड़ सा गया। उसको कुछ समय लगा अपने को संभालने में, यूँ डरने की बात तो कोई भी नहीं मगर कॉर्दिर्च का पिश्ता को इस आत्मीयता से बुलाना उसे कुछ अजीब-सा लगा। इस कॉर्दिच को पिश्ता से क्या काम हो सकता था?

"तुम्हारी पत्नी को घर कुछ खास पसन्द नहीं आया।"

"नहीं-नहीं ऐसा तो नहीं।"

कॉर्दिच कुछ देर सोचते रहे।

"अगर तुम चाहो तो हम अभी कॉन्ट्रेक्ट साइन कर सकते हैं।"

पिश्ता की आँखें चमकने लगीं। उसने फौरन नज़रें नीची कर लीं कि कहीं अगला देख न ले। वह साइन कर सकता था। हो सकता है इसका कारण वही हो...शायद पेतैरफ ी सही था.. जरूर ऑडिटर आये होंगे।

"मगर अभी तो मुझे मेयर साहब से मिलने जाना है। उन्होंने मुझे बुलवाया है, बहुत जल्दी।"

"अरे छोड़ो, मैं अभी उन्हीं के पास से तुम्हारे पास आया हूँ। उन्होंने कहा है कि पहले हम लोग आपस में मसले तय कर लें, फिर दोनों मिलकर उनके पास जाएँगे।"

"अच्छा, ठीक है।"

वे दोनों चुपचाप उस बड़ी पिक्चर गैलरी के एक कोने में जाकर बैठ गये। उनके ऊपर कई तस्वीरें झूल रही थीं।

"मिनिस्टरी से जो आदमी आया है, वह क्या आज रात को ही चला जाएगा।"

कॉर्दिच ने पिश्ता की ओर सावधानी से देखा।

"मिनिस्टरी का आदमी?"

"क्या इंस्पैक्शन आज ही होना है", उसने दबी ज़बान में पूछा, क्योंकि अभी क्या मालूम ख़बर सही भी थी या नहीं। हो सकता है ग़लत हो।

कॉर्दिच भाई कुछ देर सोचते रहे, फिर हँसे।

'अरे हाँ, मिनिस्टरी का आदमी, हाँ, हाँ।"

फिर एक लम्बी चुप्पी। पिश्ता ने सिगरेट सुलगायी। उनके सामने ही अंग्रेजी सिगरेटों से भरा डिब्बा रखा था। उसने एक उठाकर चुपचाप जलायी। वह कुछ बोलना नहीं चाह रहा था। वह इन्तज़ार कर रहा था कि अब क्या होता है।

कॉर्दिच अपने सिगार में मस्त था। वह नहीं जानता था कि इसे सब कैसे पता लगा। मेयर ने तो कहा था कि इसे कुछ मालूम नहीं था। यह क्या जानता था और कितना जानता था?

''अरे भगवान, इसमें तो पन्द्रह मिनट लगेंगे।''

पिश्ता कुछ नहीं बोला।

''वाउचर्स में कुछ गड़बड़ी है'', बड़ी सावधानी से बोलना शुरू किया, ''सारी रसीदें और फ ॉर्म दिखाते हैं कि माल किसलिये दिया गया था, विला के लिए या फ़ार्म के लिए...''

''अच्छा'' कॉर्दिच बोला, ''और यह वाउचर्स कहाँ है?''

पिश्ता ने कोई उत्तर नहीं दिया।

बात को घुमाते हुए बोला–

''बुक कीपिंग बड़ी चतुराई से की गयी है। कहीं से यह पता नहीं चलता कि जो माल आया वह कहाँ प्रयोग में लाया गया।''

''क्या मतलब?''

पिश्ता ने अपनी सिगरेट ऐश ट्रे में बुझायी।

''मैंने अभी अपने छोटे भाई से आपको नहीं मिलाया ना कॉर्दिच भाई?''

''नहीं, मुझे तो नहीं लगता।''

''बहुत होशियार आदमी है....वह बैंक ऑफ बुदापैश्त में इन्वेस्टमेंट मैनेजर था...''

''अच्छा मुझे तो लगा कि वह किसी म्यूज़ियम में था। उसके बारे में शायद मैंने कुछ सुना था।''

''वो तो मेरा दूसरा भाई है। वह नेशनल म्यूज़ियम में पुरातत्त्व विभाग का अध्यक्ष है....उसकी सिफारिश मैं यहाँ म्यूजियम के डायरेक्टर के पद के लिए करूँगा।''

''हाँ हाँ, यही मैंने सुना था। आन्द्रीश, ऑलइश्पान ने मुझे बताया था।''

'हाँ, ऑलइश्पान साहब जब मुझे यह घर खरीदने की सलाह दे रहे थे तभी उन्होंने मैन्यहेर्त को डायरेक्टर बनाने की बात भी कही थी।''

''यह तो बड़ा अच्छा विचार है।''

पिश्ता ने अब कॉर्दिच की आँखों में आँखें डालकर कहा–

"तो मैं मैन्यहेर्त को म्यूज़ियम के लिए और एलबर्ट को बैंक के लिए सिफ ारिश करता हूँ..."

"एल्बर्ट", कॉर्दिच बोले, "एलबर्ट...बैर्त्सी...आह बैर्त्सी। यह तो तुम्हारा वो भाई है ना जो कोयला भेज रहा है सरकार के लिए...."

"नहीं, वो तो मेरे मामा हैं। इनकी कलेशर में एक छोटी-सी खदान है। वहाँ का कोयला बड़ी उच्च कोटि का है। मगर उनके पास कोयला निकालने के लिए पूँजी नहीं है। अतः उससे कोयला ख़रीदने के बजाय उनसे खदान ही ख़रीद लेनी चाहिए। इससे सरकार को फायदा होगा।"

"तो फिर....तुम्हारे मामा ना?.....बैर्त्सी इस खदान के मैनेजर बन सकते हैं।"

पिश्ता एक पल के लिए जाल में फँसा। उसके चेहरे पर खुशी नज़र भी आयी...मगर फौरन ही उसे लगा कि हो सकता है यह व्यंग्य हो, या फिर बैर्त्सी मामा खुद ही अब तक अपनी वकालत कर चुके हों।

"अब यह तो विचार-विमर्श करने के बाद ही तय हो सकता है उसने जवाब दिया।

मुख्य बात यह थी कि आज इन लोगों को उसकी ज़रूरत थी। वह और भी कई मुद्दे उठा सकता था आज—जैसे सूअर-फार्म के लिए ऑन्द्राश को नियुक्त करना, लॉयोश भाई के बेटे को शहर के ऑर्केस्ट्रा में लगाना....ऑदेल्का को स्कूल में टीचर लगवाना.....मगर उसने एक शब्द भी नहीं बोला, मौका खुद ब खुद सामने आयेगा, अभी जल्दी काहे की। यूँ भी उसे एल्बर्ट का जि क्र नहीं करना चाहिए था...वह गम्भीर किस्म का व्यक्ति नहीं था। उससे वाकई गलती हो गयी थी, आज केवल मैन्यहेर्त की बात ही करनी चाहिए थी....पर यह मामले भी सामने तो लाने ही होंगे। अतः एक बार में एक चीज़....उसे बैर्त्सी मामा के बारे में भी शायद नहीं बोलना चाहिए था। वह केवल मैन्यहेर्त को ही ठीक तरह से जानता था।

और यह तो कोई बुरा सौदा नहीं था। वह सरकार को एक योग्य म्यूज़ियम डायरेक्टर दे रहा था। उसके मुकाबले का कोई व्यक्ति था ही नहीं इस पूरे क्षेत्र में...एल्बर्ट फ र्क था उसकी बात नहीं रखनी चाहिए थी।

लीना, सैंतकाल्नाई के साथ वहाँ आयी। वह कुछ बोली नहीं बस उनकी ओर मुस्कुराकर कमरे में चली गयी, उसे कोई पहचान वाला दिखाई दे गया था। सैंतकाल्नाई मगर इन दोनों के पास आकर बैठ गया।

कॉर्दिच बोला, "माफ कीजिए, आप ज़रा यहाँ ठहरिए, मैं ज़रा मेयर से बात

करके अभी आता हूँ।''

''जाओ अपनी रिपोर्ट प्रस्तुत करो।'' पिश्ता ने मन ही मन, बड़ी कड़वाहट भरते कहा।

''क्यों छोटे भाई, ''सैंतकाल्नाई बोला, क्या हम इस घोटाले से बाहर निकल सकेंगे? इस सूअर-फार्म के झमेले से?''

''क्यों नहीं बड़े भाई, क्यों नहीं?''

''मगर कैसे?...क्या सोचते हो बेटा?''

''अभी ठीक से तो नहीं बता सकता...डेढ़ मिलियन की गड़बड़ी है...आज बहुत बड़ी रक म है यह। इस वक़्त एक एकड़ ज़मीन का मूल्य दो-तीन सौ पैंगो है...उस वक्त 1928-29 में हज़ार पैंगो था जब यह कर्ज़ लिया गया था...एक ही उम्मीद है कि बाहर से मदद मिल जाये।''

''वो तो है।''

''यह तो खुशकिस्मती है कि शहर की सरकार को इसकी ज़रूरत है...अगर सरकार इसको अक्लमन्दी से अपने हाथ में ले ले तो आम जनता को इससे बहुत फायदा होगा और पुराने मालिकों को भी सब कुछ खोना नहीं पड़ेगा।''

''क्या मतलब 'सब कुछ'?'' सैंतकाल्नाई ने पूछा। वह पिश्ता की बात सुनकर खुश होने ही लगा था पर इस आख़िरी वाक्य ने उसे हिला दिया। उसने फिर पूछा, ''क्या मतलब है इस सब कुछ का?'' ''कुछ नुकसान होना तो लाज़मी है, यह तो पक्की बात है...किसी भी ख़राब सौदे के लिए पहले मालिक को तो नुकसान उठाना ही पड़ेगा।''

''यह खराब सौदा नहीं है।'' सैंतकाल्नाई बोला, ''बस वह तो मन्दी का दौर आ गया।''

''तो उसका परिणाम तो भुगतना ही होगा।''

वृद्ध के चेहरे पर लाली उभर आयी। आज तक किसी की हिम्मत नहीं हुई थी उससे इस तरह बात करने की। और आज यह डिप्टी मेयर अंट-संट कुछ भी बोले जा रहा था...यह बात वह खुद भी जानता था, मगर इस पर सोचना नहीं चाहता था, क्योंकि इससे उसकी सेहत पर असर पड़ सकता था। यह आदमी बिल्कुल पागल था क्या? जो उसके मुँह पर ऐसी बात कर रहा था।

पर फिर उसने सोचा कि उसे अपने आपको धोखे में नहीं रखना चाहिए, कम से कम पता तो लगाना चाहिए कि उसको कितना नुकसान होने वाला था।

''तुम्हारे विचार से कितना घाटा होगा?''

"बहुत ज़्यादा ....बहुत ज्यादा मगर, 'सब कुछ' नहीं...इस समय स्थिति यह है जो भी पैसा बच सके उसमें ही सन्तोष कर लेना चाहिए।"

सैंतकाल्नाई का चेहरा लटक गया। वह कुछ कहना चाहता था मगर उसने कहा नहीं। बस एक लम्बी साँस ली। कुछ देर बाद बोलना शुरू किया–

"मैंने आज अपने आपको बहुत थका लिया है...मैं शिकार पर गया था और अपनी पार्टी से बिछड़ गया था....तो मुझे पूरे छः किलोमीटर पैदल चलना पड़ा। जब मैं चल रहा था तो मुझे रास्ते में एक चौकीदार मिला...मैंने पूछा, "कहीं आपके इत्तफ ाक से मेरी पार्टी को तो नहीं देखा है?" हम दोनों ने कुछ देर बात की। वह भी मेरी ही उम्र का था....अन्त में उसने कहा, "सर, अब क्या होने वाला है? क्या चुनाव होगा।"

यह कह वह हँसा।

पिश्ता उसे ताकता रहा। एक मिनट में ही उसके चेहरे का दुख गायब हो चुका था। अब वह सिगार पी रहा था और कहानियाँ सुना रहा था।

"मैं फौरन समझ गया कि वह राजा के चुनाव की (हंगरी में मध्यकाल में राजा का चुनाव हुआ करता था) बात कर रहा था।" "ओह इन लोगों ने सब कुछ बिगाड़ कर रख दिया है", उसका अर्थ युद्ध से था। उसने आगे कहा, "हमारे पास जो ज़मीनें थीं, वे कितनी अच्छी थीं...अगर हम आपस में ही उसका ध्यान रख सकते, तो आज हम खुश होते..."

"मगर", मगर पिश्ता ने बीच में ही टोका, "यह व्यक्ति कितना अक्लमन्द था? अगर हम मिल बाँटकर इसका खुद ही ध्यान रखते। यहाँ भी कुछ ऐसी-सी बात ही तो है....मगर लोग तो इतने अक्लमन्द हैं नहीं, वे कभी इतिहास से कुछ सीखते नहीं...आप समझ रहे हैं न कि मेरा क्या तात्पर्य है?"

"क्या?"

"हमें आपस में सब कुछ सुलझाना आना चाहिए, यही बात आपके परिवार पर भी लागू होती है....मैं समझाता हूँ।"

"तुम मुझे कुछ नहीं समझा सकते", सैंतकाल्नाई गुर्राया, "मैं तब भी नहीं समझूँगा...उसके लिए तुम जवान लोग हो ना, हमार बोझ हल्का करने के लिए. ..मैंने अपनी पूरी जिन्दगी मेहनत की, इतनी सम्पत्ति बनायी और अब मैं सब कुछ गँवा दूँ? मेरी जिन्दगी अर्थात् व्यर्थ ही गयी....ऐसा क्या पाप किया है मैंने, जो मेरे साथ यह हो रहा है?"

"बिल्कुल।"

"मैं कोई राजघराने से नहीं हूँ! यह सब मैंने धरोहर के रूप में नहीं पाया था। यह मैंने अपनी मेहनत से खड़ा किया है। यह मेरी जायज सम्पत्ति है।"

"देखिए, मैं हर प्रयत्न करूँगा कि आप सब कुछ न गँवा दें।"

"सब कुछ!" उन्होंने अब अपना धीरज खोते हुए कहा, "सब कुछ! क्या पागलपने की बात कर रहे हो? क्यों सब कुछ? कुछ भी नहीं, कुछ भी नहीं! मैं तो यही जानता हूँ..."

मॉग्दॉलेना ने कमरे में से देखा कि उसके पिता काफ ी गुस्से में आ गये थे, वह फौरन दौड़ी आयी।

"पापा, क्या मैं आप के लिए कुछ ला सकती हूँ?" उसने उनके पर हाथ रखा।

"नहीं।"

पिश्ता ने अपनी नज़रें नीची झुका लीं, मॉग्दॉलेना की ओर नहीं देखा। वह उसके जूतों की ओर देख रहा था, उसके घुटनों की ओर भी, देखा कि जब वह अपने पिता को लिपटा रही थी तो वे कैसे हिल रहे थे। धीरे-धीरे उसने नज़रें उठायीं, उसके जूतों से उसके नितम्ब तक, फिर कमर, फिर सीने, फिर बाँहें, फिर उसकी लम्बी पतली गर्दन, उसके बाल....जैसे-जैसे उसकी नज़रें ऊँची उठती गयीं उसका रक्तचाप भी बढ़ता गया।

अब मॉग्दॉलेना ने उसकी ओर दृष्टि डाली, लगा कि वह याचना कर रही है, कि उसके बेचारे पिता को परेशान न किया जाए। उनकी आँखें मिलीं, और मॉग्दॉलेन परेशान होने लगी। उसने फौरन नज़रें हटा लीं मानो कोई बड़ी ताकत से उसका सामना हो गया था। उसका नाजुक मुँह खुला रह गया था, और कुछ पल के लिए वह स्वयं को सँभाल न पायी थी।

पिश्ता को भी चक्कर आ रहा था। उसे लग रहा था, धरती फट गयी है और वह उसमें समा गया है, उसे बुख़ार-सा चढ़ने लगा था।

"तुम क्या कुछ देर रुकोगी नहीं?" उसने बड़ी शिष्टता से कहा और पिता को छोड़ दिया जो अब बैठ गये थे।

"ओह! बड़ी खुशी से। मुझे खुशी है कि आख़िर हम मिले।"

"हाँ।"

"मुझे नहीं मालूम था कि हम रिश्तेदार हैं।"

"मुझे तो काफ ी पहले से मालूम है।"

"वाकई?"

"हाँ...." और वह मुस्कुराया, फिर वह सब संकोच पर विजय पाते उसकी ओर देखने लगा, "एक बॉल, तुम्हें याद है वो बॉल डांस पार्टी जिसमें तुमने एक हरी ड्रेस पहनी थी?...."

"हरी?"

"हाँ, नयी घास के हरे रंग की....तुम उस वक्त बहुत दुबली थी, लग रहा था एक किरण जो वसन्त के ताज़े हरे रंग में रंगी हो।"

मॉग्दॉलेना हँसी।

"मेरे पास एक ज़माने में थी एक हरी ड्रेस।"

"हाँ बॉल डांस पार्टी पर।"

"क्या हमने डांस किया था?"

"नहीं...मैं उस वक्त डांस नहीं करता था।"

"क्यों?"

"मैंने कसम खायी थी.. तुम जानती हो मैंने चार साल फ्रंट पर गुज़ारे थे—दो तो युद्धबन्दी की हैसियत से तब घर लौटा था जब मुसीबतें ख़त्म हो रही थीं।. ..मैं कोई बड़ा प्रण करना चाहता था.. जब व्यक्ति बहुत प्रताड़ना सहता है तो एकदम बच्चे जैसा और रोमांटिक हो जाता है....पहले मैंने दाढ़ी बढ़ाने का सोचा, पर वह तो फैशन में नहीं था उस समय।"

"तुम अपने रोमांटिक होने के वक़्त भी तर्क का इस्तेमाल करते थे।"

"हाँ, मैं रोमांटिक भी हूँ और विश्लेषण भी करता हूँ...मुझे लगा मेरी दाढ़ी मेरा करियर बिगाड़ देगी...अतः मैंने डांस न करने की क़सम खा ली...।"

"तो फिर तुम बॉल में क्या कर रहे थे?"

"वह मेरी ड्यूटी का हिस्सा था...मुझे नया-नया सांस्कृतिक सलाहकार नियुक्त किया गया था और यह बॉल एजूकेशन सिस्टम की सहायता के लिए आयोजित किया गया था।"

"हाँ, याद आया। उस वक़्त मेरी उम्र काफ ी कम थी।"

"और मैं तब तक एक पति नहीं बना था", पिश्ता हिचकिचाता हुआ बोला।

"मुझे याद आ रहा है। तुम भी याद हो। लोग कह रहे थे कि यह आदमी युद्धबन्दी कैम्प से नौ भाषाएँ सीख कर आया है।"

"और तब से दस भाषाएँ भूल भी चुका हूँ।"

लीना सैंतकाल्नाई के साथ वहाँ आयी, जो नयी मालकिन के घर के बारे में बता रहे थे।

"यह बहुत अच्छा बना हुआ है।" वे कह रहे थे।

मॉग्दॉलेना उठी, अपनी बाँहें लीना के गले में डालकर बोली–

"मैं बहुत ख़ुश हूँ कि यह घर तुम ख़रीद रही हो।"

"अरे अभी कुछ निश्चित नहीं हुआ है।"

"क्या कह रही हो?"

"हम इस घर को कैसे ले सकते हैं....मेरे पिता दुखी हो रहे हैं कि हम उनका घर, जो बिल्कुल मुफ़्त मिल रहा है, क्यों नहीं ले रहे हैं....वह तो काफ ी ख़स्ता हालत में है, अँधेरे कमरे हैं.....यह तो एक सपने के समान है मेरे लिए ...जो मैं कभी देख ही नहीं सकती थी...मगर यह मेरा सपना नहीं है....मैं किसी और के सपने में कैसे रह सकती हूँ?"

पिश्ता हैरान होता अपनी पत्नी को देख रहा था, उसकी बातों में संगीत था, कविता थी।

"अरे लोगों को इतनी प्रताड़ना मत दो अपने इन विचारों से" मॉग्दॉलेना बोली। हम कहते हैं, "यह जीवन है और फिर इसी को सत्य मानते हैं नहीं क्या?"

लीना समझने के मूड में नहीं थी अतः उसने पिश्ता पर सर्द निगाह डाली। वह हड़बड़ाया, बोला, हाँ'।

और अब फिर वह मॉग्दॉलेना की आँखों में नहीं देखा पा रहा था, बस केवल उसकी उपस्थिति महसूस कर पा रहा था। उसे मज़ा आ रहा था यूँ दोनों औरतों को एक साथ देख, मन में खुशी के लड्डू फूट रहे थे, उसने फिर से मॉग्दॉलेना के घुटनों को देखना शुरू कर दिया, वाइन अपना असर दिखाने लगी थी।

मॉग्दॉलेना उसके चेहरे की खुशी को पढ़ पा रही थी, वह डरी हुई-सी उसके चेहरे को देख रही थी।

लीना कुछ नहीं देख रही थी क्योंकि उसने अपनी आँखें बन्द कर ली थीं और अपने ही ख़यालों में गुम थी।

कॉर्दिच भाई काफ ी शोर मचाते आये।

"सब कुछ तय हो गया है। मेयर ने कहा है कि पिश्ता को सब कुछ मिलना चाहिए।"

"आओ मैं तुम लोगों को घर दिखा दूँ" मॉग्दॉलेना ने लीना से कहा। "और मैं तुम्हें यह भी यकीन दिला दूँगी कि यहाँ सब कुछ साधारण जीवन जैसा है, यह सपना नहीं हकीकत है। यह कुछ और हो ही नहीं सकता क्योंकि इसे मैंने सजाया है और मैं कवयित्री नहीं हूँ।"

उसका एक-एक शब्द, शान्त, नपा-तुला और सीधा था, मगर पिश्ता पर उनका प्रभाव उत्तेजना ही जगा रहा था।

सैंतकाल्लाई भी दोनों औरतों के साथ चले।

"बहुत अच्छी ईंटों से बना है यह घर और यहाँ ज़रा भी सीलन नहीं है।"

पिश्ता ने आह भरी, फिर अपने को सँभाला। यह औरत एक मिनट के लिए मानो उसकी ही हो गयी थी और अब वह उसे छोड़ चली गयी थी। उसे नफ रत हो रही थी। वह उसे अपने लिए नहीं जीत सकता था।

"मैं बुजुर्गवार से कह रहा था" उसने मुसीबत बुलाते बोला।

"क्या?" कॉर्दिच ने पूछा।

"कि उन्हें कुछ न कुछ तो गँवाना पड़ेगा।"

"गँवाना? क्या?"

"सरकर इसे अपने हाथ में नहीं ले सकती। काउंसिल में यह कदापि पास नहीं होगा।"

"तुम अभी भी इस पर अटके हुए हो?....हाँ, क्यों नहीं....तुम तो विपक्ष से भी इस बारे में विचार विमर्श कर रहे हो।"

पिश्ता जगा। इस कथन में दुश्मनी थी, वह सँभला।

"वह तुम्हारा रिश्तेदार है? वह मॉर्तिनी?"

"दूर का"

"तो उसे अपनी मदद के लिए आने दो।"

"वह तो विपक्ष का है।"

"उसे विपक्ष को हमारे पक्ष में खड़ा होने को कहो।"

"इसीलिए तो मैंने यह फैसला लिया है कि पुराने शेयर होल्डरों को नुकसान झेलता ही पड़ेगा।"

"कितना? डॉक्टर मार्तिनी क्या सोचता है?"

"यह उनका प्रस्ताव नहीं है, मेरा है....और अब मैं इस बिज़नेस के बारे में काफ ी जान गया हूँ और मैंने सब वाउचर्स भी सुरक्षित जगह पर रख लिए हैं।"

"और?" तुम सूअर फार्म को फिर से कैसे चलाने की सोच रहे हो?"

"बहुत आसान है। सरकार एक डूबे हुए बिज़नेस को तो हाथ में नहीं ले सकती। उससे तो विपक्ष को आक्रमण का अवसर मिल जाएगा...अतः हम एक सिंडिकेट बनाएँगे जो इसको हाथ में ले लेगा।"

कॉर्दिच हक्का-बक्का रह गया। उसने यह उम्मीद नहीं की थी।

"तीन व्यक्तियों का सिंडिकेट बनाया जाएगा जो इसे कंट्रोल करेगा और फिर इसे सरकार को सौंपेगा।"

"जीनियस! और फिर वह सिंडिकेट कंट्रोलिंग इन्ट्रेस्ट बेच देगा?"

"और क्या?.... वे नये कर्जे तो ले नहीं सकेंगे। शहर की सरकार ही तो पैसा जुटा पाएगी...."

"वाह क्या कमाल है....कितना साधारण तरीका....और तुम्हारे पास इसके लिए पैसा होगा? सिंडीकेट के पास? क्योंकि तुम भी तो उसके मेम्बर होंगे?"

"बिल्कुल।"

कॉर्दिच चुप रहे। उन्हें समझ में नहीं आया कि वह इस 'बिल्कुल' से क्या समझें...क्या इसका सम्बन्ध पैसे से था या मेम्बर से? वे निचले नहीं बैठ पा रहे थे।

"माफ करना, मैं अभी आता हूँ।"

"जाओ जाकर मेयर को बता दो" पिश्ता ने सोचा।

और फिर वह आरामकुर्सी में धँसकर बैठ गया, उसका दिमाग़ घूम रहा था।

अकेला, चुपचाप, खोया हुआ, लीना आयी और उसके पास आकर बैठ गयी।

"पिश्ता यह बहुत अलग तरीका है जीने का? यहाँ कोई बच्चे नहीं हैं... और जिस तरह से इसे सजाया गया है। केवल दिखाने के लिए। यह लोग एक दूसरे को प्यार नहीं करते। इनके बेडरूम तक अलग-अलग हैं..पति उत्तर में सोते हैं, जहाँ रोशनी ही नहीं आती, जबकि यह खुद दूसरे छोर पर सोती है। यह औरत अपने पति के लिए ज़रा भी परेशान नहीं होती?"

"तुम तो घर को ऐसे नहीं रखोगी?"

"इसे तो जन्नत बनाया जा सकता है– मगर किसी और की जरूरत पड़ेगी. ...पर इस सर्द जगह पर आयेगा कौन? ओफ कितनी बेधती हुई हवा है यहाँ।"

पिश्ता ने अपना शैम्पेन का ग्लास उठा लिया जो बटलर ने भर दिया था।

"सब ही इससे खुश हैं।"

"उससे मुझे क्या फ़र्क़ पड़ता है?....यह लोग सब ऐसे हैं जिनमें कोई भी समानता नहीं है...ज़रा चारों ओर नज़रें घुमाकर देखो...कैसे एक दूसरे की ओर मुँह करके खड़े तो हैं मगर लगता है एक दूसरे से कन्नी काटने की कोशिश कर रहे हैं, ख़ासतौर पर मुझसे।"

"जिन्दगी में अपनी जगह खुद बनानी पड़ती है। यहाँ सब आपको आज के लिए खुश करने का प्रयत्न कर रहे हैं, आपको बस उन्हें ऐसा करने का मौक ा

देना है।''

''मुझे खुश करने का? तुम गलत हो पिश्ता। किसी ने पूरी शाम यह करने की कोशिश नहीं की है।''

''तुम काँटे वाला फूल हो ना। देख रही हो, मेरे पीछे कैसे भाग रहे हैं?'' ''कौन? पिश्ता! वे तुम्हारे पीछे यूँ भाग रहे हैं जैसे कोई ख़तरनाक कुत्ते के पीछे भागते हैं, इस डर से कि कहीं वह उन्हें काट न ले। हमारा कोई भी दोस्त यहाँ नहीं है। मुझे तो यह समझ में नहीं आ रहा कि कहाँ से आ गये यहाँ इतने सारे लोग जिन्हें हमने कभी शहर में देखा नहीं है। यह बहुत अलग शहर है पिश्ता, उस शहर से, जिसमें हम रहते हैं। यह सबके सब अजनबी हैं, दुश्मन हैं।''

''तुम बकवास कर रही हो।''

''कृपया मुझे इससे बाहर ही रखो। मैं इसे बिल्कुल नहीं समझती। मैं यह बात कई बार कह चुकी हूँ। मैंने अपनी जिन्दगी खुद बनायी है, और इस छोटी-सी जिन्दगी पर मुझे गर्व भी है, और अब मुझे यह सोचना पड़ेगा कि वह कुछ थी ही नहीं...मुझे इस सब की आदत नहीं है। मेरी मेज़ पर शैम्पेन नहीं बहती। मुझे एक ऐसे पति की आदत है जो बीयर तक पीने बाहर नहीं जाता, और मैं इसलिए उसकी इज़्ज़त भी करती हूँ, और उसकी कोई प्रेमिकाएँ भी नहीं हैं जैसे इन लोगों की...''

''इसका सवाल कहाँ से बीच में आ गया?''

''यह ड्रेस मेरे शरीर को जला रही है। यह मेरी ड्रेस नहीं है, मेरा बस चले तो मैं इसे फाड़कर फेंक दूँ क्योंकि यह मेरी चमड़ी की नहीं बल्कि उनकी चमड़ी की है। उन लोगों की जो मुझसे यहाँ आँखें फेर रहे हैं। अगर यह मेरे लिए बनी होती तो यहाँ मेरे अपने दोस्त होते, मैं सोफ े पर बैठी उनसे बातें कर रही होती। पर मैं यहाँ अटपटा महसूस कर रही हूँ। तुम भूल रहे हो कि तुम्हारी शादी लीना सैंतकाल्नाई से हुई है मॉग्दॉलेना सैंतकाल्नाई से नहीं। और अब भविष्य में तुम्हें कुछ अच्छा नहीं लगेगा क्योंकि यहाँ का खून तुम्हारे मुँह लग चुका है....किस्मत ने तुम्हें अपने घर से निकालकर यहाँ पटक डाला है और अब तुम इन बेवकूफ ों से होड़ करने में लग गये हो।''

''मैं उनका लीडर बनना चाहता हूँ, उन्हें आदेश देना चाहता हूँ।''

''इसकी जुर्रत भी कैसे कर सकते हो तुम?......तुम इसके बारे में कुछ जानते भी हो क्या? क्या तुम उनके कदम से कदम मिलाकर चल सकते हो?.....उनके तौर तरीके अलग हैं, उनके मूल्य, उनके बात करने का तरीका। अगर मेरे घर में

कोई दोस्त आती है तो वह बस यूँ ही आ जाती है, खुश होकर बैठती है मेरी मेज़ पर। वह कोई विजिटिंग कार्ड नहीं भेजती, जैसा इन्होंने किया और कार में बैठकर निकल गये मानो किसी कोढ़ी से बचकर भाग रहे हों और जब मैं यहाँ आयी हूँ बेवकूफ की तरह से, अपने पति के कारण, तो बस मुझसे एक शब्द बोलकर गायब....''

''क्योंकि तुम बेहद अकड़ू हो। एक रानी की तरह खड़ी रहती हो।''

''क्योंकि मैं वही हूँ। क्योंकि मेरे पास आत्मा है जो इनके पास नहीं है, या है मगर इनकी आत्मा पैसा है....यहाँ तुम्हें हर समय प्रतिस्पर्धा में लगे रहना पड़ता है, तुम यहाँ पैदल नहीं आ सकते, गाड़ी ज़रूरी है, और गाड़ी भी जितनी बड़ी उतनी अच्छी। जब तुम ग़रीब थे तो तुमने मुझसे शादी क्यों की? तुम्हें इन्तज़ार करना चाहिए था। तुमने मेरी ज़िन्दगी क्यों बिगाड़ी...देखो तुमने मेरे साथ क्या किया है? मेरे पास एक किताब तक पढ़ने का समय नहीं रहा। मैं शायद ही कभी समाचार पत्र देख पाती हूँ, मैं कोई फैशन नहीं करती, मैं वह लच्छेदार भाषा नहीं जानती जिसे बोलने में यह सब माहिर हैं....मॉग्दॉलेना...शायद वह भी मेरी ही तरह होती, मगर जिन्दगी उसके लिए बहुत अच्छी रही है....''

''हर वक़्त उसकी बेइज्जती मत करो।''

अब तक उनकी बातचीत बड़े आराम से चल रही थी मानो वे किसी के बारे में साधारण बात कर रहे हों। अब लीना सीधी तनकर बैठ गयी और पिश्ता अपने नशे की हालत में भी घबरा गया क्योंकि वह अपनी पत्नी को जानता था, कि अगर उसे गुस्सा आ गया तो वह किसी चीज़ का लिहाज नहीं करेगी।

''मगर क्यों नहीं? वह मुझे काफ ी प्रभावित करती है। पूरे सूअर-फार्म का पैसा उसके श्रृंगार पर लगा है, क्योंकि एक दफ ा अगर किसी औरत को सर पर चढ़ा लो तो फिर तो पूरी दुनिया का पैसा भी उसके लिए कम है...क्या तुम चाहते हो कि मैं उसके जैसी बन जाऊँ? यह घर खरीदूँ फिर एक गाड़ी, एक ड्राइवर और फिर ड्राइवर के लिए एक फर कोट, फिर माली और बाकी सब चीजें। तुम क्या समझते हो मैं महीने में तीन सौ चालीस पैंगो से अधिक खर्च करना नहीं जानती? मैं क्या हूँ फिर? क्या मुझमें विचारों की कमी है? क्या मैं तीस हज़ार नहीं खर्च कर सकती? हर महीने? छोड़ो भी...तुम्हारी जेब में दिये हुए पाँच पैंगो हैं और तुम्हारे दिमाग़ में सपने घूम रहे हैं? तुम्हें बैंक एकाउंट चाहिए, चैक बुक चाहिए। क्या तुम्हें मिलेगा यह? कहाँ से? किस दम पर? क्या तुम इन बड़े चोरों के साथ जुड़ना चाहते हो?....ध्यान रखना, यह तुम्हें निगल न जाएँ....क्योंकि मुझे नहीं लगता

कि यह तुम्हें इस लूट में भागीदार बनाना चाहेंगे...पहले ही काफ ी है साथ...उन्हें पूरी कोपयाश फौज की कोई जरूरत नहीं है....''

''लीना....तुम भी कमाल हो.....आज जब मैं पूरे संसार को ललकारने के लिए खड़ा हुआ हूँ तब तुम मुझे इन सब बातों से पीड़ा पहुँचा रही हो? ईमानदारी के कारण.....ताकि यहाँ यह चोरी-लुटेरी न हो सके....इस वक़्त जब सब बदमाश अपना दिमाग़ लगा रहे हैं कि कैसे बचने का रास्ता निकालें? मैंने अब तक यह घर इसीलिए नहीं ख़रीदा है क्योंकि वे मुझे इसी बेईमानी के पैसे से ख़रीदवा रहे थे...ताकि मैं इसका बोझा बाद में गरीब आदमी पर डाल दूँ...और यहाँ तुम हो कि बोलती ही चली जा रही हो।''

उसने बटलर को शैम्पेन लाने का इशारा किया।

''पिश्ता, डार्लिंग, प्लीज और मत पियो, तुम पहले ही काफ ी पी चुके हो. ..अब बस करो।''

''मुझे यहाँ नरक के ठेकेदारों से जूझना है।''

''नहीं, मैं अब तुम्हें और नहीं पीने दूँगी....रख दो वह ग्लास वरना...'' कॉर्दिच भाई ने आकर उन्हें चौंका दिया।

''एक मिनट पहले प्यार और अगले ही मिनट झगड़ा!'' बोले।

पिश्ता ने नींद भरी आँखों से उनकी ओर देखा। यह आदमी उसके लिए क्या था? आखिर मामला क्या था? क्या यह कुछ कहेगा नहीं? क्या यह यूँ ही चुप खड़ा रहेगा?

''क्या मैं अब जाकर मेयर से मिल सकता हूँ?''

''क्या फायदा?'' कॉर्दिच बोले, ''वह तो ताश खेल रहे हैं।''

''मगर उन्होंने तो मुझे बुलाया था।''

''अगर ऐसी बात है तो ठीक है जाओ।''

पिश्ता उठा, उसने लीना का हाथ चूमा ताकि झगड़े का अन्त कर सके। लीना थकी हुई मुस्कान चेहरे पर लायी।

पिश्ता वहाँ खड़े लोगों के बीच में से होता गुज़रा। कई लोग वापिस घर जाने की तैयारी में थे। कइयों ने उससे बात की मगर वह तो सीधा ताश के कमरे की ओर चला जा रहा था।

अन्दर घुसा और मेयर के पीछे जाकर खड़ा हो गया, मगर उसने अपनी उपस्थिति अवश्य उन्हें जता दी। वह खेल देखने लगा।

वे टैरो खेल रहे थे।

"मैं आजकल के नवजवानों को बहुत पसन्द करता हूँ" मेयर कह रहे थे। "तुम भी तो नवजवान हो, बेला मेरे दोस्त, तुम तो सबसे ज़्यादा जवान हो", ऑलइश्पान ने कहा।

"नहीं, मैं तो अब बूढ़ा हो रहा हूँ। इस तलाश में हूँ कि कोई मेरा स्थान सँभाले। यही मुख्य कठिनाई है कि कौन मेरी जगह लेगा। आजकल के नौजवानों को देख कर लगता है यह हमारे बच्चे ही नहीं हैं। उनके सोचने का ढंग बिल्कुल अलग ही है, उनकी राष्ट्र प्रेम के बारे में सोच...अगर वह है भी....मुझे नहीं मालूम. ..युद्ध राष्ट्र के प्रति प्रेम आजकल है ही कहाँ...मगर जब तक हम यहाँ हैं, ऑन्द्रीश, तुम क्या नहीं सोचते कि हम वही मापदण्ड कायम रखेंगे।"

फिर जब कुछ पल एकदम शान्ति रही तब बोले–

"आजकल हर चीज़ में लोग अपना फ ायदा देखते हैं। हमारे वक़्त में ऐसा कहाँ था? किसी ने सुना था कभी कि ग़रीबों को अपने फायदे के लिए इस्तेमाल किया जाए? आजकल लोगों को अच्छे विचारों, प्रोत्साहन, अच्छे आदर्शों की जरूरत है...हमें उन्हें सिखाना चाहिए....उन्हें राष्ट्रीय झंडे और तिरंगे के रंग की चीजें क्रिसमस तक पर देनी चाहिए.....बच्चों से राष्ट्रीय प्रेम के गीत गवाने चाहिए। क्रिसमस को राष्ट्रीय पर्व घोषित करना चाहिए। इतालियनों के पास इतने त्यौहार हैं कि हर हफ़्ते एक या कभी-कभी तो दो-तीन पर्व भी मनाते हैं वे। इस चीज़ की यहाँ भी जरूरत है। इसी प्रकार राष्ट्र के प्रति प्रेम की भावना को जीवित रखा जा सकता है।

"इतालियन ग़रीब बच्चों के लिए जूतों की भी व्यवस्था करते हैं।"

सबने पिश्ता को हैरान नज़रों से देखा।

पर पिश्ता स्वयं को रोक नहीं पाया था। उसे बहुत गुस्सा आ रहा था कि अभी एक मिनट पहले कॉर्दिच भाई उसके पास आकर यूँ बैठे थे मानो उन दोनों में कोई मतभेद ही नहीं हो। आख़िर बात क्या थी? क्या यह लोग उसे बाहर निकालने की साँठ-गाँठ कर रहे थे?....

"तुम क्या कहना चाह रहे हो, छोटे भाई?" ऑनइश्पान ने ठहाका लगाते पूछा। पिश्ता कुछ देर चुप रहा। फिर बोला–

"इतालियन यह नहीं जानते कि हंगारी पूर्वी मैदानों में सर्दी कैसी होती है। उन्हें यहाँ आना चाहिए और हफ़्ते में तीन त्यौहार मनाने की कोशिश करनी चाहिए, एक फ ार्म से दूसरे फ़ार्म जाकर घुटनों-घुटनों तक कीचड़ में, या तब जब कि बर्फीली हवाएँ उनके चेहरों पर थपेडे लगा रही हों। असल में, चाहे हम कुछ भी कहें हंगारी

तिरंगे की लीरियाँ कीचड़ और ठंड से बचने में अधिक सहायता नहीं करेंगे।''

टैरो खेलने वालों की नज़रें उनके ताशों पर जम गयीं। उन्होंने अपने जीवन में कभी ऐसी बात नहीं सुनी थी। यह बात तो बिल्कुल ही उनकी समझ से बाहर थी। यह आदमी कौन था?...कोई कम्युनिस्ट?

''क्या रूस में लोगों को यही सिखाया जाता है पिश्ता? क्यों पिश्ता?'' ऑलइश्पान मज़ाक करने के अन्दाज में बोले। तुम वहाँ कितने साल युद्धबन्दी रहे थे?''

''मुझे किसी ने सिखाया नहीं है'' पिश्ता ने काफी दुखी होते कहा। उसे बुरा लग रहा था कि वाइन के प्रभाव के कारण वह यह सब कुछ कह गया था। ''मेरा केवल यह मतलब है कहने का कि हमारे पूर्वज आरपाद* को थोड़ा और आगे बढ़ जाना चाहिए था इटली तक, जहाँ कम से कम इतनी सर्दी तो नहीं पड़ती कि घरों को गर्म करने की ज़रूरत हो। यहाँ? लोगों को बेचारों को घोड़े का गोबर जलाकर घर गर्म करने पड़ते हैं।''

कोई नहीं हँसा। मगर अब पिश्ता हँसना चाह रहा था।

''तुम्हें इस दूध शहद से लबालब देश से कोई प्यार नहीं है?'' ऑलइश्पान बोले, जो कम से कम उत्तर तो दे रहे थे, मेयर वगैरह तो उसकी बातों पर ध्यान ही नहीं दे रहे थे।

''जहाँ तक मेरा सवाल है, मैं इसके लिए जान भी देने को तैयार हूँ।''

''वाह! यह तो बड़ी अच्छी बात है'' मेयर ने कहा, अपने पत्ते उठाते हुए।

''अभी तो तुमने कहा कि हमारे पूर्वज आरपाद की नीति तुम्हें पसन्द नहीं आयी।''

''वह तो मज़ाक था।''

''बड़ा अच्छा मज़ाक था...और वह चिथड़े तिरंगों में? वह भी मज़ाक था क्या?''

''मैंने चिथड़े शब्द का प्रयोग नहीं किया।''

''तुमने 'लीरियाँ' शब्द तो बोला। हंगारी तिरंगे की लीरियाँ, यही तो कहा था तुमने। किसने कहा था कि अगर वे हंगारी तिरंगी लीरियों से अपने जूतों के छेद बन्द करने की कोशिश करेंगे, तब भी वे पानी में भीगेंगे।''

पिश्ता ने कहा, ''यह सब मैंने नहीं कहा था।''

'अरे भाई पिश्ता बेचारे को परेशान नहीं करो। वह एक ईमानदार शरीफ आदमी

* आरपाद—जो सात आदिवासी ग्रुप केन्द्रीय एशिया से आकर हंगरी में बसे थे, उनका नेता।

है जो शहर के निवासियों का भला करना चाहता है। यह ज़रूर है कि वह ज़रा विपक्ष की ओर झुका हुआ है मगर फैरेन्त्स दैयाक हमेशा यही कहते थे कि ''मैं विपक्ष को पसन्द करता हूँ अगर उसके सिर पर बाल हों, अगर गंजा ही तो नहीं।''

पिश्ता ने सोचा यह गंजा विपक्ष कौन हुआ, क्योंकि डॉ. मार्तिनी के सिर पर तो घने बाल थे।

''महामहिम ने अभी कुछ देर पहले मुझे बुलवाया था।''

मेयर ने ऊपर नज़र उठायी, मुस्कुराये और फिर ताश खेलने लगे।

''हुक्म का इक्का।''

फिर से पिश्ता की ओर देखा।

''आराम से बैठो,...मुझे तुमसे बहुत बातें करनी हैं।''

पिश्ता एक घंटे तक ताश की बाज़ी देखता रहा। तब उसके दिमाग़ में आया कि लीना तो यहाँ आ नहीं सकती थी और बैर्त्सी मामा भी नहीं, अतः वह अनमने मन से बाहर निकल गया।

अब बाहर कम ही लोग बचे थे, कुछ नौजवान कोनों में खड़े फुसफुसा रहे थे, लड़कियाँ लड़कों के गलों में बाँहें डाले खड़ी थीं। वह सोच रहा था आज के नौजवान कैसी जिन्दगी जी रहे हैं?

फिर से संगीत शुरू हुआ, लोग डांस करने लगे। पिश्ता ने राहत की साँस ली।

सुबह होने वाली थी, थकान होने लगी थी। इस वक़्त तक तरोताजा वही रह सकते थे जिनके दिलों में जवानी की आग थी। वह व्यक्ति जो दिन रात ज़िम्मेदारियों का बोझ ढोता है, इसको अधिक देर नहीं झेल सकता। लीना तो मानो सो ही गयी थी। उसकी आँखें तो खुली थीं मगर उसके लिए उन्हें खोले रखना नामुमकिन हो रहा था।

पिश्ता, पत्नी के पास थोड़ी देर बैठा। न वह थका हुआ था न ही उसे नींद आ रही थी। उसके अन्दर ते ज्वालामुखी धधक रहा था क्योंकि उसे बड़ा धक्का लगा था इस बात से कि इन लोगों ने उससे बातचीत ही बन्द कर दी थी अचानक। कॉर्दिच अब बिचौलिए का रोल अदा नहीं कर रहे थे, सैंतकोल्नाई अब नाराज़ नहीं था। मेयर ने उसे चुप करा दिया। पिश्ता नीचे खाई में लुढ़कता जा रहा था, कि कल क्या होगा?

सूअर-फ़ार्म अब उसके हाथ से निकलता जा रहा था। जब शाम शुरू हुई थी तो बाजी उसके हाथ में थी, अब पासा पलटता हुआ-सा दिखाई दे रहा था,

मृगतृष्णा बची थी, जो हाथ में आनी असम्भव थी।

एक बिन्दु पर आकर वह बर्दाश्त न कर सका, इधर-उधर टहलने लगा। एक पागल की तरह से, जो अपनी कोठरी के चक्कर लगा रहा हो। उसे अपने पर शर्म आ रही थी। उसे डर था कि कहीं उसकी दिमाग़ी हालत को किसी ने समझ लिया तो उनका तो ध्येय पूरा हो जाएगा।

"नहीं, अभी इस वक़्त कुछ नहीं करना था, बस केवल इन्तज़ार करना था। सच्चाई का हथियार उसके हाथ में था और वह इसी से जीतेगा। उसने अब तक के अपने काम के बारे में सोचा। उसने कोई ग़ैरकानूनी काम नहीं किया था। अब तक वह बिल्कुल बेदाग था। बस उससे एक ही ग़लती हुई थी कि उसने शराब के नशे में इस मसले को बड़ा आसान समझ लिया था, और अपने इरादे बूढ़े के सामने रख दिये थे। यह जरूर बड़ी गलती थी ...मगर अपराध नहीं था क्योंकि इसमें कुछ गैर कानूनी तो था नहीं...बस मुसीबत अब यह थी कि इसने तो अपना तुरुप का पत्ता उन्हें दिखा दिया था मगर उसके मन में क्या चल रहा था यह वह नहीं जानता था....।

उसके मन में घबराहट थी, मानो कल की सुबह कोई ख़तरा लेकर आने वाली हो। भयानक ख़तरा।

और वह यह भी न जान पा रहा था कि कैसा ख़तरा।

क्या उसे घर नहीं मिलेगा...यह तो कोई ख़तरा नहीं था क्योंकि लीना तो यूँ भी यह घर नहीं चाहती थी। लीना इतने बड़े बोझे से डरती थी।

फिर वे उसका क्या बिगाड़ सकते थे? वह तो किसी घपले में शामिल ही नहीं था। उसके पास उसकी तनख़्वाह थी...उसकी कमाई उसकी पुरानी तरह की जिन्दगी के लिए काफ   ी थी...अतः उसके पास परेशान होने की कोई वजह ही नहीं थी....सच उसके साथ था अतः हथियार भी उसी के पास था। डरना तो उन लोगों को चाहिए था। उन्होंने उसे जरूर लिखित में दिया था पर उसने अभी किसी जगह दस्तख़त तो किये ही नहीं थे....

मॉग्दॉलेना इसके सामने आकर खड़ी हो गयी थी। एक बटलर सामने चाँदी की ट्रे में ठंडे पेय पदार्थ लिए खड़ा था।

'इस वक़्त मुझे बर्फ दे रही हो जब मैं जल रहा हूँ?"

मॉग्दॉलेना मुस्कुरायी, उसी अकड़ से, जिसकी अब तक वह आदी हो चुकी थी।

"क्या तुम एक मिनट मुझे दे सकते हो?" उसने पूछा।

"बड़ी खुशी से।"

वे जाकर एक कोने में बैठ गये।

पिश्ता को लगा—उसका सिर चकरा रहा था। वह नहीं जानता था कि यह क्या कहने जा रही थी, मगर लीना इस वक़्त यहाँ थी नहीं और यही मौका था जब वह भी अपना दिल हल्का कर सकता था।

"मुझे बताओ," वह सुबह के नशीले मूड में बोला, "क्या तुम्हें अचम्भा नहीं हुआ कि यहाँ कोई ऐसा भी है जो तुम्हारी हरी ड्रेस को आज सात साल बाद भी याद रखे हुए है?"

मॉग्दॉलेना नज़ाकत से मुस्कुरायी और पिश्ता की ओर देखने लगी, उसकी आँखों से यह नहीं लगता था कि उसे इस बात में ज़रा-सी भी दिलचस्पी है। वह तो केवल शिष्टाचार के कारण ही उसकी बात सुन रही थी। और वह कहता गया—"और जिसने सात सालों में कभी ऐसा मौक ा नहीं पाया कि इस बात को उस तक पहुँचाया जिसका इससे सम्बन्ध था।"

मॉग्दॉलेना हँसी। उसके दाँत बहुत खूबसूरत थे और हँसी भी अच्छी थी।

"प्रेमी दो तरह के होते हैं—एक, जो आग और बाढ़ को पार कर भी अपने प्रेम को जीत लेते हैं। दूसरे, जो गूँगे बने रहकर सौ साल अपने आप को ही खाते रहते हैं।

मॉग्दॉलेना को डर था कि कहीं अब यह बोलता ही न चला जाए, अतः उसने बड़ी मधुर आवाज़ में पूछा—

"क्या तुम यह घर खरीद रहे हो कोपयाश?"

"अगर महामहिम की कृपा हुई"

"मेयर तो यह मकान नहीं बेच रहे" वह मुस्कुराकर बोली।

पल भर को पिश्ता चुप रहा।

"शादियाँ तो स्वर्ग में बनायी जाती हैं, मगर घरों की खरीद-फरोख्त बड़े-बड़े राजनीतिज्ञों के हाथ में होती है।"

"बड़ी मज़ेदार बात है।"

पिश्ता अब यूँ बैठा मानो दिखाना चाह रहा हो कि उसमें विश्वास की कोई कमी नहीं है। एक पैर दूसरे पर रख बड़े आत्मविश्वास से उसे देखने लगा।

"मैं बहुत खुश होऊँगी अगर तुम इसे खरीदोगे। तब मुझे यह तसल्ली तो रहेगी कि मेरी कामयाबी को अच्छे लोग भोग रहे हैं।"

पिश्ता को लगा, किसी ने सात खंजर उसके सीने के पार कर दिये हैं। क्या

वह इस औरत पर कोई प्रभाव नहीं जमा सकता था? वह उससे कितनी दूर थी। वह शर्म से लाल होने लगा, उसे अपने आप पर शर्म आ रही थी। जहाँ तक उसका सवाल था तो वह तो एक हथियार बन्द किले में बैठी थी और वह कभी भी उस तक नहीं पहुँच सकता था। क्यों, आख़िर क्यों उसने अपने प्रेम का इज़हार इसके सामने किया था...

दोनों चुप हो गये थे। ना अब उसे कुछ कहना था, न इसे।

अब उसे समझ में आ रहा था कि वह चोरों का सरदार था, जो महल की राजकुमारी को चाहता था, मगर वह चाहे कुछ भी कर ले, वह राजकुमारी ही रहेगी और यह चोरों का सरदार।

अब वह यह नहीं सोच रहा था कि वह कहाँ तक ऊपर पहुँच चुका था, बल्कि कैसे नीचे खींचा जा चुका था...मेयर ने कह ही दिया था, अब उसे बाहर ही फेंका जाएगा....मॉग्दॉलेना को भी जरूर यह बात मालूम है तभी इस वक़्त यह इतनी सर्द हो चुकी है। इसे पता है कि मैं फेंक दिया गया हूँ..।

आह! यह लोग उसके जैसे नहीं थे। उसने इनकी परवाह ही क्यों की? यहाँ उसके लिए कुछ नहीं था। वह इनमें घुलमिल नहीं सकता था। इससे उसे कुछ हासिल नहीं होगा। अगर इनका विरोध करेगा, और अगर वे इसे खतरनाक समझेंगे तभी वह सीधा खड़ा रह पायेगा।

वह मुस्कुराता रहा, उसकी आँखें उस खूबसूरत औरत का भक्षण करती गयीं। उसने एक सिगरेट सुलगा ली। अब उसके दिल में कोई आग नहीं जल रही थी। उसे लगा इसकी तो आत्मा बिल्कुल खाली है। अभी तक उसके दिल में जो इसके लिए प्रेम था, वह केवल वासना थी? क्या वह इस औरत से एक बच्चा चाहता था? असम्भव। तो फिर इस खोखली औरत से वह चाहता क्या था?

वे एक दूसरे के सामने चुपचाप बैठे रहे, मुस्कुराते हुए। मगर इस औरत के लिए इसका कोई महत्त्व नहीं था।

''क्या तुमने नयी चैपलिन फिल्म देखी है?'' अचानक वह बोली।

''नहीं, मुझे सिनेमा का शौक नहीं है।''

''हाँ, मगर चैपलिन?''

''वह ठीक है।''

''तुम्हें नहीं लगता, बहुत हँसाता है।''

''हाँ, मजाकिया तो है। मगर उसकी फिल्मों में हमेशा कोई मूल्यों की , नैतिकता की बात जरूर छिपी रहती है।''

“क्या सच है कि सिटी की सरकार दोनों पिक्चर हॉल को अपने हाथ में ले रही है?”

“मैं तो पहली बार सुन रहा हूँ।”

“यह तो अच्छा बिज़नेस होगा। दोनों तीन-तीन दिन खुल सकते हैं।”

“ज़्यादा आसान होगा कि एक, छः दिन खुले।”

“हाँ, वह तो ठीक है।” मॉग्दॉलेना हँसी।

फिर उसे कोई ऐसा नज़र आ गया जिससे बात करनी उसे जरूरी थी।

“मुझे माफ करना”, उसने कहा और चली गयी।

पिश्ता ने सीटी बजानी शुरू कर दी, बिना आवाज़ निकाले। शायद उसने कुछ ज्यादा ही पी ली थी, उसे चक्कर आ रहे थे। वह चाह रहा था कि अब किसी तरह से इस सबका अन्त हो जाए बस।

“पिश्ता, डार्लिंग, अब घर चलें।”

लीना वहाँ खड़ी थी उसको देखती हुई। उसकी नज़रें मगर अभी भी मॉग्दॉलेना पर ही टिकी थीं। लम्बी-पतली, खूबसूरत—वहाँ खड़ी थी, बड़ी शालीनता से। उसे देर रात तक चलने वाली पार्टियों की आदत थी। वह क्यों उस भद्दी-सी, हाईकोर्ट के जज की पत्नी से बातें किये चली जा रही थी? क्या कह रही होगी वह? क्या दुगुने सिनेमा प्रोग्राम के बारे में?

जैसे ही वे चलने को हुए, कॉर्दिश भाई ने उन्हें पकड़ लिया और उनका रास्ता रोक लिया। पिश्ता को लगा कॉर्दिश बहुत परेशान थे। मगर क्यों?

“ जा रहे हो पिश्ता? अभी तो हमने बातचीत ही नहीं की है। तुम तो जानते हो बेला भाई को अगर एक बार उन्होंने ताश खेलना शुरू कर दिया तो तुम उनसे बात नहीं कर सकते, मगर वे याद सब रखते हैं, अभी-अभी कह रहे थे, “ध्यान रखना पिश्ता कहीं निकल न जाए, हमें उससे काफ ी बातें सुलझानी हैं।”

अतः उन्हें रुकना पड़ा।

समय बीतता गया। पिश्ता इन्तज़ार करता रहा। कोई उसके पास नहीं आया, कुछ नहीं हुआ, सामने पौ फटती दिखाई देने लगी।

तब इमरै, मेयर का सेक्रेटरी आया, ताश के कमरे में गया और कुछ मिनट बाद मेयर बाहर निकले और बिना एक शब्द भी बोले निकल गये।

यह सब के लिए सिगनल था कि अब सब जाएँ।

बाहर घोड़ागाड़ियाँ और कारें खड़ी थीं, पर किसी में उनके लिए कोई जगह नहीं थी। अब तक उनकी आदतें बिगड़ चुकी थीं, अतः उन्होंने किसी गाड़ी का

इन्तज़ाम भी नहीं किया था। खुशकिस्मती से उन्हें एक टैक्सी मिल गयी अतः उन्हें पैदल घर नहीं जाना पड़ा। जब वे सिटी हॉल के सामने से गुज़र रहे थे तो उन्हें मेयर के ऑफि स की लाइट जली दिखाई दी।

''इस वक़्त यहाँ कौन हो सकता है?''

''सफ ाई वाले होंगे'', लीना थकी हुई बोली, ''सुबह हो गयी है।''

24

वह नहाकर सोने चला गया, मगर काफी परेशान था। उसे ज़रा-सी भी नींद नहीं आयी।

वह आज के दिन को समझ नहीं पा रहा था। आज क्या हुआ था और क्या होने वाला था।

"अच्छा ही हुआ जो ऐसा हुआ", वह अपने विचारों को समेटता अपने आपसे बात करने लगा। मैं यह टेढ़े रास्ते पर नहीं चलना चाहता, इस बदमाशी और बेईमानी के रास्ते पर... "मैं सीधी, चाहे तंग ही सही, सड़क पर चलना चाहता हूँ। सच्चाई और अच्छाई की सड़क।"

यह सब मोटे-मोटे, चापलूस लोग। यह पूरा संसार उसे घृणा से भर रहा था। कितनी बेमानी रही थी रात। हर व्यक्ति केवल फिजूल की बातें बोल रहा था.....मॉग्दॉलेना.....और कुछ नहीं, फिल्मों के बारे में बात कर रही थी। क्या बेकार तरीका था शाम गुज़ारने का।

परन्तु एक फायदा जरूर हुआ। उसने सबको अच्छी तरह से समझ जरूर लिया। यह सब ताकतवर थे। हम इन्हीं के हाथों में खेल रहे हैं...क्या नये लोगों को इनके स्थान पर नहीं आना चाहिए? इन सब बूढ़ों को बाहर निकालकर नहीं फेंक देना चाहिए, जो शुरू से ही ताकतवर रहे हैं?

उसके विचार इस समय बड़े कड़वे थे।

"हो सकता है यह शराब के हैंगओवर के कारण हो", उसने सोचा, अगर आपका पेट ख़राब होता है ना तो आप बड़े भारी आदर्शवादी हो जाते हैं।"

मगर दूसरी ओर वह आज क्या होने वाला था उसे जानने के लिए उत्सुक भी था। आज वे दोनों एक-दूसरे का कैसे सामना करेंगे ऑफिस में...

आठ बजे तक वह दफ्तर के लिए निकल भी पड़ा था।

अभी तक वहाँ कोई नहीं पहुँचा था। उसे लगा बेकार ही इतनी जल्दी आकर बैठ गया।

"मुझे इतनी जल्दी यहाँ नहीं होना चाहिए था", "क्या कर सकता हूँ अभी यहाँ?" वह बैठा रहा। उसकी अख़बार तक पढ़ने की भी हिम्मत नहीं हुई।

डॉ. पेतैरफ ी आये। उन्होंने गुड मार्निंग कहा। पिश्ता ने मुस्कुराकर उनकी ओर देखा; कुछ बोला नहीं बस यूँ ही बैठा रहा।

वह थका हुआ था और उसके विचार इधर-उधर दौड़ रहे थे।

अचानक पेतैरफ ी फिर से, एकदम घबराये हुए अन्दर आये, उनका मुँह लाल था, "डिप्टी मेयर साहब, कल रात को यहाँ ऑफिस में कोई आया था।"

पिश्ता ने आश्चर्य से उसकी ओर देखा।

"यह तुम कैसे कह सकते हो?"

"हर चीज़ उलटी-पुल्टी पड़ी है, हर चीज़ को छुआ गया है।"

पिश्ता ने अलमारी को देखा। वह तो बन्द थी।

यह क्या था? क्या कोई चोरी करने आया था? वह इसके आगे कुछ सोच न सका। उसकी मेज़ तो ठीक थी, नहीं, उसने जो कागज़ जहाँ रखे थे वे वहाँ नहीं थे, जो बायीं तरफ थे वे दायीं तरफ पहुँच चुके थे....क्योंकि वह दायीं हाथ पर उन कागज़ों को रखता था जो वह निबटा चुका होता था....

अचानक वह उठा और उसने अलमारी की चाबी निकाली। अलमारी खोलकर देखा। उसमें पैसे तो वह रखता नहीं था, बस कुछ जरूरी कागज ही रखता था।

उसने सूअर-फ़ार्म वाला बंडल निकाला।

उसे खोला गया था और सब कागज उलट-पलट थे।

"इन फाइलों को देखा गया है।" डॉ. पेतैरफ ी ने कहा।

पिश्ता का खून जम गया। रात को ज़रूर ऑडिट हुआ था। इसीलिए उसे बोरोन्कॉई के यहाँ ज़बर्दस्ती बिठाया जा रहा था। इसीलिए कॉर्दिच इतना घबराया हुआ था...उसे इमरै के वापिस लोटने का इन्तज़ार जो करना था... जब यहाँ खोजबीन पूरी हो गयी होगी तब मेयर के ऑफिस गये होंगे ऑडिटर....तभी वहाँ की लाइट जल रही थी।

उसे चक्कर आ रहे थे। यूँ ताला तोड़कर अन्दर घुसना और तलाशी लेना। यह तो सरासर चोरी है।

और वाउचर्स तो उसके घर पर थे, वह उन्हें पढ़ने के लिए ले गया था... तो इसका मतलब बोरोन्कॉई तो साफ बच निकला...मिनिस्टर को उसकी तो अच्छी ही रिपोर्ट मिल जाएगी।

वह कुर्सी पर लुढ़क गया। उन्होंने इसके साथ कितनी भद्दी चाल चली थी।

वह काफी देर अलमारी की ओर ताकता रहा।

"अरे यह क्या? यह तो रिवॉल्वर है? क्या यह यहीं छोड़ गये हैं?" उसने अलमारी की दराज से एक पिस्तौल निकाली जिसमें पाँच गोलियाँ थीं। वह काँप गया। यह क्या था? क्या वह मारने तक के इरादे से आये थे?

पेतैरफी ने भी देखा।

"नहीं सर, यह तो मॉक्रोत्सी की रिवॉल्वर है। वह यहाँ छोड़ गया है।"

पिश्ता ने उसे वापिस वहीं रख दिया।

"अब हमें क्या करना चाहिए?"

पेतैरफ ी कुछ नहीं बोला, उसने केवल मुँह लटका लिया।

"इन अनज़ान चोरों के खिलाफ ?"

मगर वे अनज़ान तो न थे...वह अच्छी तरह जानता था किसके खिलाफ...

"मगर यह हो कैसे सकता है?" पिश्ता बुड़बुड़ाया "चाबी तो मेरे पास है।

पेतैरफ ी बिल्कुल चुप खड़ा था।"

"अच्छा ठीक है...कोई बाहर से तो यहाँ आ नहीं सकता, कोई सबूत नहीं है कि किसी ने ज़बर्दस्ती घुसने की कोशिश की हो...खैर जो भी है, मैं रिपोर्ट करूँगा..फौरन।"

वह इतना बौखलाया हुआ था कि उसकी हर नस फड़क रही थी।

पर वह अधिक देर इस स्थिति में नहीं रहा पाया। मेयर ने उसे बुलवा भेजा। एक सन्तरी ने आकर कहा कि महामहिम उसे बुला रहे हैं।

"ठीक है तो अब सब कुछ साफ-साफ हो ही जाये।"

मेयर का स्वागत कक्ष एक प्रतिनिधिमंडल से भरा हुआ था। दो सौ किसान वहाँ जमा थे और डॉ. मॉर्तिनी उनके बीच खड़े थे। वे फौरन पिश्ता के पास आये और बोले कि यह मंडल मेयर से मिल चुका था, मगर किसान तब तक यहाँ से हिलने को तैयार नहीं थे, जब तक इनको लिखित में यह न मिल जाए कि इनको अभी किराया नहीं देना होगा, उसकी अवधि बढ़ा दी गयी है।

सेक्रेटरी उसे अन्दर ले जाने आया।

"अरे दोस्त" मेयर बोले, "भई इन लोगों को भी किसी तरह निबटाना है।"

पिश्ता ने उनकी ओर देखा। कितने शान्त थे वे?

"अब देखो ना! हम पुराना बकाया इनसे कैसे वसूल करें? हम्म् कैसे?

पिश्ता के बैठे से गले से आवाज़ निकली, "यह अच्छा मौका है 'ग्रुप फारमिंग'

शुरू करने का। तब यह लोग बीस किलोमीटर के क्षेत्र में नहीं फैले रहेंगे, बल्कि रेलवे लाइन के पास आ जाएँगे। तब इनको पकड़ना आसान होगा।''

''ठीक से समझाओ जरा दोस्त।''

''यह विचार पहले भी कई बार रखा जा चुका है काउंसिल के सामने मगर, इसे यह कहकर टाला जाता रहा है कि इस पर बहुत खर्चा आयेगा। कभी यह नहीं सोचा गया कि इससे सरकार का फायदा कितना होगा। सवाल यह है महामहिम कि सरकार के पास सीमित नम्बर ही तो है पुलिस वालों का, या टैक्स कलेक्टरों का। वे कैसे पुराना बकाया एक-एक छोटे किसान से वसूल कर सकते हैं? और सरकार इन्हें इनके घरों से निकालकर तो फेंक नही सकती। फेंकेगी भी तो कहाँ? खुले मैदानों में? अगर ऐसा किया तो क्रान्ति न हो जाएगी?...अगर ग्रुप फारमिंग लागू कर दी जाये तो इस समस्या को बच्चों के खेल की भाँति सुलझाया जा सकता है। एक तो यह सब सदा के लिए सरकार के कंट्रोल में आ जाएँगे, कर देने से बच नहीं सकेंगे और इस तरह इन्हें फिर से नये सिरे से बसने की समस्या भी सुलझ जाएगी।''

''आह-आहा।''

''अगर यह छोटे-छोटे ज़मींदार बीस स्क्वेयर किलोमीटर में फैले न होकर दस ग्रूप फार्म में सिमट जाएँ तो हमें केवल दस जगहों से डील करना पड़ेगा। लोगों को बसाना भी आसान होगा अगर और सब कुछ फेल भी हो गया तो इन्हें शहरों में लाकर, काउंसिल के घरों में भी बसाया जा सकता है?''

''गलत बात तो नहीं कर रहे हो तुम। देखो....''

मेयर खड़े हुए, पिश्ता के पास आये और उसका कन्धा थपथपाया।

''यह तो बड़ी अक्लमन्दी की बात की तुमने और तुम देखना इससे तुम्हारा नाम होगा...जाहिर है कि सरकर के फायदे की बात पर जोर न डाला जाए। मुझे लगता है तुम्हारी बात में दम है, हालाँकि यह थोड़ी उलझी हुई ज़रूर है। तुम्हें नहीं लगता कि इसे लोकल रेलवे से भी जोड़ना होगा। गाँवों तक रेलवे लाइन चली जाए और इस लाइन के पास-पास ग्रुप फार्मिंग करा दी जाए। यही विचार है ना तुम्हारा।''

''इससे गाँवों को माल ढुलाई के लिए भी आसानी हो जाएगी।''

''देखो, आज से पहले कभी किसी ने इस पर नहीं सोचा। बेचारे टैक्स कलेक्टर इतना काम सँभाल ही नहीं सकते और शहर इतना पैसा ढुलाई पर भी नहीं खर्च कर सकता और यह क्षेत्र कितना सुन्दर लगेगा अगर फार्म रेलवे लाइनों के साथ-साथ

दिखाई देंगे।"

"और हर गाँव का एक फार्म ऑफ़िस होगा, जो खेती पर नज़र रखेगा, हर करदाता पर नज़र रखेगा और कर वसूली की ज़िम्मेदारी उसी की होगी।"

"मगर इस सब पर ख़र्च क्या आयेगा?"

"कुछ नहीं, क्योंकि खर्चा प्लॉट के मालिकों को वहन करना होगा।"

"ठीक, ठीक।"

वे सीधे देखने लगे।

"हमें ऑलइश्पान के चाचा से बात करनी होगी।"

उन्होंने मेज़ पर से रेलवे के माल भाड़े की सूची निकाली, उसे देखा फिर धीरे-धीरे बोलना शुरू किया।

"हम्म्-हम्म्। यह पूरा संसार रिश्तेदारों से भरा है, केवल रिश्तेदारों से। चारों तरफ यही रिश्तेदार ही फैले हुए हैं। हरेक का काई न कोई गरीब रिश्तेदार है, जिसे नौकरी की जरूरत है और जब उन्हें वह नौकरी मिल जाती है, वे कुछ नहीं करते, ना उनके पास नये विचार होते हैं, न ही वे मेहनत करना चाहते हैं...मैं तो रिश्तेदारों के सख़्त खिलाफ हूँ। यही हंगारी जीवन का सबसे बड़ा अभिशाप है...जब से मैं इस कुर्सी पर बैठा हूँ सबसे ज्यादा इन रिश्तेदारों ने ही मुझे तंग किया है... काम चलाना बहुत आसान हो अगर यह ना हों। यहाँ हर कोई किसी न किसी का रिश्तेदार है, और हरेक के रिश्तेदार हैं। जरा मुझे बताओ, मैं सब कुछ नहीं जानता....मेंरे अफ़सरों के बच्चे बड़े होते हैं और मुझे यह जानना जरूरी हो जाता है। मुझसे यह अपेक्षा की जाती है, कि किसने, किसकी बेटी से शादी की। फिर उनके बच्चे होते हैं, वे बच्चे बड़े होते हैं, बीमार पड़ते हैं, स्कूल शुरू करते हैं, अब स्कूल की पढ़ाई खत्म कर के कुछ करना होता है, अगर वे पढ़ाई में अच्छा नहीं करते तो आप को उनकी नौकरी लगवाने में मदद करनी है। फिर इनकी शादियाँ होती हैं जो हमारे ऊपर और जिम्मेदारियाँ थोप देती हैं। यह सिलसिला चलता रहता है। आपको उन सबको जानना लाज़मी है। एक अफ़सर मेरे पास आता है और मॉरिश्का और यूलिश्का के बारे में बात करना शुरू कर देता है, अब मुझे तो उन्हें जानना चाहिए ना? उसने मुझे पहले भी उनके बारे में बताया जो था, उन्हें सरकार से छात्रवृत्ति जो दिलवायी थी। मैं यॉनिका की संगीत में पारंगता के बारे में चाहे कुछ न जानूँ, छात्रवृत्ति तो दिलानी ही है, पेतैरफ़े को मिलिटरी अकादमी में स्थान चाहिए, पालिका का बेटा जुआ खेलते पकड़ा गया है, उसे छुड़वाना है....मुझे इसमें रुचि दिखानी जरूरी है क्योंकि मैं एक के लिए करता हूँ तो दूसरे

के लिए भी करना जरूरी है।''

डिप्टी मेयर ठगा-सा सुनता रहा।

''तुम हँस क्यों रहे हो?'' मेयर बोले, ''हर व्यक्ति इस तरह की परिस्थितियों का शिकार बनता है। मुझे पता चला है कि तुम भी अपने रिश्तेदारों से कफी परेशान हो।''

पिश्ता हिल गया। मेयर कहते रहे।

''पहले आते हैं; यानी चाचा; प्यारे बेटे, मैंने सुना है कि भगवान ने तुम्हें बहुत नवाजा है, मेरी मदद करो, मैं बहुत मुसीबत में हूँ...।'' कॉती मासी आती हैं, ''प्यारे बेटे, परमात्मा ने तुम पर बड़ी मेहर करी है, मदद करो।'' बैर्त्सी मामा आते हैं, बल्कि वे तो सबसे पहले आते हैं। ''प्यारे बेटे, मैं हमेशा तुम्हारे पिता के करीब था, मेरे पास एक कोयले की खदान है, उसे खरीद लो, शहर के काम आयेगी...''

डिप्टी मेयर समझ गया था कि अब बम फटने ही वाला है। धड़कते दिल से चुपचाप सुनता रहा।

''कोयला अच्छा है, कोयला अच्छा है, बात वो नहीं है। और अब तक डिप्टी मेयर के मामा ने ठीक कोयला भेजा है। डिप्टी मेयर बदल गये हैं मगर रिश्तेदार तो नहीं बदले। वे तो यूँ ही कोयला सप्लाई करते रहेंगे। कुत्ता दूसरा होगा, पट्टा वही रहेगा। मगर कॉती मासी का क्या होगा?''

''कॉती मासी भी?'' गुस्से से हैरान पिश्ता ने कहा।

मेजर ज़ोर से हँसे।

''तुम जानते हो, हर घर में एक कॉती मासी होती हैं और हर कॉती मासी के नौ पोते-पोतियाँ, नवासे-नवासियाँ होते हैं तो आप ज्यादा कठोर तो बन नहीं सकते। आपके कलेजे में दिल होना तो ज़रूरी है खासतौर पर यहाँ हंगरी में। यहाँ तो जिन्दगी ही रिश्तों की बुनियाद पर खड़ी है। जब हमारे पूर्वज यहाँ आये तो आरपाद ने यह देश अपने रिश्तेदारों, उनके रिश्तेदारों में ही तो बाँट लिया और तब से आज तक वही प्रथा चली आ रही है। एक रिश्तेदार के ताकतवर पद से गिर जाने से बड़ा पाप नहीं है... मगर फिर भी दोस्त, कभी-कभी बाहर वालों को भी तो मौका मिलना चाहिए...''

डिप्टी मेयर का चेहरा शर्म से लाल हो रहा था, मगर उसे पता नहीं था कि इसका अन्त कहाँ होगा।

परन्तु मेयर ने इसे अधिक प्रतीक्षा नहीं करवायी। वे बड़े आराम से समझते

रहे।

"देखो दोस्त मैं तुम्हें एक राज की बात बताता हूँ। मैं इस सिटी हॉल में पिछले अढ़तालीस साल से बैठा हूँ। आज मैं सबसे पुराना मेयर हूँ पूरे देश में। तुम नौजवान लोगों को यह समझना चाहिए कि इतने लम्बे समय तक कैसे मैं इस पद पर बना रहा...मैं कभी हारा क्यों नहीं? मेरे दोस्त पूरे शहर में पता कर लो, मैंने आज तक अपने किसी भी रिश्तेदार को किसी पद पर नहीं बिठाया। मैं रिश्तेदारों से सम्बन्ध जरूर निभाता हूँ और जब-जब जरूरत पड़ती है, उनकी मदद भी करता हूँ पर बस इतना नहीं आज तक मैंने किसी भी रिश्तेदार को मेयर मेयर, डिप्टी सलाहकार किसी भी पद पर नहीं बिठाया। कभी नहीं। न मैंने कभी शहर की सरकार के साथ कोई व्यापार किया, न मेरे किसी भाई, साले, या मामा-चाचा ने। एक ने भी नहीं।"

"महामहिम, अगर बैर्त्सी मामा ऐसा कोयला लेकर आ गये हैं तो मैं अपना समर्थन उनसे वापिस लेता हूँ जो..."

"किसलिए? कोयला तो ठीक है और जब तक कोयला ठीक है, इससे कोई फर्क नहीं पड़ता कि कौन उसे बेच रहा है और यूँ भी यह तुम्हारे लिए भी ठीक नहीं होगा क्योंकि तुम्हें भी तो इससे फ़ायदा पहुँच रहा है।"

पिश्ता इतना शर्मिन्दा हो रहा था कि उसके कान तक लाल हो गये थे। मेयर, उसके बीस प्रतिशत कमीशन की ओर इशारा कर रहे थे जो उसे बैर्त्सी मामा से मिलना था...पहले सौ हज़ार में से बीस हजार उसका था।

"तुम मेयर नहीं हो इसलिए तुम्हारा काम आसान है। जब तक कोयला सही है कोई तुमसे सवाल-जवाब नहीं करेगा। मैं इस रिश्तेदारी के बिजनेस के खिलाफ नहीं हूँ। बस अपने लिए इसे सही नहीं समझता। मुझे क्या फर्क पड़ता है कि बैर्त्सी मामा कोयला दें या शॉमू मामा...."

"महामहिम..."

रुको थोड़ी देर, एक मिनट बाद तुम अपनी बात कह सकते हो दोस्त, जरा मुझे अपने बात पूरी तो करने दो। मुझे बस इतना कहना है कि रिश्तेदारों को भी जिन्दा रहना है, मगर जो रिश्तेदार नहीं हैं उन्हें भी तो जीना है...बल्कि उनकी संख्या तो कहीं ज्यादा है। यहाँ इस शहर में छियानवे हजार लोग रहते हैं, हैं ना? अब सब के सब का तो कोई रिश्तेदार है नहीं, हम उनसे उनके जीने का हक केवल इसीलिए तो नहीं छीन सकते।"

डिप्टी मेयर चुप खड़ा रहा।

''बेचारे होलुब का क्या? सिर्फ इसलिए कि वह मेरा रिश्तेदार नहीं है और जो रिश्तेदार नहीं है उससे मेरा क्या लेना देना?''

डिप्टी मेयर पर बिजली गिर पड़ी मानो। तो यह सब रामकथा होलुब के लिए सुनायी जा रही थी। मेयर उससे उन कागजों की नकल करते पकड़ने का बदला ले रहे थे।

''महामहिम...''

वह रुक गया क्योंकि अचानक उसे लगा वह ठीक से बोल नहीं पा रहा था। उसे यह भी डर था कि मेयर ने अभी कुछ कहा तो है नहीं साफ-साफ इस बारे में, कहीं वे उसके उत्तर का ही इन्तजार तो नहीं कर रहे हैं।

''महामहिम, मैं नहीं चाहता कि बेचारा होलुब और उसकी कम्पनी बर्बाद हो जाएँ। मैं जानता हूँ कि सूअर-फ़ार्म पर छः लाख पैंगो बकाया है। अगर उसे यह पैसा मिल जाये तो उसको कोई तकलीफ़ नहीं होगी। उसे यह पैसा इसलिए नहीं मिल पा रहा क्योंकि इसे देने वाला कोई है ही नहीं, सैंताकाल्नाई की सम्पत्ति पर उसके मूल्य से अधिक कर्ज़ है और अगर उसने अपने को दीवालिया घोषित कर दिया तो सैंतकाल्नाई का भट्ठा तो बैठ ही जाएगा, सौ साल पुराना व्यापार बन्द हो जाएगा, उसे सरकार की मदद की जरूरत पड़ जाएगी...मैं उससे ज्यादा परेशान नहीं हूँ क्योंकि जो जाल इन्होंने अपने चारों ओर फैलाया है वही इनकी मदद करेगा। इनके दामाद को सैक्रेटरी ऑफ स्टेट बना दिया जाएगा, वह अच्छा आदमी है, होशियार है, अच्छा वक्ता है और अर्थशास्त्र का ज्ञान भी रखता है।''

''वाह! तुम्हें हर बात की काफी जानकारी है।''

''अतः होलुब की कम्पनी डूबनी नहीं चाहिए। हालाँकि जहाँ तक मेरी ख़बर है, या सिर्फ सम्मान बनाये रखने का मामला है। मगर उससे निबटने के लिए यह तरीका तो ठीक नहीं कि सिटी हॉल में प्रतिपक्षियों के टेंडरों की नकल करने के लिए किसी को भी भेज दिया जाए क्योंकि महामहिम अगर वह आज यहाँ तक पहुँचा तो अब वह अनजान नहीं है बल्कि रिश्तेदार ही है, खून का नहीं मगर वित्तीय रूप से तो जरूर। कृपया सूअर-फ़ार्म को बन्द करने का कोई अच्छा तरीका तलाशिए।''

''शायद तुम्हारे पास कोई तरीका हो। मेरा मतलब तुम्हारा दिमाग़ तो काफ़ी तेज़ है दोस्त, तुम तो बड़ी से बड़ी कठिनाई अपने दिमाग के बूते पर ही टाल लेते हो। अगर मैं गलती नहीं कर रहा तो आज यह तुमने तीसरा विचार इस बातचीत में सामने रखा है।''

"जी मेरा इसके लिए भी एक प्लान था जो मैंने कॉर्दिच भाई को बताया भी था कल शाम को, मुझे अफ़सोस है कि उन्होंने आपको बताया नहीं..."

"तो", मेयर ने उसकी ओर बहुत प्यार से देखा, वो क्या है?"

"मैं सोचता हूँ कि सूअर-फ़ार्म, जैसा आज है उस रूप में, फ़ायदे का नहीं हो सकता क्योंकि जो लोग उसे चलाने वाले थे, वे आज इसमें पैसा लगाने के लायक नहीं रह गये हैं, दूसरी ओर एक कम्पनी जो सरकार की मदद से स्थापित हुई थी उसे सरकार अपने हाथ में ले ले वह उचित नहीं लगता। अतः एक सिंडिकेट बनाया जाना चाहिए जो सूअर-फ़ार्म के शेयर्स ख़रीद ले। उसे इसके लिए कम पैसा देना होगा, और इसके बदले वह सूअर-फ़ार्म पर कब्ज़ा हासिल कर के क़र्जा भी अपने नाम ट्रांसफ़र करवा लेगा। इस तरह से शायद सैंतकाल्नाई को भी बचाना सम्भव होगा, कम से कम इतने समय के लिए तो जरूर कि वह बिजनेस में बना रहे और होलुब के क़र्जे को धीरे-धीरे चुका सके।"

"बहुत बढ़िया" मेयर बोले, "बिल्कुल-बिल्कुल....तुम उसी तरह से सूअर-फ़ार्म भी खरीद सकते हो जैसे बोरोन्काई विला खरीद रहे हैं। यही विचार है न तुम्हारा?"

पिश्ता कुछ नहीं बोला। यह क्या था? साफ़ मज़ाक़ उड़ाया जा रहा था अब? उसकी दिमाग़ की नसें फटने लगी थीं।

सवाल सिर्फ यह है कि क्या तुम्हारे पास इतने पैसे हैं कि तुम अपने हिस्से के शेयर्स ख़रीद सको।

पिश्ता चुप रहा।

"बिल्कुल, बिल्कुल। जहाँ तक मैं जानता हूँ तुम्हारे बैंक के खाते में पन्द्रह हजार पैंगो हैं।"

पिश्ता ने एक पल सोचा।

"जी", उसने कहा, और बीस हज़ार और आने की उम्मीद है। मगर वह सौ हजार का केवल एक तिहाई भाग ही होगा।"

"अरे उसमें से कुछ बचा भी रहेगा", मेयर जोर से हँसे, "तिहाई तो तैंतीस हजार तीन सौ ही हुआ ना, एक हजार सात सौ तो बचे रहेंगे।"

"जी।"

"बहुत अच्छा। यह अच्छा है....यह ठीक रहेगा...बस मुसीबत एक ही रह गयी, बैत्सी मामा का कोयला...."

पिश्ता का सिर चकराकर रह गया।

"हाँ, अगर बैत्सी मामा बढ़िया किस्म का कोयला ला सकें।"

"हाँ, हाँ, हाँ, हाँ। बैत्सी मामा बढ़िया कोयला ला चुके हैं..."

"क्या मतलब कोयला आ चुका है।?"

"बिल्कुल। बैत्सी मामा तो काफी मेहनती आदमी हैं। कोयला बहत ही जल्दी भेज दिया। दरअसल आज ही आया है। अभी-अभी मुझे फोन आया था कि कोयला आ गया है और बहुत अच्छी क्वॉलिटी का है।"

"यह तो बड़ी अच्छी बात है अर्थात् सब कुछ जैसा सोचा था वैसा ही हो रहा है।"

मेयर जोर से हँसे। उनके सारे नकली दाँत चमकने लगे।

"हा हा, हा, बहुत खूब, बहुत खूब, बिल्कुल सब कुछ वैसा ही चल रहा है जैसा सोचा था। क्या बात कही है, वाह! तो आज तुमने तीन फर्स्ट क्लास प्लान मेरे सामने रखे—पहला कि हम ग्रुप फॉर्मिंग करवाएँ ताकि छोटे-छोटे जमींदारों को आराम से पकड़ सकें। ख़याल अच्छा है, मगर ज्यादा लोकप्रिय नहीं है...क्योंकि देखो अगर मैं यह कहूँ, कि हमें यह ग्रुप-फार्मिंग करनी चाहिए आधुनिक सामाजिक परिस्थितियों को देखते हुए तो बात सही लगेगी, मगर डिप्टी मेयर आकर यदि यही बात कहे और इसलिए नहीं कि उसे लोगों की चिन्ता है मगर सिर्फ इसलिए कि वह लोगों की टैक्स की चोरियाँ पकड़ सके तो मैं नहीं समझता लोग इस बात को स्वीकार करेंगे...।"

डिप्टी मेयर ने विरोध की-सी निगाह से उन्हें देखा।

"दूसरा प्लान जो तुमने प्रस्तुत किया, सैंतकाल्नॉई को इस तरह से बचाने का कि सरकार उसके दामाद को सैक्रेटरी ऑफ़ स्टेट बना दे...यहाँ भी कठिनाई नजरिये की है क्योंकि अगर ऐसा वास्तव में होता है, कम से कम सरकार इतनी अक्लमन्द है कि सही आदमी को सही काम के लिए चुन सकती है, तो यह प्रस्ताव सरकार की ही ओर से आना चाहिए। यह अगर नीचे से आया तो यह लोकप्रिय नहीं होगा। अभी इस समय मैं लोकप्रियता पर ही बल दे रहा हूँ।"

फिर एक कष्टदायी चुप्पी। पिश्ता समझ नहीं पा रहा था कि मेयर महोदय अपने मुस्कुराते चेहरे से किस ओर जा रहे हैं।

"तीसरा प्लान। सबसे बड़ा और विशाल...कि एक सिंडिकेट सूअर-फ़ार्म को ख़रीद ले, समझो सात सौ हज़ार पैंगो देकर क्योंकि जैसा मैं समझ पा रहा हूँ। सौ हज़ार शेयरों का पैसा और छः सौ हज़ार का कर्ज़ा जो हस्तान्तरीय हो। और फिर इस कूड़े को सरकार के सिर मढ़ देना दस लाख लेकर, जिससे तीनों शेयर होल्डर आसानी से सौ-सौ हजार पैंगो कमा लें...यह तो सबसे ही कम लोकप्रिय

होगा....फ़ायदे का ज़रूर होगा, ख़ास तौर पर सिंडिकेट के तीनों सदस्यों के लिए, मगर जनता तो फ़ौरन ही सब कुछ समझ जाएगी। मैं जानता हूँ जनता की राय को। यहाँ विपक्ष का लीडर भी, मेरे दोस्त, तभी तक विपक्ष का लीडर है जब तक उसने पैसा नहीं बनाया है। जिस पल भी उसने ऐसा किया ...वह जनता की आँख से तो गिरा ही समझो।''

डिप्टी मेयर यह सुनकर ज़र्द पड़ गया।

''मैं आपकी बात समझ नहीं पा रहा, महामहिम'', वह बुड़बुड़ाया।

''जरा इस बिजनेस को ध्यान से देखो। यह गुप्त तो रह नहीं सकेगा। जनता की राय तो बनेगी ही, जनता तो कुछ कहेगी, कुछ नहीं, मेरे दोस्त बहुत कुछ कहेगी, वह कहेगी कि इसकी जाँच हो....पर कोई बात नहीं, वो कोयला भी तो है।''

''कौन-सा कोयला?''

''बैर्त्सी मामा का, और किसका....कहने का मतलब यह कि बैर्त्सी मामा को इतना डर था कि उनकी खदान का कोयला कहीं मापदण्ड पर खरा नहीं उतरा तो क्या होगा... वे जानते जो थे कि उनकी खदान में तो काली राख भरी है जो हमारी भट्ठियों में जलेगी ही नहीं बल्कि उन्हें नुकसान पहुँचा देगी...तो उन्होंने चालाकी की। उन्होंने दो ट्रक शॉल्गोतॉरयान का कोयला (जो देश में सबसे अच्छा माना जाता है) भिजा डाला नमूने के तौर पर।''

डिप्टी मेयर को लगा कि पूरी इमारत उनके सिर पर आ गिरी थी उन्हें साँस तक लेना कठिन हो रहा था, वह पीले पड़ चुके थे और ठंडे पसीने से सराबोर थे।

एक लम्बी चुप्पी के बाद उनके मुँह से शब्द निकले।

''क्या इसे चेक किया गया है?''

''हाँ, मेरे दोस्त। गुड्स विभाग का माते, तुम्हारे मामा की खदान देखने गया था वहाँ से कोयले का नमूना लेकर आया था और वहीं शॉल्गोतॉरयान के कोयले के ट्रक भी अपने साथ लाया....इन ट्रकों पर शॉल्गोतॅरयान की पर्चियाँ भी लगी रह गयी थीं, वे उन्हें भी उतारना भूल गये थे।''

डिप्टी मेयर ने अपने सिर को अपने हाथों में थाम लिया।

उसे याद आ रहा था कि मैन्यहेर्त ने उसे आगाह किया था कि बैर्त्सी मामा से बचकर रहे, उन्होंने कभी कोई काम ईमानदारी का नहीं किया था। कमरा घूम रहा था, और वह देख पा रहा था कि अन्त सामने है, हर चीज़ का अन्त।

वह अब मेयर की बात भी नहीं सुन पा रहा था। बस उसे केवल इतना

ही सुनाई दे रहा था–

"हुह, रिश्तेदार, रिश्तेदार।"

अब क्या?

"कल मेरे ऑफिस में कोई जबर्दस्ती घुसा। मेरी अलमारी खोली गयी और सूअर-फ़ार्म की फाइलों को छेड़ा गया।"

मेयर उसे शान्ति से और तिरस्कारपूर्ण दृष्टि से देखते रहे।

"जबर्दस्ती, ताला तोड़कर खोला गया? टटोला गया? मेरे आदेश पर तलाशी ली गयी थी..."

"पर चाबी तो मेरे पास थी।"

"तुम्हारे पास डुप्लीकेट चाबी थी क्योंकि असली चाबी मेरे पास है।"

और मेज़ पर से उन्होंने चाबी उठाकर दिखायी। "वो मेरी अलमारी है डिप्टी मेयर, सिर्फ तुम्हारे कमरे में रखी है।"

"ऐसा तो किसी ऑर्डर में नही लिखा है।"

"यह मामूली बात है...बैर्त्सी मामा के कॉन्ट्रैक्ट में भी तो कहीं यह नहीं लिखा था कि वे शॉल्गोतारयान का कोयला कौलाचबान्या का बताकर भेज देंगे।"

वह एक बैल की भाँति एक बार से ही गिरा दिया गया था। वह बैठ गया, हिल भी न पा रहा था, उससे साँस तक न ली जा रही थी। उसकी दुनिया नष्ट हो चुकी थी। अब न तो उसका सिर ऊँचा था, न उसके कोई प्लान थे, न कोई उम्मीद थी, न कोई ज़िन्दगी।

उसे लग रहा था वह चारों ओर से जंगली जानवरों से घिरा हुआ था, और वह, बेवकूफ यही सोच रहा था कि वह इन सब भेड़ियों से बड़ा भेड़िया है। वह सोचने लगा था कि पूरा शहर उसके हाथों में है...मगर वह अब जमीन पर था, कीचड़ में, उसकी इज्ज़त, उसका नाम मिट्टी में मिल चुके थे। वह इसी के योग्य था...क्या उसने ज्यादा जल्दी नहीं कर दी थी? कुछ चीज़ें ऐसी थीं कि जल्दी करना जरूरी था नहीं तो कुछ न हो पाता... क्या वह जाल में फँस लिया गया था? शायद....वह सावधान नहीं रहा था....उसे इतने चालाक लोगों से द्वन्द्व करने की आदत नहीं थी....

उसने ऊपर तो देखा पर अपना सिर न उठाया। मेयर उसकी ओर नहीं देख रहे थे। वे तो चश्मा आँखों पर चढ़ाए कुछ फाइलें पढ़ रहे थे।

शायद वह फाइल उसी के बारे में हो, या फिर उसका हिसाब तो हो चुका था, अब वह यहाँ था या नहीं उससे कोई फ़र्क़ नहीं पड़ता था।

अब आगे क्या होगा...उस पल वह लीना के बारे में सोच रहा था। क्या उसे घर जाकर सब कुछ बता देना चाहिए?...या फिर सिर्फ 'बैर्त्सी मामा 'कहते ही लीना सब समझ जाएगी.....यह उसी की गलती थी कि बैर्त्सी मामा....

एक ईमानदार, निर्दोष व्यक्ति चोरों के बीच आकर फँस गया था, अब या तो वे रहते या यह....क्या जिन्दगी ईमानदार आदमियों को बर्दाश्त नहीं करती?

वह क्या वाकई ईमानदार था?....जो उन्होंने किया वही क्या नहीं करना चाहता था वह भी... इस घाघ ने उसके अन्दर तक क्या है वह भाँप लिया था... उसके विचार तक पढ़ लिए थे.. उसकी गन्ध का लोमड़ी की तरह पीछा कर रहा था....सब बात चुटकी बजाते ही समझ गया था, सब कुछ सूँघ लिया था। वाकई कुछ दम था बूढ़े में। आखिर अढ़तीस साल से इसी कुर्सी पर बैठा था।

अब वह अपने विचार समेट रहा था, और वह यह करके रहेगा। इसके अलावा उसके पास कोई चारा नहीं था... अब उसे कोई परेशानी नहीं होगी... अब सब कुछ बराबर है...वह मर ही चुका था....

उसकी पोल खोलकर रख दी गयी थी...बड़ी बेरहमी से, वह घोड़े पर सवार था, गिरा दिया गया था। ट्रेन पर चढ़ा था, गिर गया था। अब पहिए उसको पीस रहे थे... और वह बैठा रहा पहियों को स्वयं को रौंदे जाने, अपनी हड्डियाँ पीसे जाने पर भी। उसके बेटे। वे भी उसी तरह से जिन्दगी शुरू करेंगे जैसे इसने की थी... ग़रीबी, और बदकिस्मती में, शायद उनमें से एक कुछ अच्छा कर लें...खुद को किसी तरह खींचकर ऊपर ले जाए...फिर दूसरा उस पर बोझ बन जाएगा, "भगवान ने तुम्हें सौभाग्य दिया है, मेरी मदद करो।"

वह दयनीय अवस्था में कुर्सी पर बैठा रहा, खोया-सा, जैसा बचपन में बीमार होने पर बैठा करता था अपनी माँ की गोद में। उसने कुर्सी पर सिर टिका दिया और कमरा उसकी आँखों के सामने तैरने लगा।

यही थी आदमी की असली हक़ीकत? यही थी ज़िन्दगी? आदमी चुटकी बजाते ही मसला जा सकता था..

ठीक है उन्हें उसे कुचलकर मारने दो। दफ   न करने दो। उसकी कब्र को लातें मारने दो........

लीना पढ़ी लिखी योग्य टीचर थी, शायद उसे कोई नौकरी मिल जाएगी। बिना एक कोने का कमरा बनवाये भी उनका काम चल जाएगा। वह कुछ ट्यूशन भी पढ़ा सकती थी...कपड़े धोने का काम ले सकती थी। लीना अपने इरादों की बहुत पक्की थी और जब बच्चों का भी उसे ही सोचना होगा तो वह अपना इरादा

और पक्का कर लेगी। 'प्रिए, अपना ध्यान रखना'—कैसे सोच लिया था उसने यह, पहले से ही सब कुछ जान गयी थी और डरती थी कि कहीं कुछ न कुछ गलत हो रहा है, जान रही थी कि वह मुसीबत में फँसने वाला है, जबकि वह खुद कुछ न समझ पा रहा था।

उसने फिर मेयर के चेहरे की ओर देखा। वह अपने काम में डूबा हुआ था। कैसे काम करता था वह! वह इतना सब कैसे कर पाता, उसके बाल सफ़ेद थे, इस उम्र में भी...उसे ध्यान आया कि अभी कुछ समय पहले ही वह सोच रहा था कि मेयर बूढ़े हो चुके थे—अब जल्दी ही उनकी जगह किसी और को लेनी होगी....और फिर उसके अपने पास कितना रुपया-पैसा, कितनी इज़्ज़त, कितनी ताक़त हो जाएगी...मगर इस बूढ़े ने तो सब कुछ बिगाड़कर रख दिया था...उसने इसके मुँह पर कह दिया था कि जो यह सोच रहा था वह सब लोकप्रिय नहीं था, इसका हर विचार खराब था....शायद....मगर वे हर चीज़ अपनी मर्जी के मुताबिक चाहते थे....

अब जाकर वह यह बात समझ पाया था...उसके लिए असहनीय था एक चोर या एक बदमाश बनकर जीना...

पिश्ता बैठा रहा, जमीन की ओर ताकता रहा, अपने रक्तचाप की गति को सुनता रहा। इसे अब उठना होगा। उसे जोर से मेज़ पर मुक्का मारना होगा, उनको खरी-खरी सुनानी होगी। मगर उस सब से होगा क्या?

सब कुछ तो उसके ख़िलाफ़ था...और सबके ऊपर तो बैत्सी मामा...

लाल बत्तियाँ...

अँधेरा....

सब चीज़ का अन्त

कोई मददगार नहीं

फिर क्यों, अगर जीवन इतना बेकार था

जीने लायक नहीं

मितली-उलटी

जबकि वह साफ और ईमानदार था

ईमानदारी की जरूरत नहीं

बदमाश पैदा होना चाहिए

अचानक बदमाश नहीं बना जा सकता

बहुत पहले, बचपन में शुरू कर दिया होता

ओह, छोड़ो।

उसकी जिन्दगी में छेद हो चुका था, मॉग्दॉलेना तो उसकी याद तक बाहर निकालकर फेंक देगी।

एक चोर इसका हकदार ही नहीं...

अब मेयर ने अपनी नज़रें उठायीं। उनकी आँखों में दूर-दूर तक कोई आत्मीयता नहीं थी, सर्द अजनबी-सी दृष्टि। उन्होंने पिश्ता को आश्चर्य से देखा मानो कह रहे हों कि तुम अभी तक यहीं हो....

वह खड़ा हुआ।

कुछ कहना चाहता था मगर दिमाग़ में कुछ आया ही नहीं।

उसने सिर झुकाकर सलाम किया और बाहर चला गया।

मेयर कुछ न बोले, उन्होंने गुड-बाय तक न किया। एक शब्द भी दया का नहीं, आज वे यह न बोले कि 'गुड बाय मेरे दोस्त।'

उसे लगा वह किसी और की टाँगों पर चल रहा था। हाँ जब से वह यहाँ आया था, किसी और की ही टाँगों पर तो चल रहा था....

वह बाहर निकला और उसने अपने पीछे दरवाज़ा बन्द कर दिया।

एक पल बाद कॉर्दिच भाई दूसरे कमरे से निकलकर मेयर के कमरे में आये।

''सैंतकाल्नाई के यहाँ डिनर का मत भूलिएगा।''

''अरे वह मैं कैसे भूल सकता हूँ।''

कॉर्दिच भाई ने हाथ बढ़ाया।

''आपने कमाल कर दिया'', बोला।

मेयर ने चश्मा नाक पर से उतारा, और अपना पतला, हड्डियों-सा हाथ आगे बढ़ा दिया।

''आपने तो आज झंडे गाड़ दिये।'' कॉर्दिच चमचागीरी करता गया।

''जैसा मैं सोचता हूँ'' मेयर बोले, अपना हाथ अभी भी कॉर्दिच को पकड़ाए, जहाँ तक मैं समझता हूँ कल जब यह व्यक्ति ऑफिस आयेगा, यह बड़े काम का आदमी बनकर आयेगा क्योंकि तुम जानते हो, मेरे इतने लम्बे कार्यकाल में मैंने शयाद ही इतना काबिलआदमी देखा है, जिसने इतनी जल्दी हर चीज को अच्छी तरह समझ लिया हो। वो सिंडिकेट वाला आइडिया वाक़ई एक अच्छा तरीक़ा है इस समस्या से निबटने का। क्या जीनियस आइडिया है....और उसके अलावा यह और कौन सोच सकता था...क्योंकि वह हर चीज़ को बहुत सफाई से देख और समझ पाता है, तुम्हें नहीं लगता कि इसको हटाना मुश्किल होगा। इसकी तो बहुत

जरूरत है... बहुत अच्छा विचार दिया उसने, हम ऐसा ही करेंगे...''

कॉर्दिच ने मेयर का हाथ छोड़ा।

''हाँ, हाँ। और सिंडिकेट के लिए लोग तो हमारे पास हैं ही...तुम्हारा दामाद. ..मैं, अपने नाम से नहीं बल्कि हैनरिक के नाम से और...वह।''

इसी वक़्त डॉ. पेतैरफ ी बदहवास-से कमरे में आये।

25

"महामहिम," वे हकलाते-से बोले, "डिप्टी मेयर साहब, डिप्टी मेयर साहब।"

"आराम से बताओ क्या है?"

"उन्होंने स्वयं को गोली मार ली।"

"अरे! क्यों?"

उन्होंने बड़े गुस्से से उसे देखा। उसका मुँह अभी भी खुला हुआ था।

"मुझे नहीं मालूम।"

"और यह रिवॉल्वर? वो उसे कहाँ से मिली?"

"महामहिम, मॉक्रोत्सी की रिवॉल्वर ऑफिस में ही रह गयी थी, उससे।"

"ओह ओह, यह तो बहुत बुरा हुआ...फौरन डॉक्टर को बुलाओ...हमें बेचारे को बचाना होगा..क्या वह मर चुका है?"

"उसकी हालत बहुत गम्भीर है।"

"तो हम समय क्यों गँवा रहे हैं! वह पूरे शहर में सबसे बढ़िया आदमी है। फौरन अस्पताल को फ़ोन करो।"

"जी अच्छा।"

डॉ. पेतैरफ ी जैसे बदहवास आये थे, वैसे ही बाहर भागे, मेयर ने अपना कोट और हैट उठाया क्योंकि कॉरिडोर ठंडा था।

"आप उसके पास जाने का तो नहीं सोच रहे?" कॉर्दिच ने डरकर पूछा।

"बिल्कुल जा रहा हूँ। यह भयानक है। उसे बचाना ही होगा। उसे फ़ौरन डॉक्टरी मदद मिलनी चाहिए।"

उन्होंने चलते-चलते अपने सैक्रेटरी को पुकारा और कहा,

"एक हज़ार पैंगो फ ौरन उसकी विधवा को भेजो...मतलब उसकी पत्नी को...पाँच सौ फ ौरन।"

"मैं भी उसमें सौ पैंगो जोड़ना चाहूँगा," कॉर्दिच पर्स निकालते बोले, " ऐसे समय में पैसे की बहुत ज़रूरत होती है।"

और वे दोनों तेज़ी से लपके, ग़रीब की ज़िन्दगी बचाने को।

■ ■ ■